KB016438

재일디아스포라와 글로컬리즘 1

역사

동국대학교 일본학연구소 연구총서

재일디아스포라와 글로컬리즘 1

역사

동국대학교 일본학연구소 편

머리말

연구팀의 아젠다인 '재일디아스포라의 생태학적 문화지형과 글로컬리티'는 재일코리안 관련 자료를 총체적으로 조사·발굴·수집하고 이를 생태학적 관점에서 분석해 체계화된 문화지형을 구축하고, 이를 통해 '탈경계적이면서도 다중심적인' 글로컬리티의 관점에서 재일디아스포라의 삶과 사회적 기반활동을 규명하고자 한 학제 간 연구이다. 재일디아스포라에 관한 통합적인 연구는 오늘날 빠르게 다민족·다문화 사회로 재편되고 있는 한국과 일본 사회에 문화적 소수자와의 공존에 필요한 실천적 이론 모델을 제시했다는 점에서 의의가 있다.

연구총서 『재일디아스포라와 글로컬리즘 1 역사』는 크게 재일디아스포라 운동의 역사, 재일디아스포라 커뮤니티의 형성 과정, 경계선상에 선 재일디아스포라의 세 범주로 구성하였다.

제1장 '재일디아스포라 운동의 역사'에서는 여러 차원에서 재일디아스포라의 운동을 역사적으로 다채롭게 검토한다. 「프롤레타리아 문화운동과 재일사회」(이승진)는 전전 일본 공산주의의 흐름을 개괄하면서, 일본공산당과 재일조선인조직의 프롤레타리아 문화운동을 연대와 분화라는 양 측면에서 검토한 글이다. 이어 「전후 재일코리안 사회의 소수자 운동 - 1945년부터 1965년까지 -」(이진원)는 1945년 이후 일본 사회에서 전개된 여러 가지 어려운 상황을 어떻게 극복하려 했는가에 초점을 맞추어 재일디아스포라의 역사를 개괄한 글이다. 「1950년대

재일조선인 문화운동잡지 『진달래』」(김계자)는 오사카 재일디아스포라의 대중적 기반이 된 잡지 『진달래』가 서클지로 시작해 재일디아스포라 좌파 조직의 변동과 노선 변화에 따라 점차 소수 정예의 문예동인지의 성격으로 변모해간 점에 주목한 글이다. 「김산·님 웨일즈의 『아리랑』과 재일코리안」(이영호)에서는 1941년 저널리스트 님 웨일즈(Nym Wales)가 미국에서 『아리랑의 노래(Song of Ariran)』를 출간 후, 재일디아스포라 사회에서는 1980년대 후반부터 본격적으로 『아리랑』 담론을 형성했고, 이러한 활동을 통해 기존에 밝혀지지 않았던 새로운 역사적 사실을 규명하고 일본 사회에 영향을 끼친 점에 주목한 글이다. 「일본의 한국민주화운동 – 재일조선인 청년 단체 '재일한국청년동맹'을 중심으로 – 」(조기은)는 재일한국청년동맹(한청)은 결성 당시부터 한국 정부의 통제하에 있던 단체였으나, 한국의 4.19혁명과 5.16군사쿠데타를 겪는 과정에서 민단 내의 저항 세력으로 성장했음을 짚은 작업이다. 「호세이제2고등학교에서 일어난 조선학교 학생의 살해 사건에 대하여」(다카야나기 도시오)는 1962년에 호세이대학 제2고등학교에서 일어난 조선학교 학생의 피살 사건을 통해 부정적인 역사에서 무엇을 배우고 교훈으로 삼을 것인지를 재고한 글이다.

제2장 '재일디아스포라 커뮤니티의 형성 과정'에서는 재일디아스포라 커뮤니티를 다양한 관점에서 역사적으로 분석한 글을 수록했다. 먼저 「'재일' 스포츠의 기원과 형성(1945~1950)」(유임하)은 전전의 유학생 중심의 스포츠 활동과 함께 패전 이후 1945년부터 1950년에 이르는 기간에 주목하여 재일조선인 스포츠 커뮤니티의 기원과 형성을 살핀 글이다. 또한 「재일 스포츠와 남북일 냉전구조(1950~1965)」(유임하)는 1950년부터 1965년 한일조약 체결 직전까지 '재일조선인'의 스포츠 커뮤니티의 추이를 조감하며 남북일 냉전구조가 관철된 스포츠 커뮤니티

의 활동상을 조감한 경우이다. 또한 「일본 속의 한국 - 재일한국인의 삶과 여정 -」(곽진오)은 재일디아스포라가 처한 정주외국인으로서의 일본 체류의 한계와 재일디아스포라의 인구 감소에 따른 문제점과 대응책을 살펴본 글이다. 「'자이니치' 강상중의 자서전과 일본 사회」(이한정)는 강상중의 자서전을 통해 재일디아스포라 사회와 일본 사회를 조감하며 '자이니치'와 '일본 사회'가 무엇을 교환하고 어떻게 공존할 것인가에 주목한 작업이다.

제3장 '경계선상에 선 재일디아스포라'는 동북아시아 전체를 아우르는 광범위한 영역에서 전개된 재일디아스포라의 역사적인 문제를 논의한 글들을 수록하고 있다. 「배제와 동화의 간극 속 조선인 도항 정책」(이승희)은 조선인 노동자의 일본 도항 정책의 입안과 실행을 둘러싼 일본 내무성과 조선총독부 간의 갈등 양상을 재검토하여 재일디아스포라 문제를 둘러싼 양자의 견해차에 주목한 글이다. 「재일동포 참전 의용병과 이승만 정부」(오가타 요시히로)는 6.25전쟁에 참전하려던 재일디아스포라에 대한 이승만 정부의 대처와 의용병으로 참전한 재일디아스포라들에게 발생한 문제를 다룬 글이다. 「전후 일본의 외국인 정책」(이진원)은 전후 일본의 외국인 정책의 일반적인 설명인 차별(배제)모델, 동화모델, 다문화주의정책과는 다른 특수성과 단일민족신화에 뿌리를 둔 강한 폐쇄성을 논의한 작업이다. 「연합군총사령부(GHQ/SCAP)의 재일한인 귀환 정책」(황선익)은 GHQ/SCAP(연합군 총사령부/최고사령관)의 재일디아스포라 송환 정책에 주목한 글이다. 「냉전기 재일조선인 북한송환 문제와 한일 양국의 국회」(강여린)는 1959년 일본의 재일디아스포라 북한송환(북송) 발표 직후인 2월부터 6월까지 한일 양국의 국회에서 논의된 재일디아스포라 북송 문제를 검토한 글이다.

이번 연구총서의 발간은 동국대학교 일본학연구소의 그간의 연구

활동의 결실이자 재일디아스포라의 총체를 이해하기 위한 초석이 될 것이다. 이번 연구총서 발간에 도움을 주신 故이시가미 젠노(石上善応) 교수님, 故이희건 회장님, 김종태 사장님, 왕청일 이사장님께 감사의 말씀을 드린다. 그리고 이번 연구총서 발간에 함께 해주신 모든 선생님들께 깊은 감사를 드린다.

2023년 겨울
재일디아스포라의 생태학적 문화지형과 글로컬리티
연구팀을 대표하여
김환기 씀

차례

제2장 _ 재일디아스포라 커뮤니티의 형성 과정

제3장 _ 경계선상에 선 재일디아스포라

제1장

재일디아스포라
운동의 역사

프롤레타리아 문화운동과 재일사회

이승진

1. 글을 시작하며

1920년대 사회주의는 일본 근대가 노정하고 있는 수많은 문제들을 겨냥하면서 순식간에 사람들을 매료시킨다. 노동권과 인권, 시민권과 같은 선진 개념들이 일본에 아직 자리 잡지 못한 환경에서, 부조리한 근대 시스템의 틈새로 사회주의가 빠르게 자리 잡을 여건이 비로소 조성된 것이다. 이 시기 다양한 사회주의적 가치들이 뿌리내릴 수 있었던 이유는, 구체적인 운동의 형태로 이 사상이 사람들에게 인식되기 시작했기 때문이다. 특히 단순히 '이상'을 제시하는 데 머문 것이 아니라, 실현 가능한 방법론을 아울러 보여주기 시작한 공산주의 사상은 노동자 계층의 폭넓은 지지를 끌어내면서 새로운 사회상을 대중 앞에 제시한다. 하지만 같은 시기 사람들을 더욱더 매혹시킨 것은 거대 출판자본과 대중미디어가 만든 욕망이었다. 한편에서는 자본주의 문화의 대중 소비 구조 구축이, 다른 한편에서는 '천황제 내셔널리즘에 의한 국민적 공공권의 재편'[1]이 정부 권력의 직간접적인 규제와 조율 속에

1) 서동주, 「예술대중화논쟁과 내셔널리즘 – 나카노 시게하루의 예술대중화론 비판의 위

서 문화 전반에 걸쳐 진행된다. 조관자는 "역사적 경험으로 볼 때, 마르크스주의의 어떤 엄밀한 이론도 일상성을 포섭하는 자본주의의 역동성을 포착하지 못했고, 그 어떤 치열한 논쟁과 정치운동도 대중을 흡인하는 국가권력보다 더 강고하지 못했다"[2)]라고 지적하는데, 일본 사회주의는 발아기부터 주류 문화와 제도권의 전방위적인 압박에 직면해 있었다고 할 수 있다.

주지하다시피 공산당으로 일원화해 펼친 이 싸움은 일본이 전시체제로 돌입하고 정부의 파상공세가 시작되자 일본공산당(일공)의 일방적인 패배로 막을 내린다. 조직의 사상적 혁신과 문화적 계몽 활동만으로는 '천황제자본주의'라는 공고한 체제를 넘기에 역부족이었다. 그리고 일공이 걸어온 그 역사적 현장의 지근거리에 나란히 서온 존재가 재일조선인[3)]이었다. 전전(戰前)에서 전후(戰後)[4)] 1960년대 무렵까지 재일조선인사회에서 공산주의는 강력한 소구력을 발휘한다. 그 원점이 1920년대로, 이 시기를 전후하여 조선과 일본에 유입되기 시작한 공산주의는 식민지배를 근본부터 부정하는 민족해방의 원리를 내포하고 있었다. 뿐만 아니라 이 사상이 지향하는 프롤레타리아 계급 혁명은 재일조

상」, 『일본사상』 17, 한국일본사상학회, 2009, p.110.

2) 조관자, 「'사회과학·혁명논쟁'의 네트워크 – 일본자본주의논쟁(1927~1937)을 중심으로」, 『한림일본학』, 한림대학교일본학연구소, 2011, p.54.

3) 이 글에서는 정치적인 의미를 배제하고 한반도에 민족적 뿌리를 두었다는 의미에서 '재일조선인'을 사용한다. 또한 이 글에서 주요하게 다룰 해방 이전 일본 거주 조선인 또한 이 명칭으로 지칭하고자 하는데, '재일조선인'이라는 용어가 해방 이후 만들어졌다고는 하나, 일본의 패전 이후 1950년대까지 재일조선인의 문화운동이 일관된 맥락에서 전개되었다는 관점하에 이 글의 논의를 출발하고 있기 때문이다. 이하 표기의 편의상, 재일조선인사회는 '재일사회'로, 재일조선인조직은 '재일조직'으로 약칭하며, 인용부호는 생략한다.

4) 일본은 패전 이후를 '전후'라고 부른다. 이 글에서는 일본 사회 '전후' 인식을 비판적으로 인식하면서 이 용어를 사용하고자 한다. 이하 표기의 편의상 인용부호는 생략한다.

선인이 일상적으로 겪고 있는 사회경제적 차별의 해결과도 맞닿아 있었다. '천황제자본주의' 아래에서 계급적, 민족적 차별에 이중적으로 노출되어 있었던 재일조선인에게 그 책임 소재를 원리적으로 설명함으로써, 이 사상은 긴 시간 다수 재일조선인의 지지를 받을 수 있었던 것이다.

식민지기의 수많은 담론들이 그러했듯이, 이 사상도 예외 없이 일본 지식 담론의 장에서 조선으로 직접 이입된다. 그리고 그 과정에서 재일조선인은 단순한 매개자로서 주로 위치하였다. 하지만 재일사회가 점차 커지고 나름의 담론 시장이 형성되자 그 역할에도 차차 변화가 찾아온다. 가령 공산주의자로서 '천황제폐지'라는 당연한 목표를 명확하게 내걸지 않았던 일공에 대한 조선공산당(조공)불신, 반대로 민족해방이라는 문제를 우선하며 프롤레타리아 계급 연대라는 최우선 과제에 보다 적극적으로 나서지 않는 조공을 향한 일공의 답답함은 두 세력의 진정한 연대를 가로막는 장애였다. 그럼에도 조선과 일본, 재일사회의 사상 교류의 필요성이 꾸준히 제기되자, 이 균열과 반목을 조율하는 존재로서 재일조선인이 부상한다. 이 같은 모습은 일공과 재일조직이 일원화된 전위조직으로 활동한 이후에도 상당 시간 이어지는데, 일본과 조선 양쪽에 속하면서도 자신의 독자적인 목소리를 냄으로써 어느 쪽과도 차별된 재일조선인 사상 내지는 문화운동의 원초성이 이렇게 형성되기 시작한다.

이 글은 전전 일본 공산주의의 흐름을 개괄하고, 일공과 재일조직의 프롤레타리아 문화운동을 연대와 분화의 양 측면에서 살펴볼 것이다. 이 시기 문화운동이 공산주의를 둘러싼 사상적 경합의 자장 속에서 전개되었다면, 동시기 재일조선인 문화운동을 고찰하기 위해 사상논쟁과 예술논쟁을 포함한 일본 사회주의 운동의 전체상을 조감하는 작업이 선행될 필요가 있다. 두 세력이 이어온 문화 교류의 접점을 살펴보고, 전후 해방공간에서 재개되는 재일조선인 문화운동의 의미까지를 조망하는 데 이 글의 목적이 있다.

2. 전전 일본 공산주의의 태동과 사상논쟁

1920년대는 일공이 출범할 수 있는 여건이 무르익었던 시기였다. 일본의 근대 시스템에 내재한 모순이 제1차 세계대전을 계기로 심화되고, 노동자와 농민에게 가혹한 환경에 대한 분노가 각종 노동쟁의를 통해 표출되기 시작한다.

> 1918년 전국적인 쌀소동이 벌어졌고, 이후 규모가 큰 노동쟁의만도 요코하마 인부 5천 명의 임금 파업, 1920년 2월 2만 5천이 참가한 야하타제철소(八幡製鉄所) 파업, 2월과 4월에 연달아 발생한 8천여 조합원의 도쿄시전(東京市電) 파업, 고베 미쓰비시, 가와사키 조선소에서의 3만 5천 명이 참여한 파업이 이어졌다. 무산계급의 사회 참여가 늘어나면서 일본에서도 공산당 창당에 대한 모색이 본격화되기 시작했다.[5)]

이 시기에 전개한 노동자의 투쟁은 두 가지 측면에서 일본 사회주의 세력 내에 유의미한 변화를 가져온다. 하나는 국가 주도의 자본주의 환경을 대체할 수 있는 대안의 필요성을 노동자 계급이 구체적으로 인식하는 계기로 작용했다는 사실이었다. 다른 하나는 집단적 목소리

5) 최세훈, 「일본프롤레타리아 영화 운동의 기원: 사사 겐주의 소형 영화론과 이동영화론 고찰」, 『세계문학비교연구』 59, 세계문학비교학회, 2017, pp.73~74.

를 발신하는 과정에서 일종의 '의식혁명'을 겪은 노동자 계급의 변화를 곁에서 지켜본 사회주의 이론가들 또한 그동안의 활동 방침에 개선을 모색하기 시작했다는 사실이었다.

> 초기 사회주의자들의 대부분이 신문, 잡지 등의 평론 활동을 통하여 활동을 하였고 이에 따라 노동자 등 대중운동과의 연결이 대단히 희박하였다. 그러나 1차대전 이후 새롭게 등장한 사회주의자들은 평론가로서가 아니라 운동가로서 변신할 수 있을 정도로 社會가 변화한 것이다. 1차대전 이후 社會主義者들은 勞動者를 구체적으로 혁명의 주체로서 받아들여 노동운동과 사회주의운동을 결합시키려 노력하였다.[6]

물론 이러한 유의미한 변화에도 불구하고 일본 사회는 여전히 사회주의 세력이 자리 잡기 어려운 환경에 놓여 있었다. 무산계급의 사회참여 공간이 열리기 시작했다고는 하나, 사회주의자 내부에서조차 사회변혁을 가로막는 본질로서 국체(천황)를 거론하지 못하는 상황에서 공산당이 자생적으로 성립하기란 요원했다. 일본을 극동아시아의 거점으로 삼고자 했던 코민테른[7]이 여러 차례 시도한 끝에야 일공이 결성될 수 있었던 경위에서 엿볼 수 있듯이, 이 시기 일본 사회주의 세력은 자연발생적인 민중 혁명에 기댄 나약하고 이상주의적인 운동 방식에서 벗어나지 못하고 있었다.

우여곡절 끝에 1922년 일공이 출범한다. 코민테른의 지도 아래 사회주의 세력의 두 축이었던 아나키스트와 마르크스주의자들의 갈등을

---

6) 정혜선, 「일본공산당의 형성과 그 성격」, 『일본역사연구』 5, 일본사학회, 1997, p.123.
7) 마르크스·레닌주의에 기초하여 각국의 공산당에 그 지부를 두고 각국 혁명운동을 지도하기 위해 1919년 모스크바에서 창설된 국제 연합이다.

봉합한 채 일단 닻을 올린 것이었는데, "창립 당시 당원의 숫자는 100여 명 정도로 다양한 사회주의 그룹이 참여한"[8] 대중적 기반도 사상적 통일성도 갖추지 못한 형태의 불안정한 조직이었다. 과연 이듬해 관동 대지진으로 인한 사회적 혼란 속에서 정부의 탄압이 시작되자 일공은 순식간에 무너진다. 조직의 성립을 추동한 코민테른의 허가도 받지 않고 자체해산을 결정한 것으로, 초기 이 조직이 얼마나 느슨하게 운용되고 있었는가를 상징적으로 말해주는 장면이라고 할 수 있다.

> 1920년대의 야마카와(山川)이즘과 후쿠모토(福本)이즘, 1930년대의 노농파(労農派)와 강좌파(講座派) 대립의 근간에 '천황제' 제도를 둘러싼 태도 차이가 존재했고, 이러한 분열이 역으로 코민테른의 방침 그 자체에 영향을 미칠 만큼 '일공'에게 '천황제'는 타개하기 어려운 장벽이었다. 이는 일본의 근대 사회구조를 발전기로 볼 것인가 퇴조기로 볼 것인가에 대한 시각 차이, 지식인이 선도하는 이념 혁명의 방향성에 대한 온도 차이를 '일공' 내부에 불러오는데, 이 모두가 근대 '천황제'의 압도적인 위상 앞에서 마땅한 해결책을 찾을 수 없었음을 방증한다.[9]

일찍이 '대역사건'을 경험한 일본의 사회주의자들에게 '천황제'는 거대하고 압도적인 장벽이었다. 여기에 "국적과 언어의 공동성 속에서 성립한 국민적(대중적) 공공권을 천황제 내셔널리즘이라는 이데올로기를 통해 이념화"했다는 서동주의 지적처럼[10], 군국주의적인 국가 체제

---

8) 정혜선, 「1920년대 일본 사회주의 운동과 평화공간 – 일본공산당과 사노 마나부의 활동을 중심으로」, 『인문사회21』 7, 아시아문화학술원, 2016, p.929.

9) 이승진, 「재일조선인조직의 태동과 전개 – 1920~50년대를 중심으로」, 『일본학』 46, 동국대학교일본학연구소, 2018, pp.47~48.

와 문화 공동체 의식의 결정적인 연결 고리로 기능한 '천황제'와 대립한다는 것은, 엄혹한 제도권의 폭력에 더해 다수 국민에게 구성되어 버린 집단 이미지와의 싸움까지도 의미했다. 출범 당시 코민테른의 결정에도 불구하고 당의 강령에 '천황제 폐지'를 내세우지 않았던 사태에서 예감할 수 있듯이, 초기 일공은 이 불리한 싸움 앞에서 소극적인 태도로 일관한다. 이는 천황제 국가 체제가 이미 이들에게 극복하기 어려운 제한 조건으로 내면화해 있었음을 의미했다. 게다가 마르크스주의를 노동자들의 경제적 권익 보호라는 측면에서 일종의 '사회사상'이나 '역사관'으로만 파악하고자 한 초기 공산주의자들의 인식도 이 같은 한계를 노정하는 요인으로 작용했다고 볼 수 있다.

가령 야마카와 히토시(山川均)로 대변되는 초기 일본 사회주의 세력은 노동조합 중심의 운동을 통한 무산자계급의 경제적 권익 보호를 최우선 과제로 상정하며 주류로 자리 잡는다. 이들은 마르크스주의를 정의롭지 못한 경제 구조를 설명해주는 정치투쟁의 이론적 근거로 수용할 뿐, 자생적이고 자발적인 의식 혁명의 실천 도구로 응용하지는 못하고 있었다. 그 이면에는 자신들이 조직적인 정치투쟁으로 나아갈 때 어쩔 수 없이 대면하게 될 '천황제'에 대한 두려움도 큰 이유였다고 할 수 있는데, 이러한 흐름에 반기를 들며 등장한 인물이 후쿠모토 가즈오(福本和夫)였다. 독일 유학을 통해 "마르크스주의 유물사관 방법론과 경제학비판 방법론, 혁명적 정당 조직론을 집중 연구"한 그의 이론은 "그때까지 '사회사상' 혹은 '역사관'에 지나지 않았던 일본의 마르크스주의를 철학으로 읽는 것을 가르친" 것으로 평가된다.[11] 총체적인

10) 서동주, 「예술대중화논쟁과 내셔널리즘 – 나카노 시게하루의 예술대중화론 비판의 위상」, p.109.

이념으로 마르크스주의를 포착함으로써, 사회변혁의 주체를 노동자가 아닌 전 무산계급으로 확산시킬 계기가 그에 의해 만들어졌다고 할 수 있다. 예컨대 정치투쟁이 노동자의 경제권 옹호에 머물지 않고, 사회 전반의 시스템을 겨냥할 때 그 범위는 자본가 대 노동자라는 구도를 뛰어넘는다. 투쟁 과정에서 찾아올 계급의식의 완화와 의식 혁명은 노동자를 둘러싸고 벌어지는 하나하나의 사건을 일본 근대 제도가 은폐하고 있는 시스템의 문제로 환치할 여지를 만든다. 노동자 이외의 계층이 노동자의 문제에 주저 없이 참여하면서 전위적 목소리를 낼 수 있는 공간이 열림으로써 연대의 폭이 획기적으로 확장되고, 종래에는 사회시스템 변혁 그 자체로 나아갈 수 있는 동력이 만들어질 수 있는 것이다.

문제는 실제 "현실의 운동 속에서 수많은 젊은 '후쿠모토이스트'들이 꺼내든 후쿠모토주의는 극히 단순한 이론투쟁주의, '결합 전 분리'라는 섹트적 분리주의로 기능"해 버렸다는 사실이다.[12] 다시 말해 혁명을 신뢰하는 당원을 중심으로 당을 재건하면서 동시에 세력을 키워야 한다는 과제 앞에서, 그의 이론이 통합을 통한 확장이 아닌 거꾸로 세력 내 분열을 가속화시키는 방향으로 작동했음을 의미했다. 그리고 이 같은 모습은 일공이 단결된 모습으로 빠르게 재건되기를 희망했던 코민테른이 원하는 바가 아니었다. 그리하여 코민테른은 1927년 '일본문제에 관한 테제(27년 테제)'를 통해 야마카와와 후쿠모토 양쪽을 비판하는 것으로 입장을 정리한다. 초기 일본 사회주의 주류 모두가 조직

11) 전상숙, 「제국과 식민지의 '정치투쟁'과 '경제투쟁'의 함의와 문제 : 후쿠모토이즘과 정우회선언의 한·일 사회주의 '방향전환' 논쟁을 중심으로」, 『한국동양정치사상사연구』 9(1), 한국동양정치사상사학회, 2010, p.59.

12) 구리하라 유키오, 『프롤레타리아문학과 그 시대』, 소명, 2018, p.46.

운동의 뒤편으로 물러나게 된 것이나, 주의할 점은 이들 사이에서 벌어진 사상논쟁이 마르크스주의의 일본식 수용을 둘러싼 방법론상의 이견 충돌의 성격이 강했을 뿐, 진영 내의 돌이킬 수 없는 대립을 의미한 것은 아니었다는 사실이다. 코민테른 또한 양쪽 모두를 배제함으로써, 오히려 폭넓은 사상적 연대가 가능할 것으로 판단한 것으로 보이는데, 실제 '27년 테제'는 두 이론가의 주장을 절충한 성격이 강했다.

한편 1920년을 전후하여 중국의 상하이에서 시작된 조선의 사회주의운동은 1925년 조공의 탄생으로 결실을 맺는다. 민족 해방과 계급 해방을 내세운 조공의 활동은 필연적으로 실천적인 독립운동으로 이행할 수밖에 없었다. 때문에 조공이 출발하자마자 조선총독부는 일본보다 가혹한 탄압을 가하였고, 이를 타개하기 위한 일환으로 조공은 일공과의 연대를 재빠르게 추진한다. 조공의 일본부 설치를 위해 적극적으로 움직인 것인데, 그런 노력에도 불구하고 두 세력의 반제국주의적 연대 확산을 경계한 일본 정부의 방해로 번번이 좌절된다. 그런데 두 조직의 입장을 매개하고 경우에 따라 조율할 수 있는 존재가 이미 일본에는 존재했다. 재일조선인이 그들로, 초기 유학생을 중심으로 형성되었던 재일사회는 1920년대에 들어 가속화되기 시작한 노동자의 유입과 함께 점차 조공과 일공 양쪽에서 무시 못 할 존재감을 발휘하게 된다. 마침 1920년대에는 학생운동의 틀에서 벗어나, 조선촌과 노동현장에서 생겨난 각종 단체를 기반으로 재일조선인운동이 본격적으로 태동하기 시작한 때이기도 했다. 1922년 무정부주의를 내세웠던 박열의 흑도회를 시작으로, 이듬해 노동자의 계급 해방을 표방한 북성회가 설립되는 등 사회주의 계열 단체들이 연이어 등장한다. 특히 북성회의 중심인물이었던 김약수와 김종범은 1923년에 조선으로 일시 귀국하여 주요 도시를 순회하면서 강연회를 열고 무산계급의 자각과 단결을 호소하기도 하는데, 이 시기 일본에서 이미 공산당이 출범해 있었다는 사실을 감안하면, 이들의 활동을 조선과 일본을 아우를 수 있는 공산주의 조직 운동의 첫 시도로 볼 여지 역시 충분하다. 반면 명확하게 '민족해방'을 우선순위로 삼으며 출발한 북성회의 방침에 이의를 제기하며 재류조선인을 중심으로 재출발하려는 움직임 또한 나타난다. 일월회라는 이름의 이 단체는 "1) 대중 본위의 새로운 사회를 실현한다, 2) 모든 착취와 압제에 대해 계급, 성, 민족과 관계없이 민중과 함께 조직적으로 투쟁한다, 3) 엄정한 이론을 천명하여 민중운동에 이바지한다"는 내용을 강령으로 삼아[13], 공산당의 국제주의적 색채를 강화하기 위해 나아간다. 실제 일원회의 중심인물이었던 안광천은 1926년 귀국하여 분열되어 있는 조공의 4단체(화요회, 북풍회, 조선노동당, 무산자노동회)를 규합하여 정우회를 만들고, 11월 17일 자 조선일보의 지면을 빌려 '정우회 선언'을 발표하는데, 그 내용은 후쿠모토가 주창한 이론의 전면적인 소개였다.[14]

> 조직된 대중을 질적으로 정리하고 향상시키며 무조직 대중은 더욱더 조직시켜서 양적 영력을 넓히며, 조직 단체에는 의식적 각성을 주입하여 그 성질을 개발시키지 않으면 안 된다. 그리고 그 위에 교육적 노력을 가하여 대중의 무식과 자연생장성을 퇴치하지 않으면 아니 된다.[15]

13) 朴慶植, 『8.15解放前 在日朝鮮人運動史』, 三一書房, 1979, p.110.

14) 김영진(2016)은 그의 글(「정우회선언의 방법과 내용」, 『史林』, 수선사학회, p.84)에서 "정우회 선언은 기존의 운동을 대중의 자연생장성에 기댄 운동으로 운동의 초기적 형태에 불과할 뿐만 아니라 경제적 투쟁에만 국한된 조합주의 운동이라고 평가했다. 이를 극복하기 위한 방안으로 사회운동은 목적의식성을 가진 정치투쟁으로서 질적 비약을 전개해야 한다고 주장했다"고 선언의 성격을 파악하고 있는데, 이외에도 선언의 대부분에서 후쿠모토가 주장한 논조가 차용되고 있음을 알 수 있다.

15) 「정우회 선언 제2항」, 『조선일보』, 1927.11.17.

후쿠모토의 이단계혁명론은 봉건제도 타파를 우선 과제로 삼고 있다는 점에서 '천황제'를 근본부터 부정한다. 재건에 성공한 일공이 '천황제'에 대해 명확하게 부정적인 방침을 천명하는데 그의 이론이 적지 않은 영향을 미친 것으로, '천황제'를 둘러싸고 그동안 해결되지 않았던 일공 내부의 이견 차이뿐 아니라 조공과 재일노총을 비롯한 재일조선인 운동가들 사이의 불만을 해소시키기에 그의 이론만큼 적합한 것은 없었다고 할 수 있다. 그런 의미에서 이 시기에 발표된 '정우회선언'이 후쿠모토이즘의 이론을 거의 그대로 답습하고 있다는 사실은 비록 내부의 반발이 없었던 것은 아니나[16], 조공과 일공, 그리고 재일단체가 같은 방향을 바라보기 시작했음을 보여준 상징적인 사건으로 평가 가능하다.

1927년 당을 재건한 일공은 1928년에 치른 제1회 총선거에서 '군주제 폐지'를 포함한 내용을 유인물에 담아 유포하며 사회주의 세력의 선거운동을 지휘한다. 각각 1925년과 1928년에 출범한 재일본조선노동총연맹(재일노총)과 재일본조선청년동맹을 일공의 산하 단체로 통합하기 위한 움직임이 시작된 해도 1928년이었다. 결국 코민테른의 일국일당주의가 확립되자, 산별노조는 원칙적으로 하나의 단체로 목소리를 내야 한다는 명분하에 1930년 재일노총은 일본노동조합전국협의회(전협)로 흡수되고, 그보다 앞선 1929년에는 재일본조선청년동맹이 일본공산청년동맹으로 합쳐지는 등 일본 내 제 단체의 통합이 완결된

16) 정우회 선언은 조선총독부로 대표되는 일제의 지배체제에 대한 인식을 밝히지 않은 채, 정치투쟁의 문제를 제기함으로써 전진회로부터 식민지 사회운동의 특성을 인식하지 못하고 사주국의 사회주의운동 이론을 수입한 것이라는 비판을 받을 수밖에 없었다.(전상숙, 「제국과 식민지의 '정치투쟁'과 '경제투쟁'의 함의와 문제 : 후쿠모토이즘과 정우회선언의 한·일 사회주의 '방향전환' 논쟁을 중심으로」, p.74.)

다.[17] 일공과 재일조선인 단체가 일원화하면서 일본 내 전 사회주의 세력의 연대가 완성된 것이다. 이후 일공은 1930년대를 전후한 세계 경제 공황과 전시체제로의 이행 속에서도, 반전운동을 전개하고 1932년 코민테른의 방침(32년 테제)을 수용해 '천황제 타도'를 명시한 것에서도 확인할 수 있듯이 초기의 '이상주의'와 확연하게 차별된 길을 걷게 된다. 식민지배를 경험하고 있는 측과 그렇지 않은 측의 차이를 넘어선 연대, 그리고 여기서 추동되는 사회개혁의 토대가 비로소 다져지기 시작한 것이다.

하지만 천황에게 부여된 공공적, 대중문화적 이미지에 대한 훼손은 궁극적으로 일본의 근대 체제에 대한 직접적인 저항을 의미했다. 따라서 '천황제'라는 금기를 건드린 일공의 선택은, 확고한 신념으로 무장한 공산당원의 폭넓은 연대를 가능케 했을지는 모르겠으나, 일본 당국의 전방위적인 탄압을 불러올 수밖에 없었다. 1930년대를 전후해 공산당 조직원들 다수와 중앙위원의 검거가 진행된다. 일공은 노동조직과 전위부대를 중심으로 각종 쟁의를 실력투쟁으로 전개하면서 극렬하게 저항하나, 그러한 행동이 다시금 일본 내 우익단체의 백색 테러를 불러오고 이전보다 더 큰 정부의 탄압을 가져오는 악순환에 빠져든다. 그 결과 1933년에는 일공의 중심인물인 사노 마나부(佐野学)를 시작으로 주요 구성원들의 구속과 전향 선언이 잇따른다. 그리고 뒤이은 1935년 5월 최후의 중앙위원 하카마다 사토미(袴田里見)가 검거되면서 일공의

17) 1930년대는 민족운동을 둘러싼 환경이 크게 변화한 시기였다. 변화는 두 가지로 나타났다. 하나는 1929년에 각종 재일조선인 단체(재일본조선노동총연맹, 재일본조선청년총동맹 등)가 해산한 일이었고, 다른 하나는 일본 사회운동의 쇠퇴·소멸이었다.(정혜경, 「1930년대 재일조선인 연극운동과 학생예술좌」, 『한국민족운동사연구』 35, 한국민족운동사학회, 2003, p.10.)

중앙조직은 실질적인 궤멸을 맞게 된다.[18] 이후 온건한 노선투쟁을 지향한 인민전선운동이 미미하게 명맥을 유지했을 뿐, 공산주의를 실천 이념으로 삼는 조직적인 활동은 일본이 패전을 맞이할 때까지 중단되었다고 봐도 좋다.

이처럼 전전 일본의 사회주의 운동은 조직적인 운동의 방침과 이념 확립을 모색해온 과정이었다. 한편으로는 공산당 조직을 둘러싼 제도권의 탄압이라는 엄혹한 현실에 대항하고, 다른 한편으로는 공산주의 운동의 속도와 방법을 둘러싼 내부 분열을 수습한 시간으로 이 시기를 정리할 수 있다. 그 과정에서 재일조선인은 '천황제'를 둘러싼 태도 차이를 극복하면서 처음으로 일본의 인민들과 같은 방향을 바라본다. 식민자와 피식민자라는 입장 차이를 넘어선 감정적 연대를 이 시기에 경험한 것으로, 이는 일공의 구성원들에게도 동일했다고 할 수 있다. 공교롭게도 이들은 해방 공간에서 또다시 서로를 마주하게 된다. 전후 냉전체제로 재편되는 동아시아 질서 속에서 일본 내 사회주의자들은 다시금 부조리한 현대사의 격랑 앞에 내던져진다. 일본에 남은 재일조선인은 GHQ라는 새로운 존재와의 대립 속에서, 조국 현실과 재일조선인의 삶을 개선시킬 방안을 모색했고, 이때 소환되는 것이 전전 일공과의 연대 투쟁의 기억이었다.

18) 전시체제가 강화되어 가면서, 일본 내 사회주의 세력은 전방위적인 압박에 직면한다. 비록 직장 내 임금 투쟁과 실업자의 노동 쟁의, 농민운동과 부락민 해방 투쟁을 패전 때까지 줄기차게 시도하긴 하였으나, 이 시기를 지배하고 있던 전체주의의 광기 아래에서 활동 동력이 가파르게 상실되어 가는 것을 막기에는 역부족이었다. 노동운동 내에 우경화 흐름이 나타나면서 내부 분열이 치열하게 진행되고, '일공' 내 주요 사상가들의 전향이 잇따랐다.(이승진, 「재일조선인조직의 태동과 전개 – 1920~50년대를 중심으로」, pp.51~52.)

3. 프롤레타리아 문화운동의 전개와 예술대중화논쟁

1920년을 전후하여 소비에트에서 발생한 프롤레타리아 문화운동은 노동자 계급을 위한 문예 활동과 예술이론의 확립을 목표로 시작된 것이었다. 인간 역사의 대부분에서 문화창작물은 사회 경제적으로 소비 여력이 있는 계급의 전유물이었다. 근대 이후 창작과 소비 양쪽에서의 문화 환경 혁신은 다양한 분야에서 진행되었으나, 상업주의적 호소력을 무기로 그 과실의 대부분을 부르주아 진영이 가져갔다는 진단에서 이 운동은 출발한다. 일본에서 프롤레타리아 문화운동이 본격적으로 시작한 것은 1920년대 중반 무렵부터였다. 초기에 문학 분야를 중심으로 일어났던 이 운동은 일공이 조직적인 문화운동을 지향하면서 점차 연극, 영화, 미술, 음악 등 예술 분야 전반으로 그 움직임을 확대해 간다.

일본의 사회주의 문예운동은 1921년부터 23년까지 발간한 『씨 뿌리는 사람(種蒔く人)』에서 기화되었다고 보는 것이 일반적이다. 프랑스 문학 연구자이자 사회운동가인 고마키 오미(小牧近江)가 중심이 되어 발간한 이 잡지의 주된 목적은 클라르테 운동[19]을 일본에 소개하는 데 있었다. 고마키는 1910년부터 1919년까지 프랑스에 유학한다. 이 시기 제1차 세계대전을 겪은 서구에서 전쟁에 대해 회의적인 입장에 선 인물들이 나타나기 시작한다. 이들은 전쟁이 가져온 집단적 트라우마를 극복하기 위한 일환으로 반전평화와 인도주의 혁신을 골자로 하는 사상운동을 전개한다. 버트랜드 러셀(Bertrand Arthur William Russell)과

19) 클라르테(Clarté) 운동은 앙리 바르뷔스(Henri Barbusse)의 동명의 작품 『클라르테』에서 유래한 것으로, 1920년을 전후하여 나타난 반전 평화를 중심 내용으로 전개하였다.

앙리 바르뷔스(Henri Barbusse)가 그 대표적인 인물로, 프랑스 유학시절 이들의 사상에 직접적인 영향을 받은 고마키는 그 내용을 『씨 뿌리는 사람』에 여과 없이 담아낸다. 그리고 여기서 제기된 문제의식은 동시대의 사회주의자들에게 의미 있는 파장을 일으킨다. 하지만 1923년 관동대지진의 참사 이후 정부의 탄압이 시작되면서 잡지는 직격탄을 맞는다. 더불어 클라르테 운동의 원류였던 서구 운동가들 사이에서도 벌어진 논쟁[20]이, 관념주의적 이론과 실천적 행동의 우선순위를 둘러싼 충돌이라는 형태로 일본의 사회주의 운동가들 사이에서 재현되자, 실천적 공산주의 운동을 지지한 구성원들이 급속히 이탈하면서 그 활동은 막을 내린다. 그럼에도 『씨 뿌리는 사람』이 던졌던 이 질문이 수많은 사회주의자들에게 공유되면서 진영 전체의 인식을 전환하는 계기로 작용했다는 사실은 부인하기 어렵다. 혁명에 도달하기 위해 보다 명확하고 이론적인 관점에 목말라 있던 다수 운동가들에게 새로운 논의의 시야를 제공했다는 것만으로도 이 잡지는 일본 사회주의 문예운동의 출발을 열었다고 평가받기에 충분하기 때문이다.

1924년 『씨 뿌리는 사람』에 참여했던 일부 동인들과, 나카노 시게하루(中野重治), 하야시 후사오(林房雄) 등의 도쿄대 사회문예연구회 구성원들이 모여 『문예전선(文芸戦線)』을 창간한다. 이 잡지는 프롤레타리

20) 운동 결성 초기엔 연극 등 문화운동에 힘을 쏟았고, 평등한 인권 보장 사회를 지향하며 반전, 평화 유지, 지식인들의 세계적인 협력체제를 전개하며 사회적 반향을 불러일으키던 클라르테 운동이었으나 바르뷔스의 철저한 사상의식의 행동표출이 1923년 프랑스 공산당 입당이란 형태로 나타나게 되고, 볼셰비키 혁명지지파와 절대평화주의를 견지하려던 바르뷔스의 기존 클라르테 그룹원과의 마찰이 잦아지면서 내부 갈등을 초래하게 된다.(이수경, 「버트랜드 러셀과 클라르테운동 및 러셀-아인슈타인 선언」, 『2015 런던&파리 제16회 세계한민족포럼 논문집』, 전남대학교 세계한상문화연구단, 2015, pp.120~121.)

아 문학이론의 방향성을 모색하는 장이자, 젊은 프롤레타리아 문학자들의 등용문으로서 기능했다. 그리고 소비에트의 라프(Russian Association of Proletarian Writers) 결성에 자극을 받아 일본의 통일된 문예전선을 표방한 일본프롤레타리아 문예연맹(프로문맹)이 발족하자, 『문예전선』은 프롤레타리아 예술의 통일된 방향성을 확립하는 것을 제1 과제로 삼으며 실질적인 기관지 역할을 담당하게 된다. 이때 관념과 현실, 이론과 실천이라는 간극 사이에서 예술이 취해야 할 태도를 둘러싼 갈등이 다시금 잡지 내부 구성원 사이에서 분출한다. 그 결과 1926년 프로문맹은 아나키스트 계열 구성원을 배제하고, 일본프롤레타리아 예술연맹(프로예맹)으로 개편한다. 하지만 조직 내부는 후쿠모토의 이론을 지지하며 사회주의 운동에 예술을 종속시켜야 한다는 입장에 선 가지 와타루(鹿地亘)와 나카노 시게하루(中野重治), 그리고 그 반대 입장에 선 구라하라 고레히토(藏原惟人)와 하야마 요시키(葉山嘉樹)가 새롭게 충돌하고 있었다. 후쿠모토의 이론은 개인의 자유로운 의식이 자연스럽게 집단에 대한 저항의식을 형성한다는 아나키즘적 발상을 부정하고 실천적 문예운동의 필요성을 주창했지만 인텔리 중심의 이상주의적 접근 방식을 버리지 못하고 있었다. 궁극적으로 공산주의 운동은 프롤레타리아 스스로 계급 혁명의 주체가 되어야 한다는 점에서, 후쿠모토의 이론은 노동계층과 유리된 운동 방식이라는 비판에 취약할 수밖에 없었다. 결국 그에게 비판적이었던 이들이 조직을 떠나고, 그를 지지하던 이들이 남아 『프롤레타리아 예술(プロレタリア芸術)』을 창간하면서 독자적인 활동을 선언하는데, 여기서 나타난 입장 차이는 이후 예술대중화논쟁에서 거의 그대로 재현된다.

1927년 6월 프로예맹 주류파에 의해 제명 처분을 받은 구라하라 고레히토 등은 노동예술가연맹(노동예맹)을 결성한다. 이들은 잡지 『문예전선』을 이어받아 활동을 시작하는데, 얼마 지나지 않아 코민테른은 '27년 테제'를 발표한다. 노동예맹은 후쿠모토이즘에 대해서 비판적이었으나, 야마카와이즘에 대해서는 균질화된 입장을 견지하지 못하고 있었다. 야마카와이즘을 적극적으로 지지하는 측과 중립적인 측이 공존하고 있었던 것으로, '27년 테제'가 후쿠모토이즘뿐 아니라 야마카와이즘까지를 비판하자 구라하라 고레히토 등의 중립파가 코민테른의 입장을 지지하며 또다시 이탈하게 된다.[21] 이들은 곧바로 전위예술가동맹(전위예맹)을 결성하고 잡지 『전위(前衛)』를 발간한다. 그러나 1928년 '3.15사건'[22]이 벌어지자 그 충격과 위기감 속에 프로예맹 및 일본좌익문예가총연합과 통합을 모색하게 되고, 그 결실로 탄생한 것이 전일본무산자예술가연맹(NAPF: 나프)이었다. 후쿠모토이즘을 지지했던 세력과 비판적이었던 세력이 먼 길을 돌아 코민테른의 지도하에 다시 조직되었고, 이로써 공산당의 국제주의적 운동 방침과 예술운동의 통일된 방향성이 실질적인 권위를 갖기 시작했다고 할 수 있다.

나프의 시대는 프롤레타리아 문화운동의 전성기였다. 나프가 구심점으로 기능하면서 문학 중심에서 연극, 영화, 미술, 음악 등으로 문화운동의 영역과 질이 획기적으로 확장한다. 나프의 기관지 『전기(戰旗)』는 1928년 5월부터 1931년 11월까지 총 41호가 발행되었고, 고바야시 다키지(小林多喜二)를 비롯한 전전 일본의 대표적인 프롤레타리아 작가가

21) 김사량은 그의 글(「일본 프롤레타리아 연극 전성기의 담당자」, 『일본문화연구』 55, 동아시아일본학회, 2015, p.13.)에서 "프롤레타리아 문예계의 분열을 간단히 말해 『프롤레타리아예술』의 프로예(나카노, 가지), 『문예전선』의 노예(아오노, 하야마), 『전위』의 전예(구라하라, 야마다, 하야시)로 3분화된 정치적 대립구도로 요약할 수 있다"고 일련의 분화 과정을 설명하고 있다.

22) 1928년 3월 15일 발생한 사건으로, 일본공산당원을 포함한 사회주의 활동가 수천 명이 검거되어 약 300명이 치안유지법에 기소되었고, 그중 30명은 바로 감옥에 수감되었다.

여기서 작품 활동을 전개하는 등 일본의 대표적인 프롤레타리아 문예잡지의 지위를 획득한다. 하지만 프롤레타리아 예술론을 둘러싼 심각한 대립이 이내 조직에서 표면화된다. 이미 프로예맹 시절부터 예술운동의 방향성에서 대립적인 입장에 서 있던 나카노와 구라하라의 충돌이 본격화된 것인데, 그 발화점이 구라하라가 1928년 『전위』 1월호에 발표한 「무산계급예술운동의 새로운 단계-예술대중화론과 전 좌익예술가의 통일전선으로」였다. 이 글에서 구라하라는 나카노의 예술이론이 이상적인 예술론에 머물고 있다고 비판하면서, 이른바 대중이 현실적으로 소비 가능한 예술 창출을 제언한다. 대중 미디어를 중심으로 부르주아 문화가 대유행하는 현실에서, 나카노가 주창하는 예술이론은 '이상적인 대중'의 형성을 전제로 할 때만 성립되며 따라서 그런 여건이 미성숙한 지금은 문화 창작물에 프로파간다적인 측면을 강화함으로써 문화성과 사상성을 동일화시키는 작업이 무엇보다 필요하다는 것이 구라하라의 주장이었다. 구라하라에게 '예술을 이용한 직접적인 대중선전'과 '프롤레타리아 예술의 확립'은 전략적으로 나눌 수 있고, 나눠야 하는 것이었다. 그에 비해 나카노는 잡지 '『전기』를 예술적이기에 대중적이며 대중적이기에 예술적인'[23] 기관지로 규정한 데에서 잘 나타나 있듯이, 이상적인 예술이 존재하면 이상적인 대중들이 그것을 소비할 것이라는 입장에서 출발한다. 그가 보기에 아지프로(선동 선전)적인 문화운동과 예술지상주의적 문화운동은 분리 가능한 것이 아니며, 만약 이 둘이 분리되어 있다면 거꾸로 이들을 일치화시키는 방향으로 움직일 때 진정한 의미의 프롤레타리아 예술이 완성되는 것이었다.

주지하다시피 프롤레타리아 예술론은 근대 예술이 부르주아 예술과

23) 구리하라 유키오, 『프롤레타리아문학과 그 시대』, p.136.

프롤레타리아 예술로 나뉘어 있다는 전제하에서 출발한다. 따라서 무산계급에 의해 창작·유통·소비되는 것이야말로 프롤레타리아 예술의 가장 이상적인 환경이라고 할 수 있다. 그런데 여기서 발생하는 문제가 인텔리 계층과 노동자 계층의 문화의식의 격차라는 현실이다. 무산자라는 넓은 연대를 통해, 다수 인텔리를 포섭한 공산주의의 문화운동에서, 노동자 계층과 인텔리 계층은 문화의 창작과 소비 양쪽에서 역량 차이가 날 수밖에 없었다. 따라서 서동주의 지적처럼 "프롤레타리아트를 위해 만들어진 예술이 프롤레타리아트에 의해 수용되지 못하고 있다는 현실이 낳은 '위기의식'"[24]에서 비롯된 이 논쟁은, 양자의 문화의식을 어떠한 방식으로 완충시킬 것인가에 그 핵심이 있었다고 할 수 있다. 그리고 그 해답이 결코 간단치 않다는 점에서 이 문제는 예술의 표현 방식 전반을 둘러싼 갈등으로 확산될 여지가 충분했다. 실제로 이후 『전기』로 장을 옮겨 3년 넘게 이 논쟁은 이어지는데, 두 사람의 대립에 가지 와타루와 하야시 후사오가 참전하면서 향후의 문예운동의 방향을 결정지을 사태로까지 확대된다.

> "예술의 내용도 프롤레타리아트의 모습이나 관헌에 대한 투쟁과 같은 애매한 것일 수가 없다. 그것은 바로 당이 내걸고 있는 슬로건의 사상, 그 슬로건에 연결되는 감정이다."[25]

하지만 나카노와 구라하라의 대립만 놓고 본다면, 1929년 『전기』 4월호에 실린 나카노의 글을 마지막으로 두 사람이 벌인 논쟁은 실질적

24) 서동주, 「예술대중화논쟁과 내셔널리즘 – 나카노 시게하루의 예술대중화론 비판의 위상」, p.111.
25) 나카노 시게하루, 「우리는 전진하자」, 『전기』 4월호, 1929.

인 끝을 맺게 된다. 예술은 '당이 내걸고 있는 슬로건의 사상'과 직접적으로 연결된다는 구라하라의 생각을 나카노가 전면적으로 수용하면서 막을 내리게 된 것이다.[26] 이 시기 일공의 방침은 권위적인 성격을 강화하며 이론적 통일성을 지향하고 있었다. 게다가 외부의 대대적인 탄압이 계속되는 가운데, 예술의 아지프로적인 성향을 강화하자는 구라하라의 예술론이 현실적으로 훨씬 더 선명한 방침으로 조직 내부에서 지지를 받는 것은 당연한 일이었다. 무엇보다 프롤레타리아의 문화적 공동성을 공산주의라는 사상적 동일성으로 수렴시켜야 한다는 의식은 나카노에게도 확고했다. 공산당을 둘러싼 엄혹한 환경 변화가 아니더라도 아지프로적인 예술 활동의 필요성에는 그 역시 공감하고 있었고, 그 적용 속도와 방법을 둘러싼 이견을 어떻게 조율할 것인가 라는 문제만 남아 있을 뿐이었던 것이다.

1931년 구라하라는 『전기』 6월호에 「프롤레타리아 예술운동의 조직문제」라는 글을 게재한다. 그 내용은 문화운동을 농촌과 노동자들의 지역 서클운동과 더욱 강하게 연계해야 한다는 것이었다. 이는 예술대중화론을 둘러싼 논쟁이 프로파간다적인 창작으로 결착이 났음을 확증한 사건이었다. 같은 해 11월 일본프롤레타리아문화연맹(COPF: 코프)이 출범한다. 구라하라는 이 과정에서 중심 역할을 담당하면서 새롭게 만들어진 다양한 문화운동 서클을 포함한 조직 개편을 단행한다. 이후 코프는 노동자와 농민계급과 적극적으로 연계하면서 빠르게 성장한다. 이른바 예술대중화론을 경유하여, 본격적인 프롤레타리아 예술운

26) '예술대중화논쟁'은 한 사람의 자립적인 지식인 혁명예술가가, 비로소 현실적인 의미를 가지기 시작하던 '정치의 우의성'론에 대해 최우의 사투를 시도한 기록이며, 그 패배와 자기 해체의 모습에 다름 아니었다.(구리하라 유키오, 『프롤레타리아문학과 그 시대』, p.93.)

동이 가시권에 들어온 것인데, 불행하게도 그 실천적인 운동은 1930년대 중반을 전후하여 막을 내린다. 전전 일본프롤레타리아 문화운동의 짧고도 치열한 활동이 조직의 운명과 함께 멈출 수밖에 없었던 것이다.

한편 초기 유학생들의 동인지 활동으로 시작한 재일조선인의 문화활동은 1920년대에 접어들자 일본 사회주의의 흐름과 연동되면서 조직 운동적인 색채를 갖추어 간다. 그러던 가운데 1925년 8월 조선프롤레타리아예술동맹(카프)이 서울에서 출범한다. 카프는 기관지『문화운동(文化運動)』의 일부 호를 검열을 피해 도쿄에서 간행하면서 조공과 일공의 연대 가능성을 모색한다. 그리고 이때 카프와 직간접적으로 관계를 맺고 있던 재일문학자와 운동가들이 중심이 되어 설립한 조직이 무산자사(無産者社)였다. 이 조직은『문화운동』의 후속지로『무산자(無産者)』를 간행하면서 카프의 활동을 외곽에서 지원한다. 그러나 이내 일국일당주의라는 코민테른의 방침이 실질적인 권위를 띠면서 일본 내 문화운동 통합의 요청 앞에 서게 된다.

> 1930년대에 들어서면서 프롤레타리아 예술운동은 '무산계급은 국가의 구별이 없는 이른바 국제적인 계급'이라는 인식을 토대로 각 국가 간의 연대를 표방하는 추세로 변화기 시작하였고 이에 따라 한국과 일본에서도 역시 공동으로 투쟁하려는 노력이 진행되었다.[27)]

무산자사가 해산하자 국제주의적 문화운동의 실천을 목표로 문학, 연극, 영화, 음악, 미술의 다섯 개 부문으로 나누어 활동을 개시한 동지사(同志社)는, 민족적 특수성과 공산당의 국제주의 방침 사이에서 논의

27) 기다 에미코,「韓·日 프롤레타리아 美術運動의 交流에 관하여=日韓プロレタリア美術運動の交流について」,『美術史論壇』12, 한국미술연구소, 2001, p.59.

를 이어가지만, 마찬가지로 코민테른의 방침을 수용하면서 1932년 코프와 통합된다. 이 통합에 대해 박경식은 "일체의 지배적, 반동적, 부르주아적 민족문화에 대항하기 위한 프롤레타리아 계급 및 피지배 민중의 문화 발전과, 선진제국주의의 문화지배에 대비해 약소민족문화의 옹호를 위한 투쟁만이 국제적이고 인간적인 문화의 진정한 기초를 만든다"는 이론 하에 "재일본조선노동자의 문화적 욕구와 문화운동 안의 식민지문제에 대응하기 위한 해결방법의 하나로 동지사를 해체하고 코프 안에 조선협의회 설치를 결정했다"라고 평가하는데"[28], 재일문화단체를 둘러싼 의미 있는 변화가 이 시기부터 표면화되기 시작한다.

한편 1920년대 이후 일본프롤레타리아 문화운동의 방향성을 둘러싸고 벌어진 일련의 논쟁은 당시 일본에 거주하고 있던 재일조선인 지식인에게도 큰 영향을 미친다. 가령 1920년에서 23년까지 일본에서 유학한 김기진은 잡지 『씨 뿌리는 사람』의 평화주의적이며 인도주의적인 분위기에 매료되는데[29], 초기 아나키즘의 감성적이면서도 현실 문제와 맞닿아 있는 저항의 방법론에 매우 강한 영향을 받은 채 귀국한다. 조선에 돌아간 김기진이 카프의 중심인물로 활동하면서, 조선의 사회주의 문단에서 발생하는 '내용, 형식논쟁'과 '예술대중화논쟁'에서, 문학적 가치를 옹호하는 편에 서게 되는 데에서 엿볼 수 있듯이 그의 사상이 이론과 실천 방법 양쪽에서 일공의 담론 공간 자장 아래에서 형성된 것은 부인하기 어렵다. 그리고 이는 무산자사의 성립과 해체, 그리고 뒤이은 동지사의 결성과 코프와의 통합에 중심적 역할을 담당

28) 朴慶植, 『8.15解放前 在日朝鮮人運動史』, pp.275~278.

29) 원웅재, 「八峰 金基鎭 批評 硏究 : 식민지 지식인으로서의 정체성을 중심으로」, 성균관대학교 석사학위논문, 2015, p.12.

했던 김두용의 경우에도 마찬가지였다. 1926년 동경제대 입학 이후, 사회주의 운동에 가담한 그는 후쿠모토이즘의 강한 영향을 받은 인물이었다.[30] 예술대중화논쟁이 벌어지는 현장을 가장 가까이에서 접한 김두용은 무산자사를 결성하고 오히려 카프를 흡수하는데, 그 목적은 "카프의 관념적 공식주의적 태도를, 그리고 예술투쟁의 곤란을 통해 카프의 정치투쟁에 대한 미온적 자세를 공격"[31]하기 위함이었다. 1929년 5월과 7월에 김두용은 「정치적 시각에서 본 예술투쟁-운동 곤란에 대한 의견」과 「우리는 엇더케 싸울 것이가?-아울너 『문예공론』, 『조선문예』의 반동성을 폭로함」이라는 글을 『무산자』에 발표한다.[32] 이때는 나카노와 구라하라 사이에서 벌어진 예술대중화논쟁이 적어도 양자 사이에서는 수습 국면으로 들어선 때였다. 그런데 둘 사이에서 1년이 넘게 벌어진 논쟁의 양상을 숙의한 그에게 공산주의의 선명한 방향성을 바로바로 흡수하지 못한 채, 민족해방과 계급해방 사이에서 모호한 태도를 취하고 있었던 조공과 카프의 태도는 이해하기 어려운 측면이 있었다. 박경수는 "김두용이 국내보다 '재일'의 조건에 놓인 조선인에, 그리고 국내보다 일본 내의 반제국주의 정치투쟁 단체에 더 관심을 갖기 시작한 때는 무산자사 시절부터라고 말할 수 있다"라고 지적하는데[33], 이때의 경험이 조공과 다른 상황과 입장을 그에게 각성시키는 계기로 작용한 것은 명확해 보인다. 또한 이는 종래에 일공과도

30) 박경수, 「일제하 재일 문학인 김두용의 반제국주의 문학운동 연구」, 『우리文學研究』 25, 우리문학회, 2008, p.296.

31) 박경수, 위의 논문, p.307.

32) 관련 내용은 朴慶植이 펴낸 자료집 『朝鮮問題資叢書·5』(アジア問題研究所, 1983.)를 참조.

33) 박경수, 「일제하 재일 문학인 김두용의 반제국주의 문학운동 연구」, p.311.

다른 차이를 그가 겪을 수밖에 없다는 점에서, 조공과 일공 어느 쪽과도 다른 재일조선인의 입장에 선 프롤레타리아 문화운동의 이미지가 만들어졌음을 의미하는 것이기도 했다. 실제로 동지사를 거쳐 코프로 통합된 재일조선인 단체는 김두용을 중심으로 독자적인 활동 공간을 보장받음으로써, 코프의 자장 안에 있으나, 동시에 차별되는 프롤레타리아 문화운동의 움직임을 만들어 간다.

코프로 통합된 재일조선인 단체는 코프 산하에 설치된 조선협의회를 중심으로, 일본프롤레타리아 연극동맹, 일본프롤레타리아 미술가동맹, 일본프롤레타리아 작가동맹, 프롤레타리아 과학연구소 등의 산하 단체에 각각 조선위원회를 설치하고, "반파시즘 문화투쟁을 통해 재일조선인 노동자와 농민 서클을 조직하고, 일본 노동자와 농민에게 조선문제를 소개하고 관심을 고양시킴으로써 조일프롤레타리아의 혁명적 제휴를 강화"[34]한다는 목표 아래 활동을 이어간다. 초기에 조선어기관지 『우리 동무』를 중심으로 활동했던 조선위원회는 코프 결성 이후 미술 분야의 활동에도 눈을 돌리는데, 기다 에미코(喜多恵美子)는 이 시기에 박석정, 윤상열 등의 화가가 프롤레타리아 미술연구소에서 활동하면서 마쓰야마 후미오(松山文雄) 등의 일본 화가들과 기관 발행 잡지의 삽화 및 각종 포스터 제작을 함께 참여한 것으로 파악하고 있다.[35] 다만 조직적인 음악과 영화 활동에 관한 자료와 연구는 아직 발견되지 않고 있다.[36] 한편 1920년 유학생이 중심이 되어 조직한 극예술연구회

---

34) 朴慶植, 『8.15解放前 在日朝鮮人運動史』, p.277.

35) 기다 에미코, 「韓·日 프롤레타리아 美術運動의 交流에 관하여=日韓プロレタリア美術運動の交流について」, p.74.

36) 이 시기 재일조선인음악에 관한 연구로 송안종의 저서(宋安種, 『在日音樂100年』, 青土社, 2009)가 존재한다. 책의 내용에 재일조선인음악의 원용으로 전전 노래 '아리랑'이

의 전통은 1931년에 결성된 도쿄조선어극단으로 이어진다. 이후 일본 프롤레타리아 연극동맹 산하에 조선대만위원회가 설치되면서 3.1극단으로 개칭되는데, 코프의 해산 이후에는 고려극단으로 재출발한다. 1934년 고려극단은 “경제적 기반의 부재와 지도적 문학가의 부재, 좌익 편중주의의 잔존 등 문제로 인해 해산”[37]되고, 이듬해 2월 도쿄신연극연구회, 5월 조선예술좌, 6월 학생예술좌가 차례차례 만들어진다.

> 공통적으로 ‘조선민족의 연극전통’을 바탕으로 한 ‘조선어극단’을 지향했다. 또한 정치성이나 이데올로기와 무관한 순수예술운동을 표방했다. 이는 과거 코프를 중심으로 한 좌익적 정치주의적 경향에서 독립을 의미하는 것이라기보다 민족적·계급적 극단으로 합법적인 연극 활동을 통해 재일조선인 대중에게 사회주의 리얼리즘을 보급하자는 의미가 강했다.[38]

‘민족적·계급적 극단으로 합법적인 연극 활동을 지향했던 세 단체는 1936년 조선예술좌로 통합하여 재출발한다. 사회주의적 경향이 여전히 강했던 단체와, 순수예술을 지향했던 단체가 결합한 통합의 이면에 재일조선인이라는 특수성이 적지 않게 작용했음은 쉽게 짐작할 수 있

일본에서 유통되고 소비된 양상을 추찰하고 그 원형으로 평가하고 있으나, 프롤레타리아 문화운동의 일환에서 이루어진 내용이 부재하여 소개에서 제외했다. 또한 이 시기 일본프롤레타리아음악운동에 주목한 연구로 이지선의 업적(2012, 「일본 프롤레타리아음악운동과 우타고에운동 1 – 방침·인물·활동양상을 중심으로」, 『翰林日本學』, 한림대학교 일본학연구소)이 존재하나, 재일조선인 음악인과 활동은 그 내용에서 다루고 있지 않다. 마지막으로 이 시기 일본프롤레타리아 영화와 카프 제작 조선 영화에 관련한 연구들은 확인되나, 현재까지 재일조선인이 주체가 되어 코프의 영향 아래서 영화를 제작한 자료와 연구는 확인되지 않는다.

37) 김정명, 『조선독립운동』 4, 국학자료원, 1980, p.503.

38) 정혜경, 「1930년대 재일조선인 연극운동과 학생예술좌」, pp.26~27.

다. 정혜경은 "일본 당국이 재일조선인을 대상으로 펼쳤던 통제정책의 핵심인 '조선어와 조선 교육 포기요구'에 정면으로 대응하는 활동을 전개했다"[39]라고 이 단체의 성격을 평가한다. 코프의 활동이 실질적으로 중단된 상황에서 재일연극단체는 자신들의 운동을 합법적인 형태로 전환해야 했고, 그것이 거꾸로 재일조선인 문화운동의 폭을 '민족'으로 회귀시키는 요인으로 작용했다고 할 수 있다.

이처럼 전전 일본의 프롤레타리아 문화운동은 다양한 부침을 겪으면서도, 예술분야 전반으로 영역을 확장하면서, 노동자와 농민 계층의 문화 활동을 적극적으로 추동하는 형태로 변모해 갔다. 그 주체와 대상에는 재일조선인과 좌익단체, 나아가 이들을 매개로 사상과 문예운동 양쪽에서 영향을 받은 본국 조선인들과 좌익단체들도 포함되어 있었다. 야마카와이즘이 제기한 '방향전환론'을 둘러싼 후쿠모토이즘의 반발, 그리고 그 연장선상에서 이어진 예술대중화논쟁은, 운동의 원칙과 방향, 예술의 가치와 역할과 같은 근본적인 질문을 이 시기의 일본과 조선, 그리고 재일사회에 제기한다. 전전의 조선인과 일본인, 그리고 재일조선인은 이 논쟁이 다져온 토양 위에서 각자 사회와 문화를 바라보는 방법과 방식을 공유하거나 혹은 이화해 왔다고 할 수 있다. 물론 자본주의라는 집단적 부조리에 저항하면서 발아하기 시작한 공산주의는, 자신들을 다시 집단화함으로써 개인의 자율성을 퇴보시키는 결과를 가져오기도 한다. '정치적인 올바름'과 '미에 대한 맹목적인 추구' 사이의 갈등에서 공산주의가 훨씬 더 엄격한 자기 검열을 필요로 한다는 점, 그리고 필연적으로 '예술'의 역할을 정치성의 관계에서 묻게 된다는 점에서 프롤레타리아 문화운동은 결국 편향적인 정치예술 운동

39) 정혜경, 위의 논문, pp.34~35.

으로 치우칠 수밖에 없기 때문이다. 그러나 그럼에도 불구하고 일본의 공산주의는 폭압의 시대에 맞서기 위한 유일무이한 신념이자 표출 방식이었다는 사실은 의심할 여지가 없다. 주목할 점은 이 시기에 제기된 물음과 과제가 전후 반복되는 역사의 모순 앞에서 재차 떠오른다는 사실인데, 1940~50년대 해방 공간에서 재일조직과 일공이 전개해간 문화운동이 그것이었다.

4. 글을 맺으며

1920년을 전후하여 일본에서 공산주의가 자리 잡을 수 있었던 배경은, 이 운동이 비로소 구체적인 형태로 사람들에게 실천 방향을 제시했기 때문이었다. 1920년대에 일본 문화를 지배한 것은 거대 출판자본과 대중미디어가 만든 이미지와 그것을 소비하고자 하는 욕망이었다. 사람들은 자본주의가 만들어낸 화려한 이미지에 열광하면서도, 그 안에 내포된 부조리에 신음하는 이율배반적인 상황에 빠져 있었다. 1920년대 초 일본에서 발아한 공산주의는 이러한 현실을 개선시킬 대안으로 빠르게 자리 잡는다. 조직의 활동가들은 많은 논쟁을 거치면서 자연발생적 저항 이념에서 벗어난 보다 조직적이고 적극적인 운동을 모색하는데, 그 실천의 일환으로 추진된 것이 프롤레타리아 문화운동이었다. 1930년대에 접어들면서 일본 정부는 전시체제를 강화하고, 일공에 대한 탄압을 가속화한다. 계급 해방에서 천황제 타도로 전선을 확대하며, 적극적인 운동을 전개했던 공산당의 도전은 결국 시대적 한계와 내부의 역량 부족을 타개하지 못한 채 막을 내리는데, 그 역사적 현장에 늘 함께한 존재가 재일조선인이었다.

한편 1930년을 전후하여 재일조선인의 급속한 유입과 함께 재일조선인 사회에 독자적인 담론 시장이 형성된다. 공산주의 계열 재일조직은 민족해방과 계급해방의 우선순위를 둘러싼 일본공산당과 조선공산당의 입장 차이 앞에서, 때로는 양측의 온도를 조율하는 완충지대로서, 때로는 재일사회의 독자적인 목소리를 반영하는 창구로서 기능한다. 재일조선인의 이러한 입장이 가장 선명하게 반영된 분야가 프롤레타리아 문화운동이었는데, 일본과 조선 양쪽에 속하면서도 어느 쪽과도 다른 재일조선인의 원초성이 엿보인다는 점에서, 향후 이에 대한 보다 정치한 연구가 필요한 시점이다.

이 글은 고려대학교 글로벌일본연구원의 『일본연구』 제30호에 실린 논문 「전전 재일조선인 문화운동의 발아와 전개: 일본 프롤레타리아 문화운동의 맥락에서」를 수정·보완한 것임.

참고문헌

구리하라 유키오, 『프롤레타리아문학과 그 시대』, 소명, 2018.
기다 에미코, 「韓·日 프롤레타리아 美術運動의 交流에 관하여=日韓プロレタリア美術運動の交流について」, 『美術史論壇』 12, 한국미술연구소, 2001.
김사량, 「일본 프롤레타리아 연극 전성기의 담당자」, 『일본문화연구』 55, 동아시아일본학회, 2015.
김영진, 「정우회선언의 방법과 내용」, 『史林』, 수선사학회, 2016.
박경수, 「일제하 재일 문학인 김두용의 반제국주의 문학운동 연구」, 『우리文學硏究』 25, 우리문학회, 2008.
서동주, 「예술대중화논쟁과 내셔널리즘 – 나카노 시게하루의 예술대중화론 비판의 위상」, 『일본사상』 17, 한국일본사상학회, 2009.
이수경, 「버트랜드 러셀과 클라르테운동 및 러셀 – 아인슈타인 선언」, 『2015 런던&파리 제16회 세계 한민족포럼 논문집』, 전남대학교 세계한상문화연구단, 2015.

이승진, 「재일조선인조직의 태동과 전개 – 1920~50년대를 중심으로」, 『일본학』 46, 동국대학교일본학연구소, 2018.
이지선, 「일본 프롤레타리아음악운동과 우타고에운동 1 – 방침·인물·활동양상을 중심으로」, 『翰林日本學』, 한림대학교일본학연구소, 2012.
전상숙, 「제국과 식민지의 '정치투쟁'과 '경제투쟁'의 함의와 문제 : 후쿠모토이즘과 정우회선언의 한·일 사회주의 '방향전환' 논쟁을 중심으로」, 『한국동양정치사상사연구』 9(1), 한국동양정치사상사학회, 2010.
정혜경, 「1930년대 재일조선인 연극운동과 학생예술좌」, 『한국민족운동사연구』 35, 한국민족운동사학회, 2003.
정혜선, 「1920년대 일본사회주의 운동과 평화공간 – 일본공산당과 사노 마나부의 활동을 중심으로」, 『인문사회21』 7, 아시아문화학술원, 2016.
______, 「일본공산당의 형성과 그 성격」, 『일본역사연구』 5, 일본사학회, 1997.
조관자, 「'사회과학·혁명논쟁'의 네트워크 – 일본자본주의논쟁(1927~1937)을 중심으로」, 『한림일본학』, 한림대학교일본학연구소, 2011.
최세훈, 「일본프롤레타리아 영화 운동의 기원: 사사 겐주의 소형영화론과 이동영화론 고찰」, 『세계문학비교연구』 59, 세계문학비교학회, 2017.
朴慶植, 『8.15解放前 在日朝鮮人運動史』, 三一書房, 1979.
______, 『朝鮮問題資叢書』 5, アジア問題研究所, 1983.
宋安種, 『在日音楽100年』, 青土社, 2009.
外村大, 「在日本朝鮮労働総同盟に関する一考察」, 『在日朝鮮人史研究』 18, 在日朝鮮人運動史研究会, 1988.10.

전후 재일코리안 사회의 소수자 운동

1945년부터 1965년까지

이진원

1. 머리말

1945년 일본 패전 직후 일본 땅에 살고 있던 한반도 출신자의 수는 200만 명을 넘었다.[1] 이들은 1910년 국권피탈 이후 일본 제국주의의 한반도에 대한 식민지 정책의 영향으로 일본으로 이주하여 거주하게 되었다. 특히 '토지조사사업'과 '산미증산계획'으로 토지로부터 유리되어 경작권이 박탈되고 생활이 어려워지면서 급격하게 일본에 이주하는 한반도인이 증가하였다. 1930년대 이후에는 전쟁 등으로 일본 내의 노동력이 부족하게 되자 이를 보충하기 위해 일본 제국주의는 한반도인을 강제적으로 일본으로 이주시켰다. 즉 일본에 거주하는 한반도인

---

1) 역사교과서 재일코리안의 역사에서는 1945년 당시 일본에 재류하는 조선인의 수는 210만 명이라고 하고 있으며(在日本大韓民国民團 中央民族教育委員会 企劃『歴史教科書 在日コリアンの歴史』, 作成委員会 編,『歴史教科書 在日コリアンの歴史』, 明石書店, 2010, p.64), 고토 미쓰오(後藤光男)는 230만 명(後藤光男,「日本国憲法制定しにおける「日本国民」と「外国人」,『比較法学』45(3), 2012. https://www.waseda.jp/folaw/icl/assets/uploads/2014/05/A04408055-00-045030001.pdf), 다카야 사치(高谷幸)는 200만 명이라고 하고 있다.(高谷幸,「追放と包摂の社会学」,『アジア太平洋研究センター年報』, 2013. https://ci.nii.ac.jp/naid/40020019369/)

은 자발적인 의사보다는 직·간접적인 강제에 의해 일본에서 거주하게 된 경우가 많았다.

이러한 역사적 배경을 갖고 있던 일본 거주 한반도인은 1945년 일본 패전으로 한반도가 일본 제국주의 식민지에서 벗어나자 200만 명을 넘었던 숫자 중 140만 명 정도가 한반도로 귀환하였다.[2] 그렇지만 한반도의 정치적 혼란과 경제적 사회적 혼란, 일본 정부가 취한, 귀환 시 일정 정도 이상의 현금과 화물 지참금지[3], 일본에서의 생활기반 구축 등의 이유로 약 60만 명의 한반도인은 일본에 거주하게 되었다.[4] 『歴史教科書 在日コリアンの歴史』(역사교과서 재일코리안의 역사)에서는 이들을 현재 재일코리안의 원점으로 보고 있다.[5]

즉 일본에 거주하던 한반도인이 본인의 자발적인 의사보다는 직·간접적인 강제 연행으로 일본에 이주하게 되었으며 일본 제국주의의 한반도 식민자화로 인해 자신들의 원래 국적도 강제로 사라졌으며 민족적으로도 지배와 차별을 받아 왔다.[6] 한반도가 식민지에서 해방이 된 이후에도 여러 가지 상황으로 한반도로 귀환을 하지 못한 재일 한반도인은 과거의 상황을 안은 채 재일코리안으로 살아가야 했다.

본 글에서는 이러한 재일코리안의 발자취를 살펴보고자 한다. 특히

2) 高谷幸, 위의 글; 作成委員会 編, 위의 책, p.65.

3) 현금 1,000엔 이하, 화물 250파운드 이하로 귀환자의 현금 및 화물을 제한.(作成委員会 編, 위의 책, pp.66~67.)

4) 『歴史教科書 在日コリアンの歴史』에서는 59만 8,570명으로 기록하고 있으며 그 근거는 1947년의 '외국인등록령'의 재일코리안 등록자 수로 보고 있다.(作成委員会 編, 위의 책, p.66.)

5) 作成委員会 編, 위의 책, p.66

6) 『歴史教科書 在日コリアンの歴史』에서는 제2장 '해방 전 재일조선인의 생활'에서 일본 사회에서 재일조선인들의 차별 등에 대해 상세하게 기술하고 있다.

재일코리안들이 가장 취약한 입장에 있던 1945년부터 1965년까지의 시기를 대상으로 할 것이다. 1965년은 한국과 일본이 국교를 정상화하면서 재일코리안들의 지위 등에 대해 국가 차원의 보장을 한 시점이다. 한국과 일본이 국교를 정상화하면서 재일코리안의 지위를 안정화하는 것은 매우 중요한 의제 중의 하나였다는 것은 그 이전의 재일코리안의 지위는 매우 불안정했다는 것을 반증하는 것이다.

이 글은 1945년부터 1965년까지 재일코리안들이 과거로부터 안고 있던 취약한 지위와 여건을 어떻게 극복하려고 하였는가에 초점을 맞추어 살펴보았다. 일본 정부는 후술하는 바와 같이 재일코리안을 역사적 사회적으로 특수한 배경을 가진 소수자로 보면서 강력한 억압, 차별, 견제 정책을 취해 왔다. 이에 대해 재일코리안들은 자신들의 입지를 지키고 자신들의 위상을 찾고자 하는 노력을 전개해 왔다. 이러한 노력을 본 논문에서는 '찾기'운동의 관점에서 그 내용과 특징을 분석하고자 한다. 즉 일본 제국주의가 한반도인에게서 빼앗았고, 전후 일본 정부의 재일코리안들에게서 빼앗고자 한 것을 되찾아가는 발자취를 재구성해 보고자 한다. 이렇게 함으로써 재일코리안의 역사가 일본 정부의 정책으로 인해 규정되는 것이 아니라 자신들의 적극적인 운동의 결과로 기록할 수 있을 것이다.

2. 재일코리안의 소수자 운동 내용 및 특징

1) 잃어버린 민족 찾기

1945년 8월 15일 일본이 패전을 선언하자 일본에 거주하고 있던 재일코리안들은 가장 먼저 자신들의 단체를 결성하기 시작하였다. 최영호에 따르면 1945년 8월에만 생겨난 단체를 보면 먼저 도쿄 등 간토(關東) 지방에는 재일본조선건국촉진동맹, 일본조선인대책위원회(도쿄), 재일본조선인거류민연맹(도쿄), 재일본조선인거류민단(도쿄), 재일조선인회(도쿄), 메구로(目黑)조선인협의회(도쿄), 와세다유지회(도쿄), 간토지방조선인회(가나가와), 사이타마(埼玉)현조선인협의회(사이타마)가 생겼고 간사이(關西) 지방에는 조선국제노동동맹(오사카), 일본거류고려인중앙협의회(오사카), 재일본 교토(京都)조선인거류민단 등이 대표적이다. 이 이외에 효고(兵庫)현, 교토(京都)부, 기후(岐阜)현, 아이치(愛知)현, 시가(滋賀)현, 나라(奈良)현, 미에(三重)현, 와카야마(和歌山)현, 후쿠이(福井)현, 돗토리(鳥取)현, 오카야마(岡山)현, 시마네(島根)현, 히로시마(広島)현 등지에서 재일코리안 단체가 결성되었다는 기록이 있다. 그 후 9월 6일에는 지역의 대표들이 오사카에서 '조선인협의회 결성준비위원회'를 발족시켰다고 서술하고 있으며.[7] 홍인숙은 일본이 패전한 그날 오사카 이마자토(今里)구에 '재류조선인대책위원회', 8월 18일에 도쿄의 스기나미(杉並)구에 '재류조선인 대책위원회', 22일에는 시부야(渋谷)구에 '재일본조선인귀국지도위원회'가 조직되었다고 설명하고 있다.[8] 일본 전국에서 산발적이고 자생적으로 발생하던 재일코리안 조직은 9월에 들어서면서 일본 전국의 통일조직을 결성하는 움직임이 보였다. '재일본조선인연맹중앙결성준비위원회' '동 중앙결성상무위원회'를 결성하였고 10월에는 '재일본조선인연맹(이하 조련)'이 출범하였다. 조련은 일본 전국적인 조직으로 1946년 8월에는 지방본부가 47

7) 최영호, 「재일본 조선인 연맹(조련)의 한반도 국가 형성 과정에의 참여」, 강덕상·정신성 외 공저, 『근·현대 한일관계와 재일동포』, 서울대학교 출판부, 1999, pp.363~364.

8) 홍인숙, 「1945~48년 재일 조선인연맹의 조직과 활동」, 위의 책, pp.461~462.

개, 그 지부가 1,013개로 확대되었다.[9)]

일본의 패전 직후 결성된 재일코리안 조직은 중앙조직이 결성되고 지방조직이 생겨난 것이 아니라 지방조직이 조직된 이후에 이를 통합하기 위한 중앙조직이 출범한 것이 커다란 특징이라고 할 수 있다. 그 이유에 대해 홍인숙은 "일본에 거주하던 조선인은 스스로는 해방된 민족이었으나 그들의 생활의 장은 …패전을 맞은 일본이었고 조선인에 대한 멸시와 탄압의 풍조가 사회의 구석구석에 뿌리 깊게 남아 있었다. 일본에 거주하고 있던 조선인들은 간토 대지진 때 무참히 학살당했던 기억을 떠올리면서 '일본인 쪽에서 조선인에게 보복적인 폭행을 하는 사태가 벌어지는 것은 아닐까?' 하는 불안과 해방에 대한 희망을 동시에… 이러한 상황에 처해 있던 조선인은 하루라도 빨리 조국에 돌아가고 싶은 생각과 동시에 스스로를 위험에서 보호할 방책을 강구하지 않으면 안 되었다."라고[10)] 설명하고 있다. 따라서 재일코리안은 생활의 장에서 먼저 자신들을 지켜줄 수 있는 조직이 필요하였던 것이다. 물론 그 뿌리로는 일본제국주의 시절 재일코리안들의 반체제운동도 무시는 할 수 없었던 것은 말할 필요가 없다. 세계 제2차대전이 발발한 다음날, 재일코리안 124명이 일본 정부의 비상조치에 의해 검거된 것을 보면 알 수 있듯이 이미 재일코리안 내에는 비밀조직으로 '평안그룹' '민족부흥회' '계림동지회' '동맹회' '마르크스주의연구회' '독립혈맹' '조선독립청년당' '조선독립연맹' 등이 있었다.[11)] 이러한 조직과 패전 후 조직된 단체와 직접적인 연결을 파악할 수 있는 자료나 연구는 찾을 수

9) 홍인숙, 위의 글.
10) 홍인숙, 위의 글.
11) 최영호, 위의 글, pp.359~360.

없다. 일본 전국의 통일된 단체의 참여인사과 지도자급의 인사들의 면면을 보면 일본제국주의에 의해 반체제 인사로 투옥되었다가 석방된 인물들인 것으로 보아 그 연결이 전혀 없다고는 할 수 없다.

그 후 일본 전국 통일조직으로 출범했던 조련의 성격이 지나치게 좌경화하고 있다고 반발한 재일코리안들은 1945년 11월 '조선건국촉진청년동맹'(이하 건청)을 결성하고 이듬해인 1946년 1월에 '신조선건설동맹'(이하 건동)을 결성하게 된다. 그리고 이들을 모체로 1946년 10월에 '재일본조선거류민단'(이하 민단)을 결성하였고 이어서 지방 조직도 결성되었다. 조련과 민단으로 분열된 것을 우려한 GHQ는 단체의 합병을 알선하였지만 성공을 거두지 못하고 한반도의 분단 지속과 함께 재일코리안의 단체는 두 개로 존속하였다.

재일코리안의 조직은 한반도의 정세와 이념에 의해 나뉘게 되었지만 패전 직후 조직된 재일코리안의 조직은 일본에서 자신들을 스스로 보호하려는 본능에서 시작되었다고 할 수 있다. 단체를 조직하고 그 단체를 통해 일본 제국주의에 의해 피해를 본 민족임을 명확하게 하고 스스로를 지킴과 동시에 잃어버린 것을 찾아야 한다고 생각했을 것이다.

그렇다면 재일코리안들의 가장 먼저 하고 싶은 것은 무엇이었을까? 당시 일본에 거주하고 있던 한반도 출신자들은 일본이 패전하자 가장 먼저 귀국을 희망했다. 1945년 8월부터 재일코리안들은 자발적으로 귀국을 하였으며, 22일에는 '재일조선동포 귀국지도 위원회'가 결성되었다.[12] 1945년 8월 결성된 재일본효고현조선인협의회에서는 '동포의 귀국 편의 제공'을 중요한 사업으로 결의하였다.[13] 앞에서 설명한 조련

12) 姜徹 編著, 『在日朝鮮韓国人史綜合年表』, 雄山閣, 2002.

13) 동선희, 「해방 후 고베지역 재일코리안 동향과 전해건(全海建)의 활동 – 장남 전성님

이 출범하면서 내세운 '선언'과 '강령'을 보면, 선언에는 '귀국 동포의 편의를 도모'한다는 내용과, 강령은 "우리들은 귀국 동포의 편의와 질서를 기함"이라고 하고 있다. 이에 대해 홍인숙은 "재일조선인의 당면 문제 해결, 즉 재일조선인의 귀국사업과 재류 조선인의 생활 안정에 힘을 쏟는 것"이라고 부연 설명을 하고 있다. "실제 문제로서의 당면과제는 귀국하는 조선인의 권리를 확보하고 원만하게 귀국할 수 있도록 주선하는 것, 그리고 귀국할 때까지 일본 사회에서 그 이상의 차별 당하지 않고 안정된 생활을 할 수 있도록 하는 것이었다. 실제 조련 초기 활동의 중심은 귀국하는 조선인을 도와주는 귀국사업이었고 각 지방 조직이 그 실제적인 활동을 담당하고 있었다."라고 설명하고 있다.[14] 이를 위해 조련은 시모노세키(下関), 센자키(仙崎), 하카다(博多)에 출장소를 개설할 것을 결의하고 귀환 노동자의 귀환 여비와 식량을 요구하였다.[15]

일본의 패전 직후 재일코리안들이 가장 원했던 것이 한반도로의 귀국이었다는 것은 무엇을 말해주는 것일까? 그들은 같은 민족이 살고 있는 땅으로 돌아가고자 했던 것이다. 일본제국주의에 의해 한반도에 사는 한민족이 말살되었지만 일본이 패망을 하여 한반도가 해방되어 민족이 다시 되살아났으며 그 민족과 같이 살기 위해 귀국을 가장 희망했다고 볼 수 있다.

말살당했던 민족을 찾기 위한 또 하나의 중요한 움직임은 일본에서의 민족교육의 시작으로 볼 수 있다. 1945년 일본이 패전을 하고 한민

의 증언을 중심으로」, 청암대학교 재일코리안연구소 편, 『재일코리안운동과 저항적 정체성』, 선인, 2016, p.299.

14) 홍인숙, 위의 글, pp.478~479.

15) 최영호, 위의 글, pp.367~368.

족이 해방을 맞이하자 재일코리안들은 일본 제국주의 시대에 사용이 금지되어 있던 우리말과 우리글을 되찾고자 하는 활동을 시작하였다. 재일코리안들은 먼저 '국어 강습소'를 설립하여 한반도의 말과 글을 아이들에게 가르치기 시작하였다. 그 후 재일코리안 단체, 특히 조련은 이를 교육기관으로 개편하였고 1946년 3월부터는 3년제 초등교육기관으로 개편하였다.[16] 당시 재일코리안들의 교육열에 대해 임영언은 "재일코리안들의 민족학교 설립에 대한 열망은 매우 뜨거웠고 '돈이 있는 자는 돈을, 힘이 있는 자는 힘을, 지혜가 있는 자는 지혜를'이라는 슬로건 하에 일본 전국적으로 전개되었다."라고 서술하고 있다.[17] 이러한 민족 교육에서 가장 중점을 둔 것은 말할 것도 없이 국어(조선어)였고 그 이외에 학교 체제가 갖추어진 이후에는 역사, 지리, 산수, 체육, 음악 등의 과목으로 확대되었다.[18] 앞에서 설명한 바와 같이 당시 재일코리안들의 가장 큰 과제는 한반도로의 귀환이었기 때문에 한국어를 구사할 줄 모르는 세대가 한반도로 귀환을 했을 경우에 겪는 어려움을 극복하기 위해서는 언어 교육이 가장 필요하였을 것이다.[19] 1946년 6월 현재 민족교육 기관은 206개에 달했고 교원 326명, 학생 16,502명으로 파악되고 있으며 10월이 되면서는 초등학원이 525개교에 재학생 42,182명, 교원 1,022명이고 중학교가 4개교에 재학생 1,180명, 교원

16) 대부분은 '초등학원'이라는 명칭을 사용하였다.(후지나가 다케시, 「오사카 민족교육운동의 현재」, 청암대학교 재일코리안 연구소 편, 위의 책, pp.356~357.)

17) 임영언, 「재일동포의 민족교육과 교육운동」, 청암대학교 재일코리안 연구소 편, 위의 책, p.323.

18) 후지나가 다케시, 위의 글.

19) 오사카 고베지역의 재일코리안들의 인터뷰에서도 일본 패전 후 민족교육 중에서 가장 중요한 것은 한국어(조선어)였으며 그 이유는 귀국 후의 불편함을 최소화하기 위한 것이라는 내용이 가장 많았다.

52명이고 청년학원은 12개교에 학생 750명 교원 54명으로 전체 교육기관의 수가 541개교에 재학생이 44,112명, 교원이 1,128명이었다.[20] 민족교육을 통해 재일코리안들은 민족의 언어와 역사 등을 배움으로써 민족을 찾는 것이 가능했으며 민족의 정체성을 유지하고 세대를 이어 계승하고자 하였다. 그 결과 일본이 추진하고 있던 동화 정책을 극복하여 강한 민족의 정체성을 유지할 수 있었다고 평가하고 있다.[21] 즉 재일코리안들은 일본 제국주의의 식민지교육에 의해 말살된 한민족의 언어와 문화를 민족교육을 통해 되찾고자 하였다.

재일코리안들의 단체 결성과 민족교육이 잃어버린 한민족으로서의 정체성을 되찾고 일본 사회에서 이를 유지 계승하려는 노력이었다는 사실은 일본 정부의 대응방안을 보면 보다 명확하다. 먼저 일본 정부는 재일코리안의 최초의 전국 조직인 조련에 대해 '단체등규정령'을 공포하여 해산하였다. 이 규정령은 1949년 정령 제64호로 공포된 것으로 제2조 1항에 '점령군에 대해 대항 혹은 반대하고 또는 일본국 정부가 연합국최고사령관의 요구에 따라 발령하는 명령에 대항 혹은 반대하는' 단체는 결성 혹은 지도할 수 없다고 규정하였다. 제4조에는 제2조에 해당하는 단체에 대해서는 법무총재가 지정하면 그 지정에 따라 해산한다고 규정하였다.[22] 이에 따라 조련에 대해서 "일본 국내에 있는 조선인 중 특히 조련의 활동을 보면 재류동포의 자치성을 훨씬 이탈하여 일본에 있는 극좌 정당과 비밀리에 관계를 유지해, 국내 국제적으로도 민족을 파멸의 늪으로 밀어 넣으면서 한편으로 일본 국민까지 선동

20) 후지나가 다케시, 위의 글.

21) 임영언, 위의 글, p.329.

22) 中野文庫 団体等規正令(http://www.geocities.jp/nakanolib/rei/rs24-64.htm(검색일: 2018.2.26.))

하여 폭력 행위를 저지르고 일본 국내의 치안 혼란을 꾀하며 각종 파괴 활동을 기도하고 있다."라고[23] 법무부 특별 심사국이 판단하여 조련을 해산시켰다. 또한 재일코리안 단체가 중심이 되어 운영하고 있던 민족 학교에 대해서도 1948년과 1949년에 걸쳐 폐쇄령을 발령하여 일본 학교로 통합하거나 폐교시켰다. 또한 1949년 10월에는 '조선인학교처치 방침'을 각의에서 결정하여 "(1) 조선인 자녀들의 의무교육은 공립학교에서 하는 것을 원칙으로 한다. (2) 의무교육 이상의 교육을 하는 조선인학교에 대해서는 엄중하게 일본 교육법령에 따르게 하고 무인가 학교는 인정하지 않는다. (3) 조선인이 설치하는 학교의 경영 등은 스스로 부담하여 운영을 해야 하고 국가 또는 지방공공단체의 원조는 필요하지 않다."라고[24] 하여 재일코리안들이 지금까지 운영하고 있던 교육기관은 일본의 교육에 따를 것을 명시하였다. 즉 재일코리안들의 민족교육을 가능한 한 축소 내지 말살하고자 하였다. 이에 대해 재일코리안은 '한신교육투쟁'으로 대표되는 반대 운동을 전개하였다. 이 두 가지 사건으로 보아 일본 정부가 가장 신경을 썼던 부분은 일본 내 거주하는 재일코리안들이 자신들의 민족성을 단체와 교육을 통해 확보하는 것이었다고 볼 수 있다. 반대로 재일코리안들이 자신들의 단체를 결성하는 것과 민족교육을 적극적으로 추진한 것은 일본 내에서 제국주의 시대에 잃어버렸던 민족을 찾고자 한 것으로 해석할 수 있다. 재일코리안들은 일본 정부의 견제와 압력에 굴복하지 않았다. 재일코리안 단체는 계속해서 생겨나 해산된 조련계는 1951년 '재일본조선통일민주전선'에

23) 김태기, 「일본정부의 재일 한국인 정책」, p.411.

24) 朝鮮人学校処置方針(https://rnavi.ndl.go.jp/politics/entry/bib00999.php(검색일: 2018.2.26))

이어 1955년 '재일본조선인총연합회'로 재편되었고 민단계는 대한민국 정부의 공인단체로 인정을 받았고 그 후에 '재일본대한민국민단'으로 개칭하였다. 민족교육은 1955년 이후 재건되기 시작하여 1966년에는 142개교에 재학생 수 약 34,000명에 이르게 되었다.[25]

2) 빼겨버린 생활 찾기

이러한 상황을 고려하여 재일코리안 단체인 조련은 강령에서 '우리들은 재류 동포의 생활 안정을 기함'을 주요 내용으로 선정하였다. 이에 대해 홍인숙은 "강령의 내용은… 재일조선인의 귀국사업과 재류 조선인의 생활 안정에 힘을 쏟는 것이었다." "귀국할 때까지 일본 사회에서… 안정된 생활을 할 수 있도록 하는 것"이라고 설명하고 있다.[26] 조련은 1946년 3월 미쓰비시 석탄회사 앞으로 재일코리안의 고용 실태에 대한 현황을 보고해 줄 것을 요구하면서 '사업폐지로 해고 할 때에는 1인당 1천800엔을 지급할 것' '조선인 피고용자들의 1945년 8월 15일부터 귀국할 때까지의 생활비를 부담할 것' '다음의 사항을 충족시켜 그들이 빨리 귀국할 수 있도록 책임을 질 것. ①모든 여행경비를 부담함 ②여행기간에 충분한 식품을 제공함 ③그들이 갈 수 있도록 도와줌 ④의복일체를 지급함 …' 등을 제시하였다.[27] 재일코리안의 이익을 대변하는 단체로써 재일코리안의 안정된 귀국과 그때까지의 생활 보장을 요구하고 있다.

25) 임영언, 위의 글, p.323.
26) 홍인숙, 위의 글, p.479.
27) 홍인숙, 위의 글, p.487.

재일코리안은 귀국이 제일 희망사항이었지만 귀국을 포기하고 일본에 정주하는 사례도 적지 않았다. 이에 따라 재일코리안 단체는 귀국 재일코리안뿐만 아니라 정주 재일코리안의 생활에도 신경을 쓰기 시작하였다. 조련의 제2회 임시대회에서는 재일코리안의 귀국을 첫 번째 과제로 들면서 정주하는 재일코리안의 생활 향상을 도모하였고,[28) 1946년 제3회 전국대회에서는 재일코리안의 생활권 옹호 운동에 진력하는 방향으로 정책을 전환하였다. 이때 채택된 강령에서는 '우리들은 재류 동포의 권익 옹호와 생활의 향상을 기함'이라고 첫 번째 항목에 규정하고 4대 방침에는 첫 번째에 '동포생활의 안정'을 정하고 있다.[29) 또한 중앙위원회의 결의 사항에는 생활권 옹호 사항이 포함되어 있었고 민단의 대회에서도 '생활위기 돌파'를 의결하고 있다.[30) 1946년 11월에는 생활권 옹호를 위한 독립기구인 '생활권옹호투쟁위원회'를 조직하고 지방까지 확대하였다.[31) 그리고 12월에는 도쿄의 황궁 앞 광장에서 '등록증 철폐' '경찰의 조선인 부당 탄압'과 더불어 '재산세 반대'를 포함한 생활권옹호 전국대회를 개최하고 수상관저까지 데모행진을 하기도 하였다.[32)

일본 정부는 재일코리안에 대한 관리에는 관심이 있었지만 생활에는 관심이 없었다.[33) 1946년에는 오히려 재일코리안이 대부분을 차지하는 비 일본인에게 보통세를 부과하고 특별세와 재산세를 부과하여 경

28) 홍인숙, 위의 글, p.483.
29) 홍인숙, 위의 글, p.490. p.493.
30) 姜徹 編著, 위의 책.
31) 홍인숙, 위의 글, pp.494~495.
32) 수상관저데모사건(청암대학교 재일코리안 연구소, 『재일코리안 사전』, 선인, 2012.)
33) 김태기, 위의 글, p.394.

제적 부담을 가중시켰다.[34] 일본 정부는 재일코리안을 일본 경제 및 사회에 도움이 되지 않는 존재로 생각하고 있었다. 수상 요시다 시게루(吉田茂)는 맥아더에 쓴 편지에 재일코리안을 귀환시켜야 하는 이유로 '대다수의 조선인은 일본 경제의 부흥에 전혀 공헌하지 않습니다' '더욱 나쁜 것은 조선인 가운데 범죄분자가 많은 비중을 차지하고 있다는 것입니다. 그들은 일본 경제 법령을 상습적으로 위반하는 자들입니다….'[35]라고 쓰고 있는 것처럼 재일코리안의 귀환을 목적으로 그들의 생활을 압박하고자 하였다. 한 가지 사례가 재일코리안의 밀주 제조와 이에 대한 일본 정부의 집중 탄압이다. 패전 직후 재일코리안들은 매우 어려운 생활을 환경을 극복하기 위해 암시장에서 불법 매매를 통하여 생계를 유지하는 자가 많았고 이에 대한 단속이 심해지자 밀주 제조를 생계수단으로 삼았다. 밀주 제조는 술을 빚고 남은 재료를 돼지 사료로 활용할 수 있어서 재일코리안 사회에서는 매우 유용한 생계수단이었고 그들의 집단 거주지를 중심으로 이루어졌다. 이에 대해 홍인숙은 "사회적인 차별 속에서 다른 생계수단을 찾기도 쉽지 않았기 때문에"라고 하고 있으며 이를 일본 경찰이 집중 단속을 한다는 것은 재일코리안의 생활을 빼앗는 것이었다.[36]

재일코리안들은 자신들의 생활권을 지키기 위해 매우 강력한 저항을 시도하였다. 1949년에 일본 정부는 '외국인재산취득에 관한 정령'을 공포하여 재일코리안을 외국인으로 분류함으로써 재산 취득에 불이익을 부과하려 기도하였다. 이 정령에 대해 조련 등 재일코리안 단체는

34) 홍인숙, 위의 글, pp.494~495.

35) 田中宏, 『在日外国人』, 岩波新書, pp.72~73.

36) 홍인숙, 위의 글, p.410.

강렬하게 저항하여 결국은 1945년 9월 2일 이전에 거주하는 재일코리안을 법의 적용에서 제외시켰다.[37] 실력 투쟁을 전개한 예도 있다. 1950년 11월 재일코리안들이 '생활권옹호투쟁'의 일환으로 지방세 감면과 생활보호의 적용을 요구하면서 관청에 몰려가 자신들의 주장을 호소하는 사건이 발생하였다. 고베(神戸)시의 재일코리안 약 200명은 '시민세 면제'와 '생활보호 실시'를 요구하며 고베시 나가타(長田)구청에 몰려가는 사건이 발생하였다. 구청장이 이를 거부하자 구청장을 둘러싸고 농성을 하다가 경찰에 연행되었던 나가타구 사건이 있다. 1951년에는 효고(兵庫)현 시모사토무라(下里村) 사무소에 재일코리안 약 200명이 '생활보호' 등을 요구하며 사무소에 몰려가 직원들에게 강력하게 호소하기도 하였다. 또한 1952년에는 야마구치(山口)현 우베(宇部)시에서는 시 당국이 생활보호 수급을 받고 있는 재일코리안들에게 '평소 빈둥거리며 놀고 있다.' '잠재적인 수입이 있다'라고 하면서 생활보호비 증액을 연기 하였다. 이에 반발한 재일코리안들 약 400명이 우베시의 복지 사무소에 항의를 하였고 경찰이 이에 대응하고 있는 사이에 파출소에도 몰려가는 사건이 발생하였다.[38]

생활이 어려운 재일코리안뿐만 아니라 나름대로의 생활 기반을 갖추고 사업을 하고 있는 재일코리안들도 금융, 세금 등의 면에서의 불이익을 극복하기 위해 적극적인 활동을 전개하였다. 1946년에는 재일 조선 상공인의 기업권, 생활권을 지키기 위한 권익 옹호 단체로 패전 후 각 지역에서 생겨난 상공단체가 결집하여 재일본조선인 상공회 연합회

37) 日本法令索引 外国人の財産取得に関する政令(http://hourei.ndl.go.jp/SearchSys/viewKaisei.do?i=YdVWXWgfsn6%2FawstWCxXyg%3D%3D(검색일: 2018.4.4))

38) 長田区襲撃事件, 万来町事件, 下里村役場集団恐喝事件(ウィキメディア, https://ja.wikipedia.org/wiki(검색일: 2018.2.19))

를 결성하여 회원 상공인의 세무, 경리상담, 창업 등 경영 지원을 하였다.[39] 아울러 재일코리안의 생활과 밀접한 관계가 있는 업종별 조합과 생활협동조합의 설립운동도 적극적으로 전개하여 전국에 조합을 설립하였다.[40]

재일코리안은 귀국을 하려는 자는 귀국 때까지의 안정된 생활권이 필요하였고 정주하였던 자에게는 일본 정부가 생활권을 빼앗고자 하는 압박에 대응하기 위한 운동이 필요하였다. 그들은 단체를 결성하거나 실력행사를 통하여 생활권을 빼앗기지 않고자 적극적인 활동을 진행하였다.

3) 사라진 터전 찾기

전쟁에서 패배하고 식민지를 해방시켜야 하는 일본 정부는 일본 국적을 갖고 있는 식민지 출신의 사람들에 대한 경계심이 매우 강했다. 특히 식민지 출신의 대부분을 차지하고 있던 한반도 출신자들에 대해서는 더욱더 강한 경계심을 갖고 있었다. 1947년 당시 외국인 등록자 중 93.6%가 한반도 출신이었고[41] 대부분의 일본 거주 한반도인은 대부분이 직·간접적인 강제 연행에 의해 일본에 거주하게 되었고 일본 내

39) 재일본조선상공인연합회, 청암대학교 재일코리안 연구소, 『재일코리안 사전』, 선인, 2012.

40) 홍인숙, 위의 글. pp.494~495. 고베 나가타구 고무공업협동 조합은 대표적인 것으로 오사카 고베 재일코리안 인터뷰에서 당시의 상황에 대해 "신발제조를 함에 있어서 재일코리안 개인에게는 재료 공급이나 금융지원을 해주지 않아서 협동조합을 결성하여 이를 해결하였다."라고 회고하고 있다.

41) 일본 통계국 통계데이터 http://www.stat.go.jp/data(졸고, 「전후 일본의 외국인 정책의 흐름」, 『일본학보』 94, 한국일본학회, 2013.2, p.217 재인용)

에서 각종 차별을 받으면서 정신적으로, 육체적으로 어려운 생활을 벗어나지 못하고 있었다. 더불어 1923년의 간토 대지진 당시 일본인들로부터 무고하게 학살당한 뼈아픈 경험을 갖고 있었기에 일본 사회에 대한 반감과 저항의 정신을 갖고 있었다. 이를 감지한 점령군은 '재일비일본 거류민에 대한 정책(CAVC 227)' 및 '재일외국인(R&A 1690)'에서 일본인에 의한 폭력과 사회적 경제적 차별로부터 외국인을 보호할 필요가 있다고 지적하였고,[42] 헌법 초안에서도 제16조에 '외국인은 법의 평등한 보호를 받는다.'라고 명기하였다.[43] 그렇지만 점령군의 의도는 일본 정부의 거부로 삭제되었다. GHQ(연합국최고사령부)은 재일코리안에 대해 "'일본 점령 및 관리를 위한 연합국최고사령관에 대한 항복 후 초기 기본지령' 제8절 d항에 '대만계 중국인 및 한인을 군사상 안전이 허용하는 한 해방민족으로 취급할 것. 그들은 본 지령에서 사용되는 '일본인'이라는 용어에는 포함되지 않으나, 한편 그들은 일본 신민이었던 자들임으로 필요한 경우에는 그들을 적국민으로 처우하여도 좋다.' 고[44] 하여 재일코리안을 일본 내에서 해방 국민으로 명확하게 선언하지 않고 편의상 일본 국민과 동일시할 수도 있다는 애매한 지위를 부여하였다.

한편 일본 정부는 재일코리안에 대해 일본 국적인이라면 당연히 행사할 수 있는 참정권을 제한하는 조치를 취하였다. 일본 정부는 1945년 중의의 선거법을 개정하면서 '호적법에 적용을 받지 않는 자는 선거권

42) 田中宏, 위의 책, p.61(졸고, 「전후 일본의 외국인 정책의 흐름」, 『일본학보』 94, 한국일본학회, 2013.2, p.218 재인용).

43) 田中宏, 위의 책, p.62(졸고, 위의 글, 재인용).

44) 정인섭, 「재일한인의 국적과 남북한의 국적법 개정」(강덕상·정신성 외 공저, 위의 책. pp.428~429).

및 피선거권을 당분간 정지한다.'[45]라고 부칙에 명시하여 한반도 출신자와 대만 출신자의 국정 참여권을 빼앗았다. 지금까지 일본 국적인으로 누리고 있던 모든 권리를 차단하였다. 1946년에는 연합국최고사령부의 외교국이 재일코리안에 대해 일본에 잔류하는 재일한국인은 '한국 정부가 해당 개인을 한국민으로 승인할 때까지 일본 국적을 보유하고 있다고 간주되어야 한다.'고 설명했음에도[46] 불구하고 일본 정부는 재일코리안을 일본 국적인으로 인정하는 것을 거부하였다. 1947년 공포한 외국인등록령 제11조에 '타이완인 가운데 내무대신이 정하는 자 조선인은 이 칙령 적용에 대해서 당분간 외국인을 간주한다.'라고 하여 재일코리안들은 칙령에서 정하는 외국인으로서의 등록 및 규제사항을 준수해야만 했다. 또한 제10조에는 '외국인은 항상 등록증명서를 휴대하고 내무대신이 정하는 관리 공리의 요구가 있을 경우에는 이를 제시해야 한다.'라고 하고 이를 거부할 경우에는 '6개월 이하의 징역 혹은 금고, 천 엔 이하의 벌금 또는 구류 혹은 과태료를 부과한다.'라는[47] 규정을 두었다. 재일코리안의 일본 국적을 박탈하였을 뿐만 아니라 외국인으로서 재일코리안들을 규제하는 법규를 만들었고 재일코리안들은 생활에 적지 않은 불편함과 함께 불안한 생활에 처해지게 되었다. 즉 지금까지의 당연하고 자연스럽게 영위하고 있던 생활의 지위가 사라지고 새로운 규제사항이 부과된 것이다.

이러한 상황에 대해 재일코리안 단체인 민단과 조련은 반대 투쟁을

45) 衆議院議員選挙法中改正法律·御署名原本·昭和二十年·法律第四二号(御28670) http://www.archives.go.jp/ayumi/kobetsu/s20_1945_06.html(검색일: 2018.4.5)

46) 김태기, 위의 글, p.397.

47) 外国人登録令(http://dl.ndl.go.jp/view/pdf/digidepo_2962601.pdf?pdfOutputRanges=10-13&pdfOutputRangeType=R&pdfPageSize=(검색일: 2018.1.10.))

전개하였다. 1947년 8월, 일본 정부는 '연합국, 중립국, 적국, 특수지위국 및 지위 미결정국의 정의에 관한 건'에서 조선은 '특수지위국'이라는 규정을 부여하여 이를 기준으로 재일코리안에 대응한다고[48] 발표하여 재일코리안의 지위를 애매하게 하려고 하였다. 그렇지만 조련은 일본 내무성에 '조선인의 국적 문제 및 외국인등록령 위반과 일반범죄의 단속을 명확하게 분리할 것을 요구'하고 민단은 일본 내무성의 외국인등록령에 대해 비협조적인 태도를 갖고 있었다. GHQ도 외국인등록령이 일본 정부에 의해 악용되어서는 안 된다는 태도를 취하고 있었다. '외국인등록령의 목적은 일본에 거주하는 외국인의 수와 거주를 알기 위한 것으로 결코 소수민족의 권리를 제한하는 것이 아니라 오히려 외국인의 권리를 옹호하는 것이다.'라는 내용과 함께 이 법의 부분적 내용과 벌칙 조항에 대해 반대 의견을 신중히 고려하고 있다는 담화를 발표하였다.[49] 또한 재일코리안의 외국인등록령 문제에 대한 주장의 정당을 인정하여 일본 정부 내무성에 '지금의 재일조선인의 국적 문제는 이 등록에 의해 문제시되어서는 안 된다. 국적 문제를 떠나 외국인등록령의 취지에 따라 8월 31일까지 실시하는 것을 조선인 단체에 통고할 것'을 지령하였다.[50]

결국 일본 정부 내무성은 조련과 의견을 교환하여 '경찰관의 불개입' '무국적자의 취급은 조련이 확인하고 증명서를 교부한다.' '등록증명서를 남용·악용하지 않는다.' '기한 경과 후의 등록신청자는 편의 조치에 따라 원만하게 등록한다.'는 등의 내용을 상호 확인하게 되었다.[51] 또한

48) 姜徹 編著, 위의 책.
49) 姜徹 編著, 위의 책.
50) 姜徹 編著, 위의 책.
51) 姜徹 編著, 위의 책.

1950년 GHQ는 "외국인재산취득에 관한 정령'에서 외국인을 명확하게 하는 각서'에서 재일조선인 처우 문제의 최종적 견해를 발표하였다. '1945년 9월 2일 이후 계속해서 일본에 거주하던 조선인은 일본 국적을 유지하는 것과 동시에 조선 국적을 취득할 수 있는 권리를 가짐' '미국의 정책 수행과 일본 정부의 조치는 재일조선인에게 국적을 부여하려는 것이 아님' '국적의 최종 결정은 조선 정부와 일본 정부의 평화회의 또는 그에 부속하는 조약에 일임'이라는 내용을 발표하여 국적 문제로 인한 재일코리안의 불안한 지위를 안정시키는 조치를 시도하였다.

그렇지만 일본 정부는 일본 국내에 거주하는 재일코리안을 일본 국적인으로 간주하는 것은 점령통치 기간에 한한다는 것을 명확하게 하였다. 먼저 일본 정부는 '조선인의 국적은 종국적으로는 강화조약에 의해 결정될 것이지만 그때까지는 일본 국적을 갖는 것으로 해석하고 있다.'[52]고 하였다. 그 후 일본이 샌프란시스코 강화조약에 의해 점령통치로부터 벗어나자 식민지 출신자들의 일본 국적을 박탈하는 작업을 개시하였다. 법무부 민사국장은 민사갑 통달 제438호 '평화조약에 따른 조선인 대만인 등에 관한 국적 및 호적 사무처리에 관하여'에서 재일코리안을 일본 국적자로부터 이탈시켰다. '조선 및 대만은 조약 발효일로부터 일본국 영토에서 분리되므로 이에 따라 조선인 및 대만인은 내지에서 재주하는 자를 포함하여 모두 일본 국적을 상실한다.'라는[53] 내용으로 재일코리안이 일본에서 지금까지 당연하게 누리고 있던 권리의 상당 부분은 사라지게 되었다. 이들이 일본인과 같은 권리를 향유하

52) 정인섭, 위의 글, p.430.(1950년 4월의 제7회 국회 참의원 법무위원회 토론 과정에서 村上朝一 정부위원의 답변)

53) 정인섭, 위의 글, p.432.

려면 일반 외국인과 동일하게 귀화 수속을 통하여 일본 국적을 취득해야 했다.[54] 이에 앞서 1951년 10월에 공포한 출입국관리령에는 강제퇴거 조항을 규정하여 '외국인등록령의 규정을 위반하여 금고 이상의 형에 처해진 자' 이외에 '일본국 헌법 또는 정부를 폭력으로 파괴하는 것을 기도하고 혹은 주장하며 이를 기도 혹은 주장하는 정당과 기타 단체를 결성하고 가입한 자'[55] 등은 강제 퇴거할 수 있는 법적 조치를 강구하였다. 이러한 내용은 일본 정부가 매우 자의적인 해석으로 외국인 신분을 가진 자를 국외로 추방할 수 있는 범위를 확대해 놓은 것이며 외국인 신분으로 일본 국내에 살아야만 하는 재일코리안들의 법적 지위를 매우 불안하게 하는 것이라고 할 수 있다. 더불어 1952년에 제정된 외국인등록법은 재일코리안을 포함한 외국인은 잠재적인 범죄인으로 취급하는 지문날인을 의무화하고 이를 거부하는 경우에는 벌칙을 부과하였다. 동시에 일본 정부는 재일코리안에 대한 기본적 입장을 발표하여 '재일조선인의 일본 국적 상실' '조선인의 구 일본군 상이군인, 군속의 은급 법 원호법 적용 중지' 등을[56] 공지하였다. 재일코리안의 일본 국내 지위를 축소하였을 뿐만 아니라 재일조선인이 일본 국적인으로 일본 제국주의에 의해 희생된 것에 대한 보상조차 거부하였던 것이다.

그 이후 외국인등록법은 재일코리안의 안정된 일본 생활을 위협하는 구실로 악용되었다. 일본 정부는 외국인등록법과 출입국관리령을 명분으로 재일코리안의 거주지와 학교를 급습하여 외국인 등록증 미소유

54) 법무국 민사국 통달.(청암대학교 재일코리안 연구소, 『재일코리안 사전』, 선인, 2012)
55) 出入国管理令(ウィキペディア, https://ja.wikipedia.org/wiki(검색일: 2018.2.19))
56) 姜徹 編著, 위의 책.

자를 연행하는 등의 만행을 저질렀고 재일코리안들은 항상 자신들의 생활과 삶 자체에 대해 불안을 느끼게 되었다.

이러한 재일코리안들의 사정을 해결하려는 노력은 1965년 한국과 일본의 국교 정상화 조약에 반영되었다. 한일회담 타결을 촉진하던 민단은 1962년 12월에 '재일동포법적지위대책위원회'를 설치하였고 1963년에는 이를 관철하려는 민중대회를 개최하였다. 민단 중앙은 한일회담의 법적지위 전문위원회에 고문 자격으로 참가하게 되어 한국 정부에 요구사항을 제출하였다.[57] 그 결과 '일본에 거주하는 대한민국 국민의 법적지위 및 대우에 관한 대한민국과 일본국 간의 협정'을 체결하였다.[58] 부속 문서에 따르면 "재일동포가 법적인 보장을 받음으로써 자기가 바라면 일본에서 안정된 생활을 영위할 수 있게 된 것임"이라고 밝히고 있으며 협정문의 제1조에서는 '일본국 정부는 다음 각 항의 어느 하나에 해당하는 대한민국 국민이 본 협정의 실시를 위하여 일본국 정부가 정하는 절차에 따라 본 협정의 효력 발생일로부터 5년 이내에 영주허가의 신청을 하였을 때에는 일본국에서 영주함을 허가한다.' '(a) 1945년 8월 15일 이전부터 신청 시까지 계속하여 일본국에 거주하는 자' '(b) (a)에 해당하는 자의 직계비속으로서 1945년 8월 16일 이후 본 협정의 효력발생일로부터 5년 이내에 일본국에서 출생하고 그 후 신청 시까지 계속하여 일본국에 거주하는 자'라고 규정하여 재일코리안들의 일본에서의 거주가 안정될 기반을 마련하였다. 제4조에서는

57) 姜徹 編著, 위의 책.

58) 일본국에 거주하는 대한민국 국민의 법적지위 및 대우에 관한 대한민국과 일본국 간의 협정 및 부속문서; 국가기록원(http://theme.archives.go.kr/viewer/common/archWebViewer.do?bsid=200300839060&dsid=000000000033&gubun=search(검색일: 2018.2.20))

일본 정부가 타당하게 고려해야 하는 사항으로 '제1조의 규정에 의거하여 일본국에서 영주가 허가된 대한민국 국민에 대한 일본국에 있어서의 교육, 생활보호 및 국민 건강보험에 관한 사항' '제1조의 규정에 의거하여 일본국에서 영주가 허가된 대한민국 국민(동조의 규정에 따라 영주 허가의 신청을 할 자격을 가진 자들 포함함)이 일본국에서 영주할 의사를 포기하고 대한민국으로 귀국하는 경우에 있어서의 재산의 휴행 및 자금의 대한민국에의 송금에 관한 사항'을 포함하여 재일코리안들의 안정된 생활을 보장할 수 있게 하였다.

이상에서 설명한 바와 같이 재일코리안들의 법적지위는 자신들의 의사와 관계없이 일본이 패전을 하면서 점령군의 편의주의와 일본 정부의 무관심으로 매우 불안한 상태에 있었고 이를 구실로 일본 정부는 재일코리안의 법적지위를 박탈하였다. 이로 인해 재일코리안들은 안정된 삶과 생활을 영위할 수 없었다. 즉 일본이 패전하면서 법적지위가 명확하지 않은 재일코리안들은 자신들의 터전이 사라지게 되었고 그 이후 이들은 이를 되찾기 위해 활발한 운동을 전개하였으며 한국과 일본의 국교정상화에 의해 어느 정도의 삶의 터전을 다시 세울 수 있는 기반을 마련하게 되었다.

3. 맺음말

일본이 패전한 이후 일본에 거주하고 있던 한반도 출신자들이 가장 먼저 한 일은 자신들만의 단체를 결성하는 일이었다. 일본 사회에서 당하던 차별을 극복하기고 또 언제 닥칠지 모르는 일본인들의 폭행에 대비하기 위해서는 정체성이 같은 민족끼리 모여서 목소리와 행동을 통일하고 힘을 모을 필요가 있었기 때문이다. 따라서 한반도 출신들은 자신들의 생활하는 지역에서 자연스럽게 모임을 갖기 시작했고 그 모임들이 확대되어 중앙조직까지 발전되었다. 고향인 한반도의 정치적 상황과 이념에 의해 재일코리안의 단체는 분열이 되는 모습을 보이게 되지만 이들의 활동은 재일코리안들이 가장 필요로 하는 것들을 중심으로 전개되었다. 한반도 출신자들이 가장 희망을 했던 고향으로의 귀환 사업을 돕는 일과 생활을 안정시키는 일, 일본 내에서의 안정된 지위를 확보하는 일이었다.

재일코리안의 역사는 이러한 활동에 의해 전개되었다. 그리고 그 활동은 '잃어버린 민족 찾기' '빼겨버린 생활 찾기' '사라진 터전 찾기'로 성격을 규정지을 수 있다. 먼저 한반도 출신들이 일본이 패전하자 가장 먼저 한 일이 같은 민족끼리 단체를 결성했고 고향으로의 귀한 사업과 재일코리안을 위한 민족교육 활동을 지원했다. 재일코리안끼리의 단체 결성은 민족의 정체성을 찾는 가장 자연스런 현상이며 한민족의 언어와 문화 역사 등을 유지 계승하기 위한 민족교육 사업 또한 민족의 정체성을 찾는 중요한 사업이다. 그리고 대부분의 한반도 출신자들이 고향으로의 귀환을 희망하였다는 사실 자체도 그들은 일본제국주의에 의해 잃어버린 민족을 찾아가는 성격을 갖는다고 할 것이다.

다음으로 여러 가지 사정으로 일본에 거주를 결정한 재일코리안들의 곤궁한 생활을 보살피는 일이었다. 앞에서 서술한 바와 같이 한반도에서 어려운 생활을 극복하고자 일본으로 이주했던 한반도인의 대부분은 일본에서도 어려운 생활을 벗어나지 못했고 더구나 전쟁 이후 군수공장 등에서 징용으로 일을 했던 한반도인의 생활은 일본이 패전하고 나서 더욱더 어려워졌다. 일본 정부는 이들의 생활에는 관심이 없었을 뿐만 아니라 오히려 재일코리안들의 생활을 압박하는 정책을 시행하였다. 제일코리안들은 이러한 어려움을 타개하고자 자신들의 단체를 통하여 혹은 직접적인 실력행사를 통하여 다양하게 전개하였다. 일본 제국주의와 일본 정부에 의해 빼앗긴 생활을 찾는 운동을 전개하였다.

일본이 패전 후, 점령군의 편의주의와 일본 정부의 무관심으로 한반도인은 그 법적지위가 명확하지 않았다. 일본 국적에서 외국인으로 전환되었고 외국인에 대해서는 평범한 일상생활을 구속하는 다양한 행정절차를 통해 규제와 벌칙을 부과하였다. 일본 국적인으로 살아왔던 생활이 일순간에 사라지고 불안하고 압박을 받는 생활로 바뀐 것이다. 이들의 법적 지위가 불안정하게 되었다는 것은 안정된 생활을 영위할 수 있는 터전이 없어진 것이라고 할 수 있다. 재일코리안들은 이를 찾기 위한 강렬한 운동을 전개하였고 결국은 법적지위를 어느 정도 확보하는 결과를 얻게 되었다.

이상의 내용이 재일코리안들이 일본의 패전 직후 전개한 운동이며 그들의 역사라고 할 수 있다. 재일코리안들은 일본 정부의 탄압과 정책에 수동적으로 대응하였기 보다는 스스로의 힘으로 자신들이 찾아야 할 것들을 차근차근 찾아가는 역사를 갖고 있다고 할 수 있다.

이 글은 동국대학교 일본학연구소의 『일본학』 제46집에 실린 논문 「전후 재일코리안 사회의 소수자 운동 발자취 - 1945년부터 1965년까지」를 수정·보완한 것임.

참고문헌

김성수, 「재일동포사회 형성의 역사적 배경과 활동」, 『시민윤리학보』 26(1), 한국시민윤리학회, 2013.

김웅기, 「일본 출입국 정책의 역사적 변천을 통해 보는 재일코리안의 위상」, 『일본학보』 102, 한국일본학회, 2015.

김태기, 「일본정부의 재일 한국인 정책」, 강덕상·정신성 외 공저, 『근·현대 한일관계와 재일동포』, 서울대학교 출판부, 1999.

남근우, 「재일동포사회의 문화정체성에 관한 연구」, 『국제정치논총』 51(4), 한국국제정치학회, 2011.

동선희, 「해방 후 고베지역 재일코리안 동향과 전해건(全海建)의 활동–장남 전성님의 증언을 중심으로」, 청암대학교 재일코리안연구소 편, 『재일코리안운동과 저항적 정체성』, 선인, 2016.

이진원, 「전후 일본의 외국인 정책의 흐름」, 『일본학보』 94, 한국일본학회, 2013.

임영언, 「재일동포의 민족교육과 교육운동」, 청암대학교 재일코리안 연구소 편, 『재일코리안 운동과 저항적 정체성』, 선인, 2016.

정인섭, 「재일한인의 국적과 남북한의 국적법 개정」, 강덕상·정신성 외 공저 『근·현대 한일관계와 재일동포』, 서울대학교 출판부, 1999.

최영호, 「재일본 조선인연맹(조련)의 한반도 국가형성과정에의 참여」, 강덕상·정신성 외 공저, 『근·현대 한일관계와 재일동포』, 서울대학교 출판부, 1999.

홍인숙, 「1945~48년 재일 조선인연맹의 조직과 활동」, 강덕상·정신성 외 공저, 『근·현대 한일관계와 재일동포』, 서울대학교 출판부, 1999.

후지나가 다케시, 「오사카 민족교육운동의 현재」, 청암대학교 재일코리안연구소 편, 『재일코리안운동과 저항적 정체성』, 선인, 2016.

姜徹 編著, 『在日朝鮮韓国人史綜合年表』, 雄山閣, 2002.

高谷幸, 「追放と包摂の社会学」, 『アジア太平洋研究センター年報』, 2013.

朴沙羅, 「「外国人」を作り出す : 占領期日本への移住と入国管理体制」, 『立命館言語文化研究』 29(1), 立命館大學校, 2017.

在日本大韓民国民團 中央民族教育委員会 企劃, 『歴史教科書 在日コリアンの歴史』, 作成委員会 編, 『歴史教科書 在日コリアンの歴史』, 明石書店, 2010.

田中宏, 『在日外国人』, 岩波新書, 2010.

後藤光男, 「日本国憲法制定しにおける「日本国民」と「外国人」」, 『比較法学』 45(3), 早稲田大学, 2012.

http://www.archives.go.jp/ayumi/kobetsu/(검색일: 2018.4.5)
https://repository.kulib.kyoto-u.ac.jp/(검색일: 2018.3.22)
http://dl.ndl.go.jp/(검색일: 2018.1.10)
http://hourei.ndl.go.jp//(검색일: 2018.4.4)
http://theme.archives.go.kr/(검색일: 2018.2.20)
http://www.geocities.jp/nakanolib/(검색일: 2018.2.26)
http://www.stat.go.jp/data
https://ci.nii.ac.jp/naid//
https://rnavi.ndl.go.jp/politics/(검색일: 2018.2.26)
ウィキメディア, https://ja.wikipedia.org/wiki(검색일: 2018.2.19)

1950년대 재일조선인 문화운동잡지 『진달래』

김계자

1. 들어가며

머지않아 한국과 일본은 각각 '해방 80년'과 '전후 80년'을 맞이한다. 그리고 재일조선인은 또 하나의 '재일 80년'을 맞이할 것이다. 그런데 80년이라는 시간차가 무색할 정도로 최근 일본에서는 역사 수정주의가 난무하고 근린 동아시아를 식민지배하고 침략전쟁을 일으켜 참혹한 피해를 끼친 제국주의시대로 퇴행하려는 움직임이 활발하다. 이러한 때에 문학 연구는 무엇을 해야 하는가?

재일 1, 2세대가 고령화되고 식민과 전쟁을 직접 체험하지 않은 세대가 주를 이루게 되면서 최근에 '기억'의 전승을 둘러싼 논의가 활발해지고 있다. GHQ 점령기의 검열문제를 살펴볼 수 있는 프랑게문고의 자료 연구를 비롯해, 전후문화운동 서클 잡지의 복각이 이어지고 관련 연구도 괄목할 만한 성과를 냈다.[1] 제국이 해체되고 냉전과 탈냉전을

---

1) 대표적인 연구 성과로 재일조선인 서클운동을 포함해 전후 일본의 문화운동을 종합적으로 검토한 우노다 쇼야의 연구가 있다(宇野田尚哉 外, 『「サークルの時代」を読む―戦後文化運動への招待―』, 影書房, 2016).

지나온 현재, '기록'과 '기억'을 둘러싼 또 다른 전쟁이 시작되고 있는 것이다.

이 글은 재일 70년을 맞이한 재일조선인이 전후 일본에서 어떻게 대중적 기반을 마련하고 자신들의 생각을 어떻게 표출했는지 그 원형(原型)을 살펴보기 위한 것이다. 이는 재일조선인 개별 작가의 문학이나 활동을 넘어 집단으로 호출되는 '재일조선인' 문화운동의 양상을 찾아보려는 것으로, 전후 최대의 재일조선인 집단 거주지 오사카(大阪)에서 대중적 표현기반을 획득한 서클 시지(詩誌) 『진달래(ヂンダレ)』를 대상으로 이를 고찰하고자 한다.

『진달래』는 1953년 2월에 '오사카 조선시인집단(大阪朝鮮詩人集団)'의 기관지로 창간되어, 김시종(金時鐘)이 편집 겸 발행을 맡아 시 창작과 비평, 르포르타주 등의 내용을 실은 잡지였다. 표현 언어는 일본어가 다수이고, 우리말로 된 내용도 실려 있는 것으로 봐서 제한을 두지 않은 것으로 보인다. 총 20호를 끝으로 1958년 10월에 종간하였는데, 이듬해인 1959년 2월에는 '오사카 조선시인집단' 단체도 해산하였다.

『진달래』는 이른바 '서클지'로 출발했다. '서클지'는 아직 공산주의 사상으로 조직화되지 않은 소수의 아마추어들이 중심이 되어 정치운동의 기반을 넓힐 목적으로 조직한 서클운동의 기관지였다. 서클지를 통해 동료를 늘려 운동의 저변을 확대해간 소비에트 문화정책운동이 일본 사회에 들어온 형태라고 할 수 있다.

『진달래』는 한국전쟁이라는 민족적 위기에 직면해 재일조선인이 "정치적인 각성을 위한 자장(磁場)"[2]으로서 발간한 잡지였다. 오사카의 재일조선인들이 지역별로 회합을 갖고, 모임이 끝난 한밤중에 다시

2) 梁石日, 『アジア的身体』, 平凡社ライブラリー, 1999, p.152.

모여 경찰의 눈을 피해 등사판 종이를 긁어 매호 발간해간 이른바 풀뿌리 민주주의라고 할 수 있다. 그런데 『진달래』의 이러한 창간 당시의 취지는 도중에 재일조선인 좌파 조직의 노선이 바뀌는 과정에서 변화를 겪게 되었고, 이윽고 폐간되기에 이른 것이다. 재일조선인이 당시에 놓여있던 상황을 간단히 살펴보면 다음과 같다.

조선인 공산주의자는 코민테른시대의 일국일당주의 원칙에 따라 일본공산당 내에 '민족대책부(민대)'로 구성되어 지도를 받고 있었다. 해방 직후에 결성된 '재일본조선인연맹(조련)'이 강제 해산되고, 이후에 재건된 '재일조선통일민주전선(민전)'도 '민대'의 방침을 따르고 있었다. 따라서 『진달래』도 '민대' 중앙본부의 문화투쟁 강화 지령에 의해 서클지로 창간된 것이다. 그런데 1953년에 스탈린이 사망한 이후 동아시아의 국제정세가 재편되는 과정에서 1954년 이후부터는 일국일당주의를 수정해 외국인 공산주의자는 거주국의 당이 아니라 조국의 당의 지도를 받는 체제로 노선이 전환되었다. 특히, 1955년 5월에 '민전'이 해산되고 이어서 '재일본조선인총연합회(조총련)'가 결성된 후에는 재일조선인 공산주의자가 일본공산당의 지도에서 벗어나 조선노동당의 지도를 직접 받는 상황으로 바뀌었다. 이에 따라 종래 비교적 표현수단이 비교적 자유롭던 상황이 이제 조선인은 조선어로 조국을 표현해야 한다는 강제적인 상태로 바뀌었고, 내용적으로도 공화국의 교조적인 사상으로부터 자유롭지 못하게 되었다.

이러한 변화 속에서 『진달래』의 서클지적 성격도 달라졌다. 김시종을 비롯한 5인의 당원과 시 창작 경험이 없는 사람들로 창간된 『진달래』는 대중적 기반의 문화투쟁의 장으로 출발했는데 내부 갈등과 논쟁이 이어지는 가운데 점차 참여 멤버들이 이탈해갔고, 결국 20호로 종간을 맞이한 1958년에는 김시종, 정인, 양석일 3인만이 남은 동인지 형태가 되었다. 오사카 재일조선인 집단의 대중적 문화운동의 기반으로 시작된 『진달래』는 이렇게 해서 종간에 이르게 된 것이다.

이와 같이 『진달래』의 성격이 변화해간 과정에 대해 이승진은 정치 선전을 위한 서클지로 탄생했지만 점차 이러한 정치적 목적에 대치하면서 역설적으로 '재일'의식을 발아시켰다고 변화된 이후의 측면을 긍정적으로 설명했다.[3] 또한 마경옥은 『진달래』의 내부갈등과 논쟁에 대해 자세히 소개하면서 이러한 과정이 재일 스스로 자신의 정체성에 눈을 뜨게 해 정치적 입장을 벗어버리고 재일이라는 현실적 상황 속에서 자신들의 존재방식을 이야기해야 한다는 창작의 노선변화가 있었다고 설명하여 이승진의 논지를 따랐다.[4] 즉, 두 선행연구 모두 서클지로서 창간된 『진달래』가 도중에 성격이 바뀌면서 '재일'의식과 정체성을 강조하게 되었다고 설명하고 있는 것이다. 그리고 이러한 주장은 우노다 쇼야(宇野田尚哉)가 『진달래』 논쟁을 통해 '재일' '2세'라고 하는 의식이 명확히 정식화되었고, 여기에 '재일문학의 원점'이 있다고 말한 논리와 맥락을 같이하고 있다.[5]

그런데 '재일'의식이나 정체성이라고 하는 개념이 일본에 살고 있는 실존적 삶에 대한 의미 표명이 중요한 것은 분명하나, 그것이 예컨대 조국지향이나 민족문제를 제기하는 것에 대한 대항적 논리로 성립될 필요는 없다. 우노다 쇼야가 말한 대로 『진달래』가 '재일문학의 원점'

3) 이승진, 「문예지 『진달래(チンダレ)』에 나타난 '재일'의식의 양상」, 『일본연구』 37, 중앙대학교 일본연구소, 2014.8, p.90.
4) 마경옥, 「1950년대 재일서클시지 『진달래』 연구 - 『진달래』의 갈등과 논쟁의 실상」, 『일어일문학』 67, 대한일어일문학회, 2015.8, p.164.
5) 宇野田尚哉, 「東アジア現代史のなかの『チンダレ』『カリオン』」, 『「在日」と50年代文化運動』, 人文書院, 2010, p.28.

이라고 한다면 이는 재일 2세로서 일본에서 살아가는 실존적 삶에 대한 의미로 이해할 수 있는 측면도 있지만, 이 글은 재일문학의 '원점'이 의미하는 바를 오히려 그 이전의 문제군에서 찾을 필요가 있다는 점을 환기시키고자 한다. 즉, '재일'이라는 말은 본래 전후 일본 사회에서 집단으로 소환된 개념이라는 사실을 간과해서는 안 될 것이다.

이러한 의미에서 이 글은 『진달래』가 소수 정예의 문예동인지적 성격으로 변모하는 후반보다 오히려 시를 한 번도 써보지 못한 아마추어들의 정제되지 않은 시 창작으로 시작된 초기 형태에 초점을 맞추어, 대중적 기반으로서 『진달래』가 담아낸 재일조선인들의 원초적인 목소리와 이들의 집단적 총화로서의 잡지의 성격을 고찰하고자 한다. 재일조선인이 해방과 한국전쟁을 지나오면서 집단의 목소리를 원초적으로 쏟아낸 1950년대야말로 재일조선인 문화운동의 원점이라고 할 수 있을 것이다. 재일조선인의 문화운동이 어떻게 전개되었는지 『진달래』에 수록된 내용을 통해 살펴보도록 하겠다.

2. 1950년대 재일조선인의 생활과 표현

1) 주체적인 재일조선인의 표현 공간

『진달래』는 잡지 발간을 6년을 채 이어가지 못한 채 해산되었지만, 1950년대 당시의 변화하는 국제정세 속에서 이념이나 정치성을 띠는 조직 자체가 이합집산을 반복하던 당시의 상황을 감안하면 결코 짧은 기간이라고 할 수는 없다. 더욱이 『진달래』에 투고된 많은 시들이 지금까지 한 번도 시를 창작해보지 않은 사람들이 열정으로 노래한 것임을 생각하면 1950년대 재일조선인의 생활의 '기록'으로서의 의미는 매우 크다고 할 수 있으며, 이들이 '시'라는 표현수단을 획득해가는 과정에서 보인 비평적 시선을 주의 깊게 읽어낼 필요가 있다. 전후 일본 사회에서 재일조선인이 어떠한 목소리를 담아내고 있었는지, 『진달래』의 주된 내용을 살펴보자.

우노다 쇼야는 『진달래』에 실린 시를 크게 두 종류로 나누어, 조국의 전쟁을 일본에서 지켜보며 노래한 '투쟁시'와 일본에서 조선인으로 살아가는 생활을 노래한 '생활시'로 구분해서 설명하고 있다.[6] 그런데 재일조선인 문학이 집단적인 성격을 띠는 데에는 정치성이나 사상, 민족, 생활 문제 등이 복합적으로 얽혀있기 때문에 '투쟁시'와 '생활시'의 두 종류로 명확히 나누기 어렵다. 또한 작품의 소재가 개인의 이야기보다는 '재일'의 삶 속에서 생기거나 공동의 영역에 속하는 집단의 문제를 다룬 것도 많다. 그리고 한국전쟁을 계기로 GHQ의 점령에서 벗어나고 전쟁 특수로 인해 고도의 경제성장을 이루어가는 시점의 전후 일본에서, 재일조선인은 해방된 민족임에도 불구하고 조국에서 벌어지는 참상을 멀리서 지켜보며 경제적으로 힘든 삶을 살아가야 했던 당시의 현실을 생각해보면, 재일조선인에게 '투쟁'과 '생활'은 별개로 나뉠 수 없는 문제이다. 따라서 시 작품들을 위의 둘로 나눠서 성격을 구별 짓기보다는 해방 후에 재일조선인들이 낸 원초적인 다양한 목소리가 발현된 양태를 고찰해, 1950년대 재일조선인의 생활을 종합적으로 살펴보는 것이 중요하다.

『진달래』의 창간호 「편집후기」에서 밝히고 있는 바와 같이, 시 창작을 해보지 않은 아마추어 재일조선인을 포함해 '조선시인집단'으로 주체를 명확히 하면서 "오사카에 20만 여 명의 동포"의 "생생한 소리"를

6) 宇野田尚哉, 위의 책, p.23.

담아내는 장으로, "진리추구라든가 예술시론이라든가 하는 그러한 당치도 않은 기대가 아니라 우리들의 손에 의한 우리들의 모임으로서의 자부"심을 갖고 『진달래』는 창간되었다. 즉, 재일조선인 스스로의 힘으로 자신들의 표현의 장을 만들어낸 자주적이고 주체적인 표현의 장을 마련한 점이 『진달래』 창간의 우선 주목할 만한 특징이라고 할 수 있다. 재일조선인이 왜 시를 쓰고, 어떠한 시를 써야 하는지, 창간호(1953.2)의 「창간의 말」에 다음과 같이 적고 있다.

> 시란 무엇인가? 고도의 지성을 요구하는 것 같아서 아무래도 우리들에게는 익숙하지 않다. 그러나 너무 어렵게 생각할 필요가 없을 것 같다. 이미 우리들은 목구멍을 타고 나오는 이 말을 어떻게 할 수 없다. (중략) 우리들의 시가 아니더라도 좋다. 백 년이나 채찍 아래 살아온 우리들이다. 반드시 외치는 소리는 시 이상의 진실을 전할 수 있을 것이다. 우리들은 이제 어둠에서 떨고 있는 밤의 아이가 아니다. 슬프기 때문에 아리랑은 부르지 않을 것이다. 눈물이 흐르기 때문에 도라지는 부르지 않을 것이다. 노래는 가사의 변혁을 고하고 있다.[7]

위의 인용에서 보듯이, 연약하고 감상적인 서정성을 떨쳐내고 내면에서 분출하는 목소리를 표출해내려는 재일조선인의 결연한 의지를 느낄 수 있다. 특징적인 것은 '우리'를 강조하고 있다는 사실이다. "우리들은 이제 어둠에서 떨고 있는 밤의 아이가 아니다"고 하는 말에서 어둠이 이미지화하는 내밀성에 침잠하는 약한 모습을 부정하고, 집단적인 연대로 변혁할 것을 선언하고 있다. 이는 『진달래』의 창간이 고립

7) 재일에스닉연구회 옮김, 『오사카 재일조선인 시지 진달래·가리온』 1권 1호, 지식과교양, 2016, p.13. 단, 오역이나 맞춤법 등 잘못된 표기는 수정해 인용하였고, 이후의 인용에서도 동일하다.

되지 않고 집단적으로 연대하는 결속의 장으로서 의미를 갖는다는 사실을 강조하고 있는 것이다. 대중적 기반의 저변을 확보하려는 서클지로서의 성격이 드러나는 부분이라고 할 수 있다.

3호에 「『진달래』 신회원이 되어」라는 에세이에서 김천리는 다음과 같이 이야기하고 있다.

> 짬이 없는데 시를 쓸 수 있을까? 그런 태평스런 일이 가능할 리 없다고 나도 생각했다./ 창간호를 낸 동무들이 함께하자고 권유했을 때는 사실 귀찮기 짝이 없었다. 『진달래』를 보면 대단한 것도 아니고 이런 책을 들고 다니며 "저는 시인입니다"…… 하고 말하는 듯한 얼굴을 빈정거리듯 보고 있었다. 그러던 어느 날 밤 심심풀이 삼아 읽어 보았는데 뭔가 뭉클하게 가슴을 파고드는 것이 있지 않은가! (중략) 우리들은 시인이다. 우리들의 시는 고상한 시가 아니다. 현란한 사랑을 노래하는 시 또한 아니다. 그리고 시대의 주도권을 잡고 있는 자만이 한없이 큰소리로 웃을 수 있는 시이다./ 우리들은 시인이다![8]

재일조선인이 "우리들은 시인이다!"라고 자신들을 시인으로 거듭 천명하고 있는데, 특히 "우리들의 시"를 강조하고 있는 부분이 눈에 띈다. 문학적인 고상함이나 수준 높은 표현의 문제보다 재일조선인의 집단적인 목소리를 내는 것에 대한 자부심이 강하게 드러나 있다. 즉, 자신들의 시가 재일조선인이라는 집단의 주체적인 노래임을 강조하고 있는 것이다. 3호의 「편집후기」에서 김시종은 회원 9명으로 시작한 『진달래』가 30명이 늘어난 사실을 언급하며 "오사카 문학운동에 새로운 하나의 형태를 만들어 낼 것"[9]이라고 각오를 이야기했다. 이어서 김시종

8) 재일에스닉연구회 옮김, 위의 책, 1권 3호, p.161.

은 시를 쓰고 활동하면서 확고한 주체로 연결되는 사명을 강조했다. 이와 같이 재일조선인이 『진달래』를 통해 자신들이 시인임을 천명하고 시를 써간 활동은 재일의 삶을 주체적으로 살아가려는 의지의 표명이었다고 할 수 있다.

재일조선인의 주체적인 표현에 대한 욕망은 여성 멤버의 증가에서도 확인할 수 있다. 5호에는 특집으로 「여성 4인집」을 구성했다. 감탄사를 연발하는 감상적인 어투가 산견되고 일상을 담담하게 그리고 있지만, 재일조선인이라는 일본 내의 소수성 외에도 봉건제 하의 여성이라는 이중의 굴레를 짊어지고 살아가는 재일조선인 여성의 삶과 표현에 대한 욕망을 엿볼 수 있다.

1953년 7월에 한국전쟁 휴전협정이 조인된 후에 전술한 바와 같이 재일조선인 조직에 변동이 생겼고, 1954년 2월에는 『진달래』의 멤버가 축소 정리되었다. 김시종은 제6호(1954.2)에서 『진달래』 결성 1주년을 맞아 그동안을 되돌아보며, "거침없고 자유로운 집단"이고 싶다는 주체의식을 다시 확인한다. 6호의 목차에서는 누락되었지만 『진달래』의 활동을 기반으로 '조선문학회 오사카 지부'가 결성되었다는 소식을 전했다.[10] 이후 아동의 작품도 실리는 등, 『진달래』의 표현주체가 더욱 다양화되었다. 반면에 강렬한 어조로 집단의 분출하는 목소리를 대변하던 잡지의 성격은 점차 약화되고, 개인 시인의 특집이 연속적으로 구성되는 등 자주적이고 주체적인 집단의 목소리를 대변하고자 했던 취지는 점차 문예 동인지적 성격으로 변모해 갔다.

9) 재일에스닉연구회 옮김, 위의 책, 1권 3호, p.174.
10) 재일에스닉연구회 옮김, 위의 책, 2권 6호, p.34.

2) 재일조선인의 공동체적 로컬리티

『진달래』는 초기에 집단적인 연대를 주창하면서 창간되었고, 이는 조선 민족으로서 일본 사회에 대한 항변의 노래로 이어졌다. 이성자는 시 「잠 못 이루는 밤」에서 "구 M 조선소학교/ ……/ 어디까지/ 우리들은/ 학대받을 것인가"[11]라고 노래했고, 홍종근은 시 「I 지구에서 동지들은 나아간다」에서 "동지들이여/ 당신들/ 조국의 자유를 지키고/ 학대받은 인민의/ 역사를 개척하기 위해/ 새 임무를 맡고/ 나아간다"[12]고 노래하고 있다. "I 지구"는 오사카(大阪)시 이쿠노(生野)구에 있는 일본 최대의 재일조선인 집락촌 '이카이노(猪飼野)'를 가리킨다. 1973년 2월 이후 행정구역상의 명칭은 지도상에서 사라졌지만 현재까지 재일조선인 부락의 원초적 삶이 남아있는 상징적이고 원향(源鄕)과도 같은 공간이다. 조선 민족의 문제를 조국 한반도의 상황을 들어 노래하는 대신에 재일조선인 부락 '이카이노'로 노래하고 있는 것은 현재 자신들이 살고 있는 재일의 삶 속에서 민족 문제를 인식해가려는 것을 의미한다. 한국전쟁 발발 3년째를 맞이한 해에 발간된 3호에는 「주장-세 번째 6.25를 맞이하며」라는 글이 실리는데, 다음과 같이 이야기하고 있다.

> 우리는 일본에서 태어나 일본에서 자라 일본에서 생활하고 있다. 그리고 일본은 조국을 침략하는 미국의 발판이다. 우리들은 과거 3년 재일이라는 특수한 조건과 군사기지 일본이라는 조건 속에서 우리의 애국적 정열은 숱한 시련을 거쳐 굳게 고조되고, 크고 작건 간에 저마다 조국방어투쟁을 계속해왔다. 탄압도 고문도 감옥도 추방도 우리들의 젊은 정열과 애국심을 꺾을 수는 없었다.[13]

11) 재일에스닉연구회 옮김, 위의 책, 1권 2호, p.65.
12) 재일에스닉연구회 옮김, 위의 책, 1권 2호, p.86.

위의 인용에서 보면, '재일'하는 의미를 한국전쟁의 군사기지가 되어 온 일본에 대항하여 조국을 위해 투쟁하는 삶으로 규정하고 있음을 알 수 있다. 기실 '재일'의 의식이나 정체성이 조국지향을 버리고 일본에서 정주하는 삶을 받아들이는 2세 때 시작되는 것은 아니다. 왜냐하면 '재일' 의식은 시대나 세대의 변화에 따라 그 양상이 조금씩 변용되어 온 것은 사실이지만, 조국과는 다른 특수한 상황에 놓여 있기 때문에 민족적 위기에 어떻게 대처해갈 것인가 하는 문제의식은 생래적으로 존재할 수밖에 없기 때문이다. 더욱이 해방 직후인 1950년대는 이러한 집단으로서의 '재일'의 개념이 강하게 작동했던 때이다. 재일조선인의 개별적인 존재를 넘어 집단으로서 작동하고 있던 '재일'의 의미를 생각해볼 필요가 있다.

이러한 관점에서 3호의 지면 구성은 매우 흥미롭다. 〈주장〉과 〈권두시〉에 이어 시 작품을 〈단결하는 마음〉, 〈생활의 노래〉, 〈거리 구석구

〈그림1〉『진달래』 3호의 표지

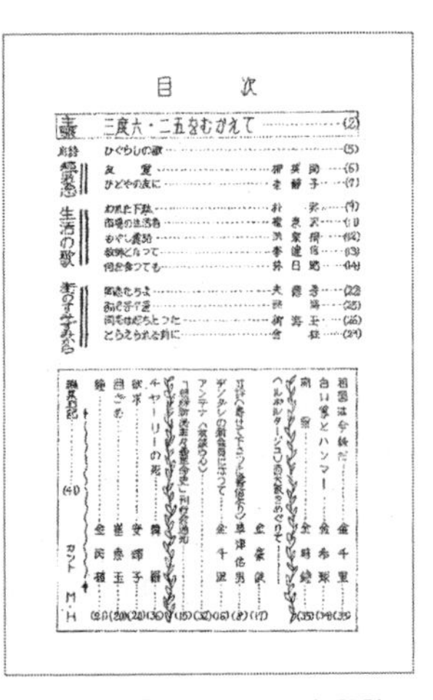
目次

三度六・二五をむかえて……(2)
ひぐらしの歌……(5)
生活の歌
白い家とハンマー
アンテナ
チャーリーの死

〈그림2〉『진달래』 3호의 목차

13) 재일에스닉연구회 옮김, 위의 책, 1권 3호, p.107.

석에서〉의 세 가지 섹션으로 구분해 싣고 있다(〈그림2〉). 그 뒤로 〈르포르타주〉와 〈편집후기〉로 이어지는 구성이다.

먼저, 〈단결하는 마음〉은 일본의 감옥에 갇혀있는 동료에게 연대의 손길을 내미는 이정자의 시 「감옥에 있는 친구에게」와 같이 단결과 연대를 노래한 시를 두 편 실었다. 〈생활의 노래〉는 "우리는 노동자/ 우리는 투쟁가/ 우리는/ 내일을 위해/ 미래를 위해/ 오늘 하루하루를 사는 자/ 오늘 하루하루를 견뎌내는 자"라고 처음에 소개하고, 다섯 편의 시를 특집 구성으로 실었다. 이 중에서 권동택의 시 「시장의 생활자」는 다음과 같이 시작한다.

> 도로는 생선 비늘로 번쩍거리고 있었다/ 저고리 소매도 빛나고 있었다/ 우리 엄마는 삐걱거리는 리어카를 밀며/ 오늘도 중앙시장 문을 넘는다/ 생선창고 근처 온통 생선악취 속을/ 엄마는 헤엄치듯/ 걸어갔다// 여자아이가 얼음과 함께 미끄러져 온 물고기를/ 재빨리 움켜쥐고 달아났다/ 갈고리가 파란 하늘을 나는 고함소리와 함께// 어두운 쓰레기장에는 썩어 짓무른 생선더미, 생선더미/ 그곳은 파리들의 유토피아였다/ 엄마는 그 강렬한 비린내 속에 쭈그리고 앉아있다//[14]

위의 시에서 보이는 '중앙시장'은 현재 오사카의 코리아타운이 있는 곳으로, 재일조선인의 공동체적 로컬리티를 보여주는 공간이다. 이어지는 홍종근의 시 「콩나물 골목」에서 "콩나물 판잣집이라/ 불리는/ 경사진 뒷골목//(중략)// 햇빛도 보지 못하고/ 비실비실/ 자라가는 콩나물/ 콩나물을 빼닮은/ 뒷골목의 삶"[15]에서도 보이듯이, 외부의 일본

14) 재일에스닉연구회 옮김, 위의 책, 1권 3호, p.121.

15) 재일에스닉연구회 옮김, 위의 책, 1권 3호, pp.123~124.

사회로부터 구획 지어진 재일조선인 부락의 곤궁한 삶이 잘 드러나 있다. 3호의 〈르포르타주〉에서는 「서오사카(西大阪)를 둘러싸고」(김호준)라는 제명으로 약 450만 가구의 동포가 살고 있는 서오사카를 다음과 같이 소개하고 있다.

> 그야말로 '돼지우리 같은' 곳이라 할 수 있는 판잣집, 목재와 판자를 어설프게 이어놓은 오두막집 등도 수도 없이 늘어서 있다. 청년이나 어른들은 물론 아주머니나 할머니 등이 넝마주이나 날품팔이 노동자로 집을 비우고 있어 낮에 들러도 부재중인 집이 많아 애를 먹었다.[16]

앞에서 살펴본 시와 마찬가지로 위의 인용도 재일조선인 부락의 곤궁한 생활상을 표현하고 있는데, 〈르포르타주〉라는 섹션의 성격상 재일조선인 부락에 대한 서술이 사실적으로 담담하게 그려져 있어, 시의 표현과 비교해보면 일본 사회에 대한 대항적 이미지로 구성되는 힘은 약하다.

여기에서 『진달래』가 '시'를 중심으로 하는 시지로 창간된 의의를 찾을 수 있다. 전술한 「창간의 말」에서 살펴본 바와 같이, "목구멍을 타고 나오는" 원초적인 목소리를 시의 형식이 잘 표출해주고 있는 것이다. 재일조선인 부락의 공동체성이 내면으로 침잠하는 서정성을 부정하고 집단적인 결속과 연대의 노래로 힘 있고 강하게 표출되고 있음을 알 수 있다.

이와 같이 재일조선인이 집단으로 호명되는 기제로 재일조선인 부락이 언급되고 있는 예는 이후에도 계속 이어진다. 예를 들어, 4호에 김

16) 재일에스닉연구회 옮김, 위의 책, 1권 3호, p.156.

희구의 시 「쓰루하시역(鶴橋駅)이여!」에서 “조선인이 많이 타고 내리는 / 쓰루하시역은 먼 옛날부터……/ 조선 부락 이쿠노(生野) 이카이노(猪飼野)에 이르는 입구”라고 하면서, 어슴푸레한 홈 구석에서 살다간 아버지와 어머니를 호명하고 있다. 여기에서 ‘아버지’나 ‘어머니’는 대표성을 띠는 시어로, 대를 이어 생활해온 삶의 터전에 대한 재일조선인의 기억을 노래하고 있다.

집단으로서 ‘재일조선인’에 대한 인식은 일본 사회라는 대타항을 통해 보여졌을 때 더욱 분명히 구별된다. 예를 들어, 13호(1555.10)에 실린 박실의 「수인의 수첩」에 다음과 같은 표현이 나온다.

> 일찍이 수험번호에/ 가슴 뛴 적도 있었지만/ 이 수첩의 번호는/ 수인의 칭호를 연상시킨다./ 꺼림칙한 기억에 휘감긴/ 외국인등록증이여/ 그것은 수인에게 주어진/ 판결서인 것이다.// 제3국인이라고 불리는 까닭에/ 안주할 땅도 없고/ 손발의 자유도 없다./ 단지 스스로의 뼈로/ 생활을 찾아서 계속 살아가는 사람들/ 우리 재일동포여.[17]

위의 시는 박실(朴實)이 수인(囚人)으로 겪은 체험을 노래한 것인데, 이 시를 썼을 당시는 1951년 2월에 오사카의 구치소에 갇혀 있던 때였다고 시인은 회고하고 있다. 죄목은 한국전쟁에서 미군이 심한 타격을 받고 있다는 기사가 실린 신문을 소지해 연합군의 ‘정령325호’를 위반했다는 것이다.[18] 박실은 이 시를 통해 미군기지로 되어버린 일본에서 조선인으로서 투쟁하는 모습을 보여주며 동포로서의 동질감을 호소하고 있다. ‘제3국인’이라는 말은 식민지배에서 벗어난 조선인이나 대만

17) 재일에스닉연구회 옮김, 위의 책, 3권 13호, p.37. 밑줄은 인용자에 의함.
18) 박실, 「시와 나」, 『진달래』 3권 14호, p.168.

인에 대하여 '일본인'도 아니고 전승국 국민도 아니라는 의미에서 패전 직후에 일본에서 불린 차별적 호칭이다. 후지나가 다케시(藤永壯)는 '제3국인'이라는 호칭은 패전의 혼란에 빠진 일본인이 과거 자신들이 식민 지배한 민족에 대해 굴절된 반감과 혐오감을 드러내는 말이라고 설명했다.[19] 해방된 민족이지만 패전 직후의 일본에서 차별받는 민족으로 살아가야 하는 데다, 조국에서의 전쟁까지 겹친 1950년대 재일조선인의 삶을 둘러싼 복합적인 굴레를 박실의 수인의 노래가 잘 보여주고 있다.

3) '노동'으로 연계되는 '우리'

재일조선인 시적 주체가 '나'를 노래하면서 동시에 '우리'라는 민족적 주체로 연결되는 가장 대표적인 예는 '노동'을 노래하는 시에서 나타난다. 이는 '노동'이라는 개념이 갖는 의미가 빈부격차나 소외를 배태하는 현실사회에 대한 비판을 수반해 집단성으로 표출되기 때문일 것이다. 더욱이 재일조선인들은 일제강점기에 징병이나 징용으로 강제 동원되어 일본에 건너간 사람들이 대부분이기 때문에 이들이 겪는 차별적인 노동 현장은 조선인이라는 민족적인 문제와 관련된 부분이 크다.

『진달래』에 노동을 노래하는 시가 다수 실려 있는데, 그중에서도 특히 재일조선인 여성의 노동 문제를 그리고 있는 시가 많다. 이는 재일조선인으로 느끼는 민족적 차별 외에 가부장제에서의 차별까지 이중의 굴레가 재일조선인 여성에게 씌어져 있기 때문이다. 시 창작의

19) 후지나가 다케시, 「차별어(差別語)의 탄생, 그리고 그 기억-'제3국인(第3國人)'에 대하여」, 『한국사연구』 153, 한국사연구회, 2011.6, p.282.

동인은 이러한 이중의 차별에서 연유하는 부분이 클 것으로 추측된다. 이러한 내용이 시에서 어떻게 표현되고 있는지 살펴보겠다.

7호(1954.4)의 이정자의 시 「노동복의 노래」는 "아프더라도 꾹 참으렴,/ 내 손 안의 노동복이여./ 내가 너의 천을/ 산뜻한 옷으로 만들어 주겠다/(중략)/ 나의 사랑하는 노동복이여/ 찢기는 것 따위는 신경 쓰지 않아도 좋다/ 꾹 참고 기다리렴/ 내가 너의 천을/ 새로운 강함으로 만들어 주마"[20]라고 노래해, 노동하는 여성으로서 느끼는 고통을 그리면서 동시에 강한 주체로 거듭나려는 결의를 그리고 있다. 같은 호에 실린 강청자의 시 「어린 재단공을 위하여」는 "암울한 나날의 노래를 혼자서 부르지 마라/ 어린 재단공인 너를 위하여/ 내가 힘껏 불러 주마/ 저 어두컴컴한 일터에서/ 힘겨운 생활로 내던져진/ 너의 어두운 소년시대의 노래를/ 나는 반드시 되찾아 줄 것이다"[21]라고 노래하고 있다. 모두(冒頭)의 "암울한 나날의 노래를 혼자서 부르지 마라"는 프롤레타리아 문학자 나카노 시게하루(中野重治)의 "너는 노래하지 말아라"로 시작하는 시 「노래(歌)」(1926)와 유사한 2인칭 금지명령형으로 시작하고 있다. 연약하고 감상적인 모습을 떨쳐내려는 시적 화자의 결연한 의지가 보이는 시로, '너'와 연대하고자 하는 '나'의 의지표명을 통해 재일조선인 여성 노동자의 연대를 노래하고 있다.

물론 위의 두 여성의 시가 재일조선인 여성 전체를 대표하는 것은 아니다. 더욱이 이들 시에서는 재일조선인 여성에 씌워진 이중의 차별 문제에 대한 자각이나 문제제기가 아직은 미약한 상태로 표현되어 있어 한계를 보이는 것이 사실이다. 그러나 1950년대가 해방된 지 얼마

20) 재일에스닉연구회 옮김, 앞의 책, 2권 7호, p.69.
21) 재일에스닉연구회 옮김, 앞의 책, 2권 7호, p.73.

지나지 않은 시점인데다 한국전쟁까지 일어나 정치적인 이슈가 큰 상황에서 재일조선인 여성들이 자신의 노동에 대해 주체적으로 자각하고 문제제기를 할 기회가 충분히 없던 시대상을 고려하면, 『진달래』가 재일조선인 여성에게 자신의 노동에 대해 그 의미를 인식하고 애환을 표출할 수 있는 최소한의 장으로 기능했음을 알 수 있다.

한편, 11호(1955.3)에 실린 원춘식의 시 「파출부의 노래」에서는 24시간 일하고 있는 파출부의 노동을 이야기하면서 "그 파출부들 가운데/ 조선 할머니./ 할아버지는 제주도 고향에서 기다리고 있다던데/ 외동아들은 전쟁터에 잡혀가 서울에 있다던데./ 슬픔이란 슬픔 고생이란 고생을 모두 받아들인다는/ 그 주름을 꼭 뒤집어쓴 얼굴을/ 기쁨으로 터지게 하며/ 할머니는 떠들어대고 있다"[22]고 노래하고 있다. 남편과 아들은 제주도와 서울에 있는데, 자신은 일본에서 하루 종일 일하는 파출부로 살아가는 재일조선인 1세 여성이 처한 현실의 슬픔을 노래하고 있다.[23] 시 속의 '조선 할머니'가 겪고 있는 노동의 슬픔은 식민에서 전쟁으로 이어진 한일 근현대사에 얽힌 문제가 초래한 것으로, 재일조선인 1세 여성의 노동을 통해 일본의 전후가 전전의 식민지배에서 비롯된 것임을 통시적으로 보여주고 있다. 개인이 처한 현실이 동시에 집단적인 문제로 등치되는 구조를 통해, 재일조선인 개인의 이야기가 개별적인 차원에 머무르지 않고 재일조선인 서사로 전환되는 것을 알 수

22) 재일에스닉연구회 옮김, 위의 책, 2권 11호, p.335.

23) 권숙인은 재일조선인 1세 가족의 경우, 일본 이주 초기와 이후의 생존 자체가 목표가 되는 삶 속에서, 특히 경제상황이 좋지 않은 경우 남성뿐만 아니라 여성도 생존을 위해 일할 수밖에 없었던 상황을 설명하고 있다(권숙인, 「"일하고 또 일했어요" – 재일한인 1세 여성의 노동경험과 그 의미」, 『사회와 역사』 113, 한국사회사학회, 2017, pp.71~72).

있다. 이와 같이 원춘식의 시는 한 재일조선인 여성의 노동을 노래함으로써 재일조선인으로서의 자각을 일깨우고 있는 집단의 노래로 읽을 수 있다.

그 외에, 13호(1955.10)에 권경택 특집에 실린 노동의 노래는 재일조선인의 참혹한 노동현장을 잘 보여주고 있다. 「멀리서 개 짖는 소리가 들리는 한밤중에-공사장에서 낙하한 철골에 아버지의 어깨가 부서졌다-」는 시를 비롯해, 「작업화」라는 시에서는 오사카역 앞의 공사에 동원된 동지들이 공사가 완성된 후에 모두 떠났는데, "와이어가 끊어지고/ 낙하하는 철골에/ 머리가 깨진 A"와 "신축빌딩 바닥에/ 고대시대의 조개껍질 속에/ 나의 찢어진 작업화가 묻혀 있다"고 노래한 부분에는 노동현장의 가혹한 현실과 노동자들의 참상이 잘 형상화되어 있다. 다만, 이러한 현실을 초래한 이유를 따져 묻거나 실천적 자각으로 동력화해가려는 심급이 아직 미진한 것은 아쉬운 부분이다.

3. 재일조선인 '대중광장'의 공간 『진달래』

『진달래』의 발행을 책임지고 있던 김시종 시인은 발간 1주년을 맞이하여 잡지 창간의 의미를 다음과 같이 떠올렸다.

> 우리 집단도 결성한 지 어느덧 1주년을 맞이하였다. 어제와 같은 일이지만, 어쨌든 작품집 『진달래』를 5호까지 발행하고 보잘 것 없지만 그 발자취를 이곳 오사카에 남겼다. 오사카로 말하자면 우리 조선인에게는 이국, 일본 땅에서 고향과 같은 곳으로, 거의 모든 재류 동포가 이곳을 기점으로 모이고 흩어져가는 인연이 깊은 곳이다. 그런 만큼 더 정이 깊다. 이곳에서 태어나 자란 우리들이 서로 모여 사랑이야기와

> 같은 따뜻한 이야기에서부터 왕성한 젊은 혈기로 국가를 걱정하고 사회를 논하는 이야기에 이르기까지 종류를 가리지 않고, 서로 문제제기를 할 수 있었던 광장이 바로 『진달래』였다는 것을 생각할 때, 질적인 평가는 제쳐두더라도 그 큰 포부에 우리는 설레고 있다.[24)]

위의 인용에서 김시종이 지난 1년간의 『진달래』의 발간을 되돌아보며, "서로 문제제기를 할 수 있었던 광장"의 역할을 했다고 말하고 있는 부분에 주목하고자 한다. 『진달래』는 재일조선인 최대의 거주지 오사카에서 문예동인지의 성격이 아닌 서클지로 출발해 집단적 주체로서 재일조선인이 당면한 문제들을 제기했기 때문에, 『진달래』가 일정 부분 재일조선인 집단의 공론장 역할을 한 것은 분명하다. 그런데, 전술한 바와 같이 6호 이후부터는 동아시아의 정세 변화와 일본 내 좌파 조직의 노선 전환에 따라 재일조선인 조직이 조국의 당의 지도를 받는 체제로 변했고, 점차 북한의 교조적인 사상의 통제를 받게 되었다. 이로써 내부 갈등과 논쟁이 심화되면서 멤버가 많이 이탈했고, 그 결과 당초의 대중 공론장으로서의 '광장'의 역할은 약해지고 문학 동인지의 성격으로 점차 변모했다. 그런데 이렇게 잡지의 성격이 변화하면서 새롭게 마련된 지면구성이 있다. 〈합평회〉가 바로 그것이다.

1954년 3월에 나온 『진달래 통신』을 보면, "진달래의 시가 재검토되기 시작한 것은 아무래도 제6호 합평회부터라고 말할 수 있다"고 바로 전 달에 나온 『진달래』 6호의 〈합평회〉에 대한 감상을 적고 있다. 김시종은 6호의 권두에서 3호부터 5호까지 실린 시 중에서 몇 작품을 골라 감상을 적고 있는데, 그 내용이 사실 김시종 개인의 글이기 때문에

24) 재일에스닉연구회 옮김, 앞의 책, 2권 6호, p.11. 밑줄은 인용자에 의함.

엄격히 말해 '합평'이라고 할 수는 없다. 그런데 김시종은 『진달래』 편집부에서 행해진 합평회의 의견을 정리해 소개하면서 자신의 의견을 적고 있기 때문에 공론장의 역할을 일정 부분 하고 있다고 볼 수 있다. 정식으로 〈합평노트〉 코너를 구성해 편집부에서 전호(前號)에 대한 합평을 싣기 시작하는 것은 13호(1955.10)부터인데, 형식은 이전과 마찬가지로 편집부에서 대표자 1명이 서술하는 형식으로 진행되었다.

그리고 13호부터 특징적으로 달라지는 또 하나의 점은 개별 시인의 특집으로 구성되어 있다는 점이다. 13호는 권경택 시인 특집으로 구성되었다. 13호의 〈편집후기〉를 보면, "한 사람의 작품을 역사적으로 파헤쳐 보는 것도 결코 헛된 것은 아니다. 한 사람의 발표 경로는 좋은 의미든 나쁜 의미든 진달래 전체의 발표 편집과 연결된 것이라고 할 수 있다"고 하면서, 개별 시인의 특집이 어디까지나 『진달래』 전체의 발간 취지의 연속선상에서 이루어지고 있음을 밝히고 있다.

이와 같이 잡지 『진달래』는 일차적으로 오사카 재일조선인 시인집단의 시 창작의 공간이면서, 동시에 전호의 잡지에 소개된 시들에 대해 다음 호에서 합평된 논의를 소개함으로써 시와 시론에 대한 논의의 공간으로 기능한 것을 알 수 있다.

예를 들어, 13호의 〈합평노트〉를 보면, "홍종근 작, 동결지대는 조선인의 비참한 상태는 보이지만 너무 어둡고 희망이 없다", "김탁촌 작, 훌륭한 미래는 공화국 공민으로서 자랑스러움이 넘치는 것은 좋지만 관념적이다, 구체적 사상을 파악하는 것이 좋다", "정인 작, 미(美)는 작자 특유의 표현양식을 가지고 있는데 매너리즘의 경향이 있다", "김화봉 작, 어느 오후의 우울은 조선인의 생활이 나타나 있는데, 언어가 문어체와 구어체를 혼재해 사용한 것이 좋지 않다"고 하는 등, 각 작품에 대해 논의된 평가를 정리해 소개하고 있다.

그리고 이러한 시평은 오사카의 시인집단뿐만 아니라 다른 지역과의 연계를 이끌어내어 재일조선인 문단의 지형도를 만들어가는 역할도 하고 있다. 13호의 〈편집후기〉에 "도쿄의 아다치 시인집단으로부터 특별한 편지를 받았다"는 서술과 함께, "향후 회원 제군이 이 문제에 적극적으로 참가해 주셨으면 좋겠습니다"라고 회원들을 공론의 장으로 유도하고 있는 사실을 확인할 수 있다. 14호(1955.12)의 〈합평노트〉에서 박실은 다음과 같이 적고 있다.

> 『진달래』 13호의 합평회를 통해 우리의 합평 내용이 종래에 비해 현격한 변화를 이룬 것이 분명해졌다. 시의 효용성과 사상성, 정치성, 시와 대중독자와의 관계에 대해 그 형상과 예술성, 확대하는 문제와 고양시키는 문제 등이 각각의 작품에 맞추어 보다 깊이 구체적으로 게다가 각자의 시작(詩作) 경험을 통해 의견을 내게 되었다. 이것은 분명 우리가 단순히 자기의 경험과 체계성 없는 순간 착상 식의 의견에서 벗어나 이론적으로 그리고 질적으로 고양되고 있음을 말해준다.[25]

위의 인용은 전호에 특집으로 구성한 권경택 시인의 작품에 대해 합평한 내용을 박실이 정리해 적고 있는 부분이다. 〈합평노트〉는 특집 구성에 대한 내용만 평가하고 있지는 않다. 특집으로 구성한 시인의 작품을 먼저 평하고, 다른 작품 중에서 주목할 만한 점을 평가하며 『진달래』 전체에 연결되는 논리를 정리하는 방식이다. 〈합평노트〉는 회를 거듭하면서 시 창작 방법상의 문제를 포함해 에세이 등의 다른 장르의 글까지 전체적으로 합평의 대상을 넓혀간다. 『진달래』 지상에 실린 시에 대한 합평은 아니지만, 8호(1954.6)에는 시와 소설, 희곡,

25) 재일에스닉연구회 옮김, 위의 책, 3권 14호, p.171.

아동문학에 걸쳐 북한문학 전반에 대한 평론을 편집부에서 싣고 있다. 그리고 "조국의 문학적 실체를 알고" "아울러 재일조선문학회"의 기관지도 같이 병행해서 읽어볼 것을 제안하고 있다.

이상에서 살펴본 바와 같이 『진달래』는 시 창작과 시론뿐만 아니라, 자신들의 시 창작에 대해 같이 논의하는 공동의 장을 마련해 의견을 공유하고 담론화해 간 공론장으로 기능했음을 알 수 있다. 그리고 이러한 공론은 재일조선인의 다른 잡지나 북한의 담론과도 연계해 시 창작의 수준을 높이고 거시적인 시각에서 『진달래』의 시 운동을 자리매김해가는 장으로 그 기능을 확대해갔다.

이와 같이 『진달래』는 〈합평노트〉를 통해 재일조선인의 대중공간으로서 논의의 장을 만들어갔을 뿐만 아니라, 다른 지역의 시인집단과 교류하는 재일조선인 연대의 장으로 기능했다. 13호에는 도쿄 아다치(足立) 시인집단이 공동창작해 보내준 「투쟁의 노래-동지K의 출옥을 맞이해서-」라는 시가 실렸고, 오사카 조선시인집단과 주고받은 왕복서간도 소개되었다. 아다치 시인집단이 보낸 글 「시의 존재방식에 관하여」를 보면, 아다치 시인집단이 합평회나 토론회를 매월 개최하고 있다는 소개와 함께, 『진달래』 지상에서 오사카 시인집단이 '시'에 대해 토론한 내용에 대해 다른 의견을 제시하며 자신들의 시론을 전하고 있다. 이에 대해 오사카 시인집단을 대표해 정인이 「아다치 시인집단 귀중」이라는 답신 형식으로 시를 통해 대중을 계몽하는 문제에 대해 오사카 시인집단 쪽의 의견을 밝히고 있다. 요컨대, 『진달래』는 오사카 시인집단의 표현과 공론의 장이면서 동시에 다른 지역의 재일조선인과 소통하고 연대하는 공간으로 기능함으로써 재일조선인 집단의 대중공론의 장으로 기능했음을 알 수 있다.

4. 마치며

이상에서 오사카 재일조선인의 대중적 기반이 된 잡지 『진달래』에 대해 살펴보았다. 『진달래』는 오사카 조선시인집단의 기관지로서, 서클지로 시작해 재일조선인 좌파 조직의 변동과 노선변화에 따라 점차 소수 정예의 문예동인지의 성격으로 변해갔다. 그러나 특히 전반부에 보여준 1950년대 재일조선인의 생활상에는 재일조선인의 다양한 목소리와 이들의 집단적 총화로서의 문화운동 성격이 잘 나타나 있다.

이와 같이 『진달래』는 시를 한 번도 써보지 못한 재일조선인들이 자신의 표현을 획득해가는 주체적인 공간이었고, 이러한 시 창작을 통해 재일조선인들의 공동체적 로컬리티를 만들어간 잡지였다. 이러한 과정 속에서 식민에서 해방으로, 그리고 다시 한국전쟁을 겪어야 했던 1950년대 재일조선인의 현실적인 생활과 민족 문제 등이 원초적이면서 집단적인 목소리로 표출된 것이다. 뿐만 아니라, 『진달래』는 서로의 시 작품에 대해 비평하고 시론에 대하여 공동 논의하는 공론장이었으며, 또 타 지역 동포 집단과 소통하고 연대하는 매개가 되었다. 『진달래』는 전후 일본 사회에서 식민과 전쟁으로 이어진 삶을 살아간 재일조선인들에게 창작과 공론의 장으로 기능한 대중적 기반의 원형이 된 잡지라고 할 수 있다.

이 글은 가천대학교 아시아문화연구소의 『아시아문화연구』 제44집에 실린 논문 「1950년대 재일조선인의 문화운동 - 서클시지 『진달래』를 중심으로」를 수정·보완한 것임.

참고문헌

권숙인, 「"일하고 또 일했어요" – 재일한인 1세 여성의 노동경험과 그 의미」, 『사회와 역사』 113, 한국사회사학회, 2017.

마경옥, 「1950년대 재일서클시지 『진달래』 연구 – 『진달래』의 갈등과 논쟁의 실상」, 『일어일문학』 67, 대한일어일문학회, 2015.8.

이승진, 「문예지 『진달래(チンダレ)』에 나타난 '재일'의식의 양상」, 『일본연구』 37, 중앙대학교 일본연구소, 2014.8.

재일에스닉연구회 옮김, 『오사카 재일조선인 시지 진달래·가리온』 1~5, 지식과 교양, 2016.

후지나가 다케시, 「차별어(差別語)의 탄생, 그리고 그 기억 – '제3국인(第3國人)'에 대하여–」, 『한국사연구』 153, 한국사연구회, 2011.6.

宇野田尚哉, 『「サークルの時代」を読む―戦後文化運動への招待―』, 影書房, 2016.

__________, 「東アジア現代史のなかの『チンダレ』『カリオン』」, 『「在日」と50年代文化運動』, 人文書院, 2010.

梁石日, 『アジア的身体』, 平凡社ライブラリー, 1999.

김산·님 웨일즈의 『아리랑』과 재일코리안

이영호

1. 시작하며

김산(金山)[1], 일제강점기 중국에서 항일독립운동을 하며 대한민국 정부로부터 2005년 건국훈장 애족장을 추서받은 조선인 독립운동가이다. 수많은 독립운동가 중 김산의 이름이 세상에 널리 알려진 이유는 미국의 저널리스트 님 웨일즈(Nym Wales)[2]가 *Song of Ariran*을 출간했기 때문이다. 1937년, 님 웨일즈는 중국 연안에서 김산과 인터뷰를 진행한다. 이후 필리핀에서 원고작업을 한 뒤 1941년, 미국에서 저서를 출간한다. 이후 *Song of Ariran*은 다양한 나라에서 번역되며 김산의 이름이 세계적으로 알려진다. 한국에서는 1984년, 『아리랑』[3]이라는

---

1) 김산(1905.3.10.~1938.10.19.)은 중국에서 활동한 독립운동가이며 본명은 장지락(張志樂)으로 알려져 있다.

2) 님 웨일즈(Nym Wales, 1907.9.21.~1997.1.11.)는 미국의 신문기자이며 시인, 계보학자로 활동했다. 본명은 헬렌 포스터 스노우(Henen Foster Snow)이며 남편 에드거 스노우(Edgar Snow)와 함께 1930년대 중국 혁명가들을 취재했다. *Song of Ariran*으로 이름을 알렸으며 2005년 대한민국 정부에서 보관문화훈장을 수여했다.

3) 이 글에서는 김산과 님 웨일즈의 *Song of Ariran*을 지칭할 경우, 한국에서 가장 일반적으로 지칭하는 용어인 『아리랑』으로 지칭한다.

제목으로 번역본이 출간되며 김산의 생애와 활동이 알려진다.[4)]

Song of Ariran 출간 이후 일본과 재일코리안 사회에서는 김산과 님 웨일즈에게 큰 관심을 갖는다. 그 결과 일본에서는 1953년, 『아리랑의 노래 – 어느 조선인 혁명가의 생애(アリランの唄－ある朝鮮人革命家の生涯)』라는 제목으로 번역서가 출간된다. 1987년에는 재일코리안[5)] 잡지 『민도(民涛)』[6)]에 님 웨일즈의 특별 인터뷰가 수록되고, 1991년 5월 28일에는 단행본 『『아리랑의 노래』 각서 – 김산과 님 웨일즈(『アリランの歌』覚書－キム·サンとニム·ウェールズ)』가 발간되는 등 본격적으로 『아리랑』 담론이 형성됐다. 재일코리안 사회에서는 『아리랑』에 관련된 기존에 공개된 적 없었던 각종 자료를 생산해 한일 양국에 문화적 영향력[7)]을 발신한다.

이에 따라 이 글에서는 『아리랑』과 관련된 재일코리안 사회의 활동

---

4) 한국에서는 1984년 번역서 출간 전까지 사회주의 계열의 독립운동 언급은 금기시되었기 때문에 정식으로 번역서가 출간되지 못했다. 일본에서는 1953년 7월 안도 지로(安藤次郎)가 『아리랑의 노래(アリランの唄)』라는 제목으로 번역본을 출간했으며, 1965년, 제목을 『아리랑의 노래(アリランの歌)』로 변경해 개정판을 출간한다. 이후 한국에는 유학생들이 밀반입한 영문 원본과 일본어 번역본이 유입돼 김산의 이름이 알려지기 시작했다.

5) 본 글에서는 재외동포를 코리안(Korean)으로 지칭하고, 재일동포의 경우 일본에 거주하는 코리안이라는 의미에서 '재일코리안'이라고 지칭한다. 해당 용어는 국적과 무관하게 일본에 거주하는 우리 동포 전체를 지칭하는 용어이며 어떠한 정치성도 없음을 사전에 밝혀둔다. 원문을 인용하거나 대상을 특정할 경우, 상이한 용어를 사용하기도 한다.

6) 『민도』(1987.10.~1990.3)는 재일코리안 작가 이회성을 주필로 창간된 종합지였다. 잡지명은 민중(民)의 물결(濤)을 의미하며 연4회 발행되었다. 발행언어는 일본어였으며 재일코리안 사회 최초의 '재일민중문종합지'를 표방하며 일반대중의 민중 문예운동 실천과 재일자를 위한 문예광장을 표제로 내세웠다.

7) 이 글에서의 '문화'라는 용어는 문학, 연극, 영화, 음악, 미술 등의 예술 일반은 물론 사상, 의상, 언어, 종교, 의례, 법, 도덕과 같은 규범, 가치관을 모두 포괄하는 사회 전반의 생활양식을 지칭한다.

에 주목한다. 특히 담론의 구체적 양상을 확인하고 영향 관계를 분석할 것이다. 이를 통해 재일코리안의 『아리랑』 담론이 한국과 일본에 끼친 문화적 영향력과 역할을 확인하는 데 주안점을 둔다.

2. 재일코리안이 만든 『아리랑』 아리랑 담론

1) 번역서 『아리랑의 노래』와 재일코리안

1953년 7월, 일본에서 『아리랑의 노래 – 어느 조선인 혁명가의 생애(アリランの唄ーある朝鮮人革命家の生涯)』가 출간된다. 이는 님 웨일즈가 1941년 출간한 *Song of Ariran*의 일본어 번역서였으며 역자는 안도 지로(安藤次郎)[8], 출판사는 아사히쇼보(朝日書房)였다. 1965년에는 같은 출판사에서 제목을 『아리랑의 노래(アリランの歌)』로 변경해 개정판을 출간했으며, 1965년 9월에는 미스즈쇼보(みすず書房)에서 동명의 개정판이 출간됐다. 1987년 8월에는 마쓰다이라 이오코(松平いを子)[9]가 새로 번역한 판본이 이와나미문고(岩波文庫)에서 출간되며,[10] 약 33년에

8) 안도 지로(安藤次郎), 1913년 중국 천진시 출생, 1936년 도쿄대학 경제학부 졸업. 번역서 출간 당시 가나자와대학(金沢大学) 강사였으며, 1969년에 문학부 교수로 부임한다. 1952년 『중국은 세계를 뒤흔든다(中国は世界をゆるがす)』, 1960년 『중화인민공화국 통계학 문헌 총목록(中華人民共和国統計学文献総目録)』과 같은 중국 관련서를 출간했다. 『아리랑의 노래』 역시 중국에 대한 관심이 번역서 출간으로 이어진 것으로 추정된다.

9) 마쓰다이라 이오코(松平いを子): 1935년 일본 출생이며 도쿄대학에서 중국문화사를 전공했다. 대표 저서로는 『고대 중국의 성생활 : 선사에서부터 명대까지(古代中国の性生活 : 先史から明代まで)』(1988), 『중국문명사(中国文明史)』(1991) 등 중국 관련서를 주로 번역했다.

10) 해당 판본은 일본에서 1972년 나온 재판의 역서였으며, G 토튼의 전문이 생략되고

걸쳐 다양한 형태의 번역서를 출간했다.[11]

일본어 번역서에서는 한 가지 흥미로운 사실을 확인할 수 있다. 1953년 출간된 『아리랑의 노래 – 어느 조선인 혁명가의 생애』의 역자 후기에서는 다음과 같은 문구를 확인할 수 있다.

> 본서의 일역은 종전 후 바로 계획되었지만 미군 당국의 압박에 의한 '점령통치' 기간을 거치며 실현되지 못하고 겨우 오늘날에서야 우연히 내가 이 졸역을 출판하게 되었다. 김시래(金時淶) 씨, 은무암(殷武巖) 씨로부터 친절한 지도와 응원을 받았지만 조선의 사정에 서투른 역자가 범한 오역은 많을 것이라 생각한다.[12]

안도 지로는 역자 후기에서 번역서 출간 과정을 밝힌다. 주목할 대목은 김시래, 은무암 두 명의 조선인(한국인)의 이름을 언급하고 있다는 점이다. 안도 지로는 번역서 출간 과정에 두 명의 재일코리안에게 번역 자문을 받았으며, 이 대목에서 일본 최초의 『아리랑』 번역서 출간에 재일코리안의 개입 사실을 확인할 수 있다. 재일코리안의 영향력은 1964년 출간된 개정판에서 보다 구체적으로 나타난다. 개정판 역자후기에서 안도 지로는 다음과 같이 말한다.

> 재간행에 즈음해 원서와 대조하여 가능한 다시 번역했다. 또한 교정

각주가 추가되었다.(백선기, 『미완의 해방노래』, 正宇社, 1993, p.26.)

11) 홍콩에서는 1977년에 중국어로 번역 출간되었고, 중국에서는 1986년 연변역사연구소가 『백의동포의 영상』이라는 이름으로 조선어 번역이 출간되었으며, 1993년에 이르러 중국어 번역본이 출간되었다.(고명철, 「김산, 동아시아의 혁명적 실천, 그리고 '문제지향적 증언서사'」, 『한민족문화연구』 54, 한민족문화학회, 2016, p.8.)

12) 安藤次郎, 「訳者あとがき」, 『アリランの唄ーある朝鮮人革命家の生涯』, 朝日書房, 1953, pp.417~418.

> 단계지만 우연히 강덕상 씨의 간독(懇篤)한 협력을 받은 덕분에 많은 역주를 추가할 수 있었다. 여기서 강덕상 씨를 중개하는 수고를 해준 미스즈쇼보(みすず書房)의 오비 도시토(小尾俊人) 씨에게 깊은 감사를 표한다.[13]

안도 지로는 역자 후기에서 재일코리안 역사학자 강덕상(姜德相)[14]의 이름을 언급한다. 특히 강덕상의 도움으로 개정판에 역주를 추가할 수 있었다 말하며 재일코리안의 구체적 역할을 언급한다. 이러한 사실에서 확인할 수 있는 것처럼 1950~60년대 일본에서의 『아리랑』 번역서 출간에는 재일코리안과 일본인의 교류와 협력이 있었다.

재일코리안 사회에서는 1980년대 후반부터 본격적으로 『아리랑』 관련 담론을 형성한다. 이 과정에 작가 이회성(李恢成)은 기존 번역서에 대한 문제를 제기한다.

> 전에 안도 지로 씨의 번역으로 『아리랑의 노래』를 읽었을 때, 나는 그 격조 높은 남성적 문장에 매료당했다. 그러나 한편으로 이때 저자명 표기에 강한 의구심을 품은 것도 사실이다. 지금까지 일본에서 출판된 두 종류의 책, 『アリランの唄』와 『アリランの歌』(미스즈쇼보)는 각 표지에 님 웨일즈라고 되어 있었을 뿐이다. 그리고 고작 속표지 뒤편에 by Kim San and Nym Wales라는 영문 표기가 되어 있었다.[15]

13) 安藤次郎, 「あとがき」, 『アリランの歌』, みすず書房, 1965, p.281.

14) 강덕상(姜德相, 1931~2021): 1931년 경남 함양군 출생. 1943년에 일본으로 이로 이주한 1세대 재일코리안 역사학자이다. 주로 한국근대사, 독립운동사를 연구했으며 히토쓰바시(一橋)대학, 시가(滋賀)현립대학의 교수로 재직했다. 2005년, 민단의 주도로 설립된 재일한인역사자료관 초대 관장에 취임, 이후 문화센터아리랑의 센터장을 역임했다.

15) 李恢成, 『『アリランの歌』覚書ーキム·サンとニム·ウェールズ)』, 岩波書店, 1991, p.20.

이회성은 김산과 님 웨일즈의 공동작업으로 『아리랑』이 출간되었지만 일본어판에 김산의 이름이 누락된 사실을 지적한다. 이회성은 "두 사람은 정신적으로 대등하며 창조하는 행위에 대해 공동의 책임을 지고 있었다. 유감이지만 이 점이 오랫동안 일본에서는 간과되어 왔다. 시대의 제약성도 있었겠지만 이러한 인간적 관계가 역사와 사상 레벨에서 빈틈없이 파악되지 않았기 때문에 이러한 오류가 생겨났다"[16]고 말하며 문제의 심각성을 지적한다.[17]

〈사진1〉 Song of Ariran 원문 표지

〈사진2〉 『アリランの唄』 1953년판 표지

이회성은 "이 책을 '공저'로 이해하는가 아닌가에 따라 1930년대 조선인의 정신사를 이해하는 정도가 근본적으로 달라진다"[18]고 말하며, 일본 독자들이 1930년대 조선인의 항일독립운동과 정신사의 올바른

16) 李恢成, 위의 책, p.21.

17) 실제로 원문 Song of Ariran에서도 저자는 님 웨일즈와 김산이었지만, 일본어 번역서에는 님 웨일즈만이 저자로 기입되어있었다.

18) 李恢成, 위의 책, pp.20~21.

이해를 위해 『아리랑』을 공저로 받아들여야 한다고 말한다. 또한 『아리랑』 집필 과정에서 김산, 님 웨일즈가 "두 사람 사이에 서로의 사상과 종교의 틀을 넘어선 수준에서 정신적인 힘을 서로 확인하고자 했다는 것, 종래의 종교와 교조적인 마르크스주의를 넘어선 무언가이고 역사의 발전 속에서 혁명성을 갖는 무엇인가"[19]를 발견했다 말하며 『아리랑』을 공저로 수용해야 하는 이유를 집필 과정에서 찾아낸다.

이처럼 전후 재일코리안 사회에서는 『아리랑』 일본어 번역서 출간에 영향을 끼쳤으며, 번역과 수용 문제 제기를 통해 올바른 독해법을 제시했다. 나아가 재일코리안 사회에서는 1980년대 후반부터 본격적으로 『아리랑』 담론을 형성하기 시작한다.

2) 재일코리안이 구축한 『아리랑』 담론

1980년대 재일코리안 사회에서는 다양한 형태로 『아리랑』 담론을 형성했다. 잡지 『민도』는 님 웨일즈와의 특별 인터뷰를 시작으로 르포르타주, 작품론 등 다양한 기사를 수록했으며, 1991년에는 이회성, 미즈노 나오키가 단행본 『『아리랑의 노래』 각서 – 김산과 님 웨일즈』를 출간한다. 이처럼 1980~90년대 재일코리안 사회에서는 본격적으로 『아리랑』 담론을 형성했다. 그렇다면 재일코리안 사회에서는 어째서 김산과 『아리랑』에 관심을 가졌을까? 이에 대해 이회성은 다음과 같이 말한다.

> 『아리랑』이 불멸의 책으로 국경을 넘어 널리 알려진 것과는 다르게

19) 이회성·미즈노 나오끼, 『아리랑 그후』, 동녘, 1993, p.67.

> 저자인 님 웨일즈와 김산에 대해서는 실제로 지금껏 거의 알려지지 않았다. 유감스럽게도 아시아에서는 님 웨일즈가 과연 어떤 사상과 신조를 갖고 있는지 또한 어떤 집필 동기와 배경을 갖고 있었는지 알 수 있는 자료와 연구가 없었다. 김산의 이후 소식에 대해서도 마찬가지라고 말할 수 있다. (중략) 이 책은 이런 님 웨일즈, 김산에 대한 연구 실상을 토대로 다소나마 이 두 사람의 정신세계에 다가와 역사의 공백을 메움으로써 시대의 배경까지 밝혀 보고 싶어 한 작은 바람이다.[20]

김산과 항일투쟁의 역사는『아리랑』을 통해 세계적으로 알려졌지만 정작 집필 과정을 비롯한『아리랑』의 집필 배경과 후일담은 거의 알려지지 않았다. 때문에 재일코리안 사회에서는 담론 형성을 통해 동시대 상황과『아리랑』을 심층적으로 파악하고자 했다. 그렇다면 재일코리안 사회의『아리랑』 담론은 구체적으로 어떠한 양상을 보였을까? 다음은『민도』에 수록된『아리랑』 관련 기사 현황이다.

〈표1〉『민도』에 수록된 님 웨일즈, 김산,『아리랑』 관련 기사

연번	호수(발행일)	작가	제목	비고
1	1호(1987.10.)	이회성(李恢成) 박중호(朴重鎬)	님 웨일즈(상) 「아리랑의 노래」와 나의 생애 (ニム·ウェールズ(上) 「アリランの歌」と私の生涯)	특별인터뷰 (特別インタビュー)
2	2호(1988.2.)	이회성(李恢成) 박중호(朴重鎬)	님 웨일즈(중) 「나의 중국시대」와 합작사 (ニム·ウェールズ(中) 「私の中国時代」と合作社)	특별인터뷰 (特別インタビュー)
3		재일문예민도사 (在日文芸民涛社)	『아리랑·2』(가제)의 출판에 관하여 (『アリランの歌·2』 (仮題)の出版について」)	『아리랑의 노래』론 (『アリランの歌』論)

20) 李恢成, 위의 책, pp.5~6.

4	2호 (1988.2.)	조지 O. 토튼 (ジョージ·O·トッテン)	고민해야만 하는 사인 (割引かれるべき死因)	『아리랑의 노래』론 (『アリランの歌』論)
5		브루스 커밍스 (ブルース·カミングス)	어느 공산주의자의 생애 (ある共産主義者の生涯)」	『아리랑의 노래』론 (『アリランの歌』論) (편집부 번역)
6	3호 (1988.5.)	이회성(李恢成) 박중호(朴重鎬)	님 웨일즈(하) 조선의 중립화와 문명화(ニム·ウェールズ(下) 朝鮮の中立化と文明論	특별인터뷰 (特別インタビュー)
7		님 웨일즈 (ニム·ウェールズ)	오래된 베이징. 침묵한 채 일본에 복종했을 때의 인상 (古き北京 沈黙のままに日本に服従せし時の印象)	시(詩) 중국어 역 : 셰빙신(謝冰心) 일본어 역 : 가마야 오사무(釜屋修)
8		후지타 쇼조 (藤田省三)	김산 서사시 서곡에 관하여 - 그 한 해석(金山叙事詩序曲について—その一解釈)」	평론 (評論)
9	6호 (1988.5.)	김찬정 (金賛汀)	『아리랑의 노래』가 들려온다 - 중국에 김산의 유가족을 방문하고 (『アリランの歌』が聴こえてくる —中国に金山の遺家族を訪ねて)	르포르타주 (ルポルタージュ)

<표1>에서 확인할 수 있는 것처럼 『민도』에는 총 9편의 『아리랑』 관련 기사가 수록됐다. 시작은 특별인터뷰였다. 『아리랑』 발표 이후 46년이 지난 1987년 8월 20일, 『민도』의 주필 이회성과 편집위원 박중호는 미국 코네티컷주 매디슨에서 님 웨일즈와 특별 인터뷰를 진행한다. 인터뷰는 나흘간 진행되었으며 기사는 『민도』에 3회에 걸쳐 수록된다.[21] 실제로 『민도』 창간호의 첫 기사가 님 웨일즈의 특별인터뷰였다는 점에서 『민도』 측이 김산과 님 웨일즈를 얼마나 중요히 여겼는지

21) 李恢成·朴重鎬, 「特別インタビューニム·ウェールズ(上), 「アリランの歌」と私の生涯」, 『民涛』 1, 民涛社, 1987, pp.2~41; 李恢成·朴重鎬, 「特別インタビューニム·ウェールズ(中), 「私の中国時代」と合作社」, 『民涛』 2, 民涛社, 1988, pp.8~47; 李恢成·朴重鎬, 「特別インタビューニム·ウェールズ(下) 朝鮮の中立化と文明論」, 『民涛』 3, 民涛社, 1988, pp.198~222.

추측할 수 있다. 2호에서는 인터뷰 외에도 기사 후반부에 별도의 지면을 할애해 「『아리랑·2』(가제)의 출판에 관하여(『アリランの歌·2』(仮題)の出版について)」라는 기사를 수록했다. 본문에서는 님 웨일즈가 1961년 미국에서 발표한 *Notes on Korea and the Life of Kim San*의 번역본이 일본에서 출간 예정임을 알렸다. 이 외에도 남캘리포니아대학 교수 조지 O. 토튼(George O. Totten)은 「고민해야만 하는 사인(割引かれるべき死因)」이라는 김산론(論)을 수록했다. 조지는 국적과 상관없이 타인과 혁명을 위해 자신의 생애를 바친 김산을 영웅이라 지칭하며 김산의 생애를 동시대 관점에서 평가할 필요가 있다고 주장한다. 시카고대학 교수 브루스 커밍스(Bruce Cumings)[22]는 「어느 공산주의자의 생애(ある共産主義者の生涯)」라는 제목의 김산의 생애 연구 논문을 수록했다. 이처럼 2호에서는 님 웨일즈의 인터뷰 외에도 신간 예고, 두 편의 『아리랑』 논(論)을 수록하며 다양한 형태로 『아리랑』 관련 기사를 수록했다.

〈사진3〉 『아리랑의 노래 각서』 표지

3호에서는 「오래된 베이징. 침묵한 채 일본에 복종했을 때의 인상(古き北京 沈黙のままに日本に服従せし時の印象)」[23]을 통해 특별 인터뷰 3부작

22) 브루스 커밍스(Bruce Cumings, 1943~), 미국인 학자로 한국 근현대사와 동아시아국제관계를 연구하였다. 1988년 당시 시카고대학에서 교수로 재직했으며 현재 동 대학 석좌교수이다. 대표 저서로는 『한국전쟁의 기원』(1986), 『브루스 커밍스의 한국현대사』(2001) 등이 있다.

23) ニム·ウェールズ, 「古き北京 沈黙のままに日本に服従せし時の印象」, 『民涛』 3, 民涛

을 마무리했으며, 후지타 쇼조(藤田省三)는 「김산 서사시 서곡에 관하여 – 그 한 해석(金山叙事詩序曲について―その一解釈)」을 통해 김산의 삶을 문학적으로 해석했다. 6호에는 김찬정(金賛汀)[24]의 르포르타주 기사 「『아리랑의 노래』가 들려온다 – 중국에 김산의 유가족을 방문하고(『アリランの歌』が聴こえてくる―中国に金山の遺家族を訪ねて)」가 수록된다. 김찬정은 1988년, 중국에서 김산의 아들 고영광을 비롯해 현지 조선족과 인터뷰를 한다. 인터뷰에서는 김산 유족의 과거와 현재, 아버지의 복권을 위한 아들의 활동, 조선족 사회에서의 김산 평가 등을 종합적으로 다루었다.

1980년대 『민도』는 다양한 관련 기사를 수록하고 조선족, 미국인, 일본인 등과 함께 『아리랑』 담론을 형성했다. 또한 일본에 국한되지 않고 미국, 중국 등 다양한 지역에서 문화 활동을 전개했다.

1991년 5월 28일에는 이회성과 미즈노 나오키(水野直樹)[25]가 단행본 『『아리랑의 노래』 각서 – 김산과 님 웨일즈』[26]를 출간한다.[27]

단행본은 총3부로 구성되었으며 1부에는 님 웨일즈 소개와 『민도』 1~3호에 수록된 특별 인터뷰를 편집해 수록했다.[28] 2부에는 님 웨일즈

社, 1988, pp.230~233.

24) 1937년 일본 교토에서 태어난 재일코리안 2세대 논픽션 작가이다. 1963년 일본 조선대학교를 졸업했으며 잡지사 편집 기자를 그만둔 후 논픽션 작가로 활동했다. 주로 전후 강제연행자, 중국 동북부, 중앙아시아 이주 역사와 동포 문제를 다루었다.

25) 미즈노 나오키(水野直樹, 1950~): 현 교토대학(京都大学) 명예교수, 역사를 통해 일본 제국주의를 비판했다. 1980~90년대 중국과 일본을 왕래하며 재일코리안 지면과 한국의 다양한 매체에 연구와 기사를 발표했다.

26) 李恢成·水野直樹, 『「アリランの歌」覚書 キム·サンとニム·ウェールズ』, 岩波書店, 1991.

27) 한국에서 님 웨일즈의 「아리랑의 노래 각서(*Notes on Korea and the Life of Kim San*)」는 1986년 3월 30일, 학민사에서 『아리랑 2』라는 제목으로 번역서가 일본보다 먼저 출간되었다.

의 비공개 원고 『조선과 김산에 관한 각서』와 김산의 중국어 소설 「기묘한 무기(奇妙な武器)」를 일본어로 번역했으며, 3부에는 「도큐먼트 김산의 족적(『ドキュメント』キム·サンの足跡)」과 『민도』 6호에 수록된 김찬정의 「『아리랑의 노래』가 들려온다(『アリランの歌』が聞こえてくる)」를 수록했다.

이처럼 재일코리안 사회에서는 국가를 넘나들며 『아리랑』 관련 담론을 다양한 형태로 형성했다. 그렇다면 재일코리안 사회의 『아리랑』 담론은 어떠한 양상으로 구체화되었을까?

3. 『아리랑』 담론의 양상과 특징

1987년 2월 28일, 이회성은 미국에 거주하고 있는 님 웨일즈에게

28) 『민도』에 수록된 인터뷰에서는 각 기사마다 절(節)이 구분되어 있었다. 1호(서론(はじめに), 「아시아의 여제」와 상하이(「アジアの女帝」と上海), 조선으로의 여행(朝鮮への旅), 김산과의 만남(金山との出会い), 「물 속의 소금(水中の塩)」, 파묻힌 소설의 행방(埋もれた小説の行方), 장지락과 변명(張志楽と変名), 강생이라는 남자(康生という男), "공합적 결혼(工合的結婚)", 김산의 인간성(金山の人間性), 불분명한 1930년대(不分明な一九三〇年代), 김산 "처단"의 진상을 둘러싸고(金山"処断"の真相をめぐって)), 2호(선한 일을 하는 자(善いことをする者), 펄벅과 『대지』(パール·バックと『大地』), 송가의 세 자매(宋家の三姉妹), 물질과 정신(物質と精神), 모택동의 손(毛沢東の手), A·스메들리와의 교우(A·スメドレーとの交友), 김산의 「신」(金山の「神」), 에너지즘(エナジズム), 합작사와 사회주의(合作会と社会主義), 세계에 걸치는 다리(世界に架ける橋)), 3호(에너지 신앙의 친구(エネルギー信仰の友), 일본이 한국에 파병하는 날……(日本が韓国に派兵する日……), 협동조합으로의 원조(協同組への援助), 매카시즘의 시대(マッカーシズムの時代), 유교와 씨족제도(儒教と氏族制度), 중립, 비동맹, 비핵이야말로 조선의 길(中立、非同盟、非核こそ朝鮮の道), 식문화를 둘러싸고(食文化をめぐって), 소수민족의 지적 수준은……(少数民族の知的水準は……), 피서지 매디슨의 작금(避暑地のマジソンの昨今), 미간행의 43권의 저서(未刊の四三冊の著書))이다. 단행본 『아리랑의 노래 『각서』』에서는 해당 기사들을 편집해 2/3 분량으로 축약했다.

편지로 인터뷰를 요청한다. 님 웨일즈는 처음에는 인터뷰를 거절하지만 『민도』 측의 간곡한 요청으로 인터뷰를 수락한다. 결국 1987년 8월 20일, 미국 매디슨에서 나흘간 인터뷰를 진행했으며, 이회성과 박중호는 기존의 의문점과 『아리랑』에 기록되지 않은 후일담을 듣게 된다. 인터뷰에서는 『아리랑』이 완성 2년 후에 출간된 이유[29], 님 웨일즈가 연안에서 만났던 혁명가들, 에드가 스노우와의 결혼 이유, 미국 소설가 펄 벅, 중국의 정치가 송경령과의 만남 등 중국 체제 당시 상황을 듣게 된다. 인터뷰에서 흥미로운 점은 님 웨일즈가 재일코리안에 의해 새로운 정보를 인지하는 부분이다.

> 님 웨일즈 : 한 가지 물어보겠는데 당신은 나에게 보낸 편지에서 김산을 무죄라 하여 명예회복을 시킨 책이 있다고 했지요. 그 책 제목이 무엇인가요?
>
> 이회성 : 그것은 김산에 관한 사실이 나오는 『조선족혁명열사전』 제2집이라 생각됩니다.[30]

인터뷰에서 님 웨일즈와 이회성, 박중호는 김산의 사망에 대해 이야기한다. 이 과정에서 님 웨일즈는 김산의 사망시기와 원인을 묻는다. 이회성은 1938년에 강생(康生)[31]에게 암살되었다 말하며, 중국 당국에 의해 사후(死後) 명예가 회복되었다고 알려준다. 인터뷰 전까지 김산이

---

29) 2년 후 출간은 김산의 요청에 의한 것이었다. 당시 김산은 만주의 빨치산에서 싸우려 했는데, 책이 바로 출간되면 일본 당국에 체포돼 처형당할 우려가 있었다. 때문에 님 웨일즈에게 본인이 활동할 수 있는 2년의 출간 유보를 요청했었다고 인터뷰에서 밝혔다.

30) 李恢成·朴重鎬, 「特別インタビューニム·ウェールズ(上)「アリランの歌」と私の生涯」, 『民涛』 1, 民涛社, 1987, p.19.

31) 당시 중국공산당 보안 책임자. 김산을 암살한 당사자로 알려져 있다.

결핵으로 사망한 것으로 알고 있던 님 웨일즈는 재일코리안에 의해 김산의 암살이라는 새로운 사실을 알게 된다. 곧바로 님 웨일즈는 강생이 소련에서 중국으로 온 시기를 확인하며 1938년은 중국에서 조선인을 살해하지 않았던 시기였기 때문에 강생이 김산을 암살하지 않았을 거라 반박한다.[32] 그리고 "김산의 처형에 대해서는 말하지 않는 것이 좋으며 한 마디도 할 수 없다, 그 말을 하면 중국에는 가지 못한다, 나는 그 사실을 믿지 못한다"[33]고 말하며 중국 문헌을 의심 없이 수용하고 있는 이회성과 박중호를 경계하는 태도를 보인다.[34] 이처럼 재일코리안 사회에서는 님 웨일즈를 만나 『아리랑』의 사실관계를 파악하고 의문점을 해결한다. 나아가 역사적 근거가 되는 중국 문헌을 님 웨일즈에게 소개하고 시대상황을 토론하며 '역사적 진실'을 밝히기 위한 활동을 한다.

미국에서의 인터뷰 외에도 재일코리안 사회에서는 중국에서 김산의 유족을 취재한다. 6호에서 김찬정은 르포르타주 기사 「『아리랑의 노래』가 들려온다 – 중국에 김산의 유가족을 방문하고(『アリランの歌』が聴こえてくる—中国に金山の遺家族を訪ねて)」를 통해 중국 조선족 사회의 반응과 유가족의 발언 등을 소개한다. 김찬정은 1988년 6월, 북한의 경제합영사업 취재를 승인받아 북한과 중국으로 출국한다.[35] 이때 김찬정

32) 님 웨일즈는 당시 중국에서 아무도 처형당하지 않았다고 말한 중국인 작가 정령(현지 발음 리딩, 丁玲)의 말을 그대로 믿었기 때문에 위와 같이 말한 것으로 추정된다.

33) 이회성·미즈노 나오끼 저저, 윤해동 외 역, 『아리랑 그후』, 동녘, 1993, p.33.

34) 중국에 우호적 입장이었던 님 웨일즈의 경우 1937년 강생이 중국에 귀국한 것은 있을 수 있지만 1938년은 통일전선 시기로 주변과 우호적 관계를 형성했던 시기라 강생이 절대 김산을 살해하지 않았을 것이라 이회성에게 말했다. 이회성은 민감한 논쟁이 일어날 수 있는 사안이었기 때문에 반박하지 않고 다른 질문으로 화재를 돌렸다.(李恢成·朴重鎬, 「特別インタビューニム·ウェールズ(上) 「アリランの歌」と私の生涯」, 『民涛』 1, 民涛社, 1987, p.33.)

은 이회성의 부탁으로 『아리랑』 관련 취재를 했으며, 중국 북경에서 문정일(文正一)[36]을 만난다. 문정일은 젊은 시절 연안에서 김산을 만난 경험, 김산의 부인이 『아리랑』 중국어 번역본 출간을 꺼렸던 사실을 비롯해 조선족 현지 사회의 반응을 말한다. 또한 김산 외에도 훌륭한 독립운동가가 많은데 어째서 김산만을 취재하냐 물으며 비판적 태도를 보인다. 인터뷰 이후 김찬정은 문정일의 소개로 김산의 아들 고영광[37]을 만나 인터뷰를 한다. 고영광은 1945년에 아버지가 김산이고 자신이 조선족임을 알게 된 사실, 문화대혁명 당시 김산의 명예가 회복되지 않아 어머니가 박해받았던 사실을 말한다. 또한 김산의 사인(死因)이 분분한 상황에서 강생이 김산을 암살했다는 근거[38], 아버지의 명예회복을 위한 본인의 활동을 말한다. 이밖에도 김산이 1935년 남경에 간 이유는 복당을 위해서였으며, 요령민족출판사에서 발행한 『백의민족의 영상』과 하북성 석가장시의 기록에서 확인할 수 있다는 사실을 말한다. 김산의 부인이 『아리랑』의 중국어판 출간을 꺼려했었다는 문정일

35) 당시 재일코리안의 해외 출국은 쉽지 않았기 때문에 해외 출국이 가능한 일본인을 통해 해외 사정을 전했다. 김찬정의 경우 과거 네 차례 중국에서 조선족 취재를 했기 때문에 중국 입국이 가능했으며, 이때 김산의 유가족을 취재했다.

36) 문정일(文正一, 1914~2003): 길림성 훈춘에서 태어났으며 본명은 이운용(李雲龍)이다. 1934년, 남경(南京)에서 '10월회'와 조선공산주의동맹에 가입하고 1940년에 중국공산당에 가입했다. 이후 조선의용군 제2지대 분대장, 중공연길현회 부서기, 길동군구 정치부 부비서장, 길림성민족사무위원회 부비서장, 연변전원공서 전원 겸 연길현 현장 등을 역임했다. 해방 이후에는 연변에서 활동하며 조선족 사회에서 높은 입지를 구축했다.

37) 고영광의 친부 김산의 본명은 장지락이었고 어머니는 조씨 성(姓)이었기 때문에 어머니의 성을 따라 조영광으로 살았지만 어머니의 재혼 이후 양부의 성인 고씨 성(姓)을 썼다고 밝혔다.(이회성·미즈노 나오끼, 『아리랑 그후』, 동녘, 1993, p.171.)

38) 당시 일제에 두 번이나 체포된 김산이 1, 2년 만에 출옥한 것이 의심스러워 '일제의 특무'로 간주해 사살했다고 추정했다.

의 발언에 대해서는 1981~82년 당시 료녕민족출판사에서 찾아와 『아리랑』 중국어판 출간을 제안했지만 당시에는 아버지의 명예가 회복되지 않았기 때문에 출간할 수 없었다는 사실 관계를 밝혔다. 마지막으로 고영광은 어머니와 양부는 한족(漢族)임에도 자신은 아버지가 자랑스럽기 때문에 1985년부터 조선족으로 살고 있다 밝히며 민족성을 강조했다. 이처럼 김찬정은 중국 취재를 통해 『아리랑』에서의 의문점을 해결하고 유가족의 활동과 민족에 대한 입장 등을 총체적으로 보여준다.

재일코리안 사회에서는 님 웨일즈와의 인터뷰 이후 새롭게 생긴 의문점과 사실관계 규명을 위한 후속 활동을 한다. 실제로 님 웨일즈는 『민도』 2호 인터뷰에서 중국 체제 당시 김산 외에도 이씨 성을 가진 조선인 소년이 찾아왔었다고 했는데 해당 인물이 이휘(李輝)임을 밝혀내기도 했다.[39] 또한 님 웨일즈가 김산의 아들이 영어가 능숙하다고 했지만 당시 고영광은 영어를 못해 연변역사연구소를 통해 님 웨일즈와 연락했는데, 이 과정에서 오해가 생겼다는 사실을 말한다. 이처럼 『민도』는 님 웨일즈와의 인터뷰 이후 추가 취재로 사실관계를 바로잡고 추가 정보를 제공한다.

김산은 염광(炎光)이라는 필명으로 단편소설 「기묘한 무기(奇妙な武器)」를 창작한다. 재일코리안 사회에서는 취재 과정에서 김산이 가명으로 중국어 소설을 발표한 사실을 파악한다. 이후 추가조사를 통해 해당 소설이 중국에서 1930년 4월에 『신동방』 제1권 4기에 「기괴한 무기(奇怪的武器)」라는 제목으로 수록되었음을 확인한다. 이후 소설을 일본어로 번역하고,[40] 작품해제[41]를 함께 수록해 일본에 공개한다. 이

39) 金賛汀, 「『アリランの歌』が聴こえてくる—中国に金山の遺家族を訪ねて」, 『民涛』 6, 民涛社, 1988, p.349.

는 새로운 김산 관련 문헌의 발굴이자 『아리랑』에 기술된 사실들과 동시대 상황을 부연하는 역사적 사료·해설서로 기능했다.

재일코리안 사회에서는 인터뷰와 취재로 『아리랑』에 대한 의문점을 해결하고 사실관계를 밝혀냈다. 이를 통해 1930년대 항일 독립운동의 역사적 사실을 보다 입체적으로 파악했다. 또한 담론의 형성 과정에 직접 미국과 중국으로 가거나 미국인, 일본인을 매개하는 다양한 방식으로 『아리랑』 담론을 형성했다.

그렇다면 재일코리안 사회에서는 어째서 『아리랑』 담론을 형성했을까? 이는 다음 인용문에서 확인할 수 있다.

> 『아리랑』이 불멸의 책으로 국경을 넘어 널리 알려진 것과는 달리 저자인 님 웨일즈와 김산에 대해서는 실제로 지금껏 거의 알려지지 않았다. (중략) 조·일·중 관계의 현대사에 아직은 깊은 어둠이 드리워져 있기 때문이겠지만 어쨌든 독자는 『아리랑』의 김산이 그 뒤 어떤 삶의 길을 걸었는지 알 수 없는 상태이다. (중략) 이 책은 이런 님 웨일즈, 김산에 대한 연구 실상을 토대로 다소나마 이 두 사람의 정신세계에 다가가 역사의 공백을 메움으로써 시대의 배경까지 밝혀 보고 싶어 한 작은 바람이다.[42]

> 님 웨일즈가 살아 있다는 것을 알았을 때의 신선한 충격이란 말로 다하기 어려웠다. 이것은 일개 재일 문예지를 위해서이기도 했지만 그보다는 역사의 감추어진 사실과 진실을 밝힐 수 있다면 얼마나 좋을

40) 蒲豊彦 訳, 「『小説』奇妙な武器(炎光[キム·サン])」, 『「アリランの歌」覚書 キム·サンとニム·ウェールズ』, 岩波書店, 1991, pp.371~405.

41) 水野直樹, 「「奇妙な武器」解題」, 『『アリランの歌』覚書-キム·サンとニム·ウェールズ』, 岩波書店, 1991, pp.368~370.

42) 이회성·미즈노 나오끼, 『아리랑 그후』, 동녘, 1993, p.6.

까 하는 소박하고 절실한 생각이 강했기 때문이다.[43)]

재일코리안 사회에서는 『아리랑』 단행본 외에 거의 알려진 것이 없던 김산과 님 웨일즈를 연구함으로써 역사의 공백을 메우고 시대를 보다 명확히 파악하고자 했다. 이회성은 이러한 활동은 재일 문예지를 위한 일이자 "역사의 감추어진 사실과 진실을 밝히기 위한 활동"이라 설명했다. 즉, 『아리랑』으로 대표되는 역사적 사실의 발굴과 규명을 통해 조선인 독립운동가의 항일투쟁의 역사를 널리 알리는 것이다. 이러한 문제의식으로 재일코리안 사회에서는 『아리랑』 담론을 형성했으며 일본 사회에 직접적 영향을 주었다. 재일코리안 사회의 『아리랑』 담론의 영향력은 일본을 넘어 한국으로 확산된다.

4. 한국으로 확산되는 재일코리안의 『아리랑』

1984년, 한국에서 『아리랑』의 번역서가 출간된다.[44)] 정식 번역서 출간 전인 1946년 10월부터 1948년 1월까지 『신천지』에 『아리랑』이 일부 번역되긴 했지만,[45)] 완전한 번역서는 1984년에야 출간된다. 한국에서

43) 李恢成, 『「アリランの歌」覚書 キム·サンとニム·ウェールズ』, 岩波書店, 1991, p.10.

44) 한국에서는 1984년 처음 『아리랑』이 번역·출간된다. 번역자는 조우화였으며 당시 김산의 이름 없이 님 웨일즈 단독 저서로 출간되었다. 1993년에는 김산의 이름이 추가되어 님 웨일즈와 김산의 공저로 개정 2판이 출간되었으며, 2005년에 출간된 개정 3판에서 번역자의 본명인 송영인의 이름으로 출간된다.(고명철, 「김산, 동아시아의 혁명적 실천, 그리고 '문제지향적 증언서사'」, 『한민족문화연구』 54, 한민족문화학회, 2016, p.8.)

45) 김산 저, 辛在敦 譯, 「아리랑-朝鮮人反抗者의 一代記」(『新天地』 1946.10~1948.1). 이 번역문은 13회에 걸쳐 연재되었는데, 그중 1947년 8월과 48년 1월호가 결호됨으로써

의 번역서는 님 웨일즈가 *Song of Ariran*을 출간한 지 43년 만이었으며 이후 많은 한국 독자들이 김산의 이름과 활동을 알게 되었다. 당시 한국의 상황에 대해 고명철은 "일반 대중뿐만 아니라 지식인에게 그동안 사각지대에 있었던 피식민지 조선인 혁명가가 중국 혁명의 현장에서 어떠한 활동을 했는지, 그 격동의 시대를 온몸으로 살아간 삶의 숭고성에 전율"을 느꼈다 말하며 번역서 출간 당시 반응을 전했다.[46)]

1980년대 당시 한국에서 번역서가 출간되기까지는 상당한 어려움이 있었다. 때문에 저자에서 김산의 이름이 누락되었으며 원문에서 "'조선 혁명운동의 분석'이란 제목으로 김산이 제공한 자료들을 정리한 '조선 혁명의 장래의 고양을 위한 제 조건', '조선 민족전선을 위한 기초', '조선 노동계급과 사회주의', '현재의 조선의 제 정당', '조선민족연합전선 행동강령'(1936년 7월 기초)이 제외되고 사주(史註)도 생략"[47)]되는 등 원문 상당수가 편집되어 출간된다. 이러한 사실에서 당시 한국 정세에서 『아리랑』 출간의 제한적 상황과 출판계의 고민이라는 논쟁적 상황을 확인할 수 있다.

이런 당시 상황에서 김산과 『아리랑』 담론이 한국에서 보다 확산될 수 있던 이면에는 재일코리안이 있었다. 한국에 번역된 재일코리안의 『아리랑』 관련 문헌을 정리해보면 다음과 같다.

빠져 있다. 그리고 13회에 걸쳐 연재된 분량은 원문 전체의 절반에도 이르지 못하는 양이다.(백선기, 『미완의 해방노래』, 正宇社, 1993, p.27.)

46) 고명철, 「김산, 동아시아의 혁명적 실천, 그리고 '문제지향적 증언서사'」, 『한민족문화연구』 54, 한민족문화학회, 2016, p.8.

47) 백선기, 『미완의 해방노래』, 正宇社, 1993, p.27.

〈표2〉 한국에서 발행된 재일코리안 사회의 『아리랑』 관련 문헌

연번	수록지 (발행일)	필자	기사명	원문
1	『사회와 사상』 창간호 (1988.09.01.)	이회성	중국혁명과 김산의 생애	『民涛』 1~3호 인터뷰 및 『『アリランの歌』覚書ーキム・サンとニム・ウェールズ』 1장 2절 번역
2	『역사비평』 8호 (1990.02.28.)	김찬정	'아리랑'이 들려온다 -혁명가 김산, 그 의문을 죽음을 찾아서	『民涛』 6호 -「『アリランの歌』が聴こえてくる—中国に金山の遺家族を訪ねて」
3	『월간다리』 1990년 1월호 (1989.12.15.)	김산 (필명:염광)	기묘한 무기	단행본 『『アリランの歌』覚書ーキム・サンとニム・ウェールズ』 2부 2절
4		미즈노 나오끼	김산의 작품과 생애 -조선의 해방을 향한 정열	단행본 『『アリランの歌』覚書ーキム・サンとニム・ウェールズ』 3부 1절
5	『아리랑 그후』 단행본	이회성·미즈노 나오끼 (윤해동 외 역)	아리랑 그후 : 김산과 님 웨일즈	단행본 『『アリランの歌』覚書ーキム・サンとニム・ウェールズ』 「まえがき」, 제1부 1절, 2부 1절

1988년 9월, 『사회와 사상』 창간호에는 「중국혁명과 김산의 생애」[48]가 수록된다. 기사에서는 『민도』 1~3호에 수록된 인터뷰 일부가 발췌되어 번역된다. 1990년 2월에는 『역사비평』 8호에 「'아리랑'이 들려온다 - 혁명가 김산, 그 의문을 죽음을 찾아서」가 수록된다.[49] 이는 『민도』 6호에 수록된 김찬정의 르포르타주 기사였으며 중국에 거주하는 독립운동가 후손의 삶에 초점을 맞추었다.

48) 이회성, 「중국혁명과 김산의 생애」, 『사회와 사상』 창간호, 한길사, 1988, pp.206~223.

49) 김찬정, 「'아리랑'이 들려온다 - 혁명가 김산, 그 의문을 죽음을 찾아서」, 『역사비평』 8, 역사비평사, 1989, pp.141~167.

하나 흥미로운 점은 『월간 다리』 1990년 1월호에 수록된 김산의 소설 「기묘한 무기」이다. 김산의 소설 원문이 중국어임에도 불구하고, 한국에서는 재일코리안 사회에서 발간한 일본어판을 번역한다. 실제로 『월간 다리』 편집부는 기사 후반부에 "(후기) 「기묘한 무기」와 「동지여, 싸우자!」는 카바 도요히꼬(蒲豊彦) 씨께서 중국어를 일본어로 번역해주셨다. 蒲씨께 감사드린다. 본지에 게재된 것은 일본어 번역문을 한국어로 번역한 것이다."[50]라고 기술하며 일본어판을 번역했음을 밝히고 있다. 편집부에서는 소설 외에도 미즈노 나오키의 작품해제를 수록한다. 이는 일본에 수록된 해제와 달리 한국에서 처음 발표된 새로운 글이었으며 한국 독자들의 이해를 도모하기 위해 수록됐다. 이러한 사실에서 한국에서 김산과 『아리랑』 담론이 일본과 재일코리안 사회의 자료에 기반했던 것을 알 수 있으며, 당시 한국에서 재일코리안의 영향력을 확인할 수 있다.

한국에 번역된 재일코리안의 문헌 중 가장 주목할 것은 1993년 7월에 발행된 단행본 『아리랑 그후 : 김산과 님 웨일즈(이하, 아리랑 그후)』[51]이다. 해당 단행본은 이회성과 미즈노 나오키가 1991년에 발행한 『『아리랑의 노래』 각서 - 김산과 님 웨일즈』의 번역본으로, 『사회와 사상』 창간호에 수록된 인터뷰와 님 웨일즈의 『조선과 김산에 관한 각서』를 제외한 일본어 전문이 번역됐다. 사실상 이 단행본을 마지막으로 재일코리안 사회의 『아리랑』 관련 문헌 대다수가 번역되었다.[52] 재일코리

50) 편집부, 「기묘한 무기 작품해제」, 『월간 다리』 1990년 1월호, (주)월간다리, 1989, p.365.

51) 이회성·미즈노 나오끼, 『아리랑 그후』, 동녘, 1993.

52) 이밖에도 일본에서 출간된 『『아리랑의 노래』 각서 - 김산과 님 웨일즈』에는 「조선과 님 웨일즈의 생애에 관한 각서(朝鮮とキム·サンの生涯についての覚書)」와 「〈인터뷰〉

안 사회의 『아리랑』 담론은 기존 한국의 『아리랑』 담론과 연결된다.

〈사진 4〉『아리랑』 초판 표지 〈사진 5〉『아리랑』 개정판 표지 〈사진 6〉『아리랑 그후』 표지

그림에서 확인할 수 있는 것처럼 1984년 한국에서 발행된 『아리랑』 초판의 저자는 님 웨일즈 단독이었으며 표지는 〈사진 4〉와 같았다. 반면 1992년 이후 발행된 개정판에서는 저자가 김산·님 웨일즈로 변경되었으며 표지가 〈사진 5〉와 같이 변경되었다. 실제로 1993년 출간된 『아리랑 그후』의 표지는 『아리랑』 개정판 표지와 유사함을 확인할 수 있다. 해당 사실에서 한국에서 재일코리안 사회의 『아리랑』 담론을 기존 『아리랑』의 후속편처럼 활용했던 것을 확인할 수 있다.

그렇다면 재일코리안 사회의 『아리랑』 담론은 어떠한 구도를 보였을까? 이는 다음 인용문을 통해 확인할 수 있다.

님 웨일즈와의 대화(〈インタビュー〉ニム·ウェールズとの対話)」가 수록되었는데 한국어 번역서에는 「조선과 님 웨일즈의 생애에 관한 각서」는 한국에서 1978년 학림사에서 『아리랑 2』리는 제목으로 출간되었는데 해당 저서는 일본어 번역서가 아닌 한국에서 단독 출간한 역서였다. 님 웨일즈와의 인터뷰는 『사회와 사상』 창간호에 수록되어 단행본에서는 제외되었다.

> 님 웨일즈, 김산 연구와 조·일·중 삼국사의 해명은 겨우 그 실마리를 잡았다고 할 수 있다. 그런 의미에서 이 책이 작으나마 도움이 된다면 더 이상 바랄 것이 없겠다.[53)]

재일코리안 사회의 『아리랑』 담론의 가장 큰 특징은 한반도, 중국, 일본이 관계된 구도를 형성하고자 했다는 점이다. 실제로 김찬정은 "재일조선인의 역사를 일본제국주의의 조선 식민지배와 관련하여 더욱 입체적으로 서술하기 위해, 재일조선인사와 표리관계에 있는 재중조선인사를 취재했다"[54)] 말하며 일본과 중국을 연결한다. 이 지점에서 재일코리안의 특수성에 기반해 한반도, 중국, 일본을 관련시켜 담론을 전개하고자 했던 시도를 확인할 수 있다.

기존 김산과 『아리랑』 담론에서는 한반도나 중국 등 일국 중심의 역사로 다루는 특징을 보였다. 님 웨일즈 스스로도 김산을 "조선인이었으며 중국 내에서는 아웃사이더이자 중국에 속하지 못한 인물"[55)]로 규정하거나 "중국 시민이었기 때문에 한국의 역사에는 속하지 않지요. 그는 중국의 역사에 속합니다"[56)]라고 말하며 김산을 중국의 역사로 다루었다. 반면 재일코리안 사회에서는 김산과 『아리랑』을 한반도, 중국, 일본 삼국사의 해명 자료이자 각국을 연결할 수 있는 매개로 활용했다.

재일코리안 사회의 『아리랑』 담론 형성 과정에서도 다양한 국가와

53) 이회성·미즈노 나오끼, 『아리랑 그후』, 동녘, 1993, p.7.

54) 김찬정, 「'아리랑'이 들려온 – 혁명가 김산, 그 의문을 죽음을 찾아서」, 『역사비평』 8, 역사비평사, 1989, p.142.

55) 님 웨일즈, 「중국혁명과 김산의 생애」, 『사회와 사상』 1, 한길사, 1988, p.213.

56) 님 웨일즈, 위의 글, p.212.

국민의 참여를 확인할 수 있다. 실제로 님 웨일즈를 인터뷰에 참여시켜 조선족, 일본인, 미국인이 참여하는 형태로 담론을 형성했다. 또한 이회성과 박중호가 미국으로의 출국을 도와준 것은 일본인 저널리스트였으며, 인터뷰 준비 과정에서 님 웨일즈의 문헌은 주변 재일코리안과 미국인 대학 강사가 번역해주었다.[57] 이밖에도 김찬정의 중국 취재는 이와나미서점(岩波書店)의 직원 히라타 겐이치(平田賢一)가 동행했다.[58] 즉, 재일코리안 사회의 『아리랑』 담론은 재일코리안'만'이 아닌 조선족, 일본인, 미국인 등이 함께한 결과이자 한반도, 미국, 중국, 일본이 관계된 보다 국제적으로 확장된 담론으로 전개했다.

이처럼 재일코리안 사회의 『아리랑』 담론은 1980~90년대 이후 한국에 영향을 주었다. 이에 대해 윤해동은 "이 글을 대하면서 우리가 직접 중국의 생존자와 유가족을 만나고, 자료를 수집하여 우리의 민족해방 운동사를 완성할 날이 올 것을 기대해 보았다"[59]고 말하며 국내외적으로 제한된 상황에서 재일코리안의 『아리랑』 담론의 국제적 가치와 영향력을 평가했다. 이와 같은 일련의 전개에서 재일코리안의 『아리랑』 담론이 한국과 일본에 끼친 문화적 영향력을 총체적으로 확인할 수 있다.

57) 이회성·미즈노 나오끼, 『아리랑 그후』, 동녘, 1993, p.20.
58) 김찬정, 「'아리랑'이 들려온－혁명가 김산, 그 의문을 죽음을 찾아서」, 『역사비평』 8, 역사비평사, 1989, p.151.
59) 윤해동, 「'아리랑'이 들려온－혁명가 김산, 그 의문을 죽음을 찾아서」, 『역사비평』 8, 역사비평사, 1989, p.141.

5. 마치며

1988년 브루스 커밍스는 "수많은 독립운동가의 이야기가 조선어(한국어)로 쓰인 이야기는 많지만 영어로 쓰인 것은 단지 하나에 불과하다"[60]고 말하며 『아리랑』의 가치를 평가했다. 지금까지 수많은 독립운동가의 역사가 알려졌지만 한국, 미국, 일본, 홍콩 등 다양한 국가에 김산의 이름이 알려질 수 있던 배경에는 김산, 님 웨일즈의 『아리랑』이 있었다. 또한 그 이후에는 재일코리안의 역할이 있었다.

1941년 『아리랑』 출간 이후, 재일코리안 사회에서는 김산과 님 웨일즈에게 많은 관심을 보였다. 재일코리안들은 1953년 일본 최초의 번역서 『아리랑의 노래 – 어느 조선인 혁명가의 생애』를 시작으로 1960~70년대 개정판 출간에 참여했다. 1980년대 후반부터는 본격적으로 담론을 형성했다. 『민도』에서는 미국에서 님 웨일즈와 인터뷰를 하고 중국에서 조선족 사회와 김산의 유가족을 취재하는 등 해외 현지로 향했다. 이밖에도 『아리랑』론, 소설 번역, 해제, 단행본 출간 등 다양한 방식으로 담론을 형성했다. 이를 통해 기존 『아리랑』의 의문점을 해결하고 새로운 역사적 사실을 발굴해 일본에 발신했다.

재일코리안의 『아리랑』 담론은 일본을 넘어 한국으로 확산된다. 한국에서는 1980년대 후반부터 1990년대 초반까지 다양한 매체에 재일코리안 사회의 『아리랑』 자료들이 번역된다. 특히 1993년 단행본 『아리랑 그후』 출간을 마지막으로 재일코리안 사회의 『아리랑』 문헌 대부분이 번역된다. 이후 한국에는 김산과 『아리랑』에 관한 새로운 역사적 사실들이 알려진다.

60) ブルース·カミングス, 「ある共産主義者の生涯」, 『民涛』 2, 民涛社, 1988, p.50.

재일코리안 사회의 『아리랑』 담론은 김산을 우리 민족만의 역사가 아닌 한반도, 중국, 일본이 개입된 동아시아의 역사로 확장한다. 나아가 님 웨일즈를 참여시켜 미국까지 개입된 보다 국제적 형태로 전개한다. 그 과정에 재일코리안 외에도 조선족, 미국인, 일본인 등과 함께 『아리랑』 담론을 국제적으로 만든다. 이 지점에서 한반도, 미국, 중국, 일본이 개입된 역사적·국제적 담론으로 만들고자 했던 시도를 확인할 수 있다. 이와 같은 일련의 전개를 통해 『아리랑』의 국제적 가치와 재일코리안의 문화적 영향력을 총체적으로 확인할 수 있다.

이 글은 가천대학교 아시아문화연구소의 『아시아문화연구』 제60집에 실린 논문 「김산·님 웨일즈의 『아리랑』과 재일코리안」을 수정·보완한 것임.

참고문헌

고명철, 「김산, 동아시아의 혁명적 실천, 그리고 '문제지향적 증언서사'」, 『한민족문화연구』 54, 한민족문화학회, 2016.

김찬정, 「'아리랑'이 들려온다 – 혁명가 김산, 그 의문을 죽음을 찾아서」, 『역사비평』 8, 역사비평사, 1989.

님 웨일즈, 「중국혁명과 김산의 생애」, 『사회와 사상』 1, 한길사, 1988.

박재우·김영명, 「금산(金山)의 작품과 그 사상의식 변주 고찰」, 『중국문학』 78, 한국중국어문학회, 2014.

백선기, 『미완의 해방노래』, 正宇社, 1993.

양진오, 「김산의 아리랑은 어떻게 책이 되었나?」, 『국어교육연구』 69, 국어교육학회, 2019.

윤해동, 「'아리랑'이 들려온 – 혁명가 김산, 그 의문을 죽음을 찾아서」, 『역사비평』 8, 역사비평사, 1989.

이회성, 「중국혁명과 김산의 생애」, 『사회와 사상』 창간호, 한길사, 1988.

이회성·미즈노 나오키, 『아리랑 그후』, 동녘, 1993.

이해영, 「근대 초기 한 조선인 혁명가의 동아시아 인식 – 님 웨일즈의 아리랑을 중심으로」, 『한중인문학연구』 27, 한중인문학회, 2009.

편집부, 「기묘한 무기 작품해제」, 『월간 다리』 1990년 1월호, (주)월간다리, 1989.

ニム·ウェールズ, 「古き北京 沈黙のままに日本に服従せし時の印象」, 『民涛』 3, 民涛社, 1988.

ブルース·カミングス, 「ある共産主義者の生涯」, 『民涛』 2, 民涛社, 1988.

金贊汀, 「『アリランの歌』が聴こえてくる—中国に金山の遺家族を訪ねて」, 『民涛』 6, 民涛社, 1988.

李恢成·朴重鎬, 「特別インタビューニム·ウェールズ(上) 「アリランの歌」と私の生涯」, 『民涛』 1, 民涛社, 1987.

____________, 「特別インタビューニム·ウェールズ(中) 「私の中国時代」と合作社」, 『民涛』 2, 民涛社, 1988.

____________, 「特別インタビューニム·ウェールズ(下) 朝鮮の中立化と文明論」, 『民涛』 3, 民涛社, 1988.

李恢成·水野直樹, 『「アリランの歌」 覚書 キム·サンとニム·ウェールズ』, 岩波書店 1991.

安藤次郎, 「訳者あとがき」, 『アリランの唄–ある朝鮮人革命家の生涯』, 朝日書房, 1953.

________, 「あとがき」, 『アリランの歌』, みすず書房, 1965.

Kim San·Nym Wales, *Song of Ariran*, New York: John Day, 1941.

일본의 한국민주화운동

재일조선인 청년 단체 '재일한국청년동맹'을 중심으로

조기은

1. 시작하며

이 글은 재일조선인, 특히 민단계열의 청년단체 '재일한국청년동맹'(이하, 한청)의 한국민주화운동의 경위와 운동을 서술한 글이다. 한국의 분단은 재일조선인사회의 분단으로 이어졌다. 재일조선인사회는 한국을 지지하는 민단계와 북한을 지지하는 총련계로 나뉘어, 항상 한반도의 정치와 이데올로기의 영향을 받고 있기 때문에 재일조선인은 조국의 정치적 상황과 분단 상황 속에 놓여 있다. 그 위에 일본 정부와 사회의 차별이 더해져 이중의 멍에를 짊어지고 있다고 할 수 있다. 특히 1961년의 5.16군사쿠데타로 수립된 박정희 정권의 강력한 반공정책은 한국만이 아니라 재일조선인 사회도 그 대상으로 하고 있었다. 그리고 '분단'된 재일조선인사회는 박 정권에게 북한의 영향력이 강하게 미치는 곳이자 북한의 간첩이 잠재적으로 존재되어 있는 곳으로 항상 경계의 대상이자 통제해야 할 대상이었다.

특히 1970년대에 민단에서 분리되어 나와 일본에서 한국민주화운동을 전개한 민단계 재일조선인은 박정희의 정적(政敵)이었던 김대중과 '연대'해 일본 내의 한국민주화운동을 주도했다. 그리고 해외 '한국인'들과 연대해 연합전선을 형성하며 해외 한국민주화운동을 했기 때문에 박 정권 입장에서는 더욱더 경계하고 억압해야 할 존재였다. 하지만 다른 한편으로는 북한의 대남 간첩활동을 증명하는 '증거'이자 민주화운동을 억압하는 '근거'로서 이용할 수 있는 존재이기도 했다.

일본에서 한국민주화운동을 주도한 것은 민단에서 배제당한 전 민단 간부들과 산하단체이다. 이들이 한국민주화운동을 전개한 원인(遠因)에는 민단민주화운동이 있었다. 민단민주화운동은 민단을 통제하는 한국 정부와 그를 추종하는 민단집행부에 대해 민단의 주체성과 민주화를 요구하며 전개한 운동이다. 하지만 민단민주화운동을 주도한 민단 간부와 도쿄 및 가나가와의 민단지방본부 등은 민단 산하단체에서 제외되고 민단에서 분리되어 나오게 된다. 그때 청년조직인 '재일한국청년동맹'(한청)도 함께 민단에서 배제되었다. 그 후에 민단민주화운동을 주도한 전 민단간부인 배동호 등의 1세들이 중심이 되어 김대중과 '연대'해 1973년 8월 8일에 '한국민주회복통일촉진국민회의 일본본부'(한민통)를 결성하게 되었다. 이때 청년단체인 한청도 한민통 결성에 참여했고, 한민통 결성 이후에는 구성단체로서 '행동대'의 역할을 맡아 한민통의 운동을 뒷받침했다. 한민통이 김대중의 구명운동과 한국민주화운동 지지를 위한 일본 사회의 여론형성, 세계 각국에서 개별적으로 한국민주화운동을 전개하고 있었던 해외 '한국인'과 연합전선을 형성하는 등의 활동을 할 때 한청은 한민통이 추진하는 운동에서 인적 동원 등의 실질적인 부분을 담당했다. 또한 1987년 한국이 '민주화'가 된 후에 일본에서 통일운동을 전개했다.

그러나 한청의 한국민주화운동에 관한 학술적인 연구는 거의 없다. 졸론 「재일조선인과 1970년대 한국민주화운동」과 「한국민주화운동 참가로 보는 재일조선인의 정체성 - 민단계 재일조선인을 중심으로」[1)]

가 있다. 또한 한청 멤버로 활동했던 임무택의 『재일한국청년동맹의 역사-1960년대부터 80년까지』[2]가 있다. 「재일조선인과 1970년대 한국민주화운동」은 민단에서 파생된 단체들의 한국민주화운동을 개관하고 정리하는 데에 초점이 맞춰져 있고, 「한국민주화운동 참가로 보는 재일조선인의 정체성-민단계 재일조선인을 중심으로」는 민단계 재일조선인의 정체성과 한국민주화운동을 관련지어 논한 것이다. 이들 논문은 한청과 그 운동을 개략적으로 소개한 것이기 때문에 한청의 자세한 활동을 알기에는 부족한 부분이 많다. 또한 임무택의 연구는 자신의 경험과 60~80년대의 한청 기관지 등을 바탕으로 한청의 일상적인 활동과 운동에 관해 분석하고, 한청의 활동이 어떠한 의미를 갖는지를 서술했다. 그의 연구는 한청의 활동을 본격적으로 연구하고 정리한 것으로 그 가치가 높다. 단 한청의 한국민주화운동에 관한 고찰이 부족하고, 멤버인 민단계 재일조선인 2·3세가 한국민주화운동에 참가한 동기, 한국민주화운동에서 보이는 복잡한 정체성의 교착에 관한 면밀한 분석이 불충분하다는 점을 지적하지 않을 수 없다.

지금까지 재일조선인운동에 관한 연구는 총련이나 좌익 중심의 운동에 초점을 맞춘 것이 많은 데 비해 민단계 청년단체의 운동, 특히 한국민주화운동에 초점을 맞춘 것은 거의 없다. 이 글에서는 민단계 청년단

1) 졸론, 「재일조선인과 1970년대 한국민주화운동」과 「한국민주화운동 참가로 보는 재일조선인의 정체성-민단계 재일조선인을 중심으로」(「在日朝鮮人と1970年代の韓国民主化運動」, 『言語·地域文化研究』 12, 東京外 国語大学大学院博士後期課程論叢, 2006.3); 「韓国民主化運動への参加に見る在日朝鮮人のアイデンティティ-民団系在日朝鮮人を中心に」, 『言語·地域文化研究』 17, 東京外国語大学大学院博士後期課程論叢, 2011.10).

2) 임무택, 『재일한국청년동맹의 역사-1960년대부터 80년까지』, 신간사(林茂澤, 『在日韓国青年同盟の歴史-1960年代から80年まで』), 2011.

체인 한청이 어떠한 경위로 한국민주화운동을 하게 되었는지를 민단민주화운동까지 거슬러 올라가 보기로 하며, 한청 조직과 그 운동을 뒷받침한 사상이 어떠한 것인지 고찰한다. 그리고 한청의 운동에 반공이 어떠한 영향을 미쳤는지도 같이 보기로 한다.

그리고 본 논문에서 사용하는 '재일조선인'이라는 호칭은 일본의 식민지 지배의 결과로 일본에 살게 된 조선인과 그 자손을 말한다.[3] 재일조선인을 부르는 호칭 중에 대표적인 것으로 '재일한국인', '재일조선인'(총련계를 가리키는 호칭), '재일코리안' 등이 있는데, 이들 호칭은 한반도의 분단과 재일조선인사회의 '분단'이 투영된 호칭으로 이데올로기라는 선입견이 반영되어 있다고 할 수 있다. 또한 무엇보다도 재일조선인이 일본에 살게 된 근본적인 원인인 식민지 지배와 일본 사회의 차별이 드러나지 않는 호칭이다. 그러므로 이 글에서는 식민지 지배의 결과로 일본에 살며 차별받고 있으면서, 동시에 한반도의 정치적·이데올로기적 영향을 받고 있는 재일조선인이 짊어지고 있는 이중의 멍에와 한국과의 관계성을 가시화하기 위해 '민단계 재일조선인'이라는 호칭을 사용한다.

그러나 한국민주화운동을 전개한 민단계 재일조선인은 스스로를

3) 서경식(徐京植, 『半難民の位置から－戦後責任論争と在日朝鮮人』, 影書房, 2002, p.153)은 식민지지배라는 역사적 사건에 초점을 맞춘 '재일조선인'이라는 호칭을 쓰고 있다. 많은 재일조선인들이 식민지 지배라는 상황에서 자의든, 타의든 일본으로 오게 되었고, 일본에 남게 된 것도 일본의 식민지 청산 문제와 관계가 있기 때문에 서경식의 정의를 참고해 '재일조선인'이라는 호칭을 사용하기로 한다. 하지만 서경식의 정의에는 문제점도 있다. 재일조선인과 일본인과의 사이에 태어난 '혼혈', 뉴커머 등의 존재를 범위에 넣지 않기 때문에 한반도 출신으로 일본에 거주하는 사람들 사이에 보이지 않는 '선'을 그어 새로운 '분단'을 만들기 때문이다. 그러므로 이 글에서 '재일조선인'이라는 용어가 '분단'을 내포하지만 일본의 식민지 지배로 인해 일본에 존재하게 된 재일조선인 청년들의 운동을 다루고 있기 때문에 '재일조선인'이라는 용어를 쓰기로 하겠다.

‘재일한국인’이라고 부르고 있는데, 이는 그들이 기본적으로 한국을 지지하는 입장에 있고 민단 조직에 소속되어 활동하고 있었기 때문일 것이다. 그러므로 이 글에서 ‘재일조선인’으로 지칭하는 것이 한국민주화운동을 전개한 당사자들의 자기의식과의 사이에 간극을 만든다. 하지만 그 간극이 그들이 어떠한 생각과 입장으로 한국민주화운동을 했는지, 또한 그들이 일본에서 한국민주화운동을 전개하는 의미가 무엇이었는지를 알 수 있는 실마리가 될 것이라고 생각한다.

2. ‘재일한국청년동맹’의 결성과 성격

1) 반공의 보루에서 저항 단체로

한청의 모태는 ‘대한청년단’이다. 재일조선인단체인 ‘조선건국촉진청년동맹’(건청)이 해산한 다음 날인 1950년 8월 29일에 재일조선인청년으로 구성된 ‘대한청년단’이 결성되었다. ‘대한청년단’은 원래 이승만에 의해 결성된 청년조직으로 이승만에게 절대복종을 맹세한 이승만의 사적인 단체로서의 성격이 강하며,[4] 공산주의자 말살을 맹세할 정도로 철저한 ‘반공주의’에 입각한 단체이다.[5]

---

4) 대한청년단은 1948년 12월 19일에 결성되어, 1953년 9월 10일에 해산되었다. 대한청년단은 이승만이 청년 단체 단일화를 지시해 대동청년단, 청년 조선총동맹, 국민회청년단, 대한독립청년단, 서북청년회 등 우익 청년단체 등을 통합해 조직한 단체이다. 대한청년단은 이승만의 명령에 절대 복종할 것을 맹세한 이승만의 친위대와 같은 단체였다. 대한청년단의 조직구성은 다음과 같다. 총재에는 이승만, 단장에는 신성모, 부단장에는 이성주, 문봉제가 맡았다(이경남, 「靑年運動半世紀(55) - 大韓靑年團[1] 이대통령 親衛隊로 「統合깃발」」, 『京鄕新聞』, 1987년 12월 2일, p.9).

5) 이승만은 1949년 4월 7일에 ‘대한청년단’의 행동강령을 발표했는데 그 주요한 내용

한국의 '대한청년단'이 조직된 후 미군의 철수가 확실시된 상황에서 무엇보다도 반공이 강조되었고,[6] 한국의 이러한 상황이 재일조선인사회의 반공조직의 결성을 촉구했다. 1950년 3월에 육군 참모총장인 채병덕이 일본으로 건너가 민단에 '대한청년단'의 결성을 요청하는 등 청년조직의 결성과 관련해 협의가 진행되던 중에 한국전쟁이 발발하자 '방위대'로서의 조직을 결성할 필요성이 생기면서 '대한청년단'이 결성되었다.[7] 즉, '대한청년단'은 이승만 정권의 반공의 보루로 조직되었고, 조직 후에는 중앙훈련소를 설치해 '반공 투사'를 양성하기 위한 연수회도 설치하는 등 '반공'을 실천했다.[8] 또한 민단과 대등한 발언권과 주체성을 가지고 있던 청년단체가 비주체적으로 바뀌며 민단의 산하단체 취급을 받게 되었다.[9]

그 후 '대한청년단'은 한국의 '대한청년단'이 해산되자 한국과의 관계가 모호해지면서 그 존재 의의가 옅어져 조직은 침체했다. 그러한 가운데 조직의 변화를 모색하기 위한 방편으로 '재건대회'의 성격을 띤 '대한청년단' 제3회 대회(1955년 9월 28일)가 개최되어 조직개편이 단행되었다.[10] 1958년 9월 30일에 열린 '대한청년단'의 제6회 새 단장

중의 하나가 '반공운동'을 적극적으로 추진하는 것이었다. 그것은 국민회와 함께 '일민주의' 선전에 적극적으로 임하며 '반공운동'을 적극적으로 추진하는 것이었다. 또한 남북통일과 '공산숙청'에 지장을 초래하지 않도록 민중의 환영과 협조를 확보할 것을 요구했다(「韓靑行動綱領 李總裁가 指示」, 『東亜日報』, 1949년 4월 12일, 1면). '일민주의'는 「하나의 국민」이 되어 공산주의를 배척할 것을 주장한 이승만의 이념으로 '대한청년단'은 '일민주의'에 근거해 반공을 실천하는 단체로 조직되었다고 할 수 있다.

6) 후지이 다케시, 『파시즘과 제3세계주의 사이에서-족청계의 형성과 몰락을 통해 본 해방 8년사』, 역사비평사, 2012, pp.229~230.

7) 이경남, 「靑年運動半世紀(57)-大韓靑年團[3] 후방治安담당 「防衛隊」로 변신」, 『京鄕新聞』, 1987년 12월 16일, p.9.

8) 민단30년사편찬위원회, 『민단 30년사』, 재일본대한민국거류민단, 1977, p.65.

9) 정철(鄭哲), 『民団今昔-在日韓国人の民主化運動』, 啓衆新社, 1982, p.300.

으로 선출된 곽동의는 1960년에 4.19혁명이 일어나자 같은 해 10월 9일에 열린 제8회 정기대회에서 조직의 명칭을 '재일한국청년동맹'(한청)으로 바꾸고 조직을 개편했다. 조직 개편에는 세 가지 의의가 있었다. 첫 번째로 4.19혁명의 "재일부대"로서 4.19혁명을 계승할 것을 표명한 것, 두 번째로 4.19혁명 정신에 근거해 활동하면서 본국의 투쟁에 '연대'하겠다는 의사를 표명한 것, 세 번째로 민단 산하의 청년조직이 본국과 민단의 통제에서 벗어나 주체적인 조직이 되려고 시도한 것이다.[11] 당시 한국 정부와 갈등을 겪고 있던 민단집행부는 4.19혁명에 자극을 받아 본국 정부에 대해 주체적이고 비판적인 입장을 취하겠다고 표명하며 한국 정부와의 관계를 재정립하려고 했다. 이러한 민단내부의 변화가 '대한청년단'의 변화를 촉진시켰다고 할 수 있다.

한청으로의 조직개편은 재일조선인으로서의 입장을 다시 인식하는 전환점이 되었으며, 그 변화는 강령에서도 읽을 수 있다. '대한청년단' 때에 채택된 강령 제1항부터 제3항은 1956년 10월 25일의 '대한청년단'의 제5회 대회에서 채택된 것으로 ① 조국의 완전한 통일독립, ② 민주주의의 바른 발전과 실천, ③ 진정한 세계평화 실현 등의 3항목으로 한국 '국민'으로서의 시점이 반영된 것이었다. 그러나 한청으로 조직이 개편되면서 추가 채택된 항목은 민족의식의 고양과 권익옹호였다.[12] 이 항목은 2세들이 증가하는 재일조선인사회가 정체성 정립과 일본에

10) 좌담회, 「60년대 한청동을 말한다」, 『계간 통일로』(座談会, 「60年代韓青同を語る」, 『季刊統一路』 28, 在日韓国青年同盟, 1980.12, p.115); 재일한국청년동맹, 『재일한국청년동맹 결성 50주년 기념식』(在日韓国青年同盟 『在日韓国青年同盟結成50周年記念式』, 2010.12, p.97). 참고로 재일한국청년동맹은 약칭으로 한청, 한청동 등으로 불린다.

11) 좌담회, 위의 글, p.117.

12) 재일한국청년동맹, 『재일한국청년동맹 결성 50주년 기념식』, 2010.12, pp.40~41.

서의 권리를 동일선상에서 고민했고, 그러한 고민을 한청이 조직 차원에서 적극적으로 대처하기 시작했다는 것을 보여준다. 이는 조국으로 돌아가는 것보다 일본에서 삶을 영위하는 것이 기정사실화 되어가는 재일조선인사회의 현실을 직시하고 그에 맞게 조직을 운영하려는 의도가 담겨 있다고 할 수 있다.

위와 같은 한청의 인식전환의 배경에는 재일조선인 사회의 세대교체가 있었다. 그 시기는 재일조선인사회에서 2·3세가 차지하는 비율이 점점 늘어났으며 자의든, 타의든 재일조선인의 '재일'이 점점 확실시 되어가는 시기였다. 이는 재일조선인과 본국과의 관계는 물론이고 일본 사회와의 관계 또한 '재설정'해야 할 필요성이 있었다는 것을 의미하는 것이었다.

2) 한청-민단과의 갈등

한국 정부의 의도 하에 반공 거점으로 결성된 '대한청년단'의 후신인 한청은 당연히 한국 정부에 협조적이었다. 그러나 4.19혁명을 계기로 본국에 대한 민단의 태도 변화와 한청의 조직개편에 더해 민단민주화 운동을 거치며 한청은 저항세력으로 성장했고 민단집행부와 대립하게 되었다.

이승만 정권하인 1949년에 주일대표부가 설치된 이후부터 민단과 민단을 통제하려는 주일대표부와의 사이에 갈등이 끊이지 않았다. 그 중에서도 민단집행부는 주일대표부의 비리 문제와 한국 정부의 재일조선인 정책에 불만을 품고 '본국 정부 불신임안 선언'[13]을 발표하기에

13) 재일조선인의 북한으로의 귀국문제를 둘러싸고 한국 정부와 갈등을 겪고 있던 민단

이르렀고 급기야 '제3선언문'[14]을 발표했다. 이 '제3선언문'은 1960년 5월 26일에 열린 제25회 민단 전체대회에서 발표된 것으로 민단조직이 사상단체나 정치단체가 아니며, 본국 또는 해외의 어떠한 사상 또는 정치에 대하여 중립적인 입장을 취하는 단체임을 표명한 것이다. 나아가 한국 정부의 정책, 해외동포정책 및 대일정책에 대해 비판적인 태도로 임할 것을 명백하게 나타냈다. 이는 민단이 본국 정부의 의견을 일방적으로 추종하지 않을 것과 주체적인 자세로 대응할 것을 명시한 것으로 조직의 정체성을 재정립한 것이라고 할 수 있다.

그러나 그러한 민단집행부의 태도가 바뀐 것은 1961년 5월 16일이었다. 이날은 한국에서 군사쿠데타가 일어난 날이자 민단에서 새로운 단장이 선출된 날이기도 했다. 새 단장이 된 권일을 비롯한 민단집행부는 박정희의 군사쿠데타에 대해 지지를 표명했지만 민단 내부에서는 집행부의 지지 표명에 반발했고, 이는 후에 반군사정권, 반민단집행부, 반권일 운동으로 발전했다. 당시 민단의 전·현 간부인 김재화, 배동호 등의 1세가 '민단정상화 유지간담회'(民団正常化有志懇談会, 유지간담회)를 결성해 이들 운동을 주도했다.

유지간담회의 결성으로 민단 내부의 갈등이 심화되었고 그런 와중에 '녹음사건'이 일어났다. 이 사건은 1971년 3월 25일 민단 제34회 전체대회에서 새 단장을 선출하는 과정에서 발생했다. 이 단장선거에서 새로 선출된 단장이 누구냐에 따라 민단의 성격이 바뀜과 동시에 민단과 한국 정부와의 관계성이 확립되는 중요한 선거였다. 이 단장선

집행부는 1959년 6월 15일 날짜로 '재일교포' 정책이 불충분한 것을 이유로 '본국 정부 불신임안 선언'을 발표했다.

14) 민단50년사 편찬위원회, 『민단 50년사』, 재일본대한민국민단, 1997, p.353.

거에 유지간담회가 지지하는 후보가 출마했는데, 이 선거 자리에서 재일대사관의 김재권 공사가 유지간담회 멤버 중에 반국가적인 행위를 한 사람이 있으니 주의해야 한다는 발언을 했다. 당시 반국가적인 행위를 한 당사자로 지목된 배동호와 유지간담회는 이에 대해 반박 성명을 냈고, 유지간담회의 멤버들은 같은 해 5월에 '민단자주수호위원회'(자수위)[15]를 결성해 민단집행부와 박 정권에 저항해 민단의 자주적 입장 견지와 민단의 민주화를 요구하는 민단민주화운동을 본격적으로 전개했다. 민단민주화운동이 이전부터 민단 내에 존재하고 있었던 파벌싸움과 얽히면서 민단집행부 및 주일대사관(박 정권)과 민단민주화운동세력 사이의 갈등은 더욱 깊어졌고 민단내부의 분열도 한층 심화되어 갔다.

한국 정부는 민단의 분열이 심화하자 같은 해 11월 서울에서 민단간부 50명을 대상으로 '북괴'의 재일조선인사회 침투에 대비한 '승공교육'을 실시했다.[16] 이와 같은 한국 정부의 움직임에서 박 정권이 재일조선인 사회를 북한의 간첩이 잠재적으로 존재하는 공간으로 간주하고 있었던 것을 알 수 있다. 그리고 그다음 해에 '혼란스런' 민단의 상황을 해결하고 민단을 '개혁'하기 위해 민단간부와 주일대사가 함께 대통령과 외무장관을 면담하는 등 민단과 한국 정부는 긴밀하게 접촉했다. 그러한 접촉의 결과였는지 모르겠으나 민단 내에 '민단조직정

---

15) '민단자주수호위원회'는 '녹음사건'을 계기로 주일대사관이 민단을 통제하는 행위 등으로부터 민단의 주체성을 지키기 위한 운동을 전개하기 위해 1971년 5월 15일에 결성된 조직이다. '녹음사건'은 민단 제34회 전체대회에서 새 단장을 선출하는 과정에서 주일대사관의 공사가 유지간담회 멤버 중에 반국가적인 행위를 하는 사람이 있다고 발언해 유지간담회 멤버는 단장 선거에서 떨어지고 유지간담회의 반발을 불러일으킨 사건이다.

16) 「民團간부초청教育」, 『京鄕新聞』, 1971.11.22, p.1.

비위원회'가 발족되었는데, 이 위원회의 목적은 민단조직을 정비하고 "불순분자"를 배제하는 것이었다. 여기서 말하는 "불순분자"는 민단민주화운동을 주도했던 세력을 가리키는 것으로, 당시의 민단집행부와 한국 정부는 그들을 민단 내부의 분열을 초래하는 북한의 간첩인 "불순분자"로 규정해 민단에서 배제하려고 했던 것이다. 이는 민단이나 한국 정부의 정책이나 지시 등에 대한 비판과 반대, 그리고 그를 둘러싼 민단 내부의 갈등과 대립이 반공 문제로 그 성질이 바뀐 것을 의미한다.

결국 민단민주화운동을 주도한 저항세력은 민단에서 배제되는데, 이때 한청도 민단에서 배제되었다. 그리고 민단에서 배제된 이들은 1973년 김대중과 '연대'해 일본 내의 한국민주화운동을 주도하게 된다. 한청과 한국 정부와의 대립은 '대한청년단'이 한청으로 개편했을 때부터 시작되었다고 할 수 있고, 한청의 5.16군사쿠데타 반대 성명을 계기로 박 정권 및 민단집행부와 본격적으로 대립하게 되었다. 결국에 민단은 1962년 4월 13일에 한청 위원장인 곽동의에게 정권처분(停權處分)을 내렸다. 이 외에도 민단의 방침을 따르지 않고 있던 또 하나의 청년단체인 재일한국학생동맹(한학동)의 집행부에 대해서도 1961년 12월 11일에 정권처분을 내렸다. 이러한 민단집행부의 처사에 대해 민단 내부에서는 비판이 거셌으며, 나아가 민단 제28회 전체대회에서는 한청과 한학동 문제, 그리고 곽동의에 대한 정권처분 문제를 둘러싸고 민단 간부가 사의를 표명하는 사태로 발전했다.[17] 즉 한청에 대한 민단집행

17) 민단50년사 편찬위원회, 『민단 50년사』, p.87. 1962년 5월 21일~22일에 걸쳐 고베에서 열린 대회에서 고문인 정찬진과 김재화, 감찰위원장인 김금석이 사의를 표명하는 것으로 민단집행부에 대해 비판의 의사를 표명했다.

부의 강경한 태도는 오히려 민단 내부의 갈등을 한층 더 심화시키는 결과로 이어졌다.

한청과 민단 사이의 균열이 심화된 배경에는 60년대 한청이 전개한 운동의 영향도 있다. 60년대는 재일조선인사회가 한일조약 체결로 두 개의 큰 변화를 맞이하는 시대이기도 했다. 그 변화의 하나는 재일조선인의 법적지위가 정해진 것이고, 또 다른 하나는 재일조선인사회의 '분단'이 확실시된 것이다. 한일조약 중에 '재일한국인의 법적지위 및 대우에 관한 협정'은 재일조선인에게 영주권을 부여할 때 국적을 '한국'으로 기재할 것을 규정하고 있는데, 이로 인해 재일조선인사회는 한국적과 '조선적'으로 나뉘어져 보이지 않는 '분단선'이 형성된 것이다.[18] 또한 법적지위는 일본에서의 재일조선인 권리와 관련된 문제였기 때문에 60년대 한청 운동은 '법적지위 요구 관철투쟁', '외국인학교법안 반대투쟁 및 출입국관리법안 반대투쟁'이 중심이었다.

재일조선인의 법적지위와 관련해 민단과 한청은 다른 태도를 보였다. 민단은 처음에는 법적지위와 관련해 "재류동포"에게 불리한 점이 있다고 지적하고 한국 정부에 '진정단(陳情団)'을 보내는 등 강경한 태도를 취했지만 한일회담이 진행되면서 민단은 논의의 장에서 배제되어 갔고, 최종적으로는 한국 정부에 협력하는 입장으로 바뀌었다.[19] 하지만 한청은 반대 입장을 고수해 64~65년에 걸쳐 '법적지위 요구 관철투

18) '재일한국인 법적지위 및 대우에 관한 협정'의 정식명칭은 '일본국에 거주하는 대한민국 국민의 법적지위 대우에 관한 협정'이다.

19) 민단은 1964년 3월 27일에 한국에 '진정단'을 파견하고 법적지위문제에 관한 민단의 입장을 주장하는 등 주체적으로 대응하려고 했다. 하지만 다음 해인 제7차 회담이 시작되고 나서 민단은 한국 정부의 '법적지위 전문위원회'의 '고문'으로 입장이 바뀌었고, 최종적으로는 한일조약 체결에 협력하게 되었다(민단30년사편찬위원회, 『민단 30년사』, 재일본 대한민국 거류민단, 1977, p.86).

쟁'을 전개했다. 민단은 조직의 방침과 다르게 단독행동을 하는 한청에 '제의사항(提議事項)'을 요구하는 등 압력을 가했지만 한청은 계속해서 법적지위문제에 이의를 제기했다.[20] 또한 일본 정부가 1969년 '출입국관리령' 개정안을 발표하자 유지간담회와 함께 이에 반대하는 운동을 전개했다. 이러한 한청의 법적지위 요구 관철투쟁과 외국인학교법안에 대한 반대운동은 한청과 민단 사이의 갈등을 심화시키는 요인 중의 하나였다.

한청의 한일회담과 재일조선인 관련 정책 반대운동은 기본적으로 한국 정부의 방침과 배치되는 것이었다. 당시 박 정권은 '반공실리론'을 내세워 총련계 학교에 대한 억압으로 작용할 수 있는 일본의 외국인학교법안에 찬성했다.[21] 한국 정부 입장에서 한청의 반대운동은 껄끄러운 것이었으므로 한청의 운동이 북한과 총련의 지시에 의한 것이라는 구실을 붙여 억압했다. 예를 들면 '출입국관리령' 개정에 대한 반대 움직임이 한청에서 민단 전체로 확대되어 가던 1969년 8월에 한국 정

20) 민단은 한청과 한학동이 '제1차 한청·학동 법적지위·평화선 사수투쟁'(第1次韓青·学同法的地域·平和 線死守闘争)을 위한 대회 개최가 정해졌을 때, '제의사항'을 요구했다(「韓青韓学同による法的地位要求貫徹 中央決起大会の経緯ならびに中央執行委員会の措置案」, 『韓国新聞縮刷版 - 1964~1969年度』, 在日本大韓民国居留民団, 1965年3月1日付(1面), p.49). 민단이 제시한 '제의사항'은 ① 슬로건에 들어 있는 "우리들의 요구가 관철되지 않는 한일회담은 받아들일 수 없다"는 항목을 제외할 것, ② 주일대표부에 항의하러 가는 대표자를 10명 이내로 할 것, ③ 제1항의 슬로건의 항목을 배제한다는 제의를 받아들이지 않을 때는 대신 "한일회담에 반대하는 조총련 세력을 분쇄하자"라는 항목을 넣을 것을 제의했다.

21) 재일한국인청년동맹, 『재일한국청년동맹 결성 50주년 기념식』, p.45. 일본 정부는 1966년 4월 '외국인학교법안'을 발표했을 때, 한국 정부는 민단에 '외국인학교법안'에 반대하는 운동을 하지 않도록 압력을 넣었다. 이 법안이 통과되면 폐교 대상이 되는 것은 총련계 민족학교이기 때문에 한국의 입장에서는 손해가 되지 않는다는 견해를 나타냈다. 이와 같은 한국 정부의 입장은 '반공실리론'에 근거한 것이다(「재일 동포 그 격동의 현주소〈4〉 민족학교」, 『한겨레신문』, 1993년 6월 1일 자, p.13.

부는 서울에서 "재일거류민단 강화대책회의"(1969년 8월 7~8일)를 열었고, 민단간부들도 이에 참석했다. 이 회의에서 중앙정보부는 '출입국관리령' 개정과 외국인학교법안 반대는 총련의 지시에 의한 운동이라는 메시지를 담은 슬라이드를 보여주면서 한국 정책에 따르도록 압력을 가했다.[22] 민단이 한청에 대해 정권처분과 직할처분을 내린 것은 한국 정부의 정치적 의향이 민단의 정책에 반영되고 있었다는 것을, 그리고 한국 정부의 의향에 반하는 반체제적이며 비판적인 의견이 민단 내에서 어떻게 배제되어 가는지 그 과정의 일부분을 보여주는 것이다. 이러한 이유로 한청은 민단민주화운동에 적극적으로 참여하게 됐고 유지간담회의 "실질적인 사무국"[23]으로서 민단민주화운동에 깊이 관여하며 반민단 입장에 서게 되었다.

민단민주화운동으로 인해 민단집행부와 저항세력의 갈등이 심화되는 와중에 한청은 '4.18사건'[24]에도 깊이 관여했고, 이에 민단은 1972년 4월 20일에 '4.18사건'에 관여한 유지간담회 멤버와 한청·한학동의 "범죄행위"를 비난하며 처단한다는 내용의 성명서를 발표했다. 한청은 같은 달 23일에 '4월 혁명 12주년 재일한국인청년 중앙대회'를 개최하고 민단의 자주화와 민주화를 위해 싸울 것을 표명했다.[25]

그러나 한청 내부에서는 일찍부터 한청의 민단민주화운동 개입과

22) 정철, 『민단금석 - 재일한국인의 민주화운동』(鄭哲『民団今昔 - 在日韓国人の民主化運動』), p.188.

23) 좌담회, 「60년대 한청동을 말한다」, p.120.

24) '4.18사건'은 한청과 한학동 멤버 70명이 1972년 4월 18일에 민단민주화운동의 중심인물이었던 정재준, 배동호, 곽동의 등과 함께 민단중앙본부를 점거하고 민단의 3기관장(단장, 의장, 감찰위원장)을 감금한 사건이다.

25) 임무택, 「선언문」, 앞의 책, p.274(원 자료 - 「4月革命20周年在日韓国青年中央大会」, 『韓国青年新聞』 82).

관련해 한청 중앙집행부가 정치적으로 이용당하고 있다는 인식이 존재했다.[26] 한청의 '정치화'는 민단이 한청에 더욱 압력을 가하는 이유가 되었다. 1972년 5월 2일에 한청 중앙집행부가 정치적으로 변질되는 것에 반대하는 '한청 중앙집행부 난동 규탄대회'가 민단에서 열렸고,[27] 이 대회에서 '한청 쇄신 행동위원회'가 결성되어 '한청 집행부 및 민단 도쿄본부 집행부에 대한 항의문'을 채택하며 반(反)한청집행부 운동이 전개됐다.

같은 해 5월 29일에 민단의 '전국 지방본부 단장회의'에서 한청은 민단 도쿄본부와 함께 "민단의 와해와 파괴를 기도하는 불순분자"라는 거센 비난을 받기도 했다.[28] 즉, 한청의 '반 민단적인 행위'는 민단의 와해를 꾀하는 북한과 총련의 사주를 받은 것으로 간주되었고, 결국에 민단은 제20회 중앙위원회(1972.7.7.)에서 한청의 민단 산하단체 지위를 해제했다. 이때 한청 중앙본부와 뜻을 같이한 한청 조직은 도쿄·사이타마·도치기·시즈오카·나가노·아이치·오사카·교토·효고·미에·히로시마·센다이·홋카이도 등의 지방본부이다. 이들 지방본부는 이후 한청 중앙본부가 기획·실행했던 전태일, 재일조선인정치범

26) 한청 아이치(愛知)본부의 위원장이었던 김가수(金佳秀)는 입관법 반대운동을 하면서 주일대사관 등에서 데모를 하자는 집행부의 요청에 대해 아이치본부가 집행부의 정치성에 휘말리는 것을 피하기 위해 데모에 참가하지 않았다고 회고하고 있다(金佳秀, 「我が青春グラフィティ② 〈激闘編〉-「愛知韓青の精神はいまも胸で光る」, 『アプロ21』 제5월호, 1997년 5월, p.19, pp.22~23). 이는 일찍부터 한청 안에서 한청 집행부의 활동이 정치성을 띠고 있다고 인식되고 있었고, 그에 거부감을 갖는 세력이 있었다는 것을 의미한다. 임무택(林茂澤)은 한청운동에서 한청 집행부와 한청 아이치본부와의 갈등을 "정치노선"과 "문화 노선"의 차이라고 보고 있다(임무택, 앞의 책, p.172).

27) 재일본대한민국청년회 아이치현 지방본부(청년회), 건청(建青) / 대한청년단 / 한청, 「民団あいち60年史」, http://mindan-aichi.org/test/60nensi/3-2.pdf(2014년 7월 20일 열람).

28) 정칠, 『민단금석-재일한국인의 민주화운동』, p.131.

등의 문제를 다룬 연극·영화의 상연운동[29], 각종 집회와 대회 등 한국 민주화운동에 적극적으로 참여하며 일본 사회에서 민주화운동 관련 여론형성을 위해 활동했다.

또한 민단은 한청을 산하단체에서 해제하기 전인 1971년부터 한청의 각 지부에 한청과는 별도의 청년조직을 결성할 것을 요구했다.[30] 그 결과 한청이 산하단체를 해제당한 후 민단에 순종적이며, 한청을 견제할 수 있는 새로운 조직인 '재일한국청년회'(이하, 청년회)가 결성되었다.[31] 또한 민단은 한청 규탄대회가 있기 한 달 전인 1972년 4월에 일찍이 "적성단체"로 규정했던 "한국민족자주통일동맹 청년단체"(한민자청)에 대해 그 규정을 해제했다. 한민자청은 "한국민족자주통일동맹 일본본부"(한민자통)의 청년단체로 민단이 한일조약을 전면적으로 반대한 한민자통을 "적대진영을 이롭게 하"는 단체라며 적성단체로 규정했을 때 함께 적성단체로 규정된 청년단체이다. 즉, 민단은 한청을 견제하기 위해 한민자통에 대한 규정을 해제한 것이다. 전 한청 멤버였던 이상호에 의하면 청년회에는 한민자청에서 활동하던 청년들이 많이 있었고, 그들이 한청 지부에 침투해 조직을 와해시키는 경우가 많았다

29) 「한청이 연속집회」, 『민족시보 축쇄판』, 1980년 7월 15일(3면), p.973; 『재일한국청년동맹 결성 50주년 기념식』, pp.51~52; 『선구』(『先駆』 3, 在日韓国青年同盟中央本部常任委員会), 1975.12, p.5.

30) 임무택, "성명 '청년회책동을 그만두라'", 앞의 책, pp.281~283.(원자료-「성명 「청년회 책동을 그만두라」」, 『한국청년신문』(「声明「青年会策動をやめよ」」, 『韓国青年新聞』 95).

31) 한청의 민단산하단체가 해제된 후에 전(前) 한청 히로시마본부에서 처음으로 청년회가 결성되었다. 그러나 한청의 모든 지부에서 처음부터 청년회가 결성된 것은 아니다. 예를 들면 한청 아이치현에서는 '화랑회'가 결성되어 1975년 5월 18일에 '재일본대한민국청년회 아이치지방본부'로 바뀌는 경우도 있었다(http://mindan-aichi.org/test/60nensi/3-2.pdf).

고 한다.[32] 이와 같이 민단집행부는 한청 내의 비저항세력과 한민자청을 적극적으로 이용해 한청의 저항세력을 견제하고 민단에 유리한 청년단체를 조직하게 해 한청의 분열을 심화시켰다.

위와 같이 청년단체가 민단분열에 깊이 관여해 가는 배경에는 민단 간부가 한청 위원장을 겸임하거나, 한청 아이치(愛知)지방본부의 경우처럼 한청의 간부가 민단에서 활동하는 경우가 많았다.[33] 민단 간부가 한청의 위원장을 겸임하는 것은 민단의 의향이 한청에 반영되기 쉬운 환경이었다는 것을, 그리고 한청 출신이 민단에서 활동하는 것은 한청이 민단내의 활동가를 육성하는 역할을 담당했다는 것을 의미한다. 이와 같은 한청과 민단의 밀접한 관계는 민단의 분열이 한청의 분열로 이어지기 쉬운 요인의 하나였다고 할 수 있다.

한청은 민단민주화운동에서 유지간담회와 '민단자주수호위원회'(자수위)의 활동을 뒷받침했는데, 민단 산하단체를 해제당한 것을 계기로 한국민주화운동으로 전환하며 한민통의 조직적인 기반이 되어 한민통의 활동을 뒷받침하게 되었다. 즉 민단이 한청을 배제한 것은 조직력이 있는 청년조직까지 반민단·반체제의 입장으로 돌아서게 해 저항세력의 운동을 더욱 견고하게 만드는 결과가 된 것이다.

32) 전 한청 멤버인 이상호 씨와는 2018년 2월 7일 도쿄 신주쿠에 있는 커피숍에서 인터뷰를 했다.

33) 좌담회, 「60년대 한청동을 말한다」, p.117; 김가수, 「我が青春グラフィティ② 〈激闘編〉-「愛知 韓青の精神はいまも胸で光る」, p.23.

3. 한청의 한국민주화운동

1) 한청-민단민주화운동에서 한국민주화운동으로

한청이 한국민주화운동에 참여하게 된 직접적인 계기가 된 것은 조국통일운동이다. 1972년 7월에 발표된 남북공동성명은 재일조선인사회에 조국통일이 가능하다는 희망을 안겨주어 공동성명을 지지하는 여론이 크게 일어났다. 한청을 비롯한 민단민주화운동세력도 예외는 아니어서 성명이 발표된 사흘 뒤인 7일에 한청, 자수위, 한학동은 남북공동성명을 지지하는 '성명 지지 환영대회'를 공동 주최했다. 그러나 이날은 한청이 민단으로부터 산하단체를 해제당하며 민단에서 배제된 날이기도 하다.[34] 이후 민단민주화운동세력은 총련의 산하단체와 공동집회를 여는 등 총련계 재일조선인과 함께 지지운동을 벌였다. 같은 달 23일에 민단 도쿄 본부의 총련 오타지부와 공동집회를 열었고, 8월에는 한청이 재일본조선청년동맹(조청)과 공동으로 도쿄에서 성명 지지대회를 개최했다.[35] 단 이러한 움직임은 민단에서 제외된 뒤의 활동이기 때문에 민단과 총련 두 단체 간의 공식적인 활동으로 볼 수 없고, 또 그렇기 때문에 이들의 지지운동이 재일조선인사회 전체의 운동으로 발전하지 못했다.

하지만 박정희정권이 유신체제로 돌입하면서 이러한 조국통일에 대한 기대는 깨져버렸다. 민단 민주화세력은 박정희 정권이 존재하는 한 조국통일의 가능성이 없다고 판단해 한국민주화운동으로 전환했

34) 「새로운 지도력의 확립」, 『민단 50년사』, p.110.

35) 한청은 조청과 8월 7일 도쿄에서 공동주최로 성명 지지대회를 개최했다(재일한국청년동맹, 『재일한국청년동맹 결성 50돌 기념식』, 2010년 12월 5일, p.49).

고, 한청도 이러한 흐름을 따라 1972년 10월 22일 전국간부대회에서 한국민주화운동 및 조국통일, 재일조선인의 권익옹호를 중심으로 활동한다는 방침을 발표하며 한국민주화운동에 뛰어들게 된다. 이러한 한청을 포함한 민단민주화세력의 변화에 박차를 가한 것은 김대중의 강연이었다. 김대중은 1972년과 73년에 열린 한청의 동계강습회에서 두 차례 특별강연을 했는데,[36] 그 내용은 조국통일과 권익보호를 위해서는 한국의 민주화가 중요하다는 것과 그를 위해 박 정권을 타도하자는 내용이었다.[37] 이 강연은 한청뿐만 아니라 민단민주화를 주도했던 세력이 본격적으로 한국민주화운동을 전개하는 데에 큰 영향을 미쳤다. 그 결과 1973년 8월 13일에 '한국민주회복통일촉진국민회의 일본본부'(한민통)가 결성되었는데 한청은 한국민주화운동에 참가하는 민단계 재일조선인 단체인 '6단체협의회' 멤버로서 한민통 결성에 관여하고 본격적으로 한국민주화운동을 전개하게 되었다.[38]

그 후 한청은 한민통의 구성멤버로 운동의 큰 흐름은 한민통의 방침을 따르면서 기본적으로는 독자적인 활동을 전개했다. 한청은 일찍이 조직의 방침을 한국민주화운동과 재일조선인 권익옹호에 둔다고 발표한 바 있다. 하지만 1974년에 '6대 방침'을 발표하면서 조직의 기본

36) 김대중이 특별강연을 한 동계학습회는 제8회(1972년 2월 12일), 제9회(1973년 2월 18일) 동계학습회였다(재일한국청년동맹, 『재일한국청년동맹 결성 50주년 기념식』, p.50).

37) 「韓国の民主主義と統一の展望」, 『民族時報縮刷版』, 1973년 4월 1일 자(2~4면), pp.36~38.

38) '6단체협의회'는 1973년 2월에 결성된 조직으로 70년대 한국민주화운동을 주도한 한민통의 토대가 된 조직이다. 이 협의회는 조국통일을 위해 조직된 민족통일협의회, 민단민주화운동을 위해 결성된 민단자주수호위원회, 전 민단 산하단체로 민단에서 배제된 후 한국민주화운동에 참가한 민단도쿄본부·민단가나가와본부·대한부인회 도쿄본부 및 한청 등이 참가했다.

방침을 재정립했다. 한청이 발표한 '6대 방침'은 앞의 방침에 더해 조국통일, 국제연대, 재일조선인의 민주민족운동 강화와 민단민주화, 한청 조직의 강화를 추가했다.[39]

위와 같이 한청이 한국민주화운동에 조직의 역량을 집중하게 되면서 조국통일과 민단민주화운동은 현실적인 한계에 부딪히게 되며 실질적인 운동으로 전개되지 못하고 구호로만 끝나버렸다. 그 이유는 민단민주화란 목표는 민단이라는 조직 내에서 가능했던 운동으로 민단 산하단체에서 배제된 상황에서 '민단'이라는 활동 공간이 부재했기 때문이다. 게다가 민단민주화는 결국에는 한국의 민주화와 연결된 문제이기 때문에 한국의 민주화를 위해 활동하겠다는 한청의 입장에서는 민단민주화는 부차적인 문제가 되어 그 의미가 퇴색되기도 했기 때문이다. 그리고 조국통일운동은 민단계 재일조선인운동의 최종목표였지만 이 또한 현실적인 운동이 되지 못했다. 그 배경에는 한국이 유신체제로 들어가며 한국 내의 통일정책이 변화해 민간이 조국통일을 거론하기 어렵게 된 점, 한국과 북한 관계의 변화, 그리고 무엇보다 당시의 한국 내의 운동이 민주화에 초점이 맞춰져 있었다는 점이 있었다. 한편 재일조선인사회는 박 정권의 유신체제 돌입으로 인해 조국통일에 대한 기대가 무너져 조국통일 운동의 분위기가 식었다는 점을 들 수 있다. 또한 재일조선인의 통일운동이 한국 내의 정치적·사회적 상황의 변화,

---

39) '6대 방침'은 ①반통일·반민주·매족(買族)의 반독재를 타도하고 민주정권을 수립, ②반통일 분단고정화 책동을 분쇄하고 조국의 자주적 평화통일을 촉진하고, ③재일한국인의 제반 권익을 옹호하고 일본의 신식민지주의 침략을 반대하고, ④일본 국민을 비롯한 아시아와 세계 각국의 민중과의 국제연대를 강화하고, ⑤한민통을 중심으로 한 재일한국인 민주민족운동을 강화하고 유신 어용 민단을 붕괴시키고, ⑥강대한 동맹을 건설하기 등이다(「反独裁闘争は勝利段階に」, 『民族時報縮刷反』, 1976년 12월 15일 자(3면), 497쪽 : 재일한국청년동맹, 『재일한국청년동맹 결성 50주년 기념식』, p.101).

민주화운동의 흐름과 맞지 않았기 때문에 조국통일운동은 구호로 끝날 수밖에 없었다. 그래서 한국이 '민주화'가 된 이후 운동의 흐름이 통일운동으로 바뀌면서 한청은 재일한국민주통일연합(한통련)과 함께 본격적으로 통일운동을 전개할 수 있었다.

그리고 무엇보다도 한청을 비롯한 민단계 재일조선인 단체가 조국통일에 대한 기대감이 낮아져 있는 재일조선인사회의 상황을 조금이라도 전환시킬 수 있는 기회를 만들어내지 못한 점을 들 수 있다. 앞에서도 말했듯이 남북공동성명이 발표된 후 총련계 단체들과 공동집회를 여는 등 조국통일 지지운동을 전개해 재일조선인사회의 운동으로 발전시키려는 시도들이 있었다. 하지만 한국민주화운동으로 전환하기 시작하면서 총련계 단체와 함께 행동하려는 시도는 전혀 보이지 않게 되었다. 그 주요 요인을 김대중과의 '연대'에서 찾아볼 수 있다. 김대중은 민단계 재일조선인과의 '연대'를 위해 3원칙을 제시했는데 그중의 하나가 '공산주의와 선을 긋는' 것이었다.[40] 이 원칙을 수용하고 김대중과 '연대'했으며, 또한 운동을 전개하는 데 있어 총련계와의 접촉으로 북한과의 관계를 의심받는 운동이 되면, 즉 '반국가'적인 운동으로 비치게 되면 운동의 정당성이 훼손되는 것은 물론이고 운동자체가 궤멸될 수 있는 심각한 문제였기 때문에 민단계 재일조선인은 총련계 단체와 '공식적인' 접촉이나 활동을 하지 않았으며, 한청 역시 예외는 아니었다.

하지만 한민통과 총련 관계자들 사이에 비공식적인 교류가 있었을

40) 김대중은 민단계 재일조선인과 '연대'를 하기 전에 조직결성 3원칙을 요구조건으로 제시했다. ① 대한민국 국민의 입장을 견지한다, ② 반독재운동은 반정부운동으로서 반국가활동이어서는 안 된다, ③ 공산주의와는 선을 긋는다 등이었다. 이 3원칙은 1973년 8월 4일 민단민주화운동 세력인 배동호, 김재화, 정재준, 조활준 등과 비밀회합을 갖고 조직결성에 관해 논의할 때 제시된 것이다(「金大中先生と韓民統との関係について－韓民統常務委員会」, 『民族時報縮刷版』, 1980年10月1日付, p.1002(2面)).

가능성은 있다. 이는 재일조선인사회가 갖고 있는 특징의 하나이기도 하다. 재일조선인사회는 민단계와 총련계의 재일조선인이 공존하는 사회이므로 이데올로기나 정치적인 측면에서 서로 다른 입장에 있다 하더라도 일상생활에서는 교류가 이루어질 수 있는, 실제로 이루어지는 구조이다. 게다가 같은 민족으로서 일본 사회의 차별, 조국통일 등의 문제를 공유하는 사회이며, 그런 공통의 문제를 해결하기 위해 서로 협력할 가능성 또한 갖고 있는 사회이기도 하다. 이런 복잡한 상황 속에서 교류가 있었다는 것만으로 북한 및 총련과 정치적인 관계에 있었고, 나아가 간첩행위를 했다고 쉽게 단정할 수 없다. 그렇기 때문에 재일조선인사회는 단순히 이데올로기나 정치적인 측면만으로 판단할 수 없다. 하지만 이러한 복잡한 상황이 오히려 박정희 정권이 정치적으로 이용할 수 있는 좋은 재료가 되었다. 즉, '간첩'처럼 북한의 '위협'이 항상 존재한다는 것을 증명할 수 있는 하나의 재료로서 재일조선인사회와 민단계 재일조선인 청년들의 존재가 이용되었다고 할 수 있다.

민단계 재일조선인에게 총련계 재일조선인은 조국통일을 위해 서로 협력했고, 협력해야 할 대상이었다. 그런 의미에서 한국민주화운동을 주도한 세력들, 특히 한민통은 북한 체제에 대한 비판이나,[41] 반공의 입장에 서서 총련을 적대시하지 않았다. 이런 점이 한민통을 중심으로 한 민단계 재일조선인 운동세력의 '사상'에 의문을 제기하는 근거가 되기도 했다. 민단계 재일조선인이 김대중과의 '연대'를 계기로 본격적

41) 민단계 재일조선인 단체인 한민통이 북한 체재에 대한 비판이 전혀 없는 것도 비판 대상이 되었다. 대표적으로 재일조선인 학자인 윤건차는 한민통이 북한의 사회나 정치 정세에 관해 일언반구의 비판도 없었다고 비판했다(尹健次, 「日韓条約の締結と総連·民団の対立、そして在日二世の葛藤」, 『人文学研究所報』 Vol.53, 神奈川大学人文学研究所, 2015년 3월, p.27).

인 한국민주화운동을 추진하게 됐지만 김대중과의 '약속'에 묶여 재일조선인 사회가 안고 있는 문제점을 해소해 나가기 위해 총련계 단체와의 '연대'를 지속시키지 못한 것 또한 사실이다. 물론 한청도 한민통과 궤를 같이 했고, 한민통을 구성하는 단체로서 한민통의 방침을 따를 수밖에 없었던 것이 하나의 한계가 되었다고 할 수 있다.

2) 한청의 70~80년대 운동

한청의 70년대 운동은 주로 반체제운동, 재일조선인정치범 구원 운동, 한국의 노동운동 지원, 일본의 오염산업의 대(對) 한국 수출을 규탄하는 운동, 재일조선인 권익옹호운동을 중심으로 전개되었다. 이러한 운동들은 집회, 데모, 대회 등의 형태로 진행되었지만, 한청 운동의 특징 중의 하나는 문화적인 요소를 활용하는 것이었다. 한청은 "정치와 문화의 일체화"를 구호로 연극·영화 제작이나 상연 활동 등에 참여하는 것을 통해 한국민주화운동에 대한 일본 사회의 여론형성을 도모했다. 한민통이 주로 전태일, 김지하, 재일조선인정치범 문제를 다룬 연극·영화 등의 기획·제작·자금 지원을 담당했고, 한청 멤버들이 출연자나 스태프가 되어 제작 현장에 참여했다. 제작 후에는 한청이 일본의 주요 도시에서 상연 운동을 주도했다. 상영운동은 앞에서 서술한 한청의 지역 본부들이 중심이 되었다. 그 대표적인 작품에는 연극 '진오귀', 민청학련 사건과 관련된 김지하의 경험을 그린 '고행1974',[42] 전태일의 일생을 그린 영화 '어머니', '불꽃의 외침' 등이 있다.[43] 이러한 문화운

42) '고행 1974'는 1975년 11월에 도쿄에서 처음으로 상연되었다.

43) '불꽃의 외침'(炎の叫び)은 전태일의 모친 이소선의 노동운동을 그린 창작극이다. 「진

동은 한청 멤버들이 한국의 정치적·경제적·사회적 문제와 역사, 문화 등을 학습하는 기회가 되었다. 그리고 무엇보다도 이러한 작품들은 한국어로 제작되었기 때문에 출연자인 한청 멤버들이 한국어를 학습하는 계기가 되었다. 즉, 한국민주화운동은 자신의 뿌리를 찾는 활동으로 재일조선인청년들의 정체성을 찾는 활동이 되기도 했다.

한청은 80년대에 들어 한민통 운동이 약화되자 한민통 운동의 실천적인 부분을 많이 떠맡게 되면서 독자적인 활동보다 한민통과 함께 운동을 전개하며 집회 등을 공동주최하는 경우가 더 많아졌다. 이는 한청 조직의 확대와 결속력 강화로 이어졌고, 그를 위해 조직 내의 학습강화와 간부 활동가의 육성이 더욱 필요하게 되었다.[44)]

한청은 조직력과 2·3세가 중심인 멤버의 활동이 밑바탕이 되어 민단 민주화운동과 한국민주화운동에서 한민통의 '행동대'로 전면에 나서 활동하는 경우가 많았다. 그 때문일까? 한청은 스스로가 일본에서의 한국민주화운동을 주도했으며, 한민통과 '민주민족통일 해외한국인연합'(한민련)[45)]의 결성을 이끌었다는 인식을 보이고 있다. 그러나 이러한

오귀」는 김지하가 1973년에 쓴 희곡으로 한국 농민의 빈곤을 그린 작품으로 1974년 12월에 처음으로 상연된 후 1975년까지 상연되었다. '어머니'는 한국의 『전태일 평전』을 영화화한 작품으로 1978년 11월 13일 도쿄에서 처음 상영됐다. 『전태일 평전』은 조영래가 집필한 것으로 당시 한국에서는 발표할 수 없는 작품이었다. 『전태일 평전』의 원고는 한국의 민주화운동가인 김정남과 '일본가톨릭 정의와 평화협의회' 소속의 송영순, 한민통의 배동호의 네트워크를 통해 일본에 전해져 영화화되고, 출판되었다.

44) 한청은 1981년 10월 10일~11일에 개최한 '전국지부 활동가 경험 교류집회'에서 학습강화와 간부활동가의 육성, 그리고 '재일한국인' 청년 운동론의 확립 등을 강조했다(「韓青全国支部交流集会開く -「日常活動の充実と幹部の育成を」」, 『民族時報縮刷版』, 1981年10月21日(3面), p.1123).

45) '민주민족통일 해외한국인연합'은 한민통과 미국, 서독, 프랑스 등에서 한국민주화운동을 하던 해외 '한국인'들이 연합해 만든 조직으로 1977년 8월 13일 일본 도쿄에서 결성되었다. 결성을 주도한 주요 인물은 배동호, 임창영, 윤이상, 이영빈 등이었다.

인식은 한청이 스스로의 운동을 과대평가함과 동시에 한민통의 운동역량을 낮춰 보고 있는 부분이라고 지적하지 않을 수 없다.[46] 한민통 관련 자료를 보면 한민통의 중심세력인 1세는 주로 운동기획, 활동자금 마련과 해외에 주재·체재하고 있던 '한국인'과의 '연대'[47] 등을 위한 네트워크 형성을 주도했고, 한청은 한민통의 의사결정을 실행에 옮기는 경우가 많았다. 즉 '행동대'로서의 역할을 담당했던 것이다. 전 한민통 관계자 또한 "한민통의 운동은 1세가 '실천적인 부분'을 담당하고 한청은 한민통의 '행동부대'로서 운동을 추진했다"고 평가하고 있다.[48] 전 한민통 관계자가 말한 '실천적인 부분'은 한민통이 기획한 집회 등의 개최나 연극·영화 상영 등의 운동 현장에서의 인적 동원을 의미하는 것으로 해석할 수 있다. 실제로 상연운동이나 집회 등에서 한청의 인적 동원력은 한민통보다 우세했는데 이는 많은 지방조직과 멤버들을 갖고 있어 가능한 것이었다. 실제로 이러한 부분을 보면 전 한민통 관계자의 평가는 타당하다고 할 수 있다.

3) 한청운동의 중심 사상

한청은 앞에서 서술했듯이 그 조직력을 바탕으로 한국민주화운동에

46) 한청은 "해외동포의 민주기지인 한민통·한민련을 낳았다"는 표현을 사용한다. 당시의 한청 운동에 대한 자부심을 엿볼 수 있는 표현이라고 할 수 있다(「特集·韓青の20年の歩み」, 『統一路』 28, 在日朝鮮人 青年同盟, 1980.12, p.107).

47) 민단민주화운동과 한국민주화운동은 전 민단간부나 1세가 중심이 됐다. 그 중심에 배동호가 있는데, 그는 한민통 의장을 역임했으며 민단민주화운동, 김대중 및 해외 '한국인'과의 '연대'를 주도한 인물이다.

48) 전 한민통 관계자는 한민통 조직에서 활동한 사람으로 이니셜 표기도 강하게 거부할 정도로 익명을 요구했다(인터뷰 날짜 : 2014년 7월 22일, 장소 : 도쿄 신주쿠, 커피숍).

서 큰 역할을 해냈다. 그러한 한청의 조직력과 활동을 뒷받침한 것은 4.19혁명 정신과 '건국·귀국사상'이라고 할 수 있다. 우선 한청은 한국 민주화운동에 참여하기 전부터 4.19혁명 정신을 조직의 기본 정신으로 삼았다. 한청은 5.16군사쿠데타가 일어났을 때 이에 반대를 표명했고, 같은 해 7월 6일에는 "민정이관 요구 성명"을 발표하며 군사정권에 대해 퇴진을 요구했다.[49] 이 성명은 박정희가 이끄는 정권에 대한 첫 저항이었다고 할 수 있다. 그러한 저항을 가능하게 했던 배경에는 4.19혁명이 있었다. 한청은 스스로를 "4월 혁명의 이념을 자신들의 이념으로 삼고 그 이념을 실천해 가는 조직"이라고 정의하고 있다.[50] 그러므로 "민정이관 요구 성명"은 4.19혁명을 완성시키겠다는 한청의 염원을 담은 것이었고, 나아가 그 이념을 실천한 첫 움직임이었다.

또한 일본에서 4.19혁명을 지지하고, 나아가 4.19혁명 정신을 계승함과 함께 반봉건·반외세·반독재·반매판(반매판 자본)을 주장하는 "4반 이념"의 실현을 지향하는 것을 조직활동의 이념으로 삼았다.[51] "4반 이념"은 서울대 학생운동세력이 발표한 제2선언문에 실린 반봉건·반외세·반매판의 '3반 이념'[52]에 반독재를 추가해 만든 이념이다. '3반 이념'은 4.19혁명이 일어난 당시의 한국은 미국의 원조 감소로 폐업하는 공장이 많아지며 실업자가 증가한 데에 더해 물가상승 등으로 경제적 위기상태에 빠져 있었고,[53] 이러한 경제적·사회적 상황을 배경으로

49) 재일한국청년동맹, 『재일한국청년동맹 결성50주년 기념식』, p.41.

50) 위의 주.

51) 한동철, 「한청동 20년의 발걸음-70년대를 중심으로」(韓東哲, 「韓青同二十年の歩み-70年代を中心に」), pp.99~100.

52) '3반 이념'은 4.19혁명 1주년을 맞아 서울대 학생운동세력이 발표한 제2선언문에서 4.19혁명은 반봉 건·반외세·반매판의 '3반 이념'을 지향한다고 표명했다(김선주·강석승 편저, 『4월 학생민주혁명』, 지식과 교양, 2013, p.317).

학생운동 측이 제기한 이념이었다. 한청이 '4반 이념'을 내건 것은 70년대의 한국의 경제적·사회적 상황이 4.19혁명 당시와 그다지 다르지 않다고 인식했다는 것을 의미한다. 결국 1970년 4월 19일에 '4반 이념'을 내걸고 재일조선인의 민권옹호와 조국통일·독립을 위해 비민주세력과 싸울 것을 표명하기에 이른다.[54]

4.19혁명 정신은 한국민주화운동을 하는 과정에서 "4월의 젊은 사자 운동"으로 발현되었다. "4월의 젊은 사자 운동"은 1975년 8월 31일에 열린 제17회 중앙위원회에서 결정한 것으로, '젊은 사자'는 4.19혁명 때 투쟁한 학생들을 가리킨다. 이 중앙위원회에서 "세우자! 민주해방의 새 나라를!"이라는 구호를 내걸고 4.19혁명을 계승 발전시킬 것을 표명하고,[55] "4월의 젊은 사자 운동"을 전개할 것을 결정했는데, 이 운동은 한청의 멤버들이 '젊은 사자'가 되어 조직 활동 이외에도 일상생활에서도 4.19혁명의 정신을 실천하는 것을 목표로 삼아 "모든 행동, 동맹생활, 그리고 일반생활에 이르기까지 4월 혁명 정신을 계승해 전 인격을 걸고 자신을 혁신해 가"는 것으로 "지부 일상 활동"을 강화하는 운동이기도 했다.[56] "지부 일상 활동"은 "4월의 젊은 사자가 되자·찾자·만들자"라는 구호 아래 민족적으로 사는 것은 물론 한국민주화운동과 재일조선인 문제에 대해 학습하고, 토론하고, 행동하고, 점검하는 것을 일상생활 속에서 실천하는 것이다.[57]

53) 박세길, 『다시 쓰는 한국현대사2-종전부터 10·26까지』, 돌베개, 1989, pp.73~75.

54) 임무택, 「4.19성명-1970년 중앙본부」, pp.244~246(원 자료-「4.19革命-1970年 中央本部」, 『韓国青年新聞』 65).

55) 재일한국청년동맹 중앙본부 상임위원회, 「1975년 동맹운동 총괄」, 『선구』 3, 1975.12, p.5.

56) 한동철, 「한청동의 20년의 발걸음-70년대를 중심으로」, 『계간 통일로』 28, 재일한국청년동맹, 1980.12, p.112.

두 번째로 "건국·귀국"사상이다. "건국·귀국"사상은 서승이 제시한 '적극적 민족주의'라는 개념에 바탕을 둔 것으로 한청의 한국민주화운동과 조국통일운동의 근간이 되는 사상으로 1976년에 한청 위원장인 김군부(金君夫)에 의해 제시된 것이다.[58] 한청은 조직활동을 통해서 조국의 언어나 문화 등을 적극적으로 익히게 되었고, 그를 통해 얻은 민족성에 근거해 한국민주화운동의 궁극적인 목표인 조국통일에서 일익을 담당하는 주체적인 존재가 되려고 했는데, 이는 민족적으로 사는 길이기도 했다. 한청의 김군부는 민족적으로 살려는 의지와 서승의 '적극적 민족주의'를 결합해 '건국·귀국사상'으로 발전시킨 것이다.

"적극적 민족주의"는 재일조선인 정치범인 서승이 최후진술에서 제시한 개념이다. 서승은 한국에서 민주화운동에 참여하고 1971년에 박정희 정권이 조작한 '학원침투 간첩단 사건'으로 구속되어 약 18년간 투옥되었다. 서승은 재일조선인이 민족차별로 인해 인식되는 민족주의는 부(負)의 성격을 갖고 있는 소극적인 것이라고 지적했다. 그리고 "일본에 있는 교포는 한국인으로서의 의식을 갖고는 있지만 그것은 어디까지나 기초적인 것에 지나치지 않고 적극적인 의미로서의 민족의식을 자각할 수 없는 것입니다. 적극적인 민족의식이란 것은 아까도 말했듯이 자국의 문화, 역사, 전통, 언어, 그 외의 모든 것을 깊이 이해하고, 인식하고, 그것들을 사랑하고 자랑으로 여기는 것이고, 그리고 실제로 풍요한 통일된 세계에 자랑할 만한 조국을 갖는 것이고, 나아가서는 전(全) 민족적인 일체감을 확고히 하고 유대를 강화시키는 것입니

57) 재일한국청년동맹 중앙본부 상임위원회, 「1975년 동맹운동 총괄」.

58) 1976년 2월 14~16일까지 3일에 걸쳐 개최된 제12회 한청 전국동계강습회에서 김군부가 제시했다(「民族統一を早めよ」, 『民族時報縮刷版』, 1976년 2월 21일 자(5면), p.391).

다"라고 '적극적 민족주의'를 정의했다. 또한 조국의 '분단'은 민족의 '분단'으로 이어지며, 이는 재일조선인사회가 조국에 대한 확고한 이미지를 갖는 것을 방해한다고 지적했다.[59)]

즉, 서승은 자국의 언어나 문화 등을 익히려는 적극적인 민족의식을 토대로 조국통일을 위해 민족적인 유대를 강화하는 것이 적극적 민족주의를 확립시킨다고 인식했다.[60)] 그에게 자랑할 만한 조국은 통일된 조국이며, 조국통일을 위해 한국의 민주화는 이루어야 할 과제였던 것이다.[61)] 서승이 한국민주화운동에 참여하는 것을 통해 조국의 현실문제에 적극적으로 관여하려고 한 것은 이러한 인식에 바탕을 둔 행동이었다. 그리고 이는 곧 민족적인 행위였던 것이다.

서승의 "적극적 민족주의"는 한청이 한국민주화운동을 전개하는 데 있어 하나의 사상적 기반이 되었는데, 그럼 한청에게 "적극적 민족주의"란 어떠한 것이었을까. 김군부는 적극적 민족주의란 재일조선인 청년이 놓인 상황을 '재일', 일본, 조국이라는 측면에서 깊이 인식하는 것이며, 자신들이 놓여있는 상황을 분석하는 것을 통해 조국이란 것이 자신의 삶 앞에 나타나는 것이라고 했다.[62)] 즉 자신들이 놓여있는 상황을 제대로 인식·분석해 자신들의 삶의 방식을 정하고, 또 그러한 삶의

59) 서 군 형제를 구하는 회 편, 『서 군 형제를 구하기 위하여 - 제1분책』(徐君兄弟を救う会編, 『徐君兄弟を救うために - 第1分冊』), 影書房, 1992, p.166.

60) 졸론, 「한국민주화운동 참가로 보는 재일조선인의 정체성 - 민단계 재일조선인을 중심으로」, 『언어·지역문화연구』(「韓国民主化運動への参加に見る在日朝鮮人のアイデンティティ - 民団系在日朝鮮人を中心に」, 『言語·地域文化研究』) 17, 도쿄외국어대학대학원 박사후기과정 논총, 2011.3, p.20.

61) 졸론, 「한국민주화운동 참가로 보는 재일조선인의 정체성 - 민단계 재일조선인을 중심으로」, p.20.

62) 김군부, 「재일한국청년의 해방의 길」, 『선구』(金君夫「在日韓国青年の解放の道」, 『先駆』) 17, 한청출판사, 1977.8, p.72.

방식은 조국에 영향력을 미친다는 것이다. 김군부는 "적극적 민족주의"와 "건국·귀국사상"이 목표로 하는 것이 같다고 보고 있었다.

> 그럼 진정한 적극적인 민족의식이란 무엇인가. 그는 세 가지를 들고 있다. 자국의 문화, 역사, 전통, 언어, 그 외의 것을 깊이 인식하고 그것들을 사랑하고 자랑스럽게 여기는 것이다. 두 번째는 실제로 통일된 조국을 갖는 것, 세 번째로 전(全) 민족적인 삶을 확고하게 갖는 것이라고 합니다. 이는 한청동이 과거 16년 동안 엄청난 피투성이의 싸움에서 쟁취한 하나의 사상, 애국주의에 의거한 건국귀국 사상과 일치하는 것입니다.[63]

그리고 적극적 민족주의 입장에서 "건국귀국의 길"을 사는 것이 "재일한국인" 2·3세의 삶의 방식이며 그것을 조직이 대중적으로 실천하는 것이 한청의 운동이라고 했다.[64] "건국귀국의 길"이란 "재일한국인"이 민족 주체성을 갖고 살 수 있으며, 통일되고 독립된 건전한 조국을 세우는 것으로 미래가 열리고 자유의지로 그 조국으로 돌아가는 것이다.[65] 김군부는 이러한 생각을 "건국·귀국사상"이라고 정의하고,[66] "자신의 손으로 건강한 조국을 세우고, 그 나라에 영원히 귀의한다는 생

63) 김군부, 「재일한국청년의 해방의 길」, p.73.

64) 김군부, 위의 글, pp.72~73.

65) 「3.6전국교류집회-재일한국인청년의 빛나는 미래는 한국의 민주화와 조국통일 안에서」, 『선구』(「3.6全国交流集会-在日韓国人青年の輝かしい未来は韓国の民主化と祖国統一の中に」, 『先駆』) 13, 재일한 국청년동맹 중앙본부 상임위원회, 1977.4, p.36.

66) '건국·귀국사상'은 『先駆』에서는 때때로 「귀국·건국사상」으로 혼용되고 있었다. 단 김군부는 '건국·귀국 사상'이라는 명칭을 제안한 당사자이며, 또한 이 명칭들에 담겨있는 주장이 변하지 않기 때문에 김군부가 사용하는 명칭을 우선으로 한다(김군부, 「재일한국청년의 해방의 길」, p.73).

각"이라고 했다.[67]

나아가 김군부는 1977년 3월 6일에 열린 '3.6전국교류집회'에서 재일조선인 2·3세가 적극적인 민족주의 입장에서 "건국·귀국사상"을 갖고 민주화운동세력과 '연대'해 한국의 민주화와 조국통일을 실현하기 위해 싸우는 것이 재일조선인 청년의 인간적인 해방의 길이 된다고 주장했다.[68] 그의 주장에서 알 수 있는 것은 당시의 한청은 재일조선인 청년이 일본 사회에서 많은 차별로 인해 인간적인 삶을 부정당하고 있다고 인식했고, 재일조선인에 대한 차별적인 정책을 바로잡는 것과 민족성을 되찾는 것을 통해 인간적인 삶을 모색하고, 나아가서는 한국의 민주화와 조국통일을 위해 투쟁하는 것이 재일조선인 청년의 미래를 연다고 인식했다는 것이다.[69]

이러한 인식에 근거해 전개한 또 하나의 운동이 권리획득운동이다. 한청은 권리획득운동이 재일조선인 2·3세 청년이 민족의식을 각성하게 하고, 민족적인 주체성 확립을 제기하며, 또한 권리의식을 고양시킨다고 평가했다.[70] 이는 차별에 의해 민족성을 자각하는 소극적 민족주의와는 다르게 차별에 맞서 투쟁하는 것으로 민족성을 자각한다는 논리로, 적극적인 행동을 통해 획득된 민족성은 조국에 영향력을 미친다는 "건국·귀국사상"으로 연결된다고 말할 수 있다.[71]

---

67) 김군부, 「적극적 민족주의와 재일한국인청년」, 『선구』(金君夫「積極的民族主義と在日韓国人青年」) 9, 재일한국청년동맹 중앙본부 상임위원회, 1976.11, p.43.

68) 「3.6全国交流集会－在日韓国人青年の輝かしい未来は、韓国の民主化と祖国統一の中に」, 앞의 주.

69) 위의 주.

70) 위의 주, p.35.

71) 졸론, 「한국민주화운동 참가로 보는 재일조선인의 정체성－민단계 재일조선인을 중심으로」, 앞의 주, p.21.

차별에 맞서 투쟁하는 것을 민족성을 획득하는 하나의 과정으로 인식한 것은 한청만의 논리가 아니라 재일조선인 청년단체에서 널리 보이는 것이었다. 재일조선인 2·3세가 많이 참가한 와세다대학 한국문화연구회(한문연)는 한국민주화운동에 참가하는 것은 일본에서의 권리 획득운동의 연장선상에 있는 민족운동이라는 인식을 갖고 있었다. 이러한 인식은 한일조약에 의해 재일조선인의 '법적지위'가 정해지고, 일본 정부의 비민주적이고 차별적인 재일조선인 정책을 한국 정부가 용인한 결과라고 할 수 있다. 당시의 재일조선인 청년들은 한국 정부가 일본 내의 재일조선인 차별문제를 방치하고 있다고 생각했다. 즉, 한국의 기민화 정책과 일본의 재일조선인 차별이 모든 재일조선인 문제의 원인이라고 인식하고 있었다는 것을 의미한다. 그렇기 때문에 기민화 정책을 취하고 있는 박 정권을 상대로 투쟁하는 것과 일본의 민족차별과 싸우는 것은 민족운동으로서 같은 의미를 갖고 있는 것이었다. 즉 박 정권의 독재하에서 고난을 겪고 있는 한국 민중과 일본에서 민족차별을 겪고 있는 재일조선인의 상황은 민족이 놓여있는 부조리라는 의미에서 동일 선상에 있는 문제였다.

모든 전 민족적 정치과제에 당면했을 때 권익옹호투쟁 그 자체가 내재적으로 갖고 있는 본국 구조의 모순이 육박함으로 인해 민족사에 참여한다는 원칙이 보다 첨예하게 표현된 형태가 본국 민주화 지원 투쟁이며, 그 의미에서 권익옹호투쟁의 일환이다.[72)]

72) 원문은 다음과 같다. "諸々の全民族的政治課題に当面した際、権益擁護闘争そのものが内在的に有する本国構造矛盾肉迫にによる民族史参与という原則がより先鋭的に表現された形が本国民主化支援闘争であり、その意味で権益擁護闘争の一環である"(와세다대학 한국문화연구소, 「재일민족민주운동 투쟁사」(「在日民族民主 運動闘争史」, 『高麗』) 11, 1971.12, p.110).

와세다 한문연은 일본의 차별에는 '일상적인 생활에 내포되어있는 유형무형의 부당한 규정이 국부적, 개별적인 모순만이 아니라 분단이라는 본질적인 모순과 본국 사회의 모든 문제가 총체적으로 반영되어 있다'[73]고 인식하고 있었다. 그렇기 때문에 한국민주화운동과 권리획득운동은 동일선상에서 추진해야 하는 운동으로 받아들여졌다.

박종석에 대한 히타치 취직차별 투쟁단체인 '박 군을 둘러싼 모임'에서 활동했던 최승구는 한국민주화운동과 권리획득운동을 동일선상에서 생각하지는 않았지만 권리획득운동이 민족운동이라고 인식하고 있었다. 그는 민족적인 자각과 기본적인 권리에 눈뜨는 것은 표리일체이며, 권리에 눈떠 투쟁하는 것은 인간으로서의 자부심과 존엄에 눈뜨는 것이라고 말했다. 또한 그것은 재일조선인의 상황에서 민족운동의 일환으로 봐야 한다고도 말했다.[74]

4) 한청에 대한 탄압

한청을 포함한 민단계 재일조선인의 한국민주화운동은 박정희 정권에 달갑지 않은 것이었다. 한국 정부가 민단계 재일조선인의 한국민주화운동을 견제할 때에 8.13사건[75]처럼 민단과 민단 산하 청년회를 통해

73) 위의 주, p.100.

74) 박 군을 둘러싼 모임 편 「〈좌담회〉 히타치 규탄으로의 발걸음」, 『민족차별 히타치 취직차별 규탄』(朴君を囲む会 編, 「〈座談会〉日立糾弾へのあゆみ」, 『民族差別日立就職差別糾弾』), 亜紀書房, 1974, p.54.

75) 8.13사건은 일본, 미국, 서독 등의 지역에서 한국민주화운동을 개별적으로 전개하고 있었던 민단계 재일조선인과 해외 '한국인'이 한국민주화운동을 전개하기 위한 연합단체 결성을 위해 1977년 8월 13일에 개최한 '해외한국인 민주운동 대표자 회의'를 방해하기 위해 민단의 산하단체인 '재일본대한민국청년회'(한국청년회) 소속의 청년 약 300명과 일본 극우단체인 '국제승공연합' 소속의 청년들이 회의장인 우에노의 이케노하타

집회나 대회 등을 직접적으로 방해하는 방법이 동원됐다. 또한 한국 내에서는 문세광 사건,[76] 윤효동 간첩사건 등과 같이 한민통과 관련된 사건이 연이어 발표되었다. 문세광은 한때 한청 멤버로 활동했고, 윤효동은 민단 이바라키(茨城) 본부의 간부로 배동호와 함께 조국통일운동을 위한 조직인 '민족통일협의회'를 결성한 인물이었다. 또한 중앙정보부는 '전국민주청년학생총연맹'(민청학련) 사건으로 체포된 일본인 다치카와 마사키(太刀川正樹) 등이 한민통과 연결되어 있다고 발표했다.[77] 이들 사건은 한민통과 한청이 북한·총련과 관련이 있는 '적성단체'라는 이미지를 재생산했고, 한청·한민통 등이 국가의 안보를 위협하는 "불순세력"이라는 이미지를 공고히 했다. 또한 박 정권은 민단계 재일조선인이 연루된 사건들을 한국 내의 민주화세력에 대한 압력을 강화하는 데 이용했다. 결국 한민통과 한청의 한국민주화운동을 한층 더 반공의 시선으로 바라보게 했다.

한국 내의 한민통 및 한청 관련 '간첩사건'으로 인해 일본 경찰 권력으로부터 직접적으로 '압력'을 받는 경우까지 생겼다. 1974년 8월에 발생한 문세광 사건의 당사자인 문세광이 전 한청 멤버였기 때문에 한국 내에서는 한청에 대한 비난이 거세졌다. 나아가 한국 외무위원회(이하, 외무위)는 같은 해 8월 28일에 '5개 항목 대일 경고문'을 채택했는

문화센터(上野、池之端文化センター)에 난입해 폭력사태를 일으킨 사건이다.

76) 문세광 사건은 1974년 8월 15일에 재일조선인 청년인 문세광이 박정희 사살을 시도하던 중에 유탄에 의해 대통령 부인인 육영수를 사망케 한 사건이다.

77) 다치카와 마사키(太刀川正樹)와 하야카와 요시하루(早川嘉治)는 한민통에서 활동하는 곽동의로부터 북한의 자금을 건네받아 민청학련에 전달한 혐의로 체포됐다. 하지만 이들은 재심에서 무죄를 선고 받았다(「'간첩혐의' 일본기자 36년 만에 무죄」, 2010년 10월 29일 자(http://www.hani.co.kr/ arti/society/society_general/446112.html), 그리고 「'민청학련' 첫 국가배상 판결」, 2013년 6월 19일 자(http://www.hani.co.kr/arti/society/society_general/446112.html). 이상 『한겨레신문』).

데, 그 경고문에는 한국 정부가 "조총련과 그 전위부대인 한청을 당장 해체할 것"과 "일본 내의 반한국적인 활동을 제도적으로 규제할 것을 일본에 촉구할 것" 등의 내용이 들어있었다.[78] 이와 관련해 한청은 외무위에 대해 한청 탄압을 일본 정부에 요청하는 것은 반민족적인 행위라고 비판하고, 한국 정부에 대해서는 자신들을 총련의 전위대로 단정 짓는 것은 민주화운동 세력을 탄압하려는 구실이라고 비판했다.[79]

이러한 상황 속에서 실제 일본 오사카부(大阪府) 경찰은 한청 사무소와 한청 위원장인 김군부의 자택을 가택수사했다. 그 외에도 한국 대사관 앞에서 한청에 대한 '탄압'에 항의하기 위해 모인 한청 멤버를 체포하는 등 한청에 압력을 가했다. 1977년 4월 17일에 한국 대사관 앞에서 항의활동을 한 한청 홋카이도본부의 멤버인 박경성을 공무집행 방해와 상해 혐의로 체포한 것이다. 이후 80년대에 들어서도 한청 사무실과 멤버를 상대로 한 가택수사가 있었다.[80]

한청에 대한 일본 경찰의 탄압이 1974년 한국 외무위가 발표한 '5개 항목 대일 경고문'의 영향 때문인지는 명확하지 않지만 70년대 후반부터 일본 경찰의 한청에 대한 견제를 한국 정부나 민단이 좌시하고 있었던 것은 분명하다. 또한 한민통과 한청의 활동을 경계·견제하고 있던 한국 정부나 민단의 입장에서는 한청에 대한 일본 경찰의 탄압은 유리

78) 「日서 無誠意하게 나오면 斷交등 强硬措置 취하라」, 『東亞日報』, 1974년 8월 28일자, 1면.

79) 「동맹 비방 용서할 수 없다 – 규제 책동에 한청 반박 성명」, 『민족시보축쇄판』(「同盟誹謗許せない-規制策動に韓青反駁声明」, 『民族時報縮刷版』), 1974년 9월 1일 자(1면), p.213.

80) 1984년 7월 17일 오사카본부, 1986년 도쿄 가쓰시카(葛飾) 지부가 가택수사를 당했다. 또한 1987년 6월 30일에 한청 오사카본부 위원장인 김창오가, 그리고 같은 달 한청 사무소와 멤버가 가택수사를 당했다.

한 상황이었음에 틀림없었을 것이다.

4. 나오며

한청은 이승만 정권의 반공정책의 일환으로 조직된 대한청년단의 후신으로 한국 정부에 협조적인 태도를 취했지만 5.16군사쿠데타 반대와 민단민주화운동 등을 계기로 반정부, 반민단 입장으로 돌아서고 결국에 민단의 산하단체를 취소당해 민단에서 배제되었다. 이후 70년대에 한민통의 구성단체로 한국민주화운동을 전개했으며, 80년대에 들어서 한민통의 조직이 약화되면서 조직 역량을 확대하며 민단계 재일조선인의 한국민주화운동을 주도했다.

이는 한청 조직의 자신감 상승으로 이어져 1987년 6월에 민주화가 '실현'된 후에는 급변하는 한국 정세에 제3자가 아닌 당사자로서 적극적으로 참여하려고 했다. 한청의 중앙조직부장이었던 진귀성(愼貴晟)은 같은 해 8월 1일부터 3일까지 열린 제22회 전국 하기강습회에서 "국내 민주화운동 발전에 참여하기 위한 동맹 운동·조직 개혁과 발전"이라는 제목으로 한 강연에서 동맹 운동이 "지원 단계에서 참여의 시기"에 있다고 주장하고 한국 정세 변화에 맞춰 조직 개혁과 발전을 위해 행동할 것을 주장했다.[81] 그리고 1989년 들어 한국에서 통일운동이 고양되자 한청도 통일운동에 주력하게 되었고 같은 해에 조직된

81) 「한청동 전국통일 하기강습회 개최-문화발표 등에 참가자 감동」, 『민족시보 축쇄판』(「韓青同全国統一夏 季講習会開催-文化発表などに参加者感動」, 『民族時報縮刷版』), 1987년 8월 11일, p.3.

전국민족민주운동연합(전민련)이 북한, 해외 '한국인'에게 제안한 '한반도 평화와 통일을 위한 범민족대회'가 그다음 해 8월 15일에 판문점에서 처음 열리자 한청은 대표단의 일원으로 참가하는 등 한국의 통일단체 등과 협력하며 조국통일운동에 적극적으로 참여했다.

하지만 이후의 한청의 조직과 활동은 축소되어 현재 한청은 70년대에 13개였던 지방본부가 8개로 줄어들었고,[82] 한국이 '민주화'되고 조국통일운동도 약화되면서 활동의 폭 또한 축소되었다. 한반도의 통일 관련 문제나 정치적인 문제에 대해 꾸준히 목소리를 내오고는 있지만 그와 관련된 활동은 미미하다. 대신 재일조선인 청년들에게 조국과 민족에 대해 학습하고 같은 민족인 청년들과 교류할 수 있는 공간으로서의 역할, 즉 재일조선인 청년의 정체성 확립과 관련된 활동이 큰 부분을 차지하고 있다.

또한 민단민주화운동과 한국민주화운동 과정에서 한청에 덧씌워진 "불순분자"라는 이미지는 여전히 남아있다. 그 이유로 한민통에 대한 '반국가단체' 규정[83]의 영향을 들 수 있다. 1978년 재일조선인 정치범 관련 재판에서 서울대법원은 한민통을 '반국가단체'로 규정했는데, 이 규정은 여전히 남아있다. 이는 한국에서 아직도 한민통을 비롯한 한국민주화운동에 참여했던 민단계재일조선인과 그 단체에 대해 경계를 늦추지 못하는 원인이며, 해외의 한국민주화운동에 대한 연구가 많이 축적되어 가는 상황에서도 한민통을 비롯한 민단계 재일조선인 단체의 운동을 대상으로 한 연구에는 여전히 걸림돌이 되고 있다. 그러나

82) 8개의 지방본부는 도쿄, 가나가와, 아이치, 미에, 교토, 오사카, 효고, 히로시마 지방본부이다.

83) 1978년 6월 19일에 재일조선인 정치범인 김정사 결심재판이 서울 대법원에서 열렸는데 이 재판에서 한민통은 '반국가단체'로 규정되었다.

2000년대에 들어서 한민통과 관련된 간첩사건의 당사자들이 재심을 청구해 무죄를 인정받고 있어 한민통에 대해 재평가가 이루어져야 한다고 생각된다. 한민통에 대한 재평가는 한청과 그 운동에 대한 재평가로 이어진다. 한청을 포함한 민단계 재일조선인 운동에 대한 재평가는 한국민주화운동사와 재일조선인운동사 연구의 한 줄기이자 그 운동사들의 총체적인 평가와 관련되기 때문에 반드시 필요하다. 왜냐하면 한청과 한민통의 한국민주화운동은 재일조선인사회에서 조국의 분단과 일본 사회의 차별이 어떻게 교착(交錯)되어 있는지를 볼 수 있고, 그러한 교착 상태가 재일조선인사회와 재일조선인에게 어떠한 영향을 미치는지 알 수 있기 때문이다. 이는 더 나아가 재일조선인사회에 대한 이해의 깊이를 더하면서 '반공'이라는 잣대로 갖게 된 '편견'이나 '선입견'을 깰 수 있는 길이기도 하기 때문이다.

이 글은 인하대학교 한국학연구소의 『한국학연구』 제59집에 실린 논문
「민단계 재일조선인의 한국민주화운동 - 재일한국청년동맹을 중심으로」를
수정·보완한 것임.

참고문헌

「民團간부초청教育」, 『京鄕新聞』, 1971.11.22.
「日서 無誠意하게 나오면 斷交등 強硬措置 취하라」, 『東亞日報』, 1974년 8월 28일.
「재일동포 그 격동의 현주소〈4〉민족학교」, 『한겨레신문』, 1993.6.1.
「韓靑行動綱領 李總裁가 指示」, 『東亜日報』, 1949.4.12.
김선주·강석승 편저, 『4월 학생민주혁명』, 지식과 교양, 2013.
민단30년사편찬위원회, 『민단 30년사』, 재일본대한민국거류민단, 1977.
민단50년사편찬위원회, 『민단 50년사』, 재일본대한민국민단, 1997.
박세길, 『다시 쓰는 한국현대사2 - 종전부터 10·26까지』, 돌베개, 1989.

이경남, 「青年運動半世紀(55) – 大韓青年團[1] 이대통령 親衛隊로 「統合깃발」」, 『京鄕新聞』, 1987.12.2.
후지이 다케시, 『파시즘과 제3세계주의 사이에서 - 족청계의 형성과 몰락을 통해 본 해방 8년사』, 역사비평사, 2012.

「「申京煥君を支える会」の記録 - 協定永取得者初めての「強制送還」との闘い」, 『むくげ通信』 265, 2014.7.27.
「3.6全国交流集会 - 在日韓国人青年の輝かしい未来は韓国の民主化と祖国統一の中に」, 『先駆』 13, 在日韓国青年同盟中央本部常任委員会, 1977.4.
「警察当局、韓国民主化運動に悪らつな弾圧韓青同大阪委員長を不当逮捕 - 韓青同大阪本部ど強 制捜査」, 『民族時報』, 1987.7.1.
「大阪府警韓青大阪本部に乱入 - 不当創作、生野北支部にも」, 『民族時報』, 1984.7.21.
「民団あいち60年史」, http://mindan-aichi.org/test/60nensi/3-2.pdf(열람: 2014.7.20)
「民族統一を早めよ」, 『民族時報縮刷版』, 1976.2.21.
「反独裁闘争は勝利段階に」, 『民族時報縮刷反』, 1976.12.15.
「本国労働者支援青年委設置決定 - 韓青全国熱性者会議」, 『民族時報縮刷版』, 1981.9.21.
「一九七五年同盟運動総括」, 『先駆』 3, 在日韓国青年同盟中央本部常任委員, 1975.12.
「日立、民族差別に謝罪 - 朴君の「採用内定取消を撤回」, 『民族時報縮刷版』, 1974.6.1.
「指紋拒否裁判初公判、開かる - 韓基徳君堂々と陳述」, 『民族時報』, 1984.3.11.
「特集·韓青の20年の歩み」, 『統一路』 28, 在日朝鮮人青年同盟, 1980.12.
「韓民統·韓青同外登法改正を要請」, 『民族時報』, 1985.2.21.
「韓青が連続集会」, 『民族時報縮刷版』, 1980.7.15.
「韓青が文化祭」, 『民族時報縮刷版』, 1977.5.21.
「韓青同全国統一夏季講習会開催 - 文化発表などに参加者感動」, 『民族時報縮刷版』, 1987.8.11.
「韓青 - 韓国労働者·学生支援1日10円カンパ運動」, 『民族時報縮刷版』, 1982.2.15.
「韓青韓学同による法的地位要求貫徹中央決起大会の経緯ならびに中央執行委員会の措置案」, 『韓国新聞縮刷版 - 1964~1969年度』, 在日本大韓民国居留民団, 1965.3.1.
姜徹, 『在日朝鮮人の人権と日本の法律』(第三版), 雄山閣, 2006.
金佳秀, 「我が青春グラフィティ② 〈激闘編〉 -「愛知韓青の精神はいまも胸で光る」, 『アプロ21』5, 1997.5.
金君夫, 「在日韓国青年の解放の道」, 『先駆』17, 韓青出版社, 1977.8.
金君夫, 「積極的民族主義と在日韓国人青年」, 『先駆』9, 在日韓国青年同盟中央本部常任委員会, 1976.11.
金富子, 「「人間」になろうとする試みのなかで」, 『季刊統一路』28, 韓青出版社, 1980.12.
李明子, 「チノギの想いで」, 『季刊統一路』28, 韓青出版社, 1980.12.
林茂澤, 『在日韓国青年同盟の歴史-1960年代から80年まで』, 新幹社, 2011.
林潤淑, 「私なりの10年の歩み」, 『季刊統一路』28, 韓青出版社, 1980.12.
朴君を囲む会編, 「〈座談会〉日立糾弾へのあゆみ」, 『民族差別日立就職差別糾弾』, 亜紀書房, 1974.
福岡安則, 『在日韓国·在日朝鮮人-若い世代のアイデンティティ』, 中公新書, 1993.
徐京植, 『半難民の位置から-戦後責任論争と在日朝鮮人』, 影書房, 2002.
徐君兄弟を救う会編, 『徐君兄弟を救うために-第1分冊』, 影書房, 1992.
尹健次, 「日韓条約の締結と総連·民団の対立、そして在日二世の葛藤」, 『人文学研究所報』53, 神奈川大学人文学研究所, 2015.3.
在日韓国青年同盟, 『在日韓国青年同盟結成50周年記念式』, 2010.12.
鄭哲, 『民団今昔-在日韓国人の民主化運動』, 啓衆新社, 1982.
趙基銀, 「在日朝鮮人と1970年代の韓国民主化運動」, 『言語·地域文化研究』12, 東京外国語 大学大学院博士後期課程論叢, 2006.3.
趙基銀, 「韓国民主化運動への参加に見る在日朝鮮人のアイデンティティ-民団系在日朝鮮人を中心に」, 『言語·地域文化研究』17, 2011.3.
早稲田大学韓国文化研究会, 「在日民族民主運動闘争史」, 『高麗』11, 1971.12.
座談会, 「60年代韓青同を語る」, 『季刊統一路』28, 在日韓国青年同盟, 1980.12.
崔栄浩, 「青年論壇-「4.19と私」, 『民族時報』, 1985.4.11.
韓東哲, 「韓青同二十年の歩み-70年代を中心に」, 『季刊統一路』28, 在日韓国青年同盟, 1980.12.

호세이제2고등학교에서 일어난 조선학교 학생의 살해 사건에 대하여

다카야나기 도시오

1. 들어가며

호세이대학(法政大学)에는 부속교가 3개교가 있는데, 그중 호세이대학 제2고등학교(호세이 2고)에서 1962년, 문화제 사격부 전시를 보러 온 가나가와조선고급학교(神奈川朝鮮高級学校)의 한 학생이 라이플 개머리판에 가격당해 결국 죽음에 이르게 된 비극적인 사건이 일어났다. 호세이2고에서는 이에 대해 사건이 일어난 날짜를 따 11.3사건이라고 부르며, 직후부터 이러한 사건이 재발되지 않도록 교육해 왔다.

필자는 두 수업에서 이 11.3사건에 대해 언급하고 있다. 하나는 국제문화학부 전공과목인 '사람의 이동과 국제관계Ⅱ-조선민족의 디아스포라(人の移動と国際関係Ⅱ－朝鮮民族のディアスポラ)'로, 전세계에 거주하고 있는 한국·조선계 사람들을 고찰 대상으로 하는 수업이다. 일본의 재일한국·조선인이나 재일코리안 등을 포함하여 조선민족은 세계 각지에서 살고 있다. 19세기 이후, 기근이나 정치적인 변동, 특히 일본의 침략·지배 속에서, 예를 들어 중국으로 건너간 사람은 현재, 중국의 조선족이 되었다. 이외에 러시아·소련으로 건너간 사람들은 그 후 스탈린 시대의 강제 이주를 거쳐, 중앙아시아나 러시아 각지로 흩어져

살고 있다. 전후 한국에서 꿈을 안고 미국 등지로 이주한 사람도 많고, 또 이른바 '양자수출(養子輸出)'의 형태로 해외로 어린이가 입양된 역사도 있다. 이 수업에서는 조선민족이 근현대사 속에서 체험한 디아스포라(Diaspora), 즉 이산 상황과 그 속에 서 전개된 이민족과의 접촉과 문화의 변용 등을 종합적으로 다루고 있다. 거기에는 많은 비극이 따르지만 동시에 민족과 국가를 초월한 생활권이나 네트워크 구축 등과 같은 긍정적인 측면도 있다. 필자는 이러한 측면까지도 포괄적으로 다루면서 강의를 하고 있다.

11.3사건에 대해 다루는 또 다른 과목은 자교(自校) 교육과목 '호세이학의 초청(法政学への招待)'이다. 이 과목은 학생들이 수학하고 있는 호세이대학이 1880년 개교 이래 어떠한 행보를 거쳐 오늘에 이르렀는지, 현재 어떤 교육과 연구를 행하고 있는지, 거기에는 어떤 성과와 과제가 있는지 등에 대해 배우는 과목으로, 2011년도에 처음 개설되었다. 대학 1학년을 주 대상으로 하는 이 수업은 이 캠퍼스에서 배우는 긍정적인 의의와 자기 확인을 포함하여 발밑의 역사를 아는 것을 목표로 하고 있다. 필자는 그 과목 책임자로서 매회 수업에 진행자로 참석하고 있지만, 그중 1회는 '호세이대학과 아시아(法政大学とアジア)'라는 테마로 스스로 강의도 담당하고 있다. 이 강의에서는 20세기 초, 호세이대학이 수많은 청나라(清国) 유학생을 받아들여 중국의 근대화에 노력한 사실(史實)을 비롯해 인근 한국·조선과 중국 사이에 있던 플러스·마이너스 관계의 총체를 거론하고 있다. 그중에서 이 11.3사건에 대해서도 간단히 언급하고 있다.

11.3사건 이후 반세기가 지난 2012년, 호세이2고에서는 교장을 필두로 교직원들에 의해 해당 사건을 되돌아보는 행사가 개최되어 필자에게 기조강연 의뢰가 있었다. 주최자에 의한 안내문에는 "다른 민족에

대한 편견·차별의 문제를 생각하는 것과 동시에 앞으로의 다문화·다민족 공생사회를 실현해 나가기 위한 기회로 만들어 가고 싶다"고 적혀 있다. 필자도 바로 같은 마음을 담으면서 동시에 다소 미묘한 문제도 다루면서 이야기를 짜봤다. 본 기록은 그때의 강연에 약간의 가필·수정을 실시하여 호세이2고의 잡지에 게재한 글을 한국의 독자를 대상으로하여 한층 더 다듬은 것이다.

2. 배경으로서의 재일조선인사

11.3사건을 이해하기 위해서는 사건의 그 배경이 되는 재일한국·조선인(총칭)이 거쳐온 역사를 파악해 두는 것이 필요하다. 조선반도(朝鮮半島)[1]가 일본에 강제병합된 1910년부터 이미 1세기 이상 지났지만, 재일한국·조선인은 강제병합 이전의 대한제국 시대에 일본에 건너와 철도나 도로 등의 건설에 종사한 사람들을 시초로 한다. 그 후 식민지 지배 속에서 1910년대, 20년대, 30년대로 시대가 지나면서 더 많은 사람들이 바다를 건너갔다. 특히 전쟁 말기가 되면, 일본인 젊은이의 대부분이 병사로 전장에 동원되고 있었던 만큼, 현재 일컬어지는 강제연행, 즉 내지에서 노동현장으로 데려간 강제동원도 실시된다. 이에 따라 일본이 패전하고, 조선반도가 해방을 맞이한 1945년 8월에는 대략 200만 명의 조선반도 출신자가 일본 내지에 살고 있었다.

이들 중에서 거주연수가 적은 사람을 중심으로 약 3분의 2가 조국으로 돌아가고, 남은 3분의 1, 즉 60만 명 전후의 사람들이 현재 재일한국

1) '한반도'와 같은 의미이지만 일본에서의 통상 용법대로 '조선반도'를 사용한다.

·조선인의 원형이 되었다. 일단 조선반도로 돌아왔지만 아직 조국이 정치·경제적으로 혼란한 상태이기 때문에 '밀항'이라는 형태로 다시 일본으로 돌아간 사람들도 실은 상당히 존재한다. 그밖에 조선반도의 좌우 대립과 전화(戦火)를 피해 새롭게 바다를 건너간 사람들도 있다.

이 사람들이 전후 임한 큰 과제가 자신들의 민족교육을 어떻게 하는가였다. 현재 조선총련(재일본조선인총연합회)의 전신으로 당시 존재했던 조련(朝連, 재일본조선인연맹)은 초기 일본을 점령한 GHQ와 큰 마찰을 빚지 않았다. 그러나 세계의 냉전 구조의 심화 속에서 '붉은 교육'(공산주의 교육)을 하고 있다고 하여 점차 GHQ나 일본 정부에 의해 위험시되기 시작했고, 1948년 한신(阪神) 지구에서 큰 충돌이 있은 이후, 다음해인 1949년 학교 폐쇄 명령이 내려졌다. 그러나 샌프란시스코 강화조약 이전의 이 시기, 일본 정부의 견해로는 재일조선인은 전쟁 전부터 가지고 있던 일본 국적을 아직 유지하고 있었다. 이에 따라 학교를 폐쇄하면 그 지역의 일본 학교에 많은 조선인 학생이 들어와 혼란을 일으킬 우려가 있었다. 아마도 이를 피할 의도에 더해 조선인 측의 학교운영자금을 확보하려는 의도가 맞아떨어져, 도쿄도(東京都)의 경우, 그때부터 1954년도 말까지 5년여 동안 학교가 도쿄도가 운영하는 도립조선인학교(都立朝鮮人学校)가 되었다. 이것은 어떤 의미에서 매우 특수하고 드문 체험이었다고 할 수 있다.

이 시기는 한편, 1950년 발발한 한국전쟁이 벌어지고 있는 시기이며, 일본에서 미군 비행기가 날아와 조선 북부에 폭탄을 투하해 동포들이 다수 살해되고 있는 상황이었다. 이로 인해 재일조선인들이 기세, 위험한 비합법 활동에 나서기도 했다. 전후 10년간 재일조선인운동은 일본공산당(日本共産党)의 지도하에 전개되지만, 이 무렵에는 일본공산당 자체도 분열되어 주류파는 무장투쟁 노선을 취하고 있었다. 다만,

많은 희생자를 낸 이 노선은 이윽고 비판의 대상이 되어, 재일조선인 운동가들은 1955년 5월, 자신들은 어디까지나 조선민주주의인민공화국의 공민인 만큼, 조국 주위에 결집하는 형태로 종래의 운동 노선을 전환하기에 이른다. 그 결과, 탄생한 것이 현재 조선총련으로, 같은 해 3월에는 도립조선인학교도 폐쇄되게 된다. 폐쇄를 둘러싸고 반대운동도 전개되었지만, 민족운동 전체의 노선전환과 연동하여 일본 공교육의 일환으로서 도립조선인학교가 아니라 조선공민을 육성하는 자신들의 자주적인 학교로 재출발하게 된다. 시작부터 2년 후인 1957년에는 북한(조선민주주의인민공화국)에서 교육지원비와 장학금을 보내온 것을 조국이 자신들 재일동포를 배려해 주는 증거로 파악하여 크게 감격했다.

이러한 1950년대 후반은 재일조선인에게 '조국의 재발견' 시기였다고 할 수 있다. 이 중에서도 가장 상징적인 사건이 1959년 12월에 니가타(新潟)에서 북한의 청진을 향해 귀국선이 출항한 사건, 즉 북한귀국사업이었다. 당시도 그리고 지금도 일본과 북한 사이에는 국교가 없기 때문에 양국 적십자 사이에서는 '거주지 선택의 자유'라는 인도 문제로 이를 처리했고, 많은 재일조선인들이 북한으로 건너갔다. 여기서 주의해야 할 것은 이 사람들이나 그 조상이 결코 원래 북한에 살고 있었던 것은 아니고, 조선반도의 남부에서 일본 내지로 건너와, 이번에는 북을 조국으로 간주해 도항해 갔다는 것이다. 지금 일본에 있는 조선계의 사람들은 95% 이상이 조선반도 남부의 사람 즉 현재의 한국의 영역으로부터 건너온 사람이나 그 자손이다. 북부 사람은 앞에서 언급한 수업인 '조선민족의 디아스포라'에서 다루듯 강을 넘어 북쪽 중국과 소련으로 건너간 사례가 많다. 남부에서 온 사람들이 한국이 아니라 북한에 장래를 맡긴 배경에는 일본에서의 빈곤이나 차별, 미래에 대한 전망이 없었기 때문일 것이며, 대대적인 선전의 결과로 북한 혹은 사회주의가 현재와는 달리 매우 눈부시게 보이기도 했기 때문일 것이다. 신천지에 희망을 거는 형식으로 일본인 아내와 자녀를 포함해 약 9만 3천 명의 사람들이 귀국선에 오른 셈이다.

북한귀국운동은 큰 열기를 보였고, 일본사회 안에서 전후 처음으로 재일조선인에게 인도적인 시선이 쏠려 갔다. 전후 초기에는 지금까지 자신들의 지배하에 있던 사람들이 갑자기 '독립했다, 해방되었다'라고 말하며 활동을 시작했기 때문에, 일본인 입장에서는 '화가 난다', 혹은 '암시장을 주름잡고 있다', 심지어 '공산당과 함께 일본 사회를 혼란에 빠뜨리고 있다' 등 폐를 끼친다는 시선이나 골칫거리로 보는 시선이 강했다. 그러나 이 귀국사업으로 인해 일본에 있는 사람들이 겪어온 고난의 역사를 다소나마 알게 되었고, 비로소 인도적인 의미로 관심이 쏟아지기 시작했다.

다만 당시는 지금과는 압도적으로 달랐고, 정보도 적었으며, 관련된 책 등도 별로 출판되지 않았다. 지금은 '한류 붐(韓流ブーム)'의 영향도 있고 서점에 가면 한국·조선 관련 책이 많이 출판되어 있으며, 그중에는 재일한국·조선인에 대한 것도 상당히 포함된다. 그러나 당시는 재일동포와 관련된 책은 문학서나 단속하는 공안 측의 문헌을 제외하면 거의 없었다고 할 수 있는 상황이었다.

한편 한국에서는 1960년부터 61년에 걸쳐 큰 변화가 있었다. 이때까지의 이승만 정권이 타도되어 민주화와 남북통일의 기운이 높아지기는 했지만 쿠데타로 인해 박정희 장군이 정권을 장악해 그 후 오래 지속되는 군사정권이 시작되었다.

3. 전후 재일조선인사 속의 1962년

이상과 같이 11.3사건이 일어난 1962년에 이르는 시기는 북한과 직결되는 형태로 재일조선인운동이 고양된 시기이다. 앞에서 언급한 교육지원비 송금처럼 자신들을 걱정해 주는 조국이 있다는 감격과 함께 재일조선인의 민족의식이 고조된 시기라고 할 수 있다.

하지만 북한 귀국자 수는 1962년이 되면 격감하게 된다. 돌아가야 할 사람은 이미 돌아갔다는 사실도 있겠지만 그것보다 북한의 상황이 좋지 않다는 것을 먼저 도항한 친족을 통해 어떠한 형태로 전달받았고, 이로인해 귀국을 포기했다는 사정이 있었다고 생각된다. 이러한 상황에서 조총련은 당초 '편도 표'였던 귀국사업에 대해 1963년부터 조국 자유왕래 실현운동을 대대적으로 전개해 자유롭게 왕복할 수 있는 것을 목표로 했다. 귀국 사업에 대해 일본 측은 인도 문제로 혹은 사람에 따라서는 '문제를 일으키는 조선인이 스스로 돌아가 준다면 고마운 일이다'라는 시선을 포함해 단기 결전에서 일을 진행하려고 했다. 한편 북한 입장에서는 모종의 지연작전으로 '아직 희망자가 있다. 계속 실시해야 한다'고 주장하며 귀국사업을 영구적인 제도로 만들어 가야한다는 주장을 펼쳤다. 귀국사업은 1967년부터 71년까지 약 3년 반의 공백을 두고 최종적으로 1984년까지 계속된다. 신문에서는 11.3사건의 피해자인 신영철(辛英哲) 군도 다른 가족은 모두 귀국했으며, 본인과 아버지도 곧 귀국 예정이었다고 전하고 있다.

이 시기, 북한과의 사이에서는 사람의 이동이 이루어지고 있었고, 남한과의 사이에서는 국교정상화를 위한 회담이 진전되어 갔다. 그것은 조선반도에 두 개의 국가 중 한쪽과만 국교를 맺는 것으로 전후 일본과 조선반도의 관계를 크게 규정하게 된다. 협상은 1950년대 초부터 시작했지만 역사 문제, 특히 식민지 시대를 어떻게 인식하는지에 대한 대립이 드러난다. 일본 측은 조선통치는 조선의 근대화에 기여했다는 인식을 가지고 있었지만 한국에서는 자신들은 무리하게 병합된 데다가 가혹한 식민지 지배와 수탈을 강요당했다고 주장했다. 1950년대에는 그러한 역사인식의 대립이 있었고, 일본 측의 발언에 대해 한국 측이 분노해 회담이 자주 결렬되었다. 그런데 1961년 박정희가 등장한 후에는 정체되기 일쑤였던 회담이 급속히 진전해 나간다. 여기에는 쿠데타라는 불법적인 수단으로 권력을 탈취한 박정희가 자기를 정당화하고 정권의 기반을 굳히기 위해서라도 빨리 일본에서 자금을 들여와 서민들의 생활을 눈에 보이는 형태로 향상시킬 필요가 있었던 것이 배경에 있다고 생각된다. 그러한 의혹 속에서 한일회담이 진전돼 결국 1965년 일본과 한국 사이에 국교가 맺어지게 된다. 기본조약을 비롯해 청구권 및 경제협력협정, 그리고 재일한국인의 법적 지위협정 등을 포함한 일련의 조약이 체결되었다. 이에 대해 식민지화의 재래를 우려하는 한국 국민이 대대적으로 반대한 것을 비롯해 조총련이나 북한, 혹은 당시의 일본 공산당이나 일본 사회당 등의 세력도 조선분단의 고착화나 미국의 세계 전략에 가담하는 것에 대한 반대 운동을 전개했다.

또한, 1962년경에는 북한귀국사업 등이 계기가 되어, 재일 한국·조선인의 인권 옹호의 과제를 캠페인의 형태로 일시적으로 수행하는 것이 아니라 항상적으로 담당하고자 하는 민간 조직이 드디어 나타난다. 1961년에는 일본조선연구소가 생겨 재일동포의 인권문제도 크게 다루었고, 보다 직접적으로는 1963년 재일조선인의 인권을 지키는 모임이 결성되어 활동을 시작해 나간다. 1963년은 관동대지진(関東大震災) 40주년에 해당하는 해였으므로 이를 계기로 관동대지진 당시의 조선인

학살을 생각하는 논문이 몇 편이나 나왔고, 유언(流言)의 발생원을 둘러싼 학술적인 논쟁도 일어났다.

이처럼 일부에서는 재일한국·조선인에 대한 관심이 점차 높아졌지만, 일본사회 전체적으로 봤을 때는 긍정적인 의미로 그 존재에 주목하는 경우는 아직 적었다. 1958년 도쿄에서 고마쓰가와 사건(小松川事件), 즉 이진우(李珍宇) 소년이 도립고마쓰가와고등학교(都立小松川高校)의 여고생과 또 한 명을 살해한 것으로 알려진 사건이 일어나기도 했던 만큼, 재일 한국·조선인은 범죄 등 부정적인 측면으로만 주목받는 것이 이 당시에는 일반적인 일이었다. 이것은 1968년에 시즈오카현(静岡県)에서 발생한 폭력단원 2명을 사살한 김희로(金嬉老) 사건(寸又峡事件)에서도 마찬가지로, 사건의 배경에는 재일 한국·조선인에 대한 차별이 있다고 호소한 김희로에 대해 언론에서는 당초 '라이플마(ライフル魔)'라는 표현이 횡행했다. 재일동포들이 일본사회를 함께 만들어가는 주민이나 이웃으로서 긍정적인 의미로 주목받는 것은 좀 더 후인, 1970년대에서 1980년대에 들어서고 나서라고 할 수 있다.

이 시대 일본사회에서는 조선고교생에 대한 습격, 혹은 일조(日朝) 고교생끼리의 충돌사건이 빈발하고 있어 11.3사건도 그러한 일련의 사건 속에 자리 잡게 되었다. 이들 대부분은 이즈쓰 가즈유키(井筒和幸) 감독의 영화 〈박치기(パッチギ)〉에 다소 희화화되어 그려진 것처럼 집단 간의 충돌 사건이었다. 처음에는 개인적인 충돌이 있었던 정도라고 하더라도, 이를 듣고 서로 달려가 집단 난투극으로 발전하는 경우도 적지 않았다. 그러나 11.3사건은 그와 달리 이른바 밀실 안에서 발생한 사건으로 관계자도 거의 없었기 때문에 사실관계의 세부사항을 알기 어렵다는 면이 있었다.

4. 11.3사건에 관한 호세이2고의 대응과 언론 보도

배경 설명이 상당히 길어졌지만, 이것을 근거로 11.3사건에 대해 이야기하고자 한다. 사건 자체는 1962년 11월 3일의 호세이2고의 문화제에, 당시 존재했던 사격부의 전시를 보러 온 가나가와조선 고급학교 학생인 신영철 군을 과거 사격 부원이었던 호세이 2고생이 라이플 개머리판으로 때려, 그로 인해 다음날 사망한 사건이다. 신영철 군은 사건 당초는 의식도 명료하고, 거울을 보며 머리카락을 다듬기도 한 것 같지만, 병원 이송 중 혼수상태에 빠져 병원 도착 후 위독한 상태가 이어졌고, 마침내 죽음에 이르렀다.

호세이 2고에서 남긴 이 사건에 대한 기록을 보면, 호세이 2고 측이 사건 발생 후, 매우 신속하게 대응했다는 것을 알 수 있다. 신영철 군이 다니던 가나가와현의 조선학교나 도쿄(東京)의 조선대학교(朝鮮大学校), 혹은 조선총련의 본부, 가나가와현 본부 등을 방문해 사과했다. 조선인 측의 의견을 받아들여, 아사히(朝日), 마이니치(毎日), 요미우리(読売) 등 전국 신문에 사과문도 게재했다. 그 후 호세이 2고 학생이나 보호자를 위한 설명회를 개최하고, 불필요한 충돌을 막기 위해 교원들에게 통학 시 경계를 맡기기도 했다. 또한, 당시 호세이대학에서는 철학자로 유명한 다니카와 데쓰조(谷川徹三, 시인 다니카와 슌타로의 아버지)가 총장 대행을 맡고 있었는데, 그에게도 보고가 들어가 결과적으로 가해자는 퇴학처분, 사격부는 폐부라는 조치가 취해졌다.

사건에 대한 직접적인 대응과 더불어 사건의 배경에 민족 문제가 있었다는 인식하에 조선민족에 대한 교육 역시 강력하게 추진되기 시작했다. 사회과의 교사들이 분담해 사건 다음 달에는 『근대에서의 일본과 조선의 관계(近代における日本と朝鮮の関係)』라는 소책자가 발행되었다. 이 소책자는 재일조선인의 역사가 박경식(朴慶植) 등이 삼일신서(三一新書)로 출판한 『조선의 역사(朝鮮の歴史)』(1957)와 하타다 다카시(旗田巍)의 이와나미 전서(岩波全書) 『조선사(朝鮮史)』(1951) 등이 바탕이 되었던 것으로 보인다. 더불어, 하타다 다카시는 전쟁 전 조선의 마산에서 태어나 자라 도쿄제국대학(東京帝国大学)에서 공부하여 동양사학자가 된 인물이다. 한국전쟁이 시작된 이듬해에 낸 이 책에서 그는 전쟁 전 조선사연구는 "조선은 낙후된 존재로 일본의 식민지가 되는 것이 행복하다는 정체사관에 빠져 있었다. 지금 전화에 시달리고 있는 조선인의 고통을 우리의 고통으로 여기는 그런 연구를 해야 한다"는 뜻을 적어 감동을 불러일으켰다. 호세이 2고에서는 이 책자를 기증한 사람들의 이름을 적은 리스트가 남아 있는데, 필두에 박경식과 하타다 다카시의 이름이 적혀 있다. 이렇듯 책자를 만들어 다른 민족에 대한 편견이나 차별을 없애는 수업을 전개하는 한편, 그 실천기록 등을 교내 잡지인 『교육연구(教育研究)』나 역사과학협의회(歴史科学協議会)의 기관지 『역사평론(歴史評論)』 등에 게재하기도 했다. 또한, 학생들과 함께 조선학교 방문과 교류 역시 여러 번 실시하였다. 조선학교에 다니는 젊은이와 일본인 고교생과의 교류는 작가의 하야후네 치요(早船ちよ)가 유명한 『큐폴라가 있는 거리(キューポラのある街)』의 속편으로 창작하여, 나중에 영화화도 된 소설 『미성년(未成年)』(1965)을 생각나게 한다. 도마 요시오(藤間嘉雄) 교장 자신도 1964년에 북한 방문단의 단장으로서 한 달 반 이상에 걸쳐 북한 각지를 방문했다.

또한, 당시 일본인 스태프가 반년이나 북한에 머물면서 만든 장편기록영화로 미야지마 요시오(宮島義勇) 감독의 〈천리마(チョンリマ)〉가 있다. 이 영화는 하루에 천 리를 달린다는 전설상의 말과 같은 속도로 사회주의 건설을 진행하고 있다고 여겨진 나라의 실상을 공감대 있게

그려내고 있다. 당시 아사히, 마이니치, 요미우리 등 각 신문사에서는 사진이 담긴 큰 영화평을 게재하기도 했다. 이 영화는 또한 이른바 좌파계의 인사들뿐만 아니라 보다 폭넓은 인사들이 감상해서 화제가 됐다. 호세이 2고에서도 이 영화의 상영회를 열거나 조선고등학교 학생들과 좌담회를 가진 사실 또한 기록에 남아 있다.

한편, 11.3사건에 대한 일반 보도 경향에 대해서는 학교에 당시의 신문이나 주간지의 관련 기사가 남아 있다. 이들을 보면, 피해자인 신영철 군이 호세이 2고 학생에 대해 공갈을 반복한 것이 사건의 직접적인 원인이라고 하는 것이 대부분이다. 이러한 보도에 대해서는 조선학교는 사실무근이라고 항의한 바 있고, 또한 호세이 측에서도 이는 사실과 다르다고 발표했다. 그러나 한편으로 호세이 2고의 자료 중에는 이 사건과 관련된 사람들 인터뷰에서 공갈의 사실에 대해 언급한 자료도 남아 있다. 호세이 2고와 조선학교 측은 사건 후 협의하여 '통일견해'를 책정했고 그 후의 대응은 모두 이 견해를 따라 전개되었다.

5. 지금 11.3사건을 어떻게 재고해야 하는가? – 1962년과 현재

이상을 바탕으로 사건으로부터 약 50년이 지난 현재, 이 사건을 어떻게 파악하고 그것을 향후 어떻게 살려갈 것인가에 대해서 필자 나름대로 생각해 보고자 한다. 호세이 2고의 적극적인 대처에 대해서는 이미 잘 알려져 있는 만큼, 이 글에서는 오히려 비판적인 측면을 보다 많이 서술하게 될 것으로 보인다.

우선 중요한 것은 사건에 대한 매우 빠른 대응이다. 비슷한 충돌사건의 당사자가 된 다른 대부분의 학교와는 달리 호세이2 고는 사건 직후부터 이번 사건의 책임소재는 전부 자신들에게 있고, 책임 역시 학교 측에서 전면적으로 질 것이라고 표명했다. 직접적인 경위가 뭐였든 간에 학교에서, 게다가 문화제에서 한 명의 젊은이가 생명을 잃은 것이고, 그에 대한 책임은 학교에서 진다는 것이 사건에 대한 기본자세였다. 앞에서 언급한 바와 같이 신문·잡지 등에는 피해자가 금품을 요구했다고 게재되어 있었고, 또한 학교에 남아 있는 서류에도 피해자의 거듭되는 공갈에 대해 진술한 학생의 증언 등도 있지만 그것에 대해서는 캐묻지 않겠다는 식이다. 충격적인 사건 그 자체와 당시의 사회 정세를 생각하면 사태가 이상하게 꼬이거나 책임 전가로 인식되는 것을 피하기 위해서도 이렇듯 일관된 태도로 사후 처리에 임한 것은 어떤 의미에서는 적절했다고 할 수 있다.

다만 사건 발생으로부터 반세기가 지난 오늘, 해당 학생들 사이에 무엇이 있었는지를 정확하게 살펴보는 것도 필요할지 모른다. 물론 사건 당시 정치적 배려나 교육적 배려 등을 우선시한 것은 이해할 수 있지만, 최종적으로는 사실 그 자체가 가지는 무게가 힘을 발휘하는 것이 아닐까 생각한다. 또한, 50년이라는 세월의 흐름이 그 일을 가능하게 할 것이라고도 생각한다. 그것은 결코 신영철 군의 행동을 깎아내리거나 하물며 "공갈 상습범이니까 죽여도 어쩔 수 없다"라거나 하는 것은 아니다. 하나의 사실로서 양자 간에 어떤 일이 있었는지, 만일 공갈 등의 사실이 있었다면 그것은 그것대로 당시 재일조선인의 사회적·경제적 상황에 대해서 또 다른 측면으로부터 빛을 비추어 가야 하는 것이기도 한다. 이 점은 이 기회에 재고해 보는 것도 좋을 것 같다고 생각한다.

한편, 사건을 일으킨 가해자는 사소한 일에 발끈하는 성격으로, 같은 해 여름에도 교사에게 폭력을 행사하려다 퇴학 처분 보류가 되어 사격부에서도 퇴출당했다. 그러나 신문·잡지의 보도에 따르면 가해자의 아버지는 전후 만주에서 사망했고, 모자가정에서 자랐다고 한다. 그렇다면 그의 성격이나 행동에 신영철 군과는 다른 의미로 일본 근대사의 어두운 측면이 그림자를 드리우고 있었다는 해석도 가능할 것이다.

다음으로 중장기적인 측면에 대해 생각해보자. 이 측면에서도 당시 호세이 2고의 대응은 주목된다. 사건을 단순히 우발적인 것이라고 파악하지 않고, 거기에 자신들의 교육적 결함이 있었을 것이라는 자성적 태도를 취했다. 호세이 2고는 원래부터 민주교육·평화교육을 추진해 왔지만, 그럼에도 불구하고 이러한 아픈 사건이 일어난 배경에는 민족 문제에 대한 교육의 부족과 몰이해가 있었다고 판단하여, 민족 문제에 초점을 맞춘 교육에 중점을 두게 된 것이다.

이것도 또 희귀하고 귀중한 대응이지만 반세기 이상이 지난 현시점에서, 이 대응은 민족 문제를 약간 고정적 내지 도식적으로 파악하고 있었다는 지적도 가능할 것이다. 지금까지 살펴본 것처럼 조선학교와의 교류나 교장의 북한 장기방문 등 기본적으로는 '일조 양국 인민의 우호'라는 틀로 일이 진전되어 나갔다. 조선학교 측이 내놓은 문서에서도 신영철 군을 한 학우의 죽음으로 애도하는 것이 아니라 조선민주주의인민공화국의 건설에 힘써야 할 유위(有爲)한 인재를 잃어버렸다는 국가주의적인 관점이 강조되고 있었다. 물론 희생자는 조선학교의 학생이었고, 당시는 '정치의 계절'로 사회주의적인 견해가 지금보다 훨씬 강했던 시대였다. 그렇다고는 해도 그러한 견해만으로는 누락되어 버리는 측면도 사실은 있었던 것은 아닐까.

더불어 일본에 사는 한국·조선계의 아이들이 모두 조선학교에 다니는 것은 아니다. 현재는 조선학교에 다니는 사람은 압도적으로 소수파이지만, 당시에도 전부가 다 조선학교에 다니고 있었던 것은 아니었다. 일본이름으로 일본학교에 다니는 재일한국·조선인의 존재에 대해, 당시에 어떠한 시선으로 그들을 바라봤고, 또 어떤 교육이 이루어졌는가. 호세이 2고에도 당시 그러한 학생은 존재했고, 지금까지 그들이 조선인임을 숨겼지만, 이번 사건이나 소책자가 계기가 되어 조선학교로 전학하거나 민족의식을 강하게 했다거나 한 것이 운동의 성과처럼 자리매김하고 있다. 하지만 그런 학생만 있었던 것은 아니었을 것이다. 국적과 생활실태 사이에서 자신이 누구인지 생각하고 고민하고, 남북한의 대립의 틈에서 당황하면서 살아가는 학생들 한 사람 한 사람에게 교원은 어디까지 다가가고 있었을까. 이 부분에 대해서는 학교에 남는 자료만으로는 파악에 한계가 있었다.

당시 "일본인 교사의 역할은 자신의 학교에 조선인 학생을 발견하면 그 학생을 조선학교 교문까지 보내는 것"이라는 말이 널리 퍼져 있었는데, 이는 그것이 양심적인 교사의 모습이라고 생각되고 있었음을 잘 보여준다. 일반적으로 일본학교에 다니는 재일한국·조선인 학생의 교육을 자신들의 문제로 파악하고 교사가 말 그대로 고투를 거듭해 나가는 것은 좀 더 나중의, 1970년대 이후의 일이었다. 따라서 이것은 '생떼부리는 것'일지도 모르겠지만 조선학교와의 교류뿐만 아니라 자신의 학교에서 발밑의 민족문제를 당시 어떻게 인식하고 있었으며, 교사 스스로의 자기변혁도 포함하여 어떤 교육적 시책이나 모색이 있었는지에 대해서는 추후에라도 반드시 파악해두고 싶은 부분이다.

마지막으로 이것도 꽤 미묘한 문제이지만, 11.3사건의 대응에 쫓기고 있던 11월 19일에 이번에는 호세이 2고 학생이 거리에서 칼에 찔리는 또 다른 사건이 발생했다. 보도에 따르면, 살해한 것은 재일한국인이지만 이것은 결코 11.3사건의 보복이 아니고, 축제 때 거리를 걷고 있었는데 조금 어깨가 부딪혔다든가 길을 양보하지 않았다고 하는, 사소한 일로부터 일어난 것 같다. 그러나 학교에 자료로 남아 있던 것은 신문기사와 당시 조선학교장으로부터 보내진 조전(弔電)뿐이며 이 사건이 교내에서 어떻게 처리됐는지 확인이 되지 않았다. 그러나 학교로서 이번에는 자신들의 학교 학생이 살해당하는 사건은 결코 가벼운 사건이 아니었을 것이다. 말하자면 한쪽은 가해자, 한쪽은 피해자였기 때문에 이 두 사건에 응분의 눈짓을 한 뒤, 민족 문제나 폭력 부정·인명 존중을 보다 큰 맥락에서 보편적으로 생각할 수도 있었다고 생각되지만 이번 11.3사건의 자료를 보는 한에는 그에 관한 자료를 찾을 수 없었다. 이 일은 솔직히 의문이 든다는 것을 덧붙이고 싶다.

6. 마치며

1962년 당시, 혹은 더 이후인 1970년 후반, 필자가 재일한국·조선인사를 공부하기 시작한 당시에도, 일본 국내의 외국인이라고 하면, 외국인 등록의 80%에서 90%가 한국·조선적의 사람들이었다. 현재 그 양상은 상당히 달라졌고 2007년에는 한국·조선인을 대신해 중국인이 체류 외국인의 선두를 차지하게 되었다. 최근에는 베트남인이 급증하고 있으며, 그 밖에 다른 아시아인과 일본계 브라질인도 다수 살고 있다. 혹은 1980년대 이후 과거 만주이민의 결과로 태어난 중국 잔류고아와 잔류부인들의 아이들과 손자들도 다수 도일하여 살고 있다. 북한 귀국사업으로 북쪽으로 건너갔지만 이상과 다른 현실로 북한에서 벗어나 제3국을 거쳐 다시 일본으로 돌아온 사람들 또한 지금 200명 이상 있다고 한다. 마지막은 특히 큰 문제로, 필자가 근무하는 호세이

대학에서도 그러한 학생이 지금까지 복수 재적했고, 앞으로도 늘어날 것이다. 즉 귀국운동이 활발해져 자기의 장래를 북한 귀국과 직결시켜 생각했던 과거의 시대와는 전혀 다른 상황이 탄생한 것이다. 이 약 반세기의 역사 속에서 재일한국·조선인의 수나 정체성은 크게 바뀌어 일본에 사는 외국인 전체의 양상도 상당히 변했다. 다문화공생과 다민족공생도 그러한 역사를 바탕으로 바로 다원화하는 상황 속에서 다각적으로 생각해 나가는 것이 요구되고 있다. 대학교원도 고교의 교원도 날마다 그러한 과제에 직면하고 있다.

11.3사건은 호세이2고에게 말하자면 마이너스의 역사이지만, 50주년을 계기로 이를 직시하고 이 사건으로부터 어떠한 플러스 요인을 이끌어낼 수 있을지를 고민하기 위해, 교장을 비롯한 교원 유지로 행사를 기획했다. 이러한 부정적인 역사는 아무래도 무시하거나 은폐하거나, 또 정당화하는 것이 학교나 국가이기도 하다. 그러나 본교에서는 과거를 자성적으로 되돌아보고 거기에서 새로운 시대에 어울리는 것을 창조하려는 노력을 지속하고 있다. 실은 호세이 2고는 지금 교사를 재건축해, 남자 학교에서 남녀 공학으로 거듭나려 하고 있다. 신시대로 향하는 이 시기에 과거를 냉정하게 바라보고 거기에서 교훈을 얻으려고 행사를 실시한 것은 분명 높이 평가할 수 있을 것이다.

더불어 10년 전 게재된 이 글을 한국용으로 재작성한 것은 2023년, 즉 관동대지진으로부터 100년째에 해당하는 해이다. 100년 전, 군대·경찰 그리고 민간의 자경단에 의해, 조선인·중국인이 학살당한 사건이 일어났다. 우리는 이러한 부정적인 역사에서 무엇을 배워 미래에 대한 교훈으로 삼을 것인가. 그것을 생각할 때 이 11.3사건을 둘러싼 여러 사실이 하나의 시사점을 안겨 줄지도 모른다.

(번역 : 정성희)

이 글은 호세이2고 내의 이쿠유카이교육연구소(育友会教育研究所)의 『교육연구(教育研究)』 제48호에 실린 논문 「호세이제2고등학교에서 일어난 조선학교 학생의 살해 사건에 대하여(法政第二高等学校で起きた朝鮮学校生徒の殺害事件をめぐって)」를 수정·보완한 것임.

참고문헌

法政大学第二高等学校, 『近代における日本と朝鮮の関係』, 1962.

在日朝鮮中·高級生に対する人権侵犯事件調査団 編, 『在日朝鮮中高生に対する人権侵犯事件調査報告書』, 1963.

在日朝鮮人の人権を守る会·朝鮮高校生に対する集団暴行事件弁護団, 『朝鮮高校生に対する集団暴行事件の真相』, 1970.

제2장

재일디아스포라 커뮤니티의 형성 과정

'재일' 스포츠의 기원과 형성 (1945~1950)

유임하

1. '전후' '재일조선인' '스포츠 커뮤니티'

'전후'(戰後, 일본 패전 이후) 재일조선인 '스포츠 커뮤니티'의 기원을 살펴보려면, 마땅히 근대 이후 한국 사회에 체육 스포츠가 어떻게 수용되었는가라는 질문과 함께 시작되어야 한다.

패전 이후 5년의 기간 동안 재일조선인 사회의 변모는 '전전'과는 전혀 다른 양상을 보인다. 미군정 하에서 재일조선인사회는 '올드커머'의 귀환 이후 잔류한 재일조선인들로 새로운 커뮤니티를 구성하며 민족교육에 매진했다. 그러나 미군의 일본 점령공간에서 이들은 '일본' 국적(nationality)에서 분리되었고 1951년 '무국적자(a stateless person) 외국인' 신분으로 전락했다. 이들은 1948년 남북이 각각 단독정부를 수립하면서 군사적 긴장을 높이는 시간대에 패전 일본 사회에서 잠시나마 '해방된 민족'의 기쁨을 누리며 '민족교육'으로 결집했으나 미군정기 일본 사회는 재일조선인들의 민족교육을 용인하지 않았다. 그러한 현실에서조차 재일조선인들은 외국인 임시체류자로 전락하면서도 모국의 체육발전에 기여하며 스포츠 활동을 이어갔다.

'전후' 일본의 시대변화 속에서 재일조선인의 스포츠 활동과 스포츠 네트워크, 스포츠 커뮤니티 문제 등은 그간 단편적으로만 거론되어 왔을 뿐 스포츠 활동 전반에 대해서는 본격적으로 검토되지 못한 상태다.[1] 스포츠가 민족주의와 쉽게 습합되었던 일제강점기 조선에서나 전전 재일조선인 사회에서와는 달리, 일본 패전 후 재일조선인사회에서는 올드커머인 1세대의 일본 사회 안착이라는 문제가 대두했다. 그에 따라 스포츠 커뮤니티 역시 가파른 시대 변화를 겪을 수밖에 없었다. 재일조선인들이 패전 후 일본 사회에 적응하고 안착하는 과정에서 스포츠 활동과 스포츠 커뮤니티의 기원과 형성 문제를 해명한다는 것은 '전전' 일본과 식민지 조선에 걸쳐 있던 근대 스포츠 네트워크에 대한 해명과는 본질적으로 다르다. 이는 '전후' 일본 사회에서 재일조선인들의 스포츠 활동과 여건을 고려해야 함을 의미하기 때문이다.

'재일조선인'은 일본의 제국주의적 팽창과 함께 한반도 조선인을 노동력으로 충당하고자 한 정책의 결과 탄생한 이주노동자집단이었다. 근대 조선이 일제에 강점된 후 식민지 조선은 노동력과 제반 물자를 제공하는 병참기지가 되었다. 패전 직전까지 재일조선인은 200만을 상회했으나 패전과 함께 일본에서의 재일조선인 사회는 잔류자들을 중심으로 재편되었다. 귀국길에 오른 이들도 많았지만 일본 잔류를 선택한 이들 재일조선인은 모국의 분단과 정치경제적 혼란에 대한 불

1) 재일조선인의 스포츠 활동과 관련된 주요 논문으로는 손환, 「광복 이전 재일 한국인유학생의 스포츠활동에 관한 연구」, 『한국체육학회지』 39, 한국체육학회, 2000; 손환·정승삼, 「상백 이상백의 한국 근대스포츠 형성에 미친 영향」, 『한국체육학회지』 40, 한국체육학회, 2001; 정미량, 「일제강점기 재일조선유학생의 체육활동에 관한 고찰」, 『한민족문화연구』 27, 한민족문화학회, 2008; 박재홍, 「재일조선학교 축구활동과 국민·민족 정체성」, 한양대 석사학위논문, 2011; 김영남, 「야구인 장훈의 생애와 체육활동」, 충남대 교육대학원 석사학위논문, 2012; 우승호, 「재일동포학생야구단의 모국방문경기에 관한 역사적 연구」, 중앙대 박사학위논문, 2017 등이 있다.

안 때문에 귀국을 보류한 이들과 생계에 직면한 빈곤계층이 대부분이었다. '전후' 일본에서 재편된 재일조선인사회는 그 본질에서부터 전전(戰前)과는 전혀 판이한 상황이었던 셈이다.

'전후' 재일조선인 스포츠 커뮤니티의 기원을 짚어보는 작업은 '전후' 일본 사회와의 연관을 탐색하는 작업의 하나일 뿐만 아니라 모국과의 연관을 논의함으로써 재일조선인의 삶과 문화를 이해할 수 있는 또다른 경로다. 재일조선인들의 스포츠 활동이나 스포츠 커뮤니티는 '전전'의 경우처럼 식민지 조선과 연동되는 특징을 공유하면서도 인종성이나 문화민족주의와 같은 민족적 아이덴티티로 쉽게 소환되지 않는 복합성, 곧 다케다 세이지의 표현을 빌리면 '재일성'을 가지고 있다.

2. 구한말-'전전(戰前)' 재일 조선유학생의 스포츠 활동과 스포츠 네트워크

토월회 출신 연극인 김을환의 회고 중 다음과 같은 글이 실려 있다.

> (전략) 1920년경에 박석윤[2]은 교토 제3고등학교의 명투수로 활약하였고 연학년[3]은 동경 코우시요우(高商)의 정구 선수로 유명하였다. 이상백[4]은 와세다대학의 농구선수로 일본체육회 이사까지 된 사람인데

2) 박석윤(朴錫胤, 1898~1950): 전남 담양 출신. 총독부 후원으로 동경제대와 영국 케임브리지대를 유학하고『시대일보』사장과『매일신보』부사장을 역임함. 일제 강점기 언론인. 만주국 관료로 민생단을 조직하여 독립운동가를 상대로 한 귀순공작에 종사함.

3) 연학년(延學年, 미상~1938): 연극연출가. 1922년 동경 히토쓰바시(一橋)고등상업 재학 중 토월회에 가입하여 연극활동을 시작함.

4) 이상백(李相栢, 1904~1966): 농구선수, 사회학자, 체육인. 서울대 사회학과 교수. 일

처음으로 농구에 관한 책을 내서 일본 농구계의 권위가 되었다. 1936년 베를린 올림픽에는 일본 대표단의 한 사람으로 파견되었는데, 그때 일본 선수단에는 마라톤에서 우승한 손기정 선수를 비롯하여 남승룡, 장이진,[5] 이성구,[6] 염은현,[7] 김용식[8] 등 여러 종목에 유명 선수가 참가하여 크게 활약하였다./ 권투계에도 유명한 선구가 많았으니 센슈(專修)대학의 성의경, 메이지 대학의 황을수[9]가 가장 유명하였고 프로 권투에는 서정권,[10] 현해남이 인기가 있었다. 그중 서정권은 전남 순천의 대지주의 아들로 메이지 대학을 나온 후 프로로 전향하여 일본서 처음으로 밴텀급 세계 6위에 등록된 선수였다. 그가 미국에 원정 갔을 때 일본 각 신문에 매일같이 그의 이름이 났으며 일본 권투계는 아마추어나 프로를 가릴 것 없이 일시 한국 선수가 완전히 정복했다고 해도 과언이 아니었다. 스피드 스케이팅 선수에는 메이지 대학의 김정연[11] 선수가 유명하여 올림픽 선수가 되었고, 육상 경기에는 역시 메이지

본농구협회 창립멤버, 대한체육회 회장, 한국올림픽위원회 위원장 역임.

5) 장이진(張利鎭, 1917~?): 농구인. 평양 출생. 연희전문과 일본 릿쿄(立教)대학 졸업. 1936년 베를린올림픽에 일본 대표선수로 출전.

6) 이성구(李性求, 1911~): 농구인. 충남 천안 출생. 휘문고보와 연희전문 상과 졸업. 휘문고보 시절부터 농구선수로 활약하며 1936년 일본 대표로 베를린올림픽 출전함.

7) 염은현(廉殷鉉, 1914~): 농구인, 서양사학자. 서울 출생. 연희전문 시절 농구선수로 활약하며 일본 원정 경기를 펼친 바 있고 1936년 전 연전농구팀 주장으로 전일본종합 농구권 대회와 베를린올림픽 농구선수 선발전에 참가하였음. 교토대학 입학 후에는 대학팀 선수로 일본 대표팀 선수로 활약함.

8) 김용식(金容植, 1910~): 축구인. 서울 출생. 보성전문 졸업. 1936년 베를린올림픽에 일본 축구팀 일원으로 참가. 1948년 런던올림픽 한국 축구대표팀 주장 역임.

9) 황을수(黃乙秀, ?~): 철원 출생. 일제강점기 권투 선수. 1932년 하계올림픽 복싱 남자 라이트급 출전. 해방 후 귀국하였으나 6.25전쟁기에 월북함. 1963년 북한에서 공훈체육인 칭호를 받았으며 조선올림픽위원으로 활동했음.

10) 서정권(徐廷權, 1913~1984): 1930년대 인기 복서. 1929~1931년 일본의 메이지신궁대회와 관동학생선수권대회, 전일본아마추어권투대회 플라이급 선수권자.

11) 김정연(金正淵, 1910~1992): 빙상인, 평남 강서 출생. 평양고보, 일본 메이지대학 졸업. 1934년과 1935년 일본빙상선수권을 획득하여 1936년 독일 동계올림픽 일본 대표로 출전.

> 대학의 권태하,[12] 센슈대학의 김도진, 김혁진 형제 선수가 유명하였다./ 그 외에도 일본의 각 대학에는 유명 무명의 한국인 선수가 많았는데, 식민지 시대에 특히 한국인 선수가 많이 나와서 일본의 스포츠계를 석권했다는 것은 사실은 두말할 것도 없이 다른 방면에서는 모든 것에 차별 대우를 받고 사람 노릇을 못하였지만 유독 운동 경기만은 실력대로 능히 일대일로 승부를 가릴 수가 있기 때문이었다. (후략)[13]

김을환의 회고에서는 1920년대 재일 조선유학생들의 스포츠 활동 관련 일화는 비록 단편적이기는 하나 일본의 스포츠 활동에서 어떻게 활약했고 어느 정도 수준이었으며 어떤 사회적 반향을 일으켰는지를 판단할 작고 귀중한 단서를 만나게 된다. 인용된 회고담에서는 스포츠 내셔널리즘의 시각이 두드러지지만 당대의 일본 유학생들이 대학 운동부를 중심으로 활약한 문화현상과 함께, 이들의 활약이 일본 내 대회 우승은 물론 일본 대표선수로 활동하며 한일 근대스포츠 발전에 실질적으로 기여했음을 보여준다.[14] 회고담에서 보듯, 재일 조선유학생들의 스포츠계에서의 활약은 망국의 설움과 민족 차별을 딛고 어떻게 스포츠 내셔널리즘으로 번역되었는지도 함께 보여준다. 조선유학생들

12) 권태하(權泰夏, 1906~1971): 육상인. 일본 리쓰메이칸중학, 메이지대학 졸업, 미국 사우스캘리포니아대학에서 체육 전공. 1932년 5월 10회 올림픽참가 예선전에서 우승. 1932년 7월 로스앤젤레스 하계올림픽에 일본 대표 참가.

13) 김을환, 『일제강점기 동경 유학생 그리고 토월회 이야기』, 탐구당, 2019, pp.59~60.

14) 김을환의 언급만 해도 다소 단편적인데, 동경이라는 지역성을 벗어나지 못한 까닭이다. 최근 조준호(2014)는 메이지대 레슬링부 창립 초기부터 일본대회를 여러 번 석권하며 체육명문의 성가를 높였으나 조선인 추방조치에 따라 귀국 후 한국 레슬링의 기초를 닦은 김극환, 김석영, 김종석, 황병관 등을 논의하였다. 노현웅, 「유도교육자 석진경의 사상과 활동」, 서울대 석사학위논문, 2017은 한국 유도의 기초를 놓은 리쓰메이칸대학 출신인 석진경을 연구함으로써 재일 조선유학생의 스포츠 활동을 동경 중심에서 벗어나 다른 지역으로 확장시킨 경우다.

은 조선과 연계된 일본 스포츠계에서 활약함으로써 민족의 자긍심을 드높이는 구체적인 사례로 호명되면서 '국가 부재의 현실'을 딛고 '스포츠 내셔널리즘'으로 번역되면서 식민지조선에 널리 유통 전파되었던 것이다. 이렇듯, 전전 재일 조선유학생들의 스포츠 활동은 식민지조선 사회에서 근대스포츠 보급과 확산에 실질적으로 기여하는 통로의 하나였다.

1880년 지석영이 두묘(痘苗) 제조법을 습득하기 위해 수신사 김홍집과 함께 도일한 이래, 조선 정부가 유길준을 비롯한 16명을 미타가쿠엔(三田学園, 지금의 '慶應義塾')에 파견하면서 일본유학이 첫발을 내딛었다.[15] 이후 조선유학생이 지속적으로 늘어났고 이들에 의해 근대스포츠가 수용되고 확산되는 경로 하나가 만들어졌다. 손환(2000), 정미량(2008)이 지적하고 있듯이, 재일 조선유학생들의 스포츠 활동은 한국 근대 스포츠 형성과 대중적 기반을 마련하는 데 크게 기여했다.[16] 유학생들은 단체를 결성하여 민족 계몽에 앞장섰을 뿐만 아니라 근대스포츠를 신체단련과 친목도모를 넘어 조선 사회를 계도하는 수단으로 삼았다. 조선유학생들은 구한말로부터 해방 이후 1970년대까지, 학업을 마친 후 근대스포츠 보급과 단체 설립에 적극적으로 참여함으로써 한국의 근대스포츠 발전을 이끄는 엘리트 집단을 형성했다.[17]

15) 강철, 정희선·황익구 옮김, 『재일코리안사 연표』, 선인, 2016, p.15.

16) 손환, 「광복 이전 재일 한국인유학생의 스포츠활동에 관한 연구」, 『한국체육학회지』 39, 2000, pp.12~13. 동경 일원의 조선유학생 통합단체인 '재일본동경조선유학생학우회'(이하 '동경학우회')가 1912년 10월 결성되어 1929년에 이르면 가입회원이 2000여 명을 육박한다. 하지만 학우회 내 민족주의 계열과 사회주의 계열 회원들의 반목, 갈등과 대립으로 1930년 12월 정기대회에서 해체를 결의하고 자진 해산했다. 동경학우회 내 사상적 대립과 갈등에 관해서는 정미량, 「일제강점기 재일조선유학생의 체육활동에 관한 고찰」, pp.341~346.

17) 손환, 「광복 이전 재일 한국인유학생의 스포츠활동에 관한 연구」, p.12.

구한말, 근대 스포츠 안착의 계기는 1895년 전격적으로 실시된 갑오교육개혁이었다. 고종은 「교육입국조서」에서 근대교육을 천명했다.[18] 신민 양성을 표방하며 지덕체의 함양을 강조한 근대교육의 선언은, 비록 충군(忠君) 이데올로기에 기반을 두었으나 유교 중심의 전통교육에서 벗어나 근대교육의 장으로 내딛는 분기점을 이루었다. 이때부터 학교체육이 뿌리내리기 시작했고 근대스포츠도 학교와 사회로 활발하게 보급되기 시작했다.[19]

일본의 경우, 다이쇼 시대 후반부터 전역으로 스포츠문화가 확산되면서 스포츠문화 붐이 일었다. 스포츠 유관단체가 전국 단위로 조직되고 스포츠 활동이 점차 대중오락으로 침투하였다. 교통기관의 발달과 신문, 라디오, 저널리즘과 같은 매스미디어가 등장하면서 다이쇼시대 후기에는 스포츠라는 용어가 정착되었다.[20] 이 같은 스포츠문화의 붐은, 식민지 조선에도 전이되었는데, 특히 학교체육과 운동회, 축구와 야구, 마라톤, 사이클 등 각종 스포츠가 사회 전반으로 확산되었다. 일본인이 중심이 되어 총독부 산하의 체육단체인 조선체육협회가 1919년에 설립되는 것이나, 조선인 중심으로 1920년 조선체육회가 결성된 것도 시대 변화를 단적으로 보여준다. 조선체육협회 결성과 함께 시작된 조선신궁대회는 일본의 메이지신궁대회와 연계되었고, 전국의 각급학교 운동회 개최는 일본과 식민지조선을 근대스포츠의 장으로 연

18) 이승원, 『학교의 탄생』, 휴머니스트, 2005, pp.25~26.

19) 1885년 배재학당 설립자인 아펜젤러가 체조시간에 야구, 정구, 축구 등의 운동을 보급했고, 언더우드가 세운 경신학교와 스크랜튼 부인이 세운 이화학당에서 체조 교과목을 운용했다. 전매희·엄정식, 「선교사들이 근대 체육활동에 미친 영향」, 『한국체육학회지』 39, 한국체육학회, 2005, pp.45~47.

20) 요시미 슌야 외, 이태문 옮김, 『운동회-신체의 근대』, 논형, 2007, p.177.

계, 연동시켰다. 학교체육을 비롯한 스포츠문화의 확산은 스포츠를 통한 민족적 경합, 즉 스포츠 내셔널리즘의 작동이 가능한 기반을 조성하게 만들었다.[21)]

1919년 2월 경성정구단과 경성야구협회가 주축이 되고 친일적인 성향 신문사의 적극적 후원 속에 출범한 조선체육협회는 "조선에 있어 체육을 장려하고 아울러 회원의 친목을 도모하는 것"을 목적으로 삼고 있었으나 일본인들의 주도로 이루었다.[22)] 정구부, 야구부, 기타운동부를 조직하였던 조선체육협회의 인적 구성은 대부분 재계와 관계 일본인들로 구성하여 식민통치의 권위를 제고하고자 했다.[23)]

조선체육협회는 일제하 조선에서 일본인 중심으로 스포츠 활동을 주관했다. 매년 육상경기, 야구, 정구, 수영, 스케이트 등의 대회를 열었고 선수들을 일본, 만주, 해외에 파견했다.[24)] 조선체육협회가 주관한 제1회 조선신궁경기대회(1925.10.16~18)의 풍경은 신문보도에서 확인된다.

21) 천정환 『조선의 사나이이거든 풋뽈을 차라-스포츠민족주의와 식민지근대』, 푸른역사, 2010에서 최초의 운동회 장면을 재구성하였고 손기정의 마라톤을 중심으로 식민지 조선에서 근대스포츠가 일제와 경합하며 열광하는 스포츠 내셔널리즘의 면모를 서술하였다.

22) 조선체육협회의 출범과 함께, 1920년 7월 국내 체육인과 재일 조선유학생 출신의 귀국 인사들이 주축이 되어 동아일보의 후원을 받아 조선체육회가 설립되었다. 이 두 단체는 1942년 2월 조선체육진흥회로 흡수되기까지 일제강점기 조선의 스포츠 활동을 주관하는 실질적인 기구였다. 그러나 1937년 중일전쟁 발발과 함께 총력전 체제하에서 조선총독부는 문화통치에서 황민화정책을 내세우며 국내의 모든 체육단체를 조선체육진흥회로 통합시켰다.

23) 손환, 「일제하 조선체육협회의 활동에 관한 연구」, p.16

24) 『경성일보』, 1925.5.22, 손환, 「일제하 조선체육협회의 활동에 관한 연구」, p.18 재인용.

> 조선체육협회에서는 신궁의 鎭座祭를 봉축하기 위해 오는 16일부터 3일간 운동장 개장을 겸해 성대한 조선신궁대회를 거행하게 되었다. 본 경기대회는 육상경기, 야구, 정구, 농구, 배구를 비롯해 참가선수는 널리 전 조선에서 선발했으며, 학생은 물론 조선 각지의 청년단체 등 일반남녀를 망라하는 반도운동계 미증유의 대규모의 것으로서 우승기 외에 총독, 총감을 비롯해 많은 우승컵의 기증이 있었으며, 본 대회에 있어 우수선수는 조만간 거행되는 메이지신궁경기대회에 조선대표 선수로서 파견하게 되었다.[25)]

조선신궁대회는 "조선인 선수의 국제경기대회 참가 자격을 얻는 창구 역할"(손환: 2003, p.19)을 했다. 이 점은 손기정의 예에서도 잘 확인된다. 손기정은 조선신궁대회 10회(1935)와 11회(1936)에 마라톤에서 입상하여 올림픽예선을 겸한 메이지신궁대회에 조선 대표로 참가하여 올림픽 출전권을 확보했다.[26)]

조선신궁대회가 열리던 날 『동아일보』(1925.10.16)는 남선(南鮮)씨름대회가 성황리에 종료한 기사를 싣고 있다. 『동아일보』 1925년 10월 17일, 18일 자에서도 함흥, 의령, 나주, 장호원, 김천, 연천, 목포, 해주,

25) 『경성일보』, 1925.10.11. 손환, 「일제하 조선체육협회의 활동에 관한 연구」, p.19 재인용.

26) 손환이 정리한 조선신궁경기대회의 개최상황을 보면, 1925년 10월 16일~18일 제1회 대회가 열렸고 육상, 야구, 정구, 농구, 배구가 주요 종목이었다. 1926년 10월 15~17일 개최된 제2회 대회에서는 기존 종목에 축구가 추가되었고, 3회 대회에 마스게임과 마라톤, 탁구가 추가되었다. 마라톤은 조선에 처음으로 시도된 대회였다. 4회 대회(1928.10.13~17)에서는 궁술과 럭비가 추가되었고 경성방송국에서 전 종목을 중계했다. 7회 대회(1931.10.10~19)에서는 스모가 추가되었다. 9회 대회(1933.10.9~17)는 '조선신궁봉찬체육대회'로 명칭이 변경되었다. 10회 대회(1934.10.8~17)에는 검도와 유도가 추가되었고, 13회 대회(1937.10.6~13)에는 역도가 추가되었고, 14회 대회(1938.10.4)에는 권투와 자전거가 추가되었다. 손환, ibid, p.20. 표1 조선신궁경기대회 개최상황 참조.

거창, 재령, 강계, 양산, 곽산, 예천, 김제, 마산, 전주 등지에서 고보에서부터 보통학교에 이르는 교육기관에서 운동회가 열렸다는 보도로 지면을 채우고 있다. 이는 다분히 조선신궁대회를 의식한 민족진영 미디어의 태도가 대회 자체를 애써 도외시했음을 단적으로 보여준다.

한편, 조선인들의 일본 유학은 구한말에는 상류층 중심이었다. 그러나 1910년대 이후 일본 유학이 민간으로 확대되면서 재일 조선유학생 단체가 하나둘 결성되기 시작했다. 관비유학생단체인 공수학회(1906~1909)가 친목과 단결을 도모할 취지로 매년 가을, 달리기 중심으로 편성된 운동회를 개최했다. 이것이 재일 조선유학생이 보여준 스포츠 활동의 첫 풍경이었다. 이후 대한학회(1908~1909) 산하에 체육부가 설치되었고, 대한흥학회(1909~1910)를 거쳐 1912년 재일 조선유학생단체를 통합한 '재일동경조선유학생학우회'(이하 '동경학우회')가 결성되었다. 동경학우회는 회원 간 상호친목과 학술연구를 목적으로 삼고 그 목적을 달성하기 위해 토론연설과 체육활동을 장려함을 명시하였다.[27] 학우회는 동경 일원의 친목단체를 대부분 통합하였을 뿐만 아니라 기관지 발행과 연설회, 웅변대회 개최, 본국에서의 순회강연 등을 시행하였다. 산하조직이었던 체육부는 실제로 운동회 개최, 일본의 경기 참가, 본국 원정시합 등의 스포츠 활동을 조직적으로 지원하는 유력한 거점의 하나였다.

재일 조선유학생단체가 펼친 조선 순회스포츠단의 활동을 간략히

27) 「在日京 우리 유학생계의 소식」, 『특별대부록편』, 『학지광』 20, 1920, pp.59~61에는 1920년 4월 제6회 춘기육상대운동회가 개최되었다는 소식과 하계방학을 이용한 순회강연 문제가 토의되었다는 내용이 실려 있고, p.81에서는 학우회가 동경역을 출발하여 국내에서 원정경기를 한 내용을 전하고 있다. 7월 14일 정오 대구에 도착해서 달성공원에서 대구청년회와 시합했고, 이틀 뒤 계성중학 교내에서 해성체육단과 시합하였다는 것을 알리고 있다.

소개하면 다음과 같다.[28]

축구선수단의 경우 1920년, 1923년, 1926~1928년, 1931년, 1935~1939년, 1941년까지 12회나 이어졌다. 야구선수단은 1909년, 1912년, 1914년, 1917년, 1920년, 1921년, 1923년, 1928년, 1935년, 1937년에 걸쳐 총 10회, 정구선수단이 1912년, 1920년, 1922년, 1924년, 1928년, 1936년, 1938~1941년에 걸쳐 10회였다. 복싱선수단이 1937년, 1938년, 1939년, 1940년, 1941년에 걸쳐 5회였고, 볼링선수단의 파견도 1937~1941년까지 5회였다. 럭비선수단이 1936년과 1939년 2회, 육상선수단이 1927년과 1941년 2회, 레슬링선수단이 1942년 1회, 자전거선수단이 1941년 1회, 스케이트선수단이 1942년 1회, 농구선수단이 1941년 1회, 무도선수단이 1928년 1회 등이었다.

축구의 경우, 식민지 시기에는 민족의 역량을 과시하는 스포츠 종목의 하나로 등장했다.[29] 일제강점기 조선에서는 1929년 10월부터 조선일보사 주최로 열린 '경평 대항축구전'은 경성중학이 주축이 된 경성팀과 평양 숭실학교가 주축이 된 평양팀이 휘문고보 운동장에서 대결하면서 시작되었다. 1933년부터는 양 축구단이 정례적으로 대회를 가졌을 만큼 대중적 인기를 누렸다.

1935년 6월 올림픽대표선수 선고(選考)와 예선을 겸한 전일본대회에서 조선축구협회가 파견한 경성축구팀은 나고야(名古屋)팀을 6대2로 격파하고 결승전에서 동경문리대팀마저 6대1로 제패함으로써 우승했다. 기세를 몰아 같은 해 10월 개최된 메이지신궁대회 일반부에서도 경성축구팀이 우승을 거머쥐었다. 원칙과 관례대로라면 경성축구팀을

28) 『재일본대한체육회60년사』, pp.55~93.

29) 이하 내용은 『재일본대한체육회60년사』, pp.66~68 참고.

중심으로 일본 대표팀을 구성해야 했으나 일본축구협회는 김영근과 김용식 두 명만 대표팀 후보로 포함시켰다. 김영근은 차별적인 조치에 반발하여 강화훈련을 위한 합숙을 거부했고 김용식만 1936년 베를린 하계올림픽에 출전하게 되었다. 이듬해, 김용식은 와세다대학 유학생 신분으로 제9차 축구선수단으로 조선을 방문했다. 1939년, 김용식과 연희전문의 이유형(李裕瀅)이 국제시합을 위한 상비팀인 일본 대표 축구팀에 선발되기도 했다.

스케이트 종목에서는 메이지대 재학생이었던 김정연이 1934년 압록강에서 열린 제5회 전일본스케이트선수권대회에서 4종목 전체에서 5천 미터와 1만 미터 두 종목에서 우승하며 종합득점 1위로 종합우승했다.

역도 종목의 경우, 1937년 열린 메이지신궁대회에서 남수일, 김성집, 김용성, 박효상 등의 선수들이 상위권을 석권했다. 1939년 메이지신궁대회에서 남수일은 세계기록을 갱신했다. 1941년 역도선수권대회에서도 박동립, 남수일, 김성집 등이 세계기록을 갱신했으며 이영환과 홍성범 두 선수가 일본신기록을 달성했다.

정구, 복싱, 레슬링, 유도, 탁구, 자전거 등, 재일 조선유학생들이 일본 근대스포츠장에서 펼친 활약상은 망국민의 설움과 민족적 차별을 '발군의 경기력'으로 극복하는 유의미한 도전이었고, 그 성과는 민족에게나 재일조선인사회에는 위로와 카타르시스가 되었다. 그런 점에서 재일 조선유학생들의 스포츠 활동은 단순히 유학생들만의 전유물이 아니었다. 이들의 스포츠 활동은 제국 일본에서 발신한 '민족적 쾌거'였다.

'동경학우회' 외에도 스포츠 활동의 족적을 남긴 단체로는 조선기독교청년회 동경지부인 '재동경조선기독교청년회'(이하 '동경기독교청년회')와 '조선유학생유도회'가 있다.

'동경기독교청년회'는 1920년 말 현재 '재동경 유학생' 중 종교를 지닌 사람 중 70% 이상이 기독교 신자라는 배경에서 출범한 경우였다.[30)] 동경기독교청년회는 1906년 11월 5일 동경 간다구(神田区) 미토시로초(美土代町)에 있는 일본기독교청년회관의 사무실을 빌려 출범했으나, 1914년 미국 뉴욕에 소재한 세계기독교청년회의 지원을 받아 간다구 니시오가와초(西小川町)에 2층 회관을 신축 이전하였다. 기독교청년회관이 마련되면서 이곳은 재일 조선유학생들의 운동 기지로서 기능했고 1919년 2.8독립선언을 발표한 역사적인 장소이자 조선 순회강연과 회합, 순회경기단을 기획하고 조직, 운영하는 거점으로 활용되었다.

창립 초기부터 기독교청년회에서는 체육부를 두어 스포츠 활동을 활발히 전개했다. 1926년에 개최된 육상대운동회는 오전 오후로 나누어 진행되었는데, 100미터 경주, 투포환, 2인3각, 200미터 달리기, 여자 50미터 달리기, 송구경기, 원반던지기 등으로 구성되어 친목도모의 성격이 강했다.[31)] 기독교청년회 회원은 대부분 학우회 회원이어서 학우회의 운동회 개최나 조선 순회경기 같은 스포츠 활동과 상당 부분 겹친다.[32)]

30) 金基旺, 「在日朝鮮留学生の民族解放運動に関する研究: 1920年代を中心に」, 神戸大学博士論文, 1998, pp.55~59.

31) 성상수, 「일제하YMCA체육의 조직과 보급운동에 관한 연구」, 한국체대 석사학위논문, 2006, p.7.

32) 동경유학생 야구단의 모국방문과 순회경기 일정을 보면 황성기독교청년회팀이나 오성학교팀과 경기를 가졌다. 1920년 야구단과 정구단을, 1921년과 1923년 야구단을 조선에 파견했다. 야구단의 대표는 학우회 단장 박석윤이었다. 박석윤에 따르면 야구경기에는 관람료가 없어서 야구단의 체재비용 충당에 곤란을 겪었고 조선인 유지들이 자신들의 집에 유숙하도록 함으로써 지원을 아끼지 않았다.(박석윤, 「유학생 야구사의 한 페이지」, 『동아일보』, 1928.7.21) 이들은 유학생 야구단이 조선 일대에 가장 강한 팀이

'조선유학생유도회'[33]는 학계에 보고된 바 없으나 1926년 5월 7일 유도, 검도, 가라테 등의 종목을 익힌 유학생을 중심으로 결성된 단체였다. '유도회' 학생들은 매년 방학기간에 조선으로 귀환하여 서울 YMCA회관에서 전조선 중등학교(고보) 유도선수권대회를 7년간이나 이끌었다. 그러나 이 스포츠단체는 사상불온을 구실로 총독부를 거쳐 내무성으로부터 해산명령을 받고 1933년 해체되었다.

'유도회 회원들의 면면을 보면, 동경 고도칸(講道館) 소속 유도전공자로 1927년 4월 경성 수송동에 '연무관'을 열고 학생지도에 힘쓴 한국유도회의 이경석(李景錫, 주오대) 외에, 이상묵(李常默, 도쿄농대), 오좌은(도쿄농대), 김유환(니혼대), 신의주도장을 세운 김응권(金應權, 호세이대), 김동길(호세이대), 1927년 평양도장을 설립한 홍성준(와세다대) 등이 있었다. 교토에 소재한 대일본무덕회[34] 소속에는 유도의 이선길(李先吉, 武德館 5단 '연사'), 이인덕(李仁德, 리쓰메이칸대, 서울YMCA 시범사), 훗날 조선경찰 유도사범과 대한유도회 회장으로 한국유도대학(용인대)을 설립한 석진경(石鎭慶, 리쓰메이칸대, 1923년 무덕회 6단 '교사'), 김수복(金壽福, 1935년 인천도장 개관), 교토의 대일본 무도관 전문 수련사인 백

었던 일본철도군을 격파하기를 원했기 때문이었다. 정미량, 「일제강점기 재일조선유학생의 체육활동에 관한 고찰」, p.354.

33) 『재일본대한체육회60년사』, pp.63~66.

34) 대일본무덕회(大日本武徳会)는 1895년에 결성되어 1909년 재단법인이 되었고, 1942년 이후 국가가 통제하는 관변 외곽단체로 운영되다가 1946년 연합국군최고사령부(GHQ)에 의해 강제 해산당했다. 교토의 헤이안신궁(平安神宮) 경내에 무덕전(武徳殿)을 조성하여 무도교육기관과 교육시설을 만들었다. 검도, 유도, 궁도, 창술, 포술, 합기도, 가라테, 봉술 등의 무도를 교육하는 부회를 설치했고, 무도와 검토 궁도의 명칭 통일, 무술가의 표창과 칭호 제정, 통일된 무도의 유형을 제정, 운영했다.(https://ja.wikipedia.org/wiki/%E5%A4%A7%E6%97%A5%E6%9C%AC%E6%AD%A6%E5%BE%B3%E4%BC%9A)

재기(白在基) 등이 있었다. 가라테부에는 1954년 무덕회 '범사'로 9단에 오른 조영주(曺寧柱) 등이 주요 회원이었다.

조선청년들의 스포츠 활동이 일본 근대스포츠 발전에 남긴 뚜렷한 족적의 사례로는 1936년 베를린 올림픽에서 마라톤으로 우승한 손기정을 주저 않고 꼽지만, 재일 조선유학생 중 민족 차별을 딛고 근대 일본 스포츠계에서 활약한 또 한 사람으로는 이상백(李相栢)이 꼽힌다. 그는 일본의 근대스포츠계에 이론과 경기 양면에서 견인하였을 뿐만 아니라, 일본 스포츠 커뮤니티 일원으로 근대 일본의 스포츠 발전에 실질적으로 기여한 사례였다.[35] 그는 17세에 대구고보를 졸업한 뒤 와세다대학에 유학하여 차별을 벗어나기 위한 방책으로 농구를 시작하였다. 그는 농구팀 주장으로 활약하다가 훗날 농구계 지도자로 발돋움함으로써 민족을 넘어 일본 체육계의 지도적인 역할을 맡는다. 그는 불과 27세에 대일본체육협회 전무이사가 됨으로써 일본 체육계의 주류로서 조선인에 대한 구조적 차별을 넘어선 드문 경우였다.[36]

35) 이상백의 스포츠 관련 연구는 한영혜, 「이상백과 근대체육」, 『한림일본학』 1, 한림대 일본학연구소, 1996, 김필동, 「이상백의 생애와 사회학 사상」, 『한국사회학』 28, 한국사회학회, 1994 등을 참고했다.

36) 이상백은 대구 계성중학 시절부터 정구, 야구 등에서 활약한 만능선수였다. 대구고보를 졸업한 후 와세다대에 입학한 그는 184센티의 장신이었던 그는 와세다대 육상부 내에 만들어진 농구동호회에 들어갔다가 농구부 주장을 맡을 만큼 발군의 경기력으로 팀의 중심인물이 되었다. 이후 그는 1930년 일본농구협회 창설을 주도했고 일본체육회 상무이사, 전무이사를 맡으면서 일본 체육계의 지도적 인사로 활약했다. 그는 이런 직책을 맡으면서 한국선수들을 올림픽에 참가시키는 후원자 역할을 했다. 그는 1932년 미국 로스앤젤레스 하계올림픽에 일본 대표선수단 임원으로 참가하여 올림픽에 농구가 정식 종목으로 채택되도록 인가받는 성가를 올렸다. 1936년 베를린올림픽 일본 대표 농구단에 이성구와 염은현, 장이진을 선발하는 데도 관여할 만큼 일본 농구계에서 지도력을 발휘했다. 1930년대 일본 체육계를 대표해서 많은 국제회의에 참석하였다. 해방 후 그는 조선체육회를 재건에 주도적인 역할을 했고 미군정하에서 1948년 런던 하계올림픽 참가를 추진, 성사시켰다. 김필동, 「이상백의 생애와 사회학 사상」, pp.7~8. 및

한영혜(1996)는 이상백이 동양학 연구를 위해 중국에 체류한 기간에도 체육계에 관여하면서 그가 어떤 태도를 취했는지를 보여주는 일화 하나를 소개하고 있다.[37] 1940년 제11회 메이지신궁체육대회 일반부 축구경기 결승에서 조선 함흥팀이 일본 후요(芙蓉)팀을 6:0으로 이기자 관전 응원하던 조선인들이 그라운드로 내려와 춤을 추며 열광했다. 때마침 천황이 관전했다가 자리를 떠나는 상황에도 아랑곳 않고 조선인들의 열광이 이어지자 이를 문제 삼아 경위를 밝히라는 지시가 체육협회에 하달되었다. 조사책임자로 이상백이 임명되었다. 그는 진상조사를 위해 귀국길에 올랐으나 지인들과 술자리로 소일하다가 조사기일을 맞았다. 그는 '조선청년들이 천황의 얼굴도 본 적 없는데, 이런 일을 문제 삼으면 반항심만 키운다'는 보고로 문제를 마무리했다고 한다.

이상백의 사례에서는 식민지 조선청년들의 유학 특징을 복합적으로 고려해야 한다는 점을 상기시켜준다. 정종현의 지적처럼,[38] 일본 교육제도는 조선유학생들이 대학 진학과 졸업에 소요되는 10년 이상의 기간 동안 성장기와 겹친다. 이런 측면에서 "총독부가 도일 유학을 조선 지배를 위해 반드시 필요한 친일적인 엘리트의 양성과정이면서 역설적으로 식민지배에 대한 저항세력을 육성하는 조선독립운동의 수원지로 모순되게 인식한 배경"[39]이 되기도 하지만, '일본인화의 과정'[40]도 고려할 필요가 있다. 이는 재일 조선유학생들이 당대 조선 사회에 근대스포

한영혜(1996), ibid 참조.

37) 이하 내용은 한영혜, 「이상백과 근대체육」, p.281.

38) 정종현, 「일본제국대학의 조선유학생연구(1)」, 『대동문화연구』 80, 성균관대학교 대동문화연구원, 2011.

39) 정종현, 위의 논문, p.456.

40) 정종현, 위의 논문, pp.456~458.

츠를 전파, 보급 확산하는 일 외에 일본 스포츠 커뮤니티로 진입하는 것을 선택지 하나로 삼았을 개연성도 충분히 감안해야 함을 뜻한다.

마이너 스포츠 중에서 일본의 스포츠 커뮤니티로 진입한 경우는 가라테에서 찾아볼 수 있다. 9살 때 숙부의 손에 이끌려 무도에 입문한 강창수가 있다. 그는 1926년 14살에 단신 도일하여 3고를 거쳐 교토제대를 졸업하는 동안 대일본무덕회가 운영한 무도전문학교[41]를 졸업한 뒤 일본 가라테의 최고수가 되었다.[42] 그는, 민족 차별에 불만을 품은 역도산이 스모계를 은퇴하고 나서 방황하던 시기에 만난 인물이었다. 1947년부터 야마나시(山梨)에서 가라테 도장을 운영하고 있었던 강창수는 당시 진로를 고민하던 역도산에게 향후 발전성을 고려해서 레슬링 입문을 권했다. 필살기인 가라테촙 기술을 역도산에게 전수하며 모래주머니로 단련하도록 권한 것도 그였다.[43]

리쓰메이칸대학 출신의 조영주[44] 역시 가라테 고수다. 그는 사회주

41) 각주 36) 참조.

42) 강창수(姜昌秀, 中村日出夫, 1913~2013): 평양 출생. 공수가(空手家). 공수도 권도회(拳道会) 초대회장. 공수 10단. 9살 때 숙부의 손에 이끌려 무도를 배우기 시작했다. 1926년 14살에 단신 도일하여 본격적으로 공수도를 배웠다. 1930년 교토3고 입학과 동시에 무도전문학교 입학, 1933년 교토제국대 법학부에 입학 후 같은 해에 무도전문학교 공수 지도교사가 됨. 1937년 교토제대 졸업 후 1943년 대일본무덕회로부터 6단 연사(錬士)를 받음. 야마나시현 고후시에서 건설업을 경영하면서 공수도장 설립. 야마나시현 공수도연맹을 결성하고 초대회장, 전임사범 취임. 1968년 활동거점을 동경으로 옮김. 1983년 공수도 권도회 설립 후 초대회장 취임.(https://ja.wikipedia.org/wiki/%E4%B8%AD%E6%9D%91%E6%97%A5%E5%87%BA%E5%A4%AB_(%E7%A9%BA%E6%89%8B%E5%AE%B6)#略歴(검색일: 2019.3.2.))

43) 山平重樹, 『拳道伝説-拳聖中村日出夫の足跡』, 福昌堂, 1990, pp.158~160; 白宗元, 『朝鮮のスポツ2000年』, 拓殖書房, 1995, pp.294~295 재인용. 같은 내용이 이순일, 육후연 옮김, 『영웅 역도산』, 미다스북스, 1996에 소략하게 등장한다.

44) 조영주(曺寧柱, 1913~1996): 공수도 지도자. 재일 사회운동가. 정치가. 경북 예천 출생. 1925년 경성고보 입학. 1926년 광주학생운동 참가. 동맹휴학 주도로 퇴학당한

의 혁명노선을 취했다가 일본 사회주의자들의 연이은 전향에 노선을 바꾸어 동아연맹운동에 심취한 운동가이기도 했다.

김희주에 따르면, 교토 일대에는 1930년대 후반 이시하라 간지의 동아연맹운동에 심취한 비밀연구회와 연계되는 경우도 있었다. 이들은, 교토 일대의 리쓰메이칸대, 도지샤대(同志社大)와 같은 대학 전문부, 고등상업고등학교, 고등공업고등학교 등에 재학 중인 조선인들을 규합하여 연구회 형식의 비밀조직 '동아연맹연구회'를 결성하여 타 지역 학우회와 연계하여 일본 전역으로 이 운동을 확장시키려 했다가 검거, 투옥되기도 했다.[45] 이런 측면은 재일 조선유학생들의 스포츠 활동을 단순히 식민지 조선의 근대스포츠에 기여하는 차원으로만 한정시킬 수 없게 만든다.

1920년대 중반 이후 조선유학생들은 일본 전역에 소개된 후나코시 기친(船越義珍)의 연무(演武)를 접한 뒤 가라테에 입문한 경우가 많았다. 가라테에 대한 조선유학생들의 호감은 메이지시대에 일본에 귀속된 류큐제국의 처지를 공감한 약소민족으로서 공감도 한 요인이었다.[46] 태권도 창시자인 최홍희(1918~2002)도 일본 유학 시절에 가라테를 접했다.[47]

후 도일하여 교토중학을 거쳐 리쓰메이칸대학 예과 및 법학부 수료. 1940년 교토조선인학우회장으로 교토 일원의 대학 전문부, 고상, 고공에 재학 중인 조선인들을 교합하여 동아연맹조직 가입 권유하다가 1942년 치안유지법으로 검거, 투옥됨. 해방 후에도 동아연맹운동을 지속함. 고주류(剛柔流) 가라테의 고수. 1979년 대일본무덕회 범사(가라테 9단)를 수여받음. 재일거류민단 기획실장, 거류단장 역임.(http://www.okpedia.kr/Contents/ContentsView?contentsId=GC95200309&localCode=jpn(검색일: 2019.4.1.))

45) 김희주, 「중일전쟁기 在京都 조선인의 東亞聯盟運動과 趙恩濟」, 『경주사학』 27, 경주사학회, 2008, pp.81~90 참조.

46) 박일 외, 정희선 외 옮김, 『재일코리안사전』, 선인, 2012, pp.44~45.

근대 일본에서 스포츠가 대중화되면서 신체단련과 인종적 민족적 차별을 넘어선 신체활동의 속성은 자유주의적 기풍이 만연했던 다이쇼(大正) 데모크라시 후반기의 영향과 그 영향 아래 있었던 대학문화와 결합되어 있었다. 조선유학생들은 근대스포츠를 민족차별을 우회하는 지점으로 삼아 개인의 능력을 발휘한 이상백의 사례에서부터 일본 스포츠 커뮤니티에서 독자적인 영역을 개척한 유도와 가라테와 같은 경우처럼 다양했다. 순수한 스포츠 활동에서부터 지역을 기반으로 민족해방과 연계시킨 사회운동조직화의 수단으로 외형을 갖추는 등, 유학생들의 스포츠 활동 이면에는 민족독립운동의 차원에서부터의 담론장과 복잡하게 연계되었던 경우 등등 매우 폭넓은 범역에 걸쳐 있었다. 요컨대 조선유학생들은 신체단련과 민족적 경합을 민족해방의 독립운동의 연장선에서 스포츠 활동을 선택, 향유했고, 다양한 방식으로 재일조선유학생 모임과 일본 사회를 연계한 조직 확장의 수단으로 삼았다.

3. '전후' 재일조선인 스포츠 커뮤니티의 기원과 형성 (1945~1950)

존 리(2019)에 따르면,[48] 일본 사회에서 재일조선인이라는 존재는

---

47) 최홍희는 일본 중앙대학 시절에 공수도를 배웠다. 1944년 1월 징용되어 평양 주둔 일본군 부대에 배속되었다가 조선학병 중심의 전국 반일동맹조직을 도모하다 검거되어 6년형을 선고받고 평양형무소에서 해방을 맞아 석방됨. 이승만 대통령 앞에서 '공수도' 시범을 보이며 태권도 보급에 나섰다. 그는 도일하여 가라테를 접한 뒤 신체단련으로 약소민족에 대한 차별과 편견을 극복하는 계기로 삼았다고 기술한 바 있다. 최홍희, 『태권도와 나』, 도서출판 다움, 1997, 2002재판, pp.69~73.

48) 존 리, 김혜진 옮김, 『자이니치: 디아스포라 민족주의와 탈식민 정체성』, 소명출판,

'분리와 고립' 속에서 일본인들에게 무지에 가까운 상대였다. 이들은 1960년대까지만 해도 일본인들과는 주거지역에서 분리되어 있었고 대다수 일본인들과는 다른 직업군에 속해 있었다. 재일조선인은 전전이든 전후이든 일본인들에게 이웃도 동료도 아니었다. 존 리는, 일본 사회의 이 같은 무지와 식민지 시기의 인종주의적 전후 일본을 '단일민족사회'로 결속하며 재일조선인들을 철저하고 노골적으로 인종차별의 길로 들어서게 한 사회적 배경으로 지목했다.[49] 그만큼 재일조선인은 전후 일본 사회의 급속한 변화 속에 철저하게 분리와 고립상태에서 국적, 선거권과 인권의 사각지대에 놓여 있었다. 재일조선인의 이러한 조건들은 미군정의 비협조, 일본 정부의 의도적인 방치, 분단과 전쟁으로 이어진 혼돈과 중첩되면서 빚어진 불행한 제약이었다.[50]

1945년, 일본에는 홋카이도에서부터 최남단 오키나와에 이르기까지 200만에 육박하는 196만 880여 명의 조선인이 체류했다.[51] 종전과

2019, p.44.

49) 존 리, 위의 책, p.78.

50) 남과 북으로 분단된 이후 들어선 남북 정권은 재일조선인 문제를 역사적 배경에 대한 이해와 현실을 고려하여 대처했다고 말하기는 어렵다. 일본 정부 역시 재일조선인 문제를 반공친미의 남쪽 정부와 일괄 타결하거나 남과 북에 전가하려는 태도를 보였다. 남과 북 정부와 재일조선인 관계에 관한 논의는 다음을 참고했다. 미즈노 나오키·문경수, 한승동 옮김, 『재일조선인』, 삼천리, 2016; 문경수, 고경순 외 옮김, 『재일조선인 문제의 기원』, 도서출판 문, 2016; 정진성, 『재일동포』, 서울대출판부, 2018; 김귀옥, 「분단과 전쟁의 디아스포라: 재일조선인 문제를 중심으로」, 『역사비평』 91, 역사비평사, 2010.

51) 집계된 조선인의 인구 분포가 높은 지역으로는 오사카(333,354)가 단연 최고이고, 한반도와 연계된 해상교통의 요지인 후쿠오카(205,452), 오사카 인근의 효고(144,318), 야마구치(144,302), 아이치(142,484), 도쿄(101,236), 홋카이도(96,206), 히로시마(84,886), 교토(69,900), 가나가와(64,494), 나가사키(61,773) 등이 6만 이상의 조선인 체류 지역이었다. 田村紀之, 「内務省警保局調査による朝鮮人人口」, 『経済と経済学』, 1981.2~1982.7. 도노무라 마사루(外村大), 신유원·김인덕 옮김, 『재일조선인 사회의

함께 재일조선인사회도 커다란 변화를 거친다. 종전과 함께 재일조선인들의 삶은 귀국과 체류, 둘로 양분되었다. 그들의 '재일'이라는 정체성도 제국 일본의 소멸과 함께 '귀국'이라는 고국지향성과 일본 사회로의 귀속성으로 분화되면서 형성된다. 다시 말해 이들의 '재일성(在日性)'은 귀국 행렬에 가담하지 못하는 삶의 여러 조건들과 결부되어 있었다. 잔류를 택한 재일조선인들에게 일본 사회는 오랜 연륜이 더해진 삶의 근거지였던 것이다.

노동인력의 충당으로 이주해온 노동자나 근대 사상과 지식, 제도의 습득을 위해 유학 온 조선유학생들이 주류를 이룬 '전전(戰前)'과 달리, 전후 재일조선인들은 전후 일본의 혼란한 상황에서 귀환과 잔류 중 어느 하나를 선택해야 했다. 이들에게 해방된 조국은 빈곤과 정치적 혼란 속에 놓인 땅이었다. 또한 조국은 태생지, 고향임에는 분명하나 생계를 이어갈 삶의 근거지는 아니었다. 이들에게는 정치경제적 혼란과 좌우 대립, 분단 등으로 인해 진로의 불투명성이 증폭되는 모국의 정세를 앞에 두고 고향으로도 돌아갈 수 없이 하루하루를 살아내야 하는 절실한 현실이 가로놓여 있었다.[52]

전후 일본 사회에서 재일조선인의 스포츠 활동도 커다란 변화를 겪고 있었다. 1920년대 이후 조선인유학생을 중심으로 했던 스포츠 네트워크가 1938년 이후 통합된 국가주도형 스포츠 네트워크로 흡수, 소멸되었다가 패전 속에서 스포츠 커뮤니티 또한 재건되어야 마땅했다. 하지만 광복과 함께 조국에서 스포츠 조직 복원이 속속 이루어지면서[53]

역사학적 연구』, 논형, 2010, p.62에서 재인용.

52) '해방된 조국 건설'을 위한 재일조선인운동이 귀환 지향에서 정주지향으로 전환되는 양상에 관해서는 윤건차, 박진우 외 옮김, 『자이니치의 정신사』, 한겨레출판, 2016, pp.119~127.

일본 잔류를 택한 재일조선인들만의 스포츠 커뮤니티가 재건될 필요성은 점증하기 시작했다.

귀환 행렬이 폭주하는 가운데 도쿄와 오사카, 교토와 효고 일대의 재일조선인사회에서는 귀환을 지원하고 생활의 권익을 자체적으로 보호하려는 조직과 단체가 300개 이상 생겨났다. 배제되었던 종전 직후 일본 사회에서 재일조선인들은 '해방된 민족으로 행동하며'[54] 조직과 단체를 구성하여 조선인들의 권익 확보에 앞장서고자 했던 것이다.

난립한 조직과 단체를 통합한 최초의 조직은 재일본조선인연맹(1945.10 결성, 이하 '조련')이었다. 그러나 조련은 좌익계 인사들이 지도부를 장악하면서 반공적 인사들로 이루어진 우익 계열의 재일조선인 단체가 속속 결성되었다. 조련의 조직이 전국적이었다면 우익 계열의 단체는 지역적으로 크게 열세였다. 조련계와 민단계로 분립한 재일조선인 사회의 분열은 조국의 좌우대립과 분단, 신탁통치와 단독정부

---

53) 한국에서는 1920년 6월 고원훈(高元勳)·이동식(李東植)·장두현(張斗鉉)·변봉현 등 47인의 발기인회가 만들어져 그해 7월 민족의 자각과 자주, 자활의 기치를 내걸고 '체육을 통한 자주독립'의 기반을 구축하기 위해 설립된 조선체육회는 축구, 정구, 육상, 빙상 등의 각종 경기대회를 주관했으나 1938년 총독부에 의해 강제 해산당한 뒤 1942년 조선체육진흥회와 조선학교체육진흥회를 발족시켜 조선의 체육 스포츠를 통제 관리했다. 해방 직후인 1945년 11월 조선체육동지회를 중심으로 조선체육회가 부활했다.(https://terms.naver.com/entry.nhn?docId=543193&cid=46667&categoryId=46667(검색일: 2019.3.1.)) 한편, 북한에서도 해방 직후인 1945년 10월 민간조직인 북조선체육동맹이 창설되었다가 1954년 6월 내각 직속의 조선체육지도위원회로 명칭이 바뀌었고 1989년 6월 조선국가체육위원회로 명칭을 변경했다.(https://terms.naver.com/entry.nhn?docId=548670&cid=46629&categoryId=46629(검색일: 2019.3.1))

54) 종전 직후부터 대략 1년 내외의 시간대에 형성된 재일조선인들의 정치경제적 행동방식에 대한 일본 사회의 비판적인 관점이 바로 '해방된 민족으로 행동한다'는 표현이다. '귀환동포 지원을 비롯해 탄광이나 작업 현장 가두시위나 관청에 대한 항의, 암거래와 사재기, 폭력단과의 항쟁 등'에 대한 일본 사회의 부정적 관점을 함축한다. 미즈노 나오키·문경수, 한승동 옮김, 『재일조선인』, 삼천리, 2016, p.107.

수립을 위한 선거 등의 문제를 둘러싼 문제와 연동되고 있어서 좌우단체와 조직 간 갈등도 점차 골이 깊어갔다. 그러나 이들 단체는 좌우를 막론하고 귀국을 지원하는 체계를 마련하는 데는 의견이 일치했다.

조련은 패전 직후 일본 전역에 대대적인 조직 정비에 나서는 한편,[55] 긴박한 한반도 정세 속에서 민족 단합과 친목, 민족교육 시행, 일본사회와의 교류를 내걸며 대중동원의 스포츠 활동을 가동하기 시작했다. 그 사이, 1945년 12월 21일 '재일조선체육협회'(현 大阪体協)가 결성되었고,[56] 해방 직후 결성된 '조선청년자위대'가 미군에 의해 1946년 4월 해산되고 나서 그해 9월, 조련 지도하에 청년조직인 '재일본조선민주청년동맹'(약칭 민청)이 탄생했다.

민청은 조련과 조련 산하 단체로서 재일조선인의 생활권 옹호와 권익 보호, 모든 반동세력과의 투쟁을 역설하며 청년운동의 통일, 청년의 체육, 교양, 훈련, 소년지도, 생활권 옹호, 임시정부 수립촉진을 기본방침으로 삼았다. 1947년 3월 6일 조직결성대회를 열어 홋카이도, 아오모리, 사가, 미야자키 등 네 개 현을 제외한 전 지역에 지부를 결성했고, 1947년 10월 현재, 조직원 7만 명에 이를 만큼 급속히 세를 확장했다. 민청은 민단과 산하단체인 건청과 건동 등의 활동에 격렬하게 맞섰다.[57]

조련 산하 각 지부에서 주관하는 스포츠 활동은 1946년부터 운동회

55) 해방 직후 점령기에 재일조선인사회의 재편과정에서 참정권과 생활상의 권익 보호를 주도한 '조련'과 산하단체의 체육 스포츠 활동은 6.25전쟁 이후 남북 정부의 지원 아래 결성된 스포츠단체 결성에 비교해서 그다지 주목받지 못했다. 일본공산당의 지도를 받았던 조련의 정치노선에 대한 북한 정권의 비판과 배제도 한몫을 한다.

56) 琴榮進, 『在日朝鮮人スポツ史年表』, 동경, 재일본조선인체육연합회, 2014, p.17.

57) 박일 외, 정희선·김인덕·신유원 옮김, 『재일코리안 사전』, 선인, 2012.

와 축구대회를 중심으로 자주 개최되기 시작했다. 제1회 전국조선청년축구대회(1946.4.15~17, 동경 後樂園운동장)는 해방 후 재일동포들의 첫 전국대회로 모두 18개 팀이 참가했다. 또한, 1946년 5월 19일부터 10일간에 걸쳐 나고야청년회가 나고야에서 종합운동대회를 개최하여 각지에서 1만 명 이상의 동포들이 운집했다.

대회의 정점은 건청과 숙적인 학생동맹과의 축구 결승전이었다. 이 경기에서는 건청팀이 1:0으로 학생동맹팀을 이겼다. 학생동맹축구팀은 1946년 6월 교토대학 운동장에서 인도네시아 유학생팀과 친선경기를 벌였고, 야마나시(山梨), 고후(甲府), 고베(神戸) 일대로 원정경기에 나서기도 했다. 당시 학생동맹에는 축구부원만으로도 4개 팀을 구성할 만큼 자원이 풍부했다. 1947년 간토학생축구연맹 공식경기에 주오대학 단독팀으로 참가했다. 이후 주오대 축구부에는 축구팀이 일본인 1명을 제외하고는 감독 이하 선수들이 모두 재일조선인 학생들로 구성되었다.[58]

1946년 7월 4일에는 조련 도쿄도(東京都) 본부가 동경청년대운동회를 주최했다. 고라쿠엔(後楽園) 운동장에서 열린 이 대회는 재일동포 2만 명이 참가한 대규모 축제였다. 뿐만 아니라 제1회 게이한신(京阪神) 조선인축구대회(1946.9.30.~10.2, 西宮球技場)가 성황리에 열렸다. 조련 효고현(兵庫縣) 본부가 주최한 전일본조선인 축구대회(1946.10.18.~22, 明石公園)도 개최되었다. 이 같은 점에서 확인되듯이 조련 산하의 각 지부에서는 특히 재일조선인들이 모여 사는 지역을 중심으로 대운동회

58) 당시 주오대 축구부는 오노 다쿠야(小野卓弥) 감독 아래 김규성, 김동춘, 조상현, 정연완, 주형섭, 정병련, 진명근, 이영길, 유해응, 주상섭 등이 축구부원으로 활약했다. 『재일본대한체육사 60년사』, p.100.

와 축구대회를 열어 민족의 단합과 결속을 다지는 스포츠 활동이 활발했다.

조련에서는 1947년 2월, 산하조직으로 재일조선문화단체연합회를 결성하고 그 아래 체육부와 조선체육협회, 동양체육구락부를 조직하여 스포츠 활동을 더욱 조직화하고자 했다. 오사카에서 출범한 '재일조선인체육협회', 민청 체육부, 조련 체육부, 조선체육협회 등등, 이들 스포츠 관련 조직과 단체는 실질적으로 1954년 7월에 결성되는 '재일본조선인체육연합회'의 기원을 이룬다.[59]

조련은, 조련 지도하에 있던 청년조직인 재일본조선민주청년동맹(민청)과 함께, 1949년 9월 강제 해산되기까지,[60] 일본 전역에 조선인학교 설치와 민족교육 실시를 병행하는 가운데 본부와 지부를 설치해 나감으로써 재일조선인 사회의 실질적인 정부 역할을 수행했다. 조련은 조선인 커뮤니티를 기반으로 종전의 야학 수준 모국어 강습강좌 체제를 벗어나 민족교육을 위한 조선인학교 설립을 통해 새로운 커뮤니티 구축에 나섰다. 이를 통해 대중 동원과 학교체육 소조활동, 지역사회와의 교류 등을 위한 스포츠 커뮤니티의 기반을 조직적으로 마련해 나갔다.[61]

59) 『재일본대한체육사 60년사』, p.17. 총련과 달리, 조련의 활동은 재일조선인사회에서나 남북한 사회에서 재일본조선총연합회(조총련)의 전신으로 좌경화의 오류를 초래했다는 이유에서 폄하된다. 하지만 조련은 종전 직후 재일조선인사회의 실질적인 행정기관 기능을 수행했다는 점에서 스포츠와 관련된 분야에서도 재론의 여지가 많다.

60) 1949년 8월 20일 시모노세키(下関) 소요사건을 계기로 9월 8일 연합군총사령부가 내린 조련 해산 조치 및 김천해를 비롯한 28명의 조련 지도부 추방조치는 반공정책의 정점을 보여준다. 이후 좌익 계열은 일본공산당의 지도를 받아 1951년 1월 '재일조선통일민주전선'(민전)으로 개편한 뒤 '평화투쟁'에 나섰다. 전쟁이 휴전체제로 마무리된 후인 조련계에서는 1955년 5월 25일 북한정부의 지원을 받아 '재일조선인총연합회'(약칭 '총련')가 결성되었다.

1948년에 이르면, 재일조선인들의 스포츠 활동이 좀 더 활발해진다. 동경도내 재일조선민주단체가 공동으로 주관하는 조선통일정부 수립 촉진대운동회(동경 後樂園운동장, 5.28) 등으로 나타났다. 이 촉진대운동회는 좌우 단체가 공동으로 주관한 행사였지만 한반도 정세와 직접 연계시킨 경우였다. 대운동회에는 학동 1천여 명과 동포 2만여 명이 동참했을 뿐만 아니라 일본의 다른 지역, 산타마(三多摩), 사이타마(埼玉), 이바라키(茨城), 가나가와(神奈川), 나가노(長野), 후쿠야마(福山), 니가타(新潟), 오카야마(岡山), 히로시마(広島), 후쿠오카(福岡) 등지에서도 대운동회를 개최하며 함께 호응했다. 이외에도 긴키(近畿)지구조선인축구대회(大阪 真田山공원 운동장, 1948.6.9)가 열렸고, 제1회 오사카동포총합체육대회(真田山공원 운동장, 1948.7.12)가 개최되었다.[62]

조련은 1948년 남북이 각각 정권을 수립하자 북조선정권을 지지했다. 조련의 스포츠 활동 역시 친북적 성향을 감추지 않았다. 1948년 10월 24일 후쿠오카에서 조련 산하 조선학교인 규슈(九州)조선학원이 주관하는 '조선인민민주주의공화국창건 경축 대운동회'가 개최되었고, 조련 산하단체에서는 북조선 정권수립을 축하하는 동포대운동회를 일본 각지에서 동시에 개최했다. 1949년 10월 11일 열린 '동경조선중학교 창립3주년 기념운동회'는 조선학교 폐쇄 움직임에 맞서 기획되고 동원된 성격이 강한 스포츠행사였다. 일본 사회에 민족교육과 조선인학교 수립의 정당성을 주장한 스포츠 활동이었던 이 운동회에는 학생 1,300여 명과 동포 5,000여 명이 참가하며 그 세를 과시했다. 그러

61) 조련 산하 스포츠 활동이 일본 지역사회와도 교류하기 시작한 면모는 1947년 6월 7일부터 12일에 열린 이와테현(岩手縣) 모리오카시(盛岡市) 시민축구대회에 참가한 조선인연맹 축구팀은 우승하여 시장상을 수상하기도 한 점에서도 확인된다.

62) 琴榮進, 『在日朝鮮人スポツ史年表』, pp.17~18.

나 1949년 10월 19일, 일본 정부는 '재일조선인학교'에 대해 '학교폐쇄령'을 공포함으로써 조련과 재일조선인사회가 주도하여 들불처럼 일었던 민족교육과 조선인학교 설립을 무위로 돌려놓았다. 이미 1949년 9월 GHQ(연합군사령부)는 조련과 민청의 해산, 신문 통신사의 폐쇄 조치를 내린 상태였다.

존 리의 적절한 표현처럼, '종전 후 10여 년간 민단 외에도 다양한 민족 단체들이 명멸했으나 조련은 재일조선인들의 권익 확보와 전후 일본 사회에서 재일조선인들이 있을 자리를 위해 싸웠다.'[63] 조련은, 민족교육을 위한 조선학교 설치운동을 펼쳐 일본 전역으로 확장시킨 조직을 통해 학교체육과 대중적 여가활동으로서의 스포츠문화 기반을 조성해 나갔다. 조련을 중심으로 한 재일조선인들의 스포츠 활동은 운동회, 축구대회 등을 통해 단합과 친목을 도모하는 한편, 축구팀을 편성하여 일본 사회와 교류하기도 했다. 이로써 전전의 재일 조선유학생을 주축으로 한 엘리트 중심 스포츠 활동과는 달리 대중적 스포츠문화를 향유하는 스포츠 커뮤니티의 가능성을 보여주었다.

또한 조련은 일본 패전 직후부터 불과 1, 2년 만에 '민족교육'에 필요한 교육인프라를 구축해 나가면서 학교체육의 씨앗을 뿌렸을 뿐만 아니라 조직에 기반을 둔 대중 동원력으로 동포운동회와 축구대회를 개최함으로써 민족적 아이덴티티에 기반을 둔 스포츠 커뮤니티의 가능성을 보여주기에 충분했다. 조련이 주도하고 산하단체들이 주도한 스포츠 활동과 스포츠 커뮤니티는 대중지향적 스포츠문화의 면모를 보여주지만 다른 한편으로 민족주의적 정치 색채가 전제된다. 그럼에도 불구하고 '종전 직후인 점령기 일본 사회'에서 조련이 재일조선인들의 실질

63) 존 리, 『자이니치』, 소명출판, 2019, p.81.

적인 정부 역할을 수행하며 민족적 결속을 위한 스포츠 활동을 주도한 의의는 높이 평가받아야 마땅하다.

한편, 1946년 10월 3일, '재일본조선거류민단'(이하 '민단')이 결성되었는데, 단장에는 박열(부단장 이강훈, 의장 고순흠, 사무총장 원심창 등)이 추대되었다. 민단은 건청 본부를 본부로 삼았고 건동은 해산을 결정하였다. 1948년 8월에 민단은 한국으로부터 재일동포 공인단체로 공인받으면서 본국과 연계된 조직의 정체성을 확보했다. 이미, '조련'의 좌경화에 반발해서,[64] 자유주의 성향의 청년들이 1945년 11월에 결성한 '재일조선건국촉진청년동맹'(이하 '건청')이 있었다.[65] 건청은 그 산하에 각종 소모임 활동 부서를 만들었는데 체육부도 그중 하나였다. 건청 산하 체육부는 '재일본조선체육협회(1947.4)'를 거쳐 '재일본대한체육회'(1953.5)에 이르는 사실상의 출발점이었다는 점에서 민단계 스포츠 커뮤니티의 여러 기원 중 하나였다.

'건청'에서는 1945년 당시 동경YMCA의 체육주사였던 채수인[66]을

64) 1945년 11월 18일에 열린 조련 제10회 확대상임위원회에서는 본국 민주단체들과 연락하여, 징용노동자의 귀국 여비 지급, 친일파, 민족반역자로 상애회 및 협화회 8명, 일심회 12명, 반공적인 동아연맹 3명, 기타 민족반역자 13명 등 총 36명의 추방을 결정하였다(강철, ibid, p.135). 직접적으로는 건청 고문이었던 鄭白宇와 그 일파였는데 건청기관지 발행자였던 李文烈과 奇寬鎬, 丁贊鎭, 朴烈, 李康勳, 金光男, 權赫周(權逸) 등을 지목했다. 呉圭祥, 『ドキュメント在日本朝鮮人聯盟(1945~1949)』, 岩波書店, 2009, p.30, 조련의 제10차 상임위원회 회의에 관해서는 呉圭祥, 『ドキュメント在日本朝鮮人聯盟(1945~1949)』, pp.330~331 참조.

65) 『재일대한체육회60년사』, pp.97~103.

66) 채수인(蔡洙仁, 1917~): 서울 출생. 일본 메이지(明治)대 졸업 후 1952년 덴마크의 코펜하겐 체육대학 졸업. 1940년 4월 일본 동경YMCA 체육부 지도자, 1943년 4월 체육주사로 임명되었다. 해방 후에도 일본에서 일본수상경기연맹 공인지도원, YMCA 펜싱 사범 등으로 활동함. 1947년 재일조선체육회 창립과 함께 초대 회장에 취임하여 재일 동포의 체력 향상과 체육인 단합에 기여함. 펜싱, 수영, 배드민턴, 스키 등 모국의 연맹 또는 협회 창립과 기술 보급에 노력하였고, 대한펜싱협회의 국제 연맹 가입을

영입하여 체육부 주관하에 스포츠 활동을 시작했다.[67] 건청 체육부의 편모를 보여주는 흥미로운 대목이 있다. 건청 체육부는 구 육군대학 옛터인 동경 아오야마(青山)에 축구장을 만들고 청년들의 스포츠 활동을 지원했고, 이어서 동경 스기나미구(杉並区) 아마누마(天沼)에 중앙훈련소를 만들고 채수인이 소장을 겸하면서 재일조선인 청년들을 훈련시켰다. 이미 '일본화된 재일청년'들은 다양한 종목의 운동을 연마했는데, 이때 가라테를 지도한 이들이 조영주, 최영의[大山倍達][68]였다. 또한 복싱부에서는 백연길(白年吉, 吉岡拳太郞)을 코치로 영입하여 지원자들을 지도했다. 또한 이 무렵 학생동맹(金奎成, 金世基, 金東春, 曺祥鉉, 田福榮 등)에서는 축구부 활동에 진력했다. 이들은 동경 신주쿠(新宿)에 있던 조선장학회의 테니스 코트 뒤에 운동장을 조성하여 자신들의 훈련과 친선경기를 개최했고 구민들에게도 시설을 개방했다.

건청 중앙본부의 첫 번째 스포츠 사업은 국제축구대회 기획이었

위해 로마 총회에 참석하여 활약함. 1952년 제14회 헬싱키 대회를 비롯하여 1980년 제22회 모스크바 대회까지 역대 올림픽 대회에 단일 종목 감독 또는 조사연구원으로 빠짐없이 참가하였다. 재일민단(民團) 중앙위원, 재일한국인상공회연합회 전무이사, 동경상은(東京商銀) 감사 역임. KOC(대한 올림픽 위원회) 상임위원, 재일대한체육회 회장 역임함.

67) 당시 100명의 훈련생들이 침식을 함께 했는데 매일 아침 일정표에 따라 아마누마(天沼)에서 시모이구사(下井草) 사이의 완만한 경사지인 무사시노(武蔵野)를 구보했다. 구보가 끝난 후 훈련생들은 순국열사에게 참배하는 것으로 하루를 시작했다. 재일조선청년들이었던 훈련생들이 처음 듣는 한국어 호령에 혼란스러워 했으나 잘 적응해 나간다. 『재일본대한체육회60년사』, p.98. 이하 상기 내용 참조. 훈련을 자원한 이들 재일조선청년들의 신원을 해명하는 것도 향후 연구과제의 하나이다.

68) 오야마 마쓰타쓰(大山倍達, 1923~1994, 한국명 崔永宜): 전북 김제 출생. 공수도 무도인. 국제공수도연맹 총재, 극진회관 관장. 16세에 일본 군인을 지원하여 야마나시현 소재 항공기술학교(일본항공기술고등학교) 졸업. 1943년 6월 공수도를 쇼토칸류(松濤館流)의 후나코시에게서 사사받음. 1943년 척식대학 입학 후 동아연맹에 가입하여 활동함. 와세다대 고등사범학부 체육과 중퇴.

다.[69] 이희원(李熙元), 채수인, 남궁수(南宮琇), 김학봉(金學鳳) 등이 국제축구대회를 계획하고 1946년 5월 14부터 15일까지 이틀에 걸쳐 동경 고라쿠엔 경기장에서 전후 최초로 국제축구대회를 열었다. 여기에는 영국, 소련, 중국, 한국 AB팀이 참가하였는데 영국팀이 우승을 차지했다. 국제축구대회 소식이 연합군 방송에 보도되고 나서 연합군에서 시합 요청이 들어오면 건청 축구장에서 친선경기가 다수 진행되었다.

민단 계열의 스포츠 조직이 건청 산하 체육부와는 다소 다른 맥락에서 태동된 사례가 '재일본조선체육협회'(이하 '체협')였다.[70] 이 단체는 재일조선인 청년을 중심으로 한 체육협회를 만들자는 취지에서 출발하여 1947년 4월 12일, 그 결실을 보게 되었다. 회장은 채수인, 부회장은 이인섭(李仁燮), 이사진들로 임원진을 구성하였다. 체협 관계자들은 체협이 출범한 지 불과 닷새 뒤 4월 17일 미국 '보스턴마라톤대회'에서 해방 후 처음 참가한 한국팀 서윤복 선수가 우승했다. 이 소식을 접한 재일조선인 사회에서는 귀국길에 동경에 들른 선수단을 맞아 조련과 민청, 체협관계자들이 동경YMCA에서 성대한 만찬을 베풀며 서윤복 선수와 손기정 감독의 노고를 치하했다. 이를 계기로 민단 계열에 한정되지만 재일조선인 스포츠 커뮤니티가 한국 스포츠를 후원하는 경로 하나가 만들어졌다.

당시 한국의 체육계 재건 행보는 조선체육회 창립 정신을 되살려 '조선체육동지회'가 구성되면서 시작되었다.[71] '동지회'에서는 1946년

---

69) 『재일본대한체육회60년사』, 2012, pp.98~103. 및 민단50년사편찬위원회, 『민단50년사』, 재일본대한민국민단, 1997, pp.764~772. 참조.

70) ibid, pp.102~103 참조,

71) 조선체육회 재건을 위한 조선체육동지회 구성에는 위원장 이상백, 총무위원 장권, 이영민, 이종구, 권태하, 정상희, 정상윤, 임동수 등이, 평의원에 김규면 외 17명, 상무간

11월 26일 서울YMCA회관에서 제1회 평의원회를 개최하고 11대 회장에 여운형을 추대하였고 부회장에 유억겸과 신국권을 선임하였다. 이로써 조선체육회는 일제에 의해 강제해산된 지 7년 만에 재건되었다.[72)]

조선체육회는 1946년 육상과 축구, 야구, 배구 등 주요 종목들의 경기대회를 개최하기 시작했다. 1946년 3월 25일, 광복후 처음으로 경평축구대항전을 부활시켜 서울에서 열었다. 또한 10월 16일부터 21일까지 '제27회 전국체육대회'가 열렸는데, 대회는 런던올림픽 출전의 여망을 담아 '조선올림픽대회'로 명기되었다. 조선체육회는 2년 앞으로 다가온 런던올림픽 출전을 위해 올림픽대책위원회를 구성하였다. 우여곡절 끝에 한국 대표선수단은 1947년 스톡홀름에서 열리는 IOC총회에서 KOC의 회원국 승인을 받아 올림픽 출전이 가능해졌다.[73)]

그러나 체육계 인사들의 잇단 암살과 테러로 국내 정국은 뒤숭숭한 상황이었다. 조선체육회 이사를 지낸 송진우가 원서동 자택에서 현직 경찰에게 암살당했고(1945.12.30), 조선체육회 창립취지서를 쓴 장덕수

사에 염은현과 김관우가, 간사에 김화집 외 10명, 사무국장에 최감 등이 임명되었다. 대한체육회, 『대한체육회90년사1(1920~1990)』, 대한체육회, 2010, p.166.

72) 조선체육회 재건과 함께 중단되었던 전조선종합경기대회가 부활했다. 해방정국에서 경기단체들이 속속 창립되었다. 해방 직전에 결성된 조선송구협회(1945.7.27, 회장 이병학), 조선체조협회(45.9.1, 회장 서상천), 조선육상경기연맹(45.9.23, 회장 이승직), 조선탁구협회(45.9.28, 회장 조동식), 조선연식정구협회(10.1, 회장 황명원), 조선아마추어권투연맹(11.10, 회장 안동원), 조선빙상경기연맹(11.24, 회장 이일), 조선유도연맹(11.28, 회장 이범석), 조선자전거경기연맹(11.30, 회장 민원식)이 창립되었고, 조선축구협회(12.3, 회장 하경덕)과 조선농구협회는 재건되었다. 1945년 10월 27일 경성운동장(서울운동장)에서 '자유해방경축 전국종합경기대회'(26회 전국체육대회)가 개막되어 태극기를 든 기수로 손기정이 입장하면서 육상, 축구, 농구, 야구, 배구, 정구, 럭비, 사이클, 탁구, 승마 등 10개 종목의 경기가 열렸다. 1946년 1월 26일 서울 한강에서는 이 대회의 동계 경기가 열렸다. 대한체육회, ibid, pp.166~167.

73) 대한체육회, 『대한체육회90년사1(1920~1990)』, pp.169~170.

도 미소공동위원회 참가를 놓고 김구와 논란을 벌이다가 계동 자택에서 총격을 받고 사망했다(1947.12.2). 건국준비위원회를 결성하면서 체육회 회장으로 재임했던 여운형 또한 혜화동 로터리에서 우익청년에게 총격을 받고 사망했다(1947.7.19). 조선체육회 창립발기인의 한 사람이었던 연희전문 교장 백낙준도 좌익에 납치되었다가 구출되었을 만큼 혼란한 정국이었다.[74)]

'체협'은 1948년 1월 30일부터 2월 9일까지 열린 스위스 생모리츠 동계올림픽에 한국선수단이 처음 참가할 때 재일조선인사회와 협력하여 후원했다.[75)] 특히 1948년 스위스 동계올림픽에는 메이지대 유학파로 1937년과 1938년 '전일본스피드스케이트선수권대회'를 석권한 최용진[76)]이 한국선수단 총감독을 맡았다. 한국선수단은 메달 획득에는 실패했으나 국기와 KOREA라는 영문명을 걸고 출전한 첫 올림픽이었다.

'체협'은 7월 런던 하계올림픽에 참가하는 한국선수단 파견을 후원하기 위해 '한국선수단환영준비위원회'를 조직하고 정건영, 이희원, 채수인 회장 등의 인사들이 일본 전역을 순회하며 당시 64만여 엔의 찬조금을 모금하였고,[77)] 유니폼과 스포츠용구를 비롯한 물품 일체와 재정적인 지원을 떠안기로 결정했다. 당시 조선체육회는 런던올림픽에도 육상, 축구, 농구, 복싱, 역도, 레슬링, 자전거 등 7개 종목 67명의

74) 대한체육회, 『대한체육회90년사1(1920~1990)』, pp.171~172.

75) 이하 내용은 『재일본대한체육회60년사』, pp.104~108.

76) 최용진(崔龍振, 1912~): 평북 신의주 출생. 빙상경기인. 메이지대 졸업. 1937~1938년 2차에 걸친 전일본종합빙상선수권에서 우승. 모교인 메이지대 체육회 고문으로 후진 양성함.

77) 『재일본대한체육회60년사』, p.297.

선수와 임원을 파견할 예정이었다.

> 선수단을 태운 특별열차가 오사카역에 도착하자 수천 명의 재일동포들이 맞이하였고, 건국중학교의 브라스밴드부가 애국가와 올림픽찬가를 연주하는 가운데 일행에게 꽃다발, 기념품이 증정되었다./ 그리고 열차에는 미군정부의 특별한 배려로 식당차가 연결되어 있었는데 쌀밥을 먹여 보내고자 민단 오사카본부에 연락을 해놓았던 재일체협의 요청을 받아 열차 안에는 재오사카 동포격려회로부터 쌀 한 가마니가 선수단에게 전달되었다. 또한 선수들의 컨디션과 건투를 비는 많은 동포들이 마늘, 고추장, 김치 등을 열차 안으로 내밀자 선수단은 크나큰 감격을 받았다고 한다./ 그 후 열차는 기후(岐阜), 나고야(名古屋), 하마마쓰(浜松) 등 각 역을 정차할 때마다 열렬한 환영을 받으며 24일 오후 10시 30분, 드디어 간토(関東) 동포들이 기다리는 요코하마역에 도착하였다.[78]

한국선수단은 6월 21일 서울에서 출발하여 7월 8일 런던에 도착하기까지, 기차와 배와 기차와 비행기를 갈아타고 9개국 12개 도시를 장장 20박 21일이 걸렸다. 한국 올림픽선수단 일행이 부산에서 일본 규슈의 하카다항에 도착한 것은 6월 23일, 남궁수가 선수단을 맞았고 환영회를 개최했다. 미군정이 마련해준 특별열차를 타고 재일조선인들과 만나는 접점의 순간은 민족적 온정으로 가득했다. 오사카역에서부터 요코하마역에 이르는 연변에서 동포들이 선수단에 쌀과 온갖 전통 음식들을 전달하며 민족적 우애를 나누었다. 이 극적인 장면이야말로 재일조선인들의 고국지향성이 발현되는 순간이자 '해방된 민족'으로서 빈곤한 모국의 올림픽대표선수단에게 온정을 베풀며 민족적 동질감을

78)『재일본대한체육회60년사』, p.107.

확인하는 순간이었다.

'체협'의 전폭적이고도 열렬한 모국선수단 지원활동은 한국 스포츠계에 깊이 각인되면서 모국으로부터 그 존재를 인정받는 계기로 작용했다. '체협'은 1949년 서울에서 개최될 예정인 제30회 전국체육대회에 임원단을 파견하기로 결정했는데, 이 같은 결정은 '체협'의 존재를 인정한 모국의 분위기에 따른 화답이었다. '체협' 회장단이 1949년 10월 15일 전국체전에 참가함으로써 이후 개최되는 전국체전에 재일선수단을 파견할 기반이 조성된 셈이었다.[79)]

4. '전후' 재일조선인과 스포츠 커뮤니티의 기원들

지금까지 이 글은 '전후' 재일조선인 스포츠 커뮤니티의 기원적 양상을 살피고자 했다. 예비적 고찰에서는 구한말부터 '전전'에 이르는 재일유학생 중심의 스포츠 네트워크를 살폈다.

구한말에서 '전전'에 이르는 시기 동안 재일 조선유학생의 스포츠 활동은 근대스포츠 수용과 향유, 보급과 확산에 기여했다는 점을 밝혔다. 뿐만 아니라 이들의 스포츠 활동은 인종적 편견과 민족 차별을 넘어서 민족해방을 위한 계몽적 문화운동의 주역으로 호명되었다. 일제시기에 재일 유학생들의 스포츠 활동은 우월한 신체적 조건과 경기력으로 종목 경기에서 경합하며 일본과 식민지조선에 편재하는 스포츠 문화 네트워크 안에서 두각을 드러내는 수준에 이르렀다는 점을 확인

79) 야구의 경우, 재일고교야구단 모집하여 학생야구선수단을 본국에 파견하여 조국방문시합을 1956년부터 1997년까지 지속되어 장훈을 비롯한 많은 선수들이 배출되었다. 전국체전에 참가한 재일선수단은 연인원 9천 명에 이를 만큼 한국 야구 발전에 기여했다.

해볼 수 있었다. 부분적이긴 해도 이들은 일본의 여러 경기단체에 소속되어 활동하면서 '전후' 재일조선인사회에서 스포츠 커뮤니티의 핵심적인 역할을 수행했던 것이다.

이러한 예비적 고찰을 거쳐, '전후 재일조선인 스포츠 커뮤니티'에 관련한 특징을 정리해 보면 다음과 같다. 첫째, 귀환대열에 가담하지 않고 잔류를 결정한 재일조선인사회는 '해방된 민족'으로서 재일동포들이 밀집한 대도시 일대에서 귀환 지원체제를 구축하는 한편 스포츠 활동을 재개하며 스포츠 네트워크를 새롭게 재편해 나갔다. 이 시기에는 올드커머인 재일조선인들과 조선인 2세들이 스포츠 커뮤니티를 재편하는 주역이었다. 1950년 역도산이 돌연 스모계에서 은퇴한 뒤 진로를 새롭게 모색하는 상황이나,[80] 일본 프로야구 사상 처음으로 퍼펙트게임 달성자, 사상 최연소감독으로 '명예의 전당 헌액자'였던 이팔용의 사례[81]를 감안하면 그러하다. 해방과 함께 조국으로 귀환하지 않고 잔류를 택한 재일조선인에게 '전후' 일본 사회에서의 스포츠 활동은 일상적 삶의 한 영역이었음을 보여준다. 그럼에도 불구하고 '전전'과 '전후'

80) 1941년 스모계에 입문한 金信洛의 당시 품계표에는 '조선 리키도잔 쇼노스케(力道山升之介)'가 명기되어 있었으나 곧 '나가사키의 리키도잔 미쓰히로(力道山 光浩)'로 개명되는데, 1940년대 초반 '반도 출신'에서 '일본 출신'으로 변경되는 지역성 변경은 당시 창씨개명정책의 시대 분위기와 관련이 있다. 이타가키 류타, 「동아시아 기억의 장소로서 力道山」, 『역사비평』 95, 역사비평사, 2011, p.137.

81) 이팔용(李八龍, 일본명 藤本英雄, 1918~1997): 야구선수, 감독, 야구 해설가. 부산에서 출생하여 야마구치현 시모노세키 히코시마(彦島) 출신. 중학 시절 후지모토 하치류(藤本八龍), 훗날 나카가미 히데오(中上英雄)로 개명함. 1942년 메이지대 야구팀 투수로 활약. 도쿄 교진군, 주부니혼 드래곤스, 요미우리 자이언츠 투수를 거쳤다. 1회의 퍼펙트게임, 노히트노런 2회 달성. 1976년 일본야구 명예의 전당에 헌액됨.(https://ko.wikipedia.org/wiki/%ED%9B%84%EC%A7%80%EB%AA%A8%ED%86%A0_%ED%9E%88%EB%8D%B0%EC%98%A4(검색일: 2019.3.1.), https://ja.wikipedia.org/wiki/%E8%97%A4%E6%9C%AC%E8%8B%B1%E9%9B%84(검색일: 2019.3.1.))

를 가로지르는 재일조선인들의 스포츠 활동은 당사자가 국적을 밝히는 '커밍아웃' 없이는 풍문으로만 알려질 뿐 그 윤곽조차 파악되지 않는 상태다.

둘째, 일본 패전 직후 족출한 재일조선인 단체와 조직을 통합하며 출발한 조련(1945~1949)은 좌우대립과 남북분단이라는 상황 속에 좌경화되면서 재일조선인사회 역시 좌우로 분립되었다. 그 결과 스포츠 커뮤니티 역시 조련계와 민단계로 나누어지면서 재일조선인 단체들은 서로 다른 방식의 스포츠 네트워크를 구축하며 스포츠 커뮤니티의 기원을 만들어 나갔다. 조직에서 상대적으로 크게 열세였던 민단계에서는 건청 산하 체육부에서 축구팀을 구성하여 외국군대나 일본 사회팀과의 친선경기를 통해 교류하는 한편, '재일본조선체육협회'를 결성하여 스포츠 커뮤니티의 기원 하나를 만들어낸다. 이들은 미군정과 일본 사회와의 교류를 지향하는 한편, 모국의 스포츠에 대한 제반 지원을 통해 모국과의 결속과 교류를 강화하는 계기를 마련해 나갔다.

종전 직후부터 1950년까지 전후 일본 사회에서 재일조선인은 철저히 배제된 외국인 집단이었다. 고립된 외국인 서발턴 집단이 된 데에는 한반도 분단과 남북 정부수립으로 분립해 나간 정세가 결정적이었다. 무엇보다도 미군정은 '전후' 재일조선인문제를 해방된 민족문제로 다루기보다 일본 점령정책에서 부차적인 것으로 보았다. 미군정은 반공적 관점에서 좌경화된 조련이 외친 재일조선인의 권익 주장, 민족교육과 조선학교 설립과 인가 요구에 귀 기울이지 않고 조련과 산하조직을 불법화하며 배타적으로 대응했다. 미군정과 일본 정부는 '전전'의 배타적인 정책을 그대로 이어갔고 '전후'에도 재일조선인들에게 민족적 인종적 차별을 강화하는 상황을 조장했다.

그런 까닭에 종전 직후 일본 사회에서 재일조선인사회가 새로이 재편되는 과정에서 스포츠단체의 등장은 6.25전쟁 이후로 미루어진다. '재일본대한체육회'(1953.5.5, 초대회장 유태하), '재일본조선인체육연합회'(1954.7.28., 초대회장 윤병옥)와 '재일본조선인총연합회'(1955.5.25.~26, 의장 한덕수) 등이 속속 출범함으로써 종전 직후 재일조선인 스포츠 커뮤니티의 여러 기원들은 전후 일본의 경제적 호황 속에 새로운 전기를 맞는다. 모국과의 스포츠 지원체제를 마련하는 한편 일본 사회와 연계된 스포츠 활동의 구심점이 되는 스포츠 커뮤니티가 비로소 등장하는 것이다.

이 글은 동국대학교 일본학연구소의 『일본학』 제48집에 실린 논문 「'전후' 재일조선인 스포츠커뮤니티의 기원과 형성(1945~1950)」을 수정·보완한 것임.

참고문헌

가지무라 히데키, 김인덕 옮김, 『해방후 재일조선인운동(1945~1965)』, 선인, 2014.
강철, 정희선·황익구 옮김, 『재일코리안사 연표』, 선인, 2016.
권영민, 『한국현대문학대사전』, 서울대출판부, 2004.
김귀옥, 「분단과 전쟁의 디아스포라: 재일조선인 문제를 중심으로」, 『역사비평』 91, 역사비평사, 2010.
김옥희, 『일본근대문학과 스포츠』, 소명출판, 2012.
김을환, 『일제강점기 동경 유학생 그리고 토월회 이야기』, 탐구당, 2019.
김필동, 「이상백의 생애와 사회학 사상」, 『한국사회학』 28, 한국사회학회, 1994.
김희주, 「중일전쟁기 在京都 조선인의 東亞聯盟運動과 趙恩濟」, 『경주사학』 27, 경주사학회, 2008.
다케다 세이지, 재일조선인문화연구회 옮김, 『'재일'이라는 근거』, 소명출판, 2016.
대한체육회, 『대한체육회 90년사 1(1920~1990)』, 대한체육사, 2010.
________, 『대한체육회 50년』, 대한체육회, 1970.

도노무라 미사루, 신유원·김인덕 옮김, 『재일조선인 사회의 역사학적 연구』, 논형, 2010.
문경수, 고경순 외 옮김, 『재일조선인 문제의 기원』, 도서출판 문, 2016.
미즈노 나오키·문경수, 한승동 옮김, 『재일조선인』, 삼천리, 2016.
민단30년사편찬위원회, 『민단30년사』, 재일본대한민국거류민단, 1977.
민단50년사편찬위원회, 『민단50년사』, 재일본대한민국거류민단, 1997.
박윤정, 「한말·일제하 근대 체육의 수용과 민족주의 체육론의 형성」, 연세대 석사학위논문, 2016.
박일 외, 정희선외 옮김, 『재일코리안사전』, 선인, 2012.
백종원, 『조선사람』, 삼천리, 2012.
서울YMCA100년사 편찬위원회, 『서울YMCA100년사(1903~2003)』, 서울YMCA, 2004.
손환, 「광복이전 재일 한국인유학생의 스포츠활동에 관한 연구」, 『한국체육학회지』 39, 한국체육학회, 2000.
____, 「일제하 조선체육협회의 활동에 관한 연구」, 『한국체육학회지』 42, 한국체육학회, 2003.
요시미 슌야 외, 이태문 옮김, 『운동회-근대의 신체』, 논형, 2007.
윤건차, 박진우 외 옮김, 『자이니치의 정신사』, 한겨레출판, 2016.
윤인진, 『코리안 디아스포라』, 고려대출판부, 2003.
이경훈, 「'학지광'의 매체적 특성과 일본의 영향 1」, 『대동문화연구』 48, 성균관대학교 대동문화연구원, 2003.
이권희, 『국가와 교육-메이지 국민교육사』, 소명출판, 2017.
이순일, 육후연 옮김, 『영웅 역도산』, 미다스북스, 1996.
이승원, 『학교의 탄생』, 휴머니스트, 2005.
이타가키 류타(板垣龍太), 「동아시아 기억의 장소로서 力道山」, 『역사비평』 95, 역사비평사, 2011.
이태신, 『체육학대사전』, 민중서관, 2000.
_____, 『체육학대사전-인명편』, 민중서관, 2000.
재일본대한체육회60년사편찬위원회, 『재일본대한체육회60년사』, 재일본대한체육회, 2012.
전매희·엄정식, 「선교사들이 근대 체육활동에 미친 영향」, 『한국체육학회지』 39, 한국체육학회, 2000.
정미량, 「일제강점기 재일조선유학생의 체육활동에 관한 고찰」, 『한민족문화연구』 27, 한민족문화학회, 2008.
_____, 『1920년대 재일 조선유학생의 문화운동』, 지식산업사, 2012.

정종현, 「경도의 조선유학생 잡지 연구」, 『민족문화연구』 59, 고려대학교 민족문화연구원, 2013.

______, 「일본제국대학의 조선유학생연구(1)」, 『대동문화연구』 80, 성균관대학교 대동문화연구원, 2011.

정진성, 『재일동포』, 서울대출판부, 2018.

조준호 외, 「광복 이전 메이지대학의 조선레슬러에 관한 연구」, 『한국체육사학회지』 19, 한국체육사학회, 2014.

존 다우어, 최은석 옮김, 『패배를 껴안고』, 민음사, 2009.

존 리, 김혜진 옮김, 『자이니치』, 소명출판, 2019.

천정환, 『조선의 사나이이거든 풋뽈을 차라』, 푸른역사, 2010.

최홍희, 『태권도와 나』, 도서출판 다움, 2002.

한영혜, 「이상백과 근대체육」, 『한림일본학』 1, 한림대 일본학연구소, 1996.

琴榮進, 『在日朝鮮人スポツ史年表』, 在日本朝鮮人體育聯合會, 2014.

金基旺, 「在日朝鮮留学生の民族解放運動に関する研究」, 神戸大学 博士論文, 1998.

白宗元, 『朝鮮のスポツ2000年』, 拓殖書房, 1995.

呉圭祥, 『ドキユメント在日本朝鮮人聯盟(1945~1949)』, 岩波書店, 2009.

한국학중앙연구원, 『한국민족문화대백과』, 한국학중앙연구원[네이버지식백과], 2017. (https://terms.naver.com/list.nhn?cid=44621&categoryId=44621)

https://ja.wikipedia.org/wiki/%E4%B8%AD%E6%9D%91%E6%97%A5%E5%87%BA%E5%A4%AB_(%E7%A9%BA%E6%89%8B%E5%AE%B6) (검색일: 2019.3.2)

http://www.okpedia.kr/Contents/ContentsView?contentsId=GC95200309&localCode=jpn (검색일: 2019.3.1)

https://terms.naver.com/entry.nhn?docId=543193&cid=46667&categoryId=46667(검색일: 2019.3.1)

https://terms.naver.com/entry.nhn?docId=548670&cid=46629&categoryId=46629(검색일: 2019.3.1)

https://ja.wikipedia.org/wiki/%E5%A4%A7%E6%97%A5%E6%9C%AC%E6%AD%A6%E5%BE%B3%E4%BC%9A (검색일: 2019.3.1)

https://ko.wikipedia.org/wiki/%ED%9B%84%EC%A7%80%EB%AA%A8%ED%86%A0_%ED%9E%88%EB%8D%B0%EC%98%A4 (검색일: 2019.3.1)

https://ja.wikipedia.org/wiki/%E8%97%A4%E6%9C%AC%E8%8B%B1%E9%9B%84 (검색일: 2019.3.1)

재일 스포츠와 남북일 냉전구조 (1950~1965)

유임하

1. 1950년대 재일스포츠 커뮤니티 탄생

1950년대와 1965년 한일조약 체결 직전까지[1] 재일조선인 스포츠 커뮤니티의 탄생과정을 개관하는 일은[2] 한반도 전쟁과 함께 단절된 섬처럼 고립된 재일조선인 사회가 한일 수교에 이르는 동안 어떤 스포츠 활동을 하였는가라는 질문과 크게 다르지 않다.

1950년 6월, 한국전쟁이 발발하면서 해방 직후에 결성된 조선인 집단거주지 중심으로 출범했던 스포츠 커뮤니티와 스포츠 활동은 전면

1) 이 글의 논의 범위는 6.25전쟁 발발로부터 한일기본조약 체결로 성립한 '1965년 체제' 등장까지로 한정하고자 한다. 윤건차(2016)의 표현대로 한일조약을 심의하는 1965년 10월 이후 재일조선인들에게 '한국'이라는 단어는 국적을 의미하면서 남북을 가로지는 국경으로 다가온다. 윤건차, 『자이니치의 정신사』, 한겨레신문사, 2016, p.290. '1965년체제'와 북일관계에 관해서는 박정진, 「북일냉전, 1950~1973: 전후처리의 분단구조」, 『일본비평』 22, 서울대 일본연구소, 2020, pp.112~139; 朴正鎭, 『日朝冷戰構造の誕生(1945~1965): 封印された外交史』, 平凡社, 2012.

2) 이 글에서는 '재일한국·조선인'이나 '자이니치' 등과 같은 표현 대신 '재일'이라는 지역성을 통칭하거나 한국과 북조선을 대립적으로 위계화하는 방식을 벗어나 일본에 거주하는 민족 전체를 가리키는 의미에서 '재일조선인'이라는 표현을 사용하기로 한다. 서경식, 『난민과 국민 사이』, 돌베개, 2006, pp.118~119.

중단되었다. 정전회담이 본격화되는 1953년 초부터 좌우 구별 없이 재일 체육인들을 중심으로 스포츠 커뮤니티 재건과 스포츠 활동 재개의 필요성이 제기되기 시작했다. 이러한 움직임은 전쟁기 남북한의 재외동포정책 부재 속에 재일스포츠의 자립적 기반을 스스로 마련해야 하는 시련과 새로운 도전을 의미했다. 또한 이 같은 움직임은 '전전'의 제국 일본의 스포츠 커뮤니티의 한 축을 구성했던 유학생 중심 엘리트 스포츠의 잔영을 벗어나고자 했던 '전후' 스포츠 커뮤니티의 기원적 양상이 형성단계에서 전쟁으로 정지되었던 상황을 극복하려는 구체적인 흐름이기도 했다.

1950년대 재일조선인의 삶은 재일 1세의 정체성을 벗어나 2세로 이행하는 시대성을 가지고 있다. 재일 2세에게는 "재일(在日)의 파이오니아"[3]라는 특징이 발견된다. 재일 1세는 일제 강점기라는 시대현실과 직결된 삶이었지만, 2세의 경우 1세의 유산을 계승하면서도 예술과 예능, 스포츠와 같은 새로운 분야를 개척했다는 점, 가난과 사회적 열등감을 벗어나 그러한 부정적 이미지를 극복해 나가며 사회적 전문인으로 발돋움했다.[4] 이들 세대의 사회적 지위 변화는 고도성장기에 접어든 일본 사회의 변화상과 맞물린 것이었다.

1950년대 일본 사회에서는 스포츠가 자본과 결합된 대중문화의 장을 형성하기 시작했다. 요미우리 자이언트의 전설적인 투수 나카가미 히데오(中上英雄),[5] 일본 전후문화에서 서구와의 인종대결 알레고리를

3) 小熊英二·高贊侑·高秀美 編, 「巻末鼎談 もう一つの戦後日本史-『在日二世の記憶』を編纂して」, 『在日二世の記憶』, 集英社, 2016, p.721.

4) 오구마 에이지 외, 위의 책, pp.721~722.

5) 이팔용(李八龍, 藤本英雄, 1918~1997): 야구선수, 감독, 야구 해설가. 부산에서 태어나 야마구치현(山口縣) 시모노세키(下関) 히코시마(彦島)에서 성장. 중학교 시절 통명

쟁취한 레슬러이자 엔터테이너, 사업가였던 리키도잔(力道山), '교쿠신(きょくしん)가라테(極真空手)'를 창시하고 전지구적 네트워크를 구축한 '오야마 마쓰타쓰(大山倍達)' 같은 이들이 바로 그런 경우이다. 고도성장기로 진입하는 일본 사회의 변화 속에 재일조선인 사회가 전쟁과 함께 전면 중단된 현실을 벗어나 스포츠 활동을 재개해야 할 필요성을 제기한 것도 같은 맥락이다.

이 시기의 재일조선인 스포츠의 공과를 짚어보는 선행 논의는 크게 부족한 실정이다.[6] 또한, 스포츠인의 특성상 신문이나 잡지에서는 대담 방식이 많고, 본인의 자서전들은 독자와 시대현실에 호응하는 혐의가 많아 좀 더 정교한 독해가 필요한 하위 텍스트에 가깝다.[7] 이 글에서는 1950년대와 60년대 중반 일본 사회의 변화와 '재일' 스포츠가 만나는 문화적 연관지점을 짚어보고자 한다. 그런 다음 재일조선인 스포츠의 역사를 다룬 관련 자료를 중심으로 총련계와 민단계의 재일조선인 스포츠 커뮤니티의 출범과 스포츠 활동을 조감하는 방식을 취할 것이다. 이 과정에서 남북 스포츠와는 어떻게 연관을 맺으며 전개되었는지,

---

은 '후지모토 하치류(藤本八龍)이었으나 훗날 나카가미 히데오(中上英雄)로 개명함. 1942년 메이지(明治)대 야구팀 투수로 활약했고, 도쿄 교진군(東京 巨人軍, 1935~1946까지의 야구팀 명칭), 주부니혼(中部日本) 드래곤스, 요미우리 자이언츠 투수로 명성을 날렸다. 1976년 '일본야구 명예의 전당'에 헌정되었다.(https://ko.wikipedia.org/wiki/%ED%9B%84%EC%A7%80%EB%AA%A8%ED%86%A0_%ED%9E%88%EB%8D%B0%EC%98%A4(검색일: 2020.4.1), https://ja.wikipedia.org/wiki/%E8%97%A4%E6%9C%AC%E8%8B%B1%E9%9B%84(검색일: 2020.4.1.))

6) 최근 재일조선인과 관련한 스포츠 체육 논의가 높아지고는 있으나 시기를 특정해서 논의하는 방식보다는 스포츠종목에 한정해서 논의하는 경우가 빈번하다. 한 예로 우승호의 「재일동포 학생야구단의 모국 방문경기에 관한 역사적 연구」, 중앙대 박사학위논문, 2017은 재일동포 학생야구단에 대한 실증적 통시적 논의를 보여준다.

7) 장훈의 자서전 역시 이런 혐의에서 자유롭지 않다. 오태영, 「재일조선인 자기구축의 회로와 문법-장훈의 자서전을 중심으로」, 인하대 한국학연구소 39, 2015, pp.75~108.

그리고 그 의의는 무엇인지를 살펴보기로 한다.

2. 고도성장기 일본 사회와 '재일' 스포츠의 연관

역도산은 1950년 10월 28일, 프로레슬링계에 처음 등장했다. 그는 스모계 은퇴를 선언하며 '레슬링'이라는 스포츠 장르를 선택하기까지 일본 사회에 작동해온 인종차별을 뼈저리게 경험하면서, 그러한 인종적 문화적 장벽을 넘어서기 위한 강한 열망을 가지고 있었다.[8] 실제로, 역도산의 스모 은퇴와 레슬링으로의 전신(轉身) 경로에는 간디스토마 감염증으로 인한 선수생활 중단과 스모계 내부의 인종차별을 만회하고 사회적 성공을 쟁취하려는 열망이 평전 속 자전적 서사의 주를 이루고 있다. 하지만, 역도산은 자신의 인생 역전의 과정에서 '일본 제1의 인부 생활'을 한 장으로 설정해 놓고 니이타건설 자재부장 시절을 회고한 대목은 1950년대 일본 사회와 중첩되는 사회 경험과 재능을 보여준다. 이 장 마지막에는 스모계로의 복귀가 좌절되자 "나의 넘치는 에네르기와 욕망을 충족시켜 줄 수 있는 새로운 스포츠가 내 앞에 나타났"다고 하면서 프로레슬링을 언급하고 있다. 한반도에서 전쟁이 미군과 연합군의 인천상륙으로 전세가 반전되며 전선이 북으로 향하던 때였다. 그는 1952년 6월 18일 미국 원정길에 나선 후 1953년 6월 6일까지 260전 257승 3패를 기록하고 일본에 돌아와 일본레슬링협회를 창설하고 레슬링 붐을 일으켰다. 일본 사회에서 역도산을 향한 뜨거운 관심과 '천황 다음가는 유명세'는 TV의 보급 없이는 상상하기 어렵다.

8) 역도산 김신락, 이광재 옮김, 『인간 역도산』, 청구출판사, 1966, pp.31~33.

1955년 이후 일본의 문화사를 다룬 요시미 슌야는 「냉전체제와 '미국'의 소비」에서 패전 후 도쿄의 도시공간 변화에 따른 대중문화의 변화상에 주목한 바 있다.[9] 그에 따르면, 도쿄 중심가는 미군의 대공습으로 폐허가 된 채 전후를 맞이한다. 구 일본군의 군사시설 대부분은 미군에게 인수되었고 롯폰기(六本木)에는 미군사령부와 군사병영 시설인 하디바라크와 군 관계자의 주택이 자리 잡았다. 지금의 긴자(銀座) 일대에 자리 잡은 한큐(阪急), 와코(和光), 구로사와(黒沢), 마쓰야(松屋) 등 빌딩 밀집지역이 미군 점령기에는 주둔군 시설로 접수되어 성조기가 나부끼는 PX나 군대 막사가 들어서면서 흡사 미국 거리와 같았다. 이곳에는 내무성이 조직한 특수 위안시설도 여럿 있었다(54~56면). 1950년대 말이 되면 이곳 도쿄 중심가는 청년 소비문화의 중심지로 변화한다. 이곳의 변천은 미군기지를 순회 공연하던 일본인 재즈밴드들이 일본인을 상대하는 가수로 변모해가는 과정과 궤를 같이한다.

요시미 슌야는 이러한 도쿄 중심가의 공간구조 변화를 살피면서도 TV 브라운관 속 예능의 세계가 형성된 점, 그리고 그 안에서 미국이라는 매개항이 차츰 간접화되어간 점에 주목한다(59~60면). 그에 따르면, TV는 "간접화의 매개"(60면)로 작동하면서 1960년대 초반까지 일반 가정에 급속히 보급되었고 마침내, "가요에서부터 드라마, 스포츠와 연예에 이르는 모든 대중문화 장르의 헤게모니를 장악한 광범위한 장치"(60면)로 역할하게 된 점에 초점을 맞춘다. 일본의 초기 TV문화 중에서도 미국을 간접화해서 재현하는 방식을 상징적으로 보여준 대표적인 예가 바로 길거리TV와 역도산의 프로레슬링 중계였다는 것이 요시미

9) 요시미 슌야 외, 『냉전체제와 자본의 문화』, 소명출판, 2013, pp.53~68. 이하 내용은 면수만 밝힘.

슌야의 주된 주장이다.

길거리TV의 중계방식은 TV가 당시 일반가정에서는 사기 어려운 고가품이었던 현실을 감안한 것이었다. 방송에 많은 관심을 가진 대중들에게 TV를 체험하도록 하여 구매충동을 자극하고 광고수입을 얻는 전략을 실현하기 위해 도쿄 번화가 55개소에 대형TV 220대를 설치했던 것도 그런 연유에서였다(60면). '길거리TV'의 문화사적 의의는 "전후 특정 시기에 길거리TV와 대중적 상상력이 고유한 결합방식"(61면)을 잘 구현한 점에 있었던 셈이다.

역도산의 프로레슬링 경기는 길거리TV의 가장 인기 있는 상연물 중 하나였음은 불문가지(不問可知)다. 당시 카메라 촬영기술로는 야구 경기를 중계할 수 없었다. 그러나 프로레슬링은 좁은 링에서 펼쳐지는 격렬한 대결을 극적으로 포착할 수 있는 대중스포츠 장르였다. 거구의 미국 레슬러를 가라테촙으로 반격하는 TV 속 역도산은 "전후 일본인의 굴절된 의사 반미 내셔널리즘"과 "단순한 스포츠나 구경거리가 아닌 (…) 국가적 상징극"의 주인공이자 '전후의 영웅'이었다. 그러나 1963년 12월 역도산의 돌연한 죽음을 냉담하게 보도하는 분위기에는 '전후'와 결별하는 징후가 담겨 있다(61~63면).[10)]

한편, 이타가키 류타는 '김신락' '모모타', '리키도잔', '역도산', '력도산' 등으로 호명되는 존재와 그 안에 깃든 함의를 주목한 경우다. 그는 '역도산'을 일본의 식민지배와 종족주의[racism]가 작동하는 키워드로

10) 1960년대 초반으로만 가도 일본 미디어는 프로레슬링의 잔혹함을 강조하며 가정에는 어울리지 않는 일탈로 비난하는 경향이 늘어난다. 1962년 4월 역도산의 경기를 보던 노인 두 명의 쇼크사 이후 오사카부 경찰에서는 프로레슬링 TV중계 중지를 권고하는 한편 프로레슬러들의 폭력사건을 자주 보도하는 경향을 보였다. 요시미 슌야, 『냉전체제와 자본의 문화』, p.63.

보고, 태평양전쟁과 한반도를 둘러싼 냉전의 동아시아 문화사로 확대시켜 논의한다.[11] 역도산은 그의 죽음 이후 일본 대중들에게서는 망각의 과정을 밟아갔으나,[12] 1960년대부터 남북한에서는 그를 '민족의 영웅'으로 불러내기 시작한다. 일본과 남북한에서 일어난 '역도산에 대한 기억과 망각의 불일치 현상'이야말로 '동아시아적 지역성'을 보여주는 사례인 셈이다.[13]

정상급 레슬러이자 레슬링 이벤트 사업가였던 '리키도잔'이나 '오야마 마쓰타쓰'[14]는 1950년대 일본 사회에서 활동한 재일조선인들의 국적과 사회적 지위가 어떻게 스포츠문화와 연관되는지를 환유하는 표본적 사례에 해당한다. 일본 사회는 이들의 재일이라는 정체성을 은폐하는 대신, 패전의 트라우마를 넘어선 상상적 일본인상으로 전경화함으로써 일본 사회의 문화적 아이콘으로 삼았다.

일본 사회는 재일조선인의 '혼종적 정체성(hybrid identity)'[15]을 소거

11) 이타가키 류타(板垣龍太), 「동아시아 기억의 장소로서 力道山」, 『역사비평』 95, 역사비평사, 2011, pp.127~160.

12) 단카이 세대가 성년이 된 1960년대 고도경제성장기가 되면 일본 대중의 의식에서 조선인들은 사라진다는 이타가키의 언급은 존 리의 주장과도 통한다. 존 리, 『자이니치』 소명출판, 2019, p.43.

13) 이타가키 류타, 「동아시아 기억의 장소로서 力道山」, p.130.

14) 역도산과 '오야마 마쓰타쓰(大山倍達)'의 경우 장르는 다르지만 삶의 궤적에는 '재일'로서 '미국 원정'을 했다는 공유하는 일면이 있다. 오야마 마쓰타쓰는 전후 민단 무투파의 핵심으로 활동했으나 1946년 민단 탈퇴 후 입산 수행을 거쳐 역도산처럼 일본 전역에 걸쳐 가라테 격파 순례에 나선다. 그는 1956년 오야마(大山) 도장을 설립한 뒤 유럽으로 건너가 무도의 대가들과 대결에 나서면서 극진가라테를 전 세계에 전파한다. 그는 일본과 세계에서는 한국인으로는 활동하기 어렵다는 판단 끝에 귀화를 결정한다. 그의 귀화는 세계 120개국에 500만 명이 넘는 극진가라테 왕국을 구축하고 이를 이끌어가기 위한 고육책으로 알려져 있다. https://www.youtube.com/watch?v=MhdWiWKG5pc(大山倍達 Famous Korean Karate Fighter Documentary: KBS수요기획 다큐멘터리, 「전설의 승부사 최배달」, 2018.9.23.)

한 뒤 백인으로 상징되는 미국과의 인종적 대결에서 승리한 대중문화의 영웅으로 재배치하고 이를 전유한다. 1953년 미국 원정에서 돌아온 리키도잔과, 역시 미국에서 무사수행을 끝내고 귀국한 오야마 마쓰타쓰를 한 자리에 불러 모은 기획대담에서 이들의 '재일'은 은폐되고 '사무라이 니폰'이라는 대중문화의 아이콘으로 부각되는 현상을 보여준다. 이들의 대담은 '재일조선인'의 국적성을 은폐하는 의례를 거쳐 일본정신을 표상하는 종족주의적 아이콘으로 구성되는 것이다. 이들의 아이콘화는 '승전국(미)/패전국(일)'이라는 미일관계의 알레고리이자 상처받은 일본 사회를 위로하기 위해 만들어진 영웅의 국면과 함께 '감추어진 재일'의 사회문화적 동역학을 잘 보여준다.[16)]

역도산의 돌연한 죽음과 함께 그가 '재일조선인'이라고 신원이 밝혀지면서 일본 대중문화에서 그에 대한 관심은 급격히 사그라든다. 일본 사회에서 역도산에 대한 '기억의 구멍'이 생겨난 것에 비하면 남북한에서는 그에 대한 기억이 극적으로 활성화된다. 남한에서는 1961년 이후 역도산 열풍이 불기 시작했고, 북한에서는 1959년 귀국사업 이후 그를 '일본을 넘어 세계적인 민족영웅'으로 유통시킨다. '역도산'을 '기억하는 장소'는 한반도로 이동한 셈이다.[17)]

역도산과 오야마는 남북 지향과 일본 동화 지향에 이르는 재일조선인의 국적성, 더 나아가 종족성이라는 넓은 스펙트럼에서 극히 상징적인 사례의 일부에 지나지 않는다. 재일조선인의 경우, 통념처럼 국적성과 남북지향, 일본지향에 있어서 반드시 일치하지 않기 때문이다. 일본

15) 존 리, 김혜진 옮김, 『다민족 일본』, 소명출판, 2019, p.92.
16) 이타가키 류타, 「동아시아 기억의 장소로서 力道山」, p.135.
17) 이타가키 류타, 위의 글, pp.141~153.

국적을 취득하기는 했으나 '통일조국 지향'이나 '남한 지향' '북한 지향', '일본 사회로의 적극적인 동화', '한국계 일본인으로 살기' 등과 같은 다양한 선택지가 작동한다. 그러나 이 선택지의 드높은 제도적 인종차별적 장벽은 일본에 체류하거나 외국 방문의 상황, 성장기를 마친 초년생들이 사회에 진출하는 순간부터 구체적 현실이 된다.[18)]

1950년대 재일조선인의 스포츠 활동은 해방 이후 혼란한 정국과 분단정부 출범 후 직면한 뒤 불과 1년 반 만에 발발한 전쟁의 현실에서는 모국과의 그 어떤 연관도 없이 차별 속에 고립된 '섬'처럼 살아야 하는 사회적 조건을 만들어냈다. 그 결과, 재일 스포츠 활동은 고도성장기 일본 사회를 배경으로 삼지만 그로부터 국적성이 소거된 채 일본 대중문화의 아이콘으로 유통되는 스포츠문화의 일단을 갖는다. 국적성이 소거되면서 재일 스포츠는 남북 냉전구도가 작동한 일본 사회에서 민족 정체성의 일부만 재현되는 문화적 혼종지대의 활동으로 나타난다.

재일조선인들은 패전 직후부터 1950년대까지도 '전전'의 편견과 차별이 오히려 악화된 상태를 맞이한다. 이들은 스포츠 분야로 진출했으나 스타로서 명성을 획득하지만 노골적으로 일본인으로 귀화하도록 압력을 받는 상황에 직면했다.

'장훈'으로 더 잘 알려진 '하리모토 이사오(張本勳)', 400승 투수의 전설 가네다 마사이치(金田正一, 귀화 전 한국명 '金慶弘') 등이 그런 경우였다. 고교야구·실업야구·프로야구 등에서 한국 야구 발전에 공헌한 '야신(野神)' 김성근(金星根)의 경우, 모국에 안착하여 한국 야구 발전에 크게 기여하며 명망을 얻었으나 어눌한 말투를 구사하는 그에 대한 '재일'의 편견은 사그라지지 않았다. 한재우(韓在愚)처럼 인종차별과 폭

18) 국적성에 관해서는 정진성, 『재일동포』, 서울대 출판문화원, 2018, pp.139~183.

력으로 조기에 은퇴했던 불운의 투수 경력을 딛고 새로운 역할을 찾아 나선 경우도 있다. 그는 '야구가 좋아서' 재일동포 학생야구단을 이끌며 한국 고교야구의 질적 향상에 기여했다. 모국의 스포츠 발전에 기여한 숨은 공로자는 이들만이 아니다.[19] 1950년대 일본 사회에서 스포츠계에 진출한 재일 2세 스포츠인들은 차별을 넘어 일본과 모국에서 오직 자신의 노력과 실력만으로 스포츠 분야의 전문성과 스타성을 확보한 경우였다.[20]

요시미 슌야는 1950년대 말까지 일본 본토에서 미군기지는 일상적인 현실이었다는 점에 착안하여, 점령기에 형성된 미일관계는 자민당-사회당 양당 체제의 '55년체제'를 등장시켰으며, 이후 고도 경제성장의 기초를 마련했다고 본다. 그는 1950년대 한국전쟁과 60년대 베트남전쟁을 감안할 때 일본 사회를 '포스트 전후'가 아닌 '전시' 상태에 놓여 있었다고 보았다.[21] 요시미 슌야의 '전시의 지속'이라는 일본관은 일본 사회에서 배제하고 격리시킨 '재일조선인'이라는 하위주체의 곤경을 더욱 부각시켜준다. 이들 재일조선인은 제국 시대의 유산에 대한 문제 해결과는 전혀 다른 방향으로 전개되었다. 일본 사회는 재일조선인들을 전시체제에서와 마찬가지로 인권과 사회 진출의 기회마저 차단한 채 집단 자체를 인종적으로 고립시켜 왔기 때문이다. 1950년대와 60년대 '재일'의 조건은 곧 '전전'의 구조에서 아시아 냉전구도로 대체되었

19) 박동희, 「박동희의 야구탐사-'슬픈 전설' 재일동포 야구단(5편)」(2009.1.19., 2011.5.27) http://news.naver.com/sports/index.nhn?category=baseball&ctg=issue&mod=read&issue_id=438&issue_item_id=8394&office_id=295&article_id=0000000193

20) 한일 스포츠의 가교 역할을 한 스포츠 영웅들의 일화를 다룬 책이 앞서 언급한 오시마 히로시의 『재일 코리안 스포츠영웅열전』이다.

21) 요시미 슌야, 최종길 옮김, 『포스트 전후사회』, 어문학사, 2012, p.7.

을 뿐 여전히 지속되었던 것이다.

재일조선인에게 부여된 '장기체류 외국인'이라는 임시성은 '재일' 스포츠가 세계 냉전체제 안에서 고립된 서발턴적 종족집단임을 재삼 확인시켜준다. 1950년대 이후 이들은 중소-북한-총련의 산하 '재일' 스포츠 커뮤니티와, 미국-일본-한국-민단으로 양분된 '재일' 스포츠 커뮤니티로 포진한 채 오늘날까지도 일본 사회에서 정치사회적으로 고립된 상태이다. 1950년대 재일조선인 스포츠 커뮤니티의 탄생은 이러한 고립의 출발점이었던 '1952년 체제'의 등장과 함께한다. 1952년 미일안보조약(샌프란시스코조약) 발효와 함께 재일조선인의 지위는 국적상실로 이어졌다.[22] '재일조선인 스포츠 커뮤니티의 탄생이 남-북-일 안팎으로 가로놓인 분단 냉전구조와, 그 구조로부터 파생되는 차별과 배제에 맞선 재일 1,2세의 문화적 응전을 가시화한 것'이라고 보아도 그리 틀리지 않는 이유이기도 하다.

3. '재일본조선인체육연합회'(체련)의 탄생과 '재일' 스포츠

앞서 언급한 대로, 1950년 6월 한국전쟁 발발부터 정전체제 성립(1953.7) 전까지 재일조선인의 스포츠 활동은 전면 중지되었다.

1945년 일본 패전 이후 귀국 지원을 결성된 수많은 좌우익 민족단체

22) 1952년에 발효된 샌프란시스코강화조약 이후 독립한 일본 정부는 조련의 강제해산과 재산 몰수 이후 일본 사회 내 재일조선인을 비롯한 소수 민족단체를 공식적으로 허가하지 않고 있다. 총련과 민단조차도 임의단체로 법인 자격을 부여받지 못했으며 일본 도도부현과 지역사회에서 여전히 공인받지 못한 상태이다. 량영성, 김선미 옮김, 『혐오표현은 왜 재일조선인을 겨냥하는가』, 산처럼, 2018, pp.135~156.

를 통합하여 10월 '재일본조선인련합회'(이하 '조련')가 출범했다. 1947년 2월 2일, 조련 산하에 '재일조선문화단체연합회'가 결성되면서 그 안에 체육부와 조선체육협회, 동양체육구락부가 조직되었다. 재일조선인사회에서 처음 출범한 스포츠 커뮤니티는 오사카에서 결성된 '재일조선체육협회'(회장 김명훈, 현 오사카체협)였다.[23]

해방 직후 역사와 말을 되찾으려는 재일조선인들의 뜨거운 열망은 높은 교육열로 나타났고 마침내 민족교육운동을 점화시켰다.[24] 1946년 10월, 조련 3회 전대에서는 초등학교 교육방침 설정, 학교 건설과 경영, 교원 양성, 교과서 편집 등에 대한 계획 수립에 이어, 1947년 6월에는 학교교육법에 해당하는 교육규정을 정함으로써 지도체계와 설치 학교의 종별, 교원 자격, 입학에서 졸업에 이르는 학사 규정, 과목 및 시간, 행사 등을 명문화했고, 한글 강습소에 출발한 민족교육이 조선학교 설립으로 이어졌다.

당연히, 이 시기 동포들의 스포츠 활동은 각지에 설립된 강습소와 학교를 중심으로 전개되었다.[25] 동포들의 밀접 거주지에는 축구팀과 야구팀이 만들어졌고 지역별 대항전도 자주 열리면서 스포츠 활동이 크게 진작되었다. 그러나 1948년 일본 정부와 GHQ의 탄압으로 인해 '한신교육투쟁'이 발생하고 뒤따라 조련 해체와 학교폐쇄령이 내려지

23) 조련 체제하에서 재일스포츠 활동은 해방 후 재일동포의 첫 전국대회였던 제1회 전국조선청년축구대회(도쿄, 고라쿠엔 운동장, 1945.4.15~17)를 비롯하여, 조련 도쿄도 본부가 주최하고 2만 동포가 참석한 도쿄 청년대운동회(고라쿠엔 운동장, 1945.7.14.), 제1회 게이한신(京阪神) 조선인축구대회(니시노미야 구기장, 1945.9.30.~10.2), 재일본전조선인축구대회(조련 효고현 본부 주최, 아카시 공원, 1945.10.18~22) 등이 개최되었는데, 이는 조련 산하 문화단체 각 지부들이 주관한 스포츠행사였다. 琴榮進, 『在日朝鮮人スポツ史年表』, 在日本朝鮮人體育聯合會, 2014, p.15.

24) 정희선, 『재일조선인의 민족교육운동』, 선인, 2014, pp.76~105.

25) 금영진, 『在日朝鮮人スポツ史年表』, p.15.

면서 민족교육운동과 스포츠 활동은 구심점을 잃고 폭력적으로 중단되었다.

조련 해산 이후 학생동맹('학동'), 상공회, 교육자회 등이 기간조직의 보전에 나섰으나 한국전쟁이 발발하면서 1951년 1월에야 '재일본조선통일민주전선'(이하 '민전')을 출범시킬 수 있었다. 민전의 출범은 조련 이래로 한국전쟁 속에서 북한 지지노선과 '공화국 공민'으로 키우기 위한 조선학교 설립을 촉발시켰으나 일본 정부와 GHQ의 지속적 탄압 속에 조선인학교 설립은 지연되었다.[26]

정전협정 체결을 앞둔 1953년 6월이 되자 '재일본교토부체육협회'(회장 이도영)가 결성되었고 재일조선인들의 스포츠 활동을 재개하려는 노력이 본격화되었다. '가나가와(神奈川)현 조선인연합운동회'(1953.6.14)나, 도쿄에서 개최된 '전(全) 간토(関東) 조선학교연합운동회'(1953.10.20.) 등이 그 전조였다. 잇단 체육협회 결성과 함께 각지에서 다양한 연합운동회가 개최되면서 "체육을 단순한 체육활동으로가 아니라 그것을 통하여 (중략) 조선민족의 단결된 위력을 시위하며 세계여론을 환기"하고 "재일교포운동의 중요한 고리"[27]로 활용하기 시작했다. 민전을 비롯한 재일조선인 사회의 움직임은 '재일본조선인체육연합회'(이하 '체련') 결성으로 이어졌다. 민전의 체육단체 결성 노력은 북한의 '(인민) 체육'[28] 대중화와 조직화의 연장선이었던 셈이다.[29]

---

26) 민전의 민족교육운동에 관해서는 정희선, 『재일조선인의 민족교육운동』, pp.203~236.

27) 김세형, 『재일조선인체육발전연구』, p.25.

28) '체육'이라는 용어는 학교체육을 염두에 둔 것이나, 조련의 북한 지지노선을 감안하여 '북한의 체육' 개념을 참조할 필요가 있다. 북한에서 체육은 "신체의 발육과 건강을 증진시키며 정확하고 민활한 동작을 할 수 있도록 신체를 다방면적으로 발전시키"는 행위이며 "집단주의 정신과 혁명적 동지애, 굳센 의지, 규율준수에 대한 자각성과 책임

'조국해방전쟁승리 1주년'을 기념한 '재일조선청년체육축전'이 1954년 7월 26일부터 3일간 도쿄 메이지 진구가이엔(明治神宮外苑)과 무사시노시(武藏野市) 경기장에서 개최되었다. 15개 도도부현을 대표하는 선수 400여 명이 축구, 육상, 정구, 씨름 등의 종목에 출전하였다. 수천 명의 동포 관중들이 응원하며 축전은 성황리에 끝났다. 체육축전이 끝나고 난 뒤, 대회에 참가한 각 지역, 종목별 대표 150명이 도쿄 시타야(下谷) 공회당에 모여 '체련'을 출범시켰다. 재일본조선인체육연합회에서는 체련의 활동을 '총련의 체육사업 방침'에 따른 것이었으며 '총련의 애국적 체육사업을 담당하는 대중단체로서 중요한 역할'을 담당한 것이라 언급했다. 김세형은 "총련이 결성됨으로써 우리 재일조선인들이 공화국의 당당한 해외공민으로서 자기들의 사명과 임무를 더 잘 수행해 나갈 수 있게 되었다"[30]라고 기술하고 있다.

1954년, 체련 출범 이후 산하의 각 지방체육협회가 속속 결성되었

성 등 고상한 사상과 도덕품성을 배양"하는 신체활동으로, "국방력을 강화하고 사회주의 공산주의 건설을 성과적으로 수행하는 데 이바지"하는 목적을 가지고 "혁명과 폭동의 시대에 상응하게 사회주의 건설을 다그치며 미제의 격화되는 침략책동에 준비 있게 대처할 수 있도록 (중략) 몸을 튼튼히 연마하는" 행위이다. 이 개념은 "자본가들의 유흥을 위한 단순한 오락도구" "돈벌이수단" "유흥거리"가 아니라 "전체인민을 위한" 것임을 명시하고 있다. 조선인민민주주의공화국 사회과학원, 『정치용어사전』, 구월서방, 1970, p.604.

29) 1953년 8월 김일성은 당중앙위원회 6차 전원회의에서 "학교, 공장, 농촌을 비롯한 모든 곳에서 체력 향상을 위한 대중적 운동을 전개할 것과 체육단체의 복구, 운동장과 수영장 같은 체육시설의 설치를 교시"하였고, 그에 따라 1954년 6월 24일, 내각 직속의 체육지도위원회가 조직되고(위원장 최용건), 그해 8월에 마련된 「공화국 체육사업 발전을 위한 안」에 따라 1955년 6월까지 1단계 인민 체력강화와 종목별 경기단체 조직, 인민체력검정 실시, 경기장 등의 시설 및 기자재 재정비, 체육교양사업 강화와 운동경기기술의 향상이 결의되었다. 민족통일체육연구원 편, 「해제편」, 『북한체육자료해제집』, 단국대출판부, 2002, p.13.

30) 김세형, 『재일조선인체육발전연구』, p.33.

다. 해방 직후 출범한 오사카부 체육단체(1945.12)를 비롯하여, 교토부(1953.6), 도쿄도(1954.7), 사이타마현(1955.7), 미야기현(1956.8), 가나가와현(1957.7), 이바라키현(1959.9), 효고현(1960.8), 아이치현(1961.4), 군마현(1964.7), 기후현(1964.7), 와카야마현(1964.12), 히로시마현(1964.12) 등 13개 지역에 이르렀다.[31] 체련 산하의 종목별 경기단체로는 중앙경기협회 산하에 재일조선축구단이 1961년 8월에 가장 먼저 창단되었다. 또한 도쿄하계올림픽을 전후로 축구협회(1964.1), 유도협회(1964.1), 배구협회(1964.6), 야구협회(1964.7), 사격협회(19645.3), 골프협회(1965.3), 탁구협회(1965.4) 등이 결성되면서 종목별 경기대회가 개최되기 시작했다.[32] 이처럼, 체련은 산하단체와 종목별 경기단체를 출범시켜, 동포 사회에 대한 체육·스포츠의 대중화, 기술향상, 학교 서클활동 등을 지도, 지원하며 조직적인 활동을 해 나갔다.[33]

이렇게 한국전쟁 발발과 함께 침체의 늪에 빠졌던 재일조선인 스포츠 커뮤니티 한 축이 복원되었다. 1955년 5월 총련 결성, 1957년부터 시작된 북한의 교육비 원조와 장학금 송금, 1959년 시작된 '귀국사업'

31) 2013년 현재 체련 산하 지방체육협회는 岡山현, 福岡현, 西東京, 山口현, 千葉현, 北海島, 三重현, 奈良현, 新瀉현, 滋賀현, 長野현 등을 포함해서 모두 25개에 이른다. 금영진, 『在日朝鮮人スポツ史年表』, p.292.

32) 이후 결성된 종목별 경기단체는 2013년 현재, 권투협회(1983.10), 정구협회(1985.7), 육상경기협회(1986.6), 投球(럭비)협회(1990.6), 圍碁(바둑)협회(1991.7), 등산협회(1995.8), 역기(역도)협회(2000.7), 공수도협회(2001.7), 예술체조협회(2008.11) 등 모두 17개에 이른다. 금영진, 『在日朝鮮人スポツ史年表』, p.293; 白宗元, 『朝鮮のスポツ2000年』, 拓殖書房, 1995, pp.254~267.

33) 체련 중앙본부가 주최하는 재일조선인중앙체육대회는 1954년부터 개최되는데 제1회 대회의 명칭은 '조선전쟁승리1주년기념, 전국재일조선청년체육대회'(개최지, 도쿄)였다. 제2회 대회는 '8.15해방 10주년 기념 조국평화통일촉진체육축전'(개최지, 사이타마)이었으며 1961년과 1969년을 제외하고는 거의 매년 개최되었다. 금영진, 『在日朝鮮人スポツ史年表』, p.294.

등은 재일조선인사회가 북한의 해외공민정책에 부응하며 유대를 강화하는 분기점으로 작용했을 뿐만 아니라 재일조선인 체육 스포츠의 대중화와 기술 향상, 학교서클활동 활성화와 같은 결실로 나타났다.

'이식형' 국민교육기(1955~1962)[34]에 해당하는 이 시기에는 특히 초급과정의 조선학교에서부터 조선대학교에 이르는 전 교육과정을 망라한 체계가 완비되었다.[35] 북한에서 송금한 교육원조비와 장학금은 150여 개에 이르는 조선학교의 민족교육, 체육 스포츠 활동을 촉진하는 자금원이 되었다.[36]

조선학교에서 육성된 체육 스포츠인재들은 동포체육·스포츠의 기반을 형성하면서 스포츠 생태계의 실질적인 변화를 불러왔다. 종목별 체육단체로는 처음 조직되었던 재일본조선인축구협회는 1961년부터 '재일조선중고급학교 축구경기대회'를 개최하면서 '재일' 스포츠 커뮤니티의 저변 확대에 크게 기여했다.[37] 이 대회에는 지역에서 선발된 조선학교 중등부, 고등부 축구팀이 출전했다. 대회의 역할은 우수선수의 육성과 발굴로 이어지는 시스템을 제도화하는 것이었다. 우수선수 양성은 우수한 축구팀 결성으로 이어졌다. 1960년대까지만 해도 축구 프로리그가 없었던 일본에서 1961년 8월 결성된 재일조선축구단과 조

34) 배지원·조경희 편, 『재일조선인과 조선학교』, 2017, pp.35~64.

35) 재일본 조선대학교 설립과정과 인가 등, 초기 역사에 관해서는 김은숙, 「재일본 조선대학교 연구(1956~1968)」, 성균관대 석사학위논문, 2008 참조할 것.

36) 조선학교의 초기 민족교육은 '공화국 이식교육'을 지향했다. 1953년 북한에서 보내온 교과서를 번각 사용하였으나 조선학교의 '재일'의 상황에 부합하지 않는 북한의 반제투쟁에 관한 교육내용들을 배제, 개편하려는 움직임이 1956년부터 가시화되어 60년대에 들어서면 '재일형' 국민교육으로 전환된다. 배지원·조경희 편, 『재일조선인과 조선학교』, 2017, pp.35~48.

37) 금영진, 『在日朝鮮人スポーツ史年表』, pp.306~307.

선대학교 축구팀은 전일본대표축구팀, 대학축구의 절대강자였던 와세다(早稲田)대 축구부, 실업축구의 명문이었던 니혼게이킨조쿠(日本輕金属) 축구팀, 야하타세데쓰(八幡製鉄) 축구팀과 대등한 경기를 펼치면서 아마추어축구의 강팀으로 자리 잡았다. 이들의 활약은 재일조선인의 민족적 자긍심을 높이는 한편, 일본 지역사회와의 스포츠 교류 활성화를 이끌었다.[38]

> 한편 재일조선축구단의 적극적인 활동의 영향 밑에 총련의 각급 학교들과 동포들 속에서 축구가 활발히 벌어지게 되면서 1965년 9월 현재 도꾜조선고급학교 축구소조는 일본고등학교 및 일본대학들과 250회의 경기를 진행하여 200회나 승리하는 성과를 이룩하였으며 조선대학교 축구소조 역시 40회 대전하여 매번 이기는 성과를 달성하였다./ 뿐만 아니라 일본 각지의 조선고급부, 중급부들도 일본학교들과의 친선경기에서 련전련승하는 성과들을 거두었다.[39]

인용 대목에서는 축구를 중심으로 한 각급 학교 체육소조의 활성화와 일본 지역사회와의 스포츠 교류를 통해 체육 스포츠 생태계가 형성되는 구체적인 면모를 확인해 볼 수 있다. 체련의 체육 스포츠 활동은 해외공민으로서 위상 제고뿐만 아니라 '재일'의 조건에서 일본 체육계와의 교류를 통해 민족적 일체감과 친선 교류 확대라는 성과를 낳았다.

이렇듯, 체련의 결성은 조련의 민족교육과 자연발생적 비조직적이었던 스포츠 커뮤니티의 조직화와 대중화를 가능하게 만든 분기점이었

38) 체련 상임리사회, 같은 책, pp.12~13. 1962년 재일축구단 소속 선수였던 성문경, 이창석은 처음으로 북한의 '체육명수' 칭호를 받았다. 금영진, 『在日朝鮮人スポーツ史年表』, p.30.

39) 김세형, 『재일조선인체육발전연구』, p.48.

다.[40] 체련과 산하조직들은 민족교육의 현장에서처럼 '재일'의 조건에 맞게 체육 스포츠의 조직화와 대중화, 학교체육 기반을 조성하는 데 힘썼다. 민족교육을 위한 조선학교의 전 교육체제 완비, 학교체육 부흥과 체육지도자 양성이라는 제도적 기반 조성, 체련과 그 산하 종목별 경기단체가 주관하는 각종 대회 개최, 이를 통한 체육 스포츠 인재 육성 등은 체련이 거둔 중요한 공과였다. 이렇게 1950년대 중반부터 재일조선인사회에서 체육 스포츠는 총련의 등장과 함께 산하기구로 재편되었고 조직 재건을 통해 체육대중화와 조직화, 학교체육에 기반을 둔 체육 스포츠 생태계 구축과 북한과의 연계, 일본 및 국제 스포츠 교류 활성화 등의 분기점을 형성했다.

4. '재일본대한체육회'의 탄생과 모국과의 제휴

앞서 언급했듯이 한국전쟁은 좌우 민족단체의 활동만이 아니라 재일조선인 스포츠 커뮤니티의 활동도 전면 중단시켰다.

한국전쟁 발발 전까지 민단 계열 스포츠 커뮤니티로는 1947년 4월 설립된 재일본조선체육협회(회장 채수인, 이하 '재일체협')이 있었다. 이 단체는 조련의 좌경화에 반발한 반공청년들이 주축이 되어 재일조선건국촉진청년동맹(1945.11. '건청')을 결성했고, 그 산하에 가라테 무도인

40) 체련 상임이사회에서는 조련 시기의 각 지방 체육조직들이 전국적인 조직으로 확대되지 못한 점, 종목별 조직과 대중적 체육서클 같은 하부조직이 거의 구성되지 못한 점, 각지의 체육행사가 활발하게 전개되었으나 조직적이고 계통적이지 못했고 혹심한 탄압 속에 분산적, 자연발생적으로 진행되었다는 점을 한계로 지적하고 있다. 체련 상임리사회, 같은 책, p.8.

들이 주축을 이룬 체육부와 축구동호인들이 중심이 된 학생동맹 축구부가 힘을 합쳐 결성한 체육인 중심의 스포츠 커뮤니티였다.[41] 이들의 활동은 “재일동포의 체력 향상, 품성도야, 대동단결을 목표”로 삼는 한편, “국제친선을 도모하는 것”을 취지로 삼았다.[42] 이들 조직은 조련에 비해 조직면에서나 자금면에서 열세를 면치 못한 현실이었다. 일본에서는 어느 민족단체이든 허가를 받지 못했기 때문에 임의단체로 활동해야 하는 제약이 적지 않았다. 총련의 스포츠 커뮤니티는 조선학교와 민족교육운동으로 저변을 확보한 반면, 재일체협은 주로 상공인들의 후원을 받는 체육동호인의 성격이 강했다. 때문에 재일체협은 주둔군과의 친선시합, 각종 축구대회에 참가하거나 조련계 스포츠단체와 친선경기 같은 스포츠 활동에 주력했다.

재일체협이 모국과 교류하게 된 직접적인 계기는 1947년 보스턴마라톤 대회에서 우승하고 귀국길에 일본에 잠시 체류했던 서윤복 선수와 손기정 감독의 환영행사를 개최하면서였다. 이 행사에서 재일체협 지도부는 모국의 체육관계자들과 접촉하였고 이를 계기로 채수인 회장 일행이 한국의 전국체전을 참관하며 모국 스포츠와 교류하는 물꼬를 트게 되었다. 이후 재일체협은 1948년 1월 스위스 생모리츠 동계올림픽, 같은 해 7월 런던 하계올림픽, 전쟁 중이던 1952년 헬싱키 하계올림픽에 출전하는 모국 대표선수단의 경비 마련을 비롯하여 모국 스포츠 발전을 위한 인적 물적 지원과 재정적 후원을 아끼지 않았다.[43]

정전협정을 앞둔 1953년 5월, ‘대한체육회 일본지부’의 필요성을 절

41) 재일 체협의 결성과정에 관해서는 유임하, 「전후 재일조선인 스포츠커뮤니티의 기원과 형성(1945~1950)」, 『일본학』 48, 동국대학교일본학연구소, 2019, pp.74~78.

42) 『재일본대한체육회』, p.103.

43) 위의 책, pp.102~103.

감한 축구인들이 주동이 되어 기존의 '재일체협'을 발전적으로 해체하고 '재일본대한체육회'(회장 유태하, 이하 '재일체육회')가 탄생했다. 1953년 동남아 순방 중 일본을 방문했던 대한체육회와 축구협회 이사였던 이유형[44]이, 일본 주오(中央)대학 축구선수였던 동생 이유철과 축구인들에게 '대한체육회 일본 지부'로서 '체육회 설립의 필요성'을 제안했고, 이에 적극 호응한 축구인들과 상공인들을 주축으로 체육회를 출범시켰다는 일화가 전한다. 당시 주일대표부 참사관을 '재일본대한체육회' 회장으로 추대한 것은 한일 간 미수교 상태에서 본국의 여권 발급을 받거나 '재입국' 허가를 받아야 하는 불편함을 해소하기 위한 방편이었다.[45]

재일체육회의 출범은 전전 체육인들이 주도해서 전전(戰前)의 스포츠 네트워크가 해소된 뒤 본국과 동아시아에 걸쳐 있던 스포츠 네트워크의 재편으로 볼 여지가 충분하다.[46] 1948년 런던 올림픽 출전, AGF

44) 이유형(李裕瀅, 1911~2003): 황해도 신천 출생. 평양 숭실고보, 연희전문 상과 졸업. 1942년 매일신보 기자로 입사, 서울신문·경향신문사 체육부장을 역임하는 동안 많은 체육·스포츠 평론을 썼다. 1935년 학생 신분으로 조선대표팀 선수로 선발되어 일본축구선수권 대회에 출전하여 우승함. 1938년 함흥(咸興) 축구단 감독 겸 선수로 전일본축구대회에 참가, 제패하는 등 여러 차례 우승함. 일본 축구 대표팀 선수 역임, 건국 후 1948년 제14회 런던 올림픽에 한국 대표팀 선수로 참가함. 현역 은퇴 후 대한체육회 총무이사(1951), 제15회 헬싱키 올림픽 대표단 임원(1952), 대한축구협회 이사장(1953), 제1회 아시아축구선수권대회 대표단장 겸 감독(1956) 등을 역임함. 이태신, 『체육학대사전』, 민중서관, 2000.

45) 재일본대한체육회60년사편찬위원회, 『재일본대한체육회60년사』, pp.117~118; 大島裕史, 『魂の相克−在日スポツ英雄列傳』, 講談社, 2012, pp.100~109.

46) 이유형은 당시 축구협회 이사 겸 국가대표팀 감독이었으나 전전(戰前)에는 일본국가대표 선수이기도 했다. 그는 당시 일본 대표팀 감독이었던 다케노코시 시게마루(竹腰重丸)와도 친했다. 한국 대표팀 코치였던 배종호 또한 전전 와세다대학 축구부 주장 출신이었고 선수로 출전한 박규정, 민병대 또한 전전에는 일본 대표팀 선수였다. 최정민은 북한 인민군 병사로 한국전쟁이 참전했다가 한국 측으로 탈출한 인물이었다. 大島裕史, 『魂の相克−在日スポツ英雄列傳』, p.105.

(아시아 경기연맹)과 IOC(국제올림픽위원회) 가입을 위해, 이상백이 전전의 스포츠 네트워크와 국제적 인맥을 동원하며 대회 참가를 비롯한 제반 성과를 거둘 수 있었다. 이 같은 스포츠외교의 역량은 그가 확보했던 전전의 제국 일본 스포츠분야의 명망 때문이었다.[47)]

한편, 갓 출범한 재일체육회의 당면과제는 모국의 전국체전 참가를 비롯한 '스포츠를 통한 한일 간의 교류 확대'였다. 재일체육회는 1953년 10월 17일부터 닷새 동안 서울에서 열린 전국체육대회에 참가하기 위해 처음으로 재일동포로 구성된 축구선수단 25명을 구성, 파견했다. 단장은 재일체육회 산파역을 했던 정용수(鄭龍洙, 축구선수, 도요멘카東洋綿花 촉탁), 감독은 일본 주오(中央)대 축구부 선수 출신의 김동춘(金東春)이었다. 김동춘은 감독직 수행 외에도 재일체육회의 열악한 재정 때문에 본인 파견선수단의 강화훈련과 대회참가비를 부담하며 선수단을 이끌어야 할 형편이었다. 처음 전국체전에 참가한 재일체육회 축구선수단은 중압감 때문에 성과보다는 참가에 만족하며 고국의 환대를 받았다. 이후 재일동포들의 전국체전 참가는 재일체육회의 주요 행사이자 전통으로 자리 잡으면서 경기 분야나 선수단 규모를 차츰 확대해 갔다.

한편, 재일체육회 출범과 함께 맞이한 긴급한 일은 1954년 3월 동경에서 개최될 예정이었던 스위스월드컵 지역예선 한일전이었다.[48)] 당시

---

47) 대한체육회, 『대한체육회90년사1(1920~1990』, 2010, pp.175~176, 181~182.

48) 한국 대표선수단 지원을 위한 조직 정비를 거쳐 후원회가 결성되면서 모금활동에 나섰다. 동경지구를 시작으로 관서지구, 일본 전역을 돌며 재일 상공인들에게서 거액의 자금 지원을 얻어냈을 뿐만 아니라 역도산도 거액을 기부할 만큼 동포들의 호응이 이어졌다. 지역예선전이 끝난 뒤 남은 모금은 동경 시합을 위해 대한축구협회가 빌린 부채를 갚고 기금 조성에 사용되었다고 전한다. 재일본대한체육회60년사편찬위원회, 『재일본대한체육회60년사』, pp.119~122.

한일 간 미수교 상태였던 까닭에 전국체전에 참석했던 임원진은 당시 대한체육회와 소통하며 대회 성사를 위해 백방으로 노력했다. 1952년 당시 한일관계는 한일회담의 난항과 '이승만 라인' 획정 등으로 한일관계가 최악의 상태였던 탓에 난관에 봉착했다. 현해탄을 오가며 모국의 체육계와 수십 차례 절충 끝에 재일체육회는 대한체육회의 지지를 얻어내고 월드컵 지역예선전의 동경 개최 건에 대한 이 대통령의 재가를 어렵사리 받아냈다. 행사 추진을 위한 준비에서부터 마무리과정에 이르기까지 재일체육회는 축구대표팀 원정경기를 위한 모든 편의와 재정 지원의 역할을 떠안았다.

재일체육회는 조련 산하의 체련에 비해 조직에서나 동포들의 지지도에서 크게 열세에 놓여 있었다. 조직의 열세는 한국 정부의 재일조선인에 대한 '기민정책'에서 비롯된 것이었으나, 본국의 혼란한 정치상황과 친일청산의 부재, 신생국가의 낮은 공신력, 여권 발급 대행을 맡은 민족단체의 이권 개입, 민족단체를 한국 진출의 발판으로 삼는 재일 인사들의 관행 등도 조직 열세의 복합적인 원인으로 작용했다. 재일체육회는 모국 체육회의 지부 역할을 자임하면서 현안을 적극적으로 실행하고 모국과의 스포츠 교류 성과를 차근차근 축적하며 조직 열세를 만회해 나갔다. 1954년 월드컵 지역예선전에서 한국 축구가 해방 이후 일본대표팀과 맞붙어 1승 1무로 스위스 본선에 진출한 것도 재일체육회가 후원하며 거둔 값진 성과의 하나였다.

재일체육회는 열악한 재정 상태에도 불구하고 고국의 전국체전 참가로 스포츠 교류를 확대해 나갔다. 정전체제로 전환된 시기의 모국은 가난 때문에 재정적 지원을 받기란 엄두도 내지 못할 형편이었다. 그런 까닭에 재일 상공인들의 찬조 외에는 재원 마련 자체가 어려운 상태였다. 선수단의 체류 경비 대부분은 모국에서는 부족한 물자를 가지고 가서 이를 처분한 비용이거나 여권 발급대행으로 마련한 경비였다. 이런 형편에서 1956년 7월, 재일체육회가 마침내 모국의 대한체육회 일본지부로 인정받았다.

1958년 동경 아시아경기대회는 1964년 동경 하계올림픽 개최를 위한 사전행사의 성격이 강했다. 모국의 대한체육회에서는 156명에 이르는 대규모선수단을 파견했는데 이는 총련 조직의 우세함과 맞서는 것을 넘어 재일동포의 사기진작을 위한 조치였다. 재일체육회는 대사관과 민단의 협조체제를 구축하여 후원자금 모금에 나섰다. 재일체육회에서는 정건영, 신희, 정용수 등의 주요 임원들이 모국의 선수단 지원에 나섰다. 1958년 도쿄 아시아경기대회에서는 손기정 사단의 이창훈이 마라톤에서 우승하였고, 대회 첫 출전이었으나 한국의 필드하키팀이 3위에 입상했다. 필드하키팀은 오사카의 민족학교 중 하나인 건국(建國)고등학교 출신 OB선수와 대학 재학생, 건국고 재학생 선수로 구성되어 있어서 재일동포 사회의 자긍심을 높여주는 계기가 되었다. 1964년 동경올림픽에서 유도 첫 동메달을 고국에 선사한 덴리(天理)대 출신 김의태[49] 또한 재일 2세였다.

1958년 12월, 전국체전 참가 예선전을 겸한 제1회 재일한국체육대회가 개최되었다. 이와 함께 축구 분야에서 재일 2세 우수선수를 발굴하기 시작했다. 1959년 2회 대회부터는 '귀국사업'과 총련 산하 체련의 체육대회와 경쟁하며 야구, 농구, 탁구, 육상 등의 종목별 경기대회로 확대 개최하였다.

---

49) 김의태(金義泰, 1941~): 일본 효고현 출생. 재일 2세. 한국 최초의 유도 올림픽 동메달리스트. 1964년 동경 하계올림픽 유도 미들급(80kg) 동메달리스트 획득. 1976년 하계올림픽 한국 유도대표팀 감독. 일본 덴리(天理)대학 교수 역임.

이러한 움직임은 1961년 '재일대한체육회 간사이(関西)본부(회장 이희건)'[50]에서 잘 확인된다. 간사이본부 결성에서 '재건총회'라는 명칭을 내건 까닭은 휴면상태에 있던 '재일교포유도선수권대회'의 복원 때문이었다. 간사이지구의 체육 스포츠 활동 비중은 재일체육회의 전국체전 파견선수의 대부분을 차지할 만큼 컸다. 이곳은 선수단 선발에서 관리 운영비용에서 지역의 유력 상공인이었던 이희건의 전폭적인 지원이 있었다. 앞서 언급한 필드하키팀과 김의태 선수의 지원, 본국 유도 선수들의 전지훈련을 위한 초청 경비 등이 전적으로 그의 후원으로 조성되었다.[51] 이런 일화들은 몇몇 상공인에 의존한 모금방식과 체육회 중심의 체육행사 운영 행태와 관련해서 재일조선인 스포츠 커뮤니티의 강점과 한계를 동시에 보여준다.

그러나 재일체육회의 많은 공헌 중 고국 스포츠 발전을 위한 모금과 기술지원, 이들의 역량이 발휘된 체육 스포츠의 네트워크는 한국체육사에 기여한 공적으로 기억해야 할 대목이다. 1963년 대한체육회 회장을 맡아 도쿄 하계올림픽을 총괄 지도했던 민관식의 회고에 따르면,[52] 올림픽을 앞두고 체육단체 정비와 일본 동포사회를 호명하며 우군화를 주문하며 재일스포츠인재들이 북한 대표로 출전하는 전략을 수립했다. 주일대표부를 정점으로 민단 인사들(정건영, 김태일, 강수명, 김기숙, 선무상 이도술, 최서면, 배경련, 이유천, 김안수 등)은 도쿄올림픽에 참가하는 선수단을 위한 후원회를 조직했다. 민단, 대한부인회, 한국인신용

50) 이희건(李熙建, 1917~2011): 경산 출생. 메이지(明治)대 졸업. 금융가. 1955년 동포 상인들을 규합하여 신용조합인 大阪興銀 설립(후에 関西興銀으로 개칭). 재일동포의 순수민간자본으로 된 신한은행 설립.

51) 재일본대한체육회60년사편찬위원회, 『재일본대한체육회60년사』, pp.140~141.

52) 민관식, 『끝없는 언덕』, 광명출판사, 1972, pp.35~85.

조합, 한국학생동맹, 재일한국인 상인연합회, 재일한국인예술문화협회 등이 후원회의 모체가 되었다. 후원회는 우수한 선수들을 도일시켜 현지훈련을 할 수 있도록 지원했고, 올림픽촌 내에 한국관 설립을 통한 한국 문화 전파문제, 동포들의 응원대 동원 계획들을 숙의했다. 1억 엔 모금운동을 촉발한 것도 후원회의 공과였다. 마라톤, 복싱, 레슬링 등 유망종목 1진 35명의 전지훈련을 위한 재정적 인적 지원을 맡은 것도 후원회였다.

도쿄 하계올림픽에서 남북 대결로 이어질 가능성은 세계연합(UN)에서 탈퇴한 인도네시아와 비동맹국가들의 '신생국가경기대회'(일명 자카르타 가네포대회, 1963.11)가 국제올림픽위원회(IOC)와 대립 속에 무산되었다. 국제올림픽위원회는 가네포대회를 문제 삼아 북한의 가네포대회 참가선수들의 올림픽 참가자격을 12개월간 박탈했다. 이로써 가네포대회에서 비공인 세계신기록을 세우며 금메달 3개를 획득한 신금단과 북한선수 6명은 올림픽 출전 자격을 박탈당했다. 국제올림픽위원회의 이 같은 결정은 인종차별책을 펼친 남아공 외에 인도네시아의 출전자격 박탈의 연장선에 있는 것이었다. 올림픽 위원회의 결정은 북한 대표선수단의 도쿄 하계올림픽 보이콧으로 이어졌다. 이렇듯, 아마추어정신을 기조로 한 스포츠 메가이벤트에서 동서 냉전의 각축은 1964년 도쿄 하계올림픽에서조차 예외적이거나 낯선 장면이 아니었다. 그러나 이 와중에 대회의 막후에서는 남북 분단의 냉혹한 대치국면이 신금단 부녀 상봉 실패로 드러났다. 신금단 선수의 가족사적 비극이 널리 회자되었으나 정작 월남한 아버지와 신금단의 부녀 상봉을 어렵사리 성사시킨 것도 재일사회의 중지를 모은 값진 결과였다. 남북의 대치는 재일사회에서나마 잠시 연결되고 소통되었던 셈이다.

도쿄올림픽에서 한국은 은메달 2개, 동메달 1개를 획득하여 종합순위 26위를 차지했다. 올림픽 메달의 주인공은 재일동포후원회에서 전지훈련을 받았던 장창선(레슬링, 자유형 플라이급)과 정신조(복싱, 밴텀급), 동메달을 획득한 김의태(金義泰, 1941~)였다. 김의태는 유도 종목으로는 처음으로 모국에 메달을 안긴 효고현 출신 재일 2세였다. 한국의 올림픽 도전 역사에서 첫 금메달을 거머쥔 양정모가 출전한 1976년 몬트리얼 하계올림픽에서 김의태는 지도자로서 한국 유도 대표팀 감독을 맡았다.

한국스포츠가 재일사회로부터 받은 재정적 후원과 물적 혜택은 어느 한 종목에 국한되지 않았다. 재일사회의 후원이 가장 두드러진 종목으로는 단연 야구가 꼽힌다. 하지만, 축구, 유도, 펜싱, 레슬링, 여자배구, 육상, 사격, 골프, 체조, 빙상 등도 재일 2세 출신 선수들이 기여한 공적과 지도자들의 활약을 기억하지 않으면 안 된다. 이들이 헌신하고 기여한 모국 스포츠 발전의 몫이 우수선수 발굴과 기술지원을 통해 축적된 것이라는 점에서 모국의 것으로만 인용되어서는 곤란하다.

장훈의 경우처럼,[53] '재일'의 가난과 인종차별을 넘어 사회적 편견으로 가득한 일본 사회에서 재일 2세라는 서발턴이 역경을 딛고 일어선 사례는 처절한 데가 있다. 그가 초국적인 스포츠문화 아이콘이 되기까지에는 가족 외에는 아무런 도움 주는 이가 없는 것이 현실이었다. 장훈의 재능과 근성을 눈여겨본 것은 가족과 뛰어난 재일조선인 스포츠 지도자들이었다. 스포츠 인재와 지도자가 만나 마련한 삶의 계기는

53) 장훈, 성일만 옮김, 『일본을 이긴 한국인』, 평단문화사, 1993, p.22. "프로야구 선수들이 김이 무럭무럭 나는 냄비에서 고기를 집어 먹거나 계란을 3 4개씩 툭툭 깨어먹는 것을 지켜보던 우리는 그 호화로운 식탁에 넋을 잃었다. 지금은 풍요로운 생활에 젖은 젊은 세대들에게는 별거 아닐지 모르겠지만 일본 전체가 굶주림에 허덕이던 당시 울타리 밖에서 바라보던 우리들에게는 눈알이 튀어나올 정도였다. '정말 굉장한데!' 어린 내 마음에는 선수들 얼굴보다 그들의 음식에 더 끌렸을지도 모른다."

재일사회가 가진 공동체로서의 역량에서 비롯된 것이다. 그가 모국을 방문한 순회경기에서 조명 받으며 스포츠스타로 발돋움하기까지에는 가난과 인종차별도 있었지만 가족의 헌신과 희생, 지도자의 관심과 격려, 삶의 도약을 가능하게 해준 재일사회의 지원이 있었던 셈이다. 가난과 인종적 편견에 노출된 재일사회의 조건을 넘어선 반전의 드라마는 재일조선인 스포츠와 동아시아에 걸쳐 있는 네트워크와 혼종성과 문화적 위상을 잘 보여준다. 그가 활동한 영역은 모국과 연계되어 있었으나 일본 스포츠문화였다는 점을 부인하기는 곤란하다. 모국지향성과 모국과의 연계에도 불구하고 재일 2세 스포츠인들이 개척한 사회적 영역은 재일이라는 조건을 딛고 성공적으로 일본 사회에 안착한 전문인의 값진 성취라는 점에서 그러하다.

5. 재일스포츠와 동아시아적 재편

지금까지 이 글은 1950년 한국전쟁 발발 이후부터 한일기본조약이 체결되는 1965년까지 재일조선인 스포츠 커뮤니티의 탄생과 전개과정에 주목했다. 이를 위해 먼저, 문화적 차원에서 일본 사회와 재일스포츠의 문화적 연관을 살펴보면서 1950~60년대 문화적 아이콘으로 등장한 '리키도잔'과 '오야마 마쓰타쓰'의 사례가 미일관계 속 일본정신의 표상으로 부각되었음을 짚어보았다. 이들 스포츠영웅은 고도성장의 진입기에 TV라는 미디어 속에 재편된 '일본정신'과 은폐된 '재일'의 환유적 주체에 가깝다고 보았다.

다음으로, 조련과 총련 계열의 체련 탄생 이후 재일조선인의 체육스포츠 생태계가 만들어진 점에 주목했다. 체련은 체육 스포츠의 조직화와 대중화, 민족학교를 중심으로 한 학교체육의 토대 구축을 통해 체육 스포츠 생태계를 조성하는 한편 그 저변을 확충해 나갔다. 민족교육을 실시하는 150여 개 이상의 각급 조선학교와 조선대학교 설립으로 전 교육과정 편제를 완비함으로써 학교체육 및 스포츠 활동과 스포츠 인재 육성이 가능해졌다.

또한, 대한체육회 일본 지부를 표방한 재일체육회의 활동에서는 한국 정부의 기민정책에 따른 소외를 딛고 적극적으로 모국스포츠에 참여하며 모국스포츠 지원과 기술발전에 기여한 성과에 주목했다. 전국체전을 비롯한 모국의 각종 스포츠 활동에 적극 참여하는 한편, 모국의 올림픽 참가 지원, 모국 스포츠문화 발전에 일익을 담당했다. 전쟁 발발 이후부터 한일기본조약 체결에 이르는 60년대 중반까지, 재일체육회는 총련 계열에 비해 열세였던 조직과 활동의 한계가 있었으나 재일조선인 선수 발굴과 대회 참여를 통한 선진 스포츠기술의 이전 등, 모국 스포츠자원을 확충하는 계기를 제공하는 데 기여했다.

1950년대와 60년대 중반까지 재일조선인 스포츠는 커뮤니티의 새로운 결속을 통해 모국지향성이 강한 민족단체를 중심으로 산하기구로 자리매김하였다. 총련계나 민단계를 막론하고 재일조선인 스포츠 커뮤니티는 모국 스포츠에 대한 지원과 참여로 민족정체성을 확인하며 모국 스포츠와의 연계를 강화해 나갔다는 공통점을 가지고 있다. 재일조선인 스포츠 커뮤니티의 모국지향성은 그들이 속한 민족단체의 모국지향성과 분리해서 설명하기 어렵다. 남북한 정부는 1950년대의 재일조선인사회를 본국지향적인 민족단체를 결성하도록 유도하였다. 재일스포츠 커뮤니티 역시 그러한 추세에 따르면서도 '재일'이라는 조건에 맞는 체육 스포츠 생태계를 조성해 나갔다.

그러나 이러한 체육 스포츠 생태계는 전전의 스포츠 네트워크와는 달리 남북한과 일본 사회를 가로지르는 냉전구조에 따른 재편이었다는 점을 지나칠 수 없다. 1950년대 후반부터 재일스포츠 커뮤니티는 남과 북과 양분된 재일조선인사회를 새롭게 구획하고 재편하며 60년대 이후 체제 경쟁을 위한 스포츠 내셔널리즘을 추구했다. 이러한 냉전적 정치현실 속에서 재일조선인 사회는 '해외공민'이라는 국적성을 획득했고 스포츠를 통한 모국과의 연계를 강화하면서 남북한 스포츠 발전에 기여하는 한편, 일본 사회의 교류친선을 도모해 나갔다. 하지만 재일조선인 스포츠 생태계는 전전(戰前)의 스포츠 네트워크를 대체했다기보다 남북체제에 보다 깊이 종속되는 면모를 보이면서 재일조선인사회에 깃든 남북일 냉전구조는 한층 강화되었다.

이 글은 동국대학교 일본학연구소의 『일본학』 제50호에 실린 논문 「재일조선인 스포츠커뮤니티의 탄생과 동아시아 네트워크의 재편(1950~1965)」을 수정·보완한 것임.

참고문헌

가지무라 히데키(尾村秀樹), 김인덕 옮김, 『해방후 재일조선인운동(1945~1965)』, 선인, 2014.
강상중, 고정애 옮김, 『재일 강상중』, 삶과꿈, 2004.
강철, 정희선·황익구 옮김, 『재일코리안사 연표』, 선인, 2016.
김국현, 「한국의 스포츠적 근대」, 한국외대 박사학위논문, 2018.
김덕룡, 『바람의 추억-재일조선인1세가 창조한 민족교육의 역사(1945~1972)』, 선인, 2009.
김세형, 『재일조선인체육발전연구』, 김일성종합대학출판사, 1988.
김옥희, 『일본근대문학과 스포츠』, 소명출판, 2012.
김인덕, 『재일조선인 민족교육 연구』, 국학자료원, 2016.

김필동, 「이상백의 생애와 사회학 사상」, 『한국사회학』 28, 한국사회학회, 1994.
다케다 세이지(竹田青嗣), 재일조선인문화연구회 옮김, 『'재일'이라는 근거』, 소명출판, 2016.
다케다 하루히토, 최우영 옮김, 『고도성장-일본근현대사시리즈 8』, 어문학사, 2012.
대한체육회, 『대한체육회 90년사 1(1920~1990)』, 대한체육사, 2010.
__________, 『대한체육회 50년』, 대한체육회, 1970.
도노무라 미사루, 신유원·김인덕 옮김, 『재일조선인사회의 역사학적 연구』, 논형, 2010.
동의대 동아시아연구소 편, 『재일조선인 미디어와 전후 문화담론』, 박문사, 2018.
량영성, 김선미 옮김, 『혐오표현은 왜 재일조선인을 겨냥하는가』, 산처럼, 2018.
문경수, 고경순 외 옮김, 『재일조선인 문제의 기원』, 도서출판 문, 2016.
미즈노 나오키(水野直樹)·문경수, 한승동 옮김, 『재일조선인』, 삼천리, 2016.
민단30년사편찬위원회, 『민단30년사』, 재일본대한민국거류민단, 1977.
민단50년사편찬위원회, 『민단50년사』, 재일본대한민국거류민단, 1997.
민족통일체육연구원 편, 『북한체육자료해제집』, 단국대출판부, 2002.
박일 외, 정희선외 옮김, 『재일코리안사전』, 선인, 2012.
배지원·조경희 편, 『재일조선인과 조선학교』, 선인, 2017.
백종원, 『조선사람』, 삼천리, 2012.
서경식, 임성모·이규수 옮김, 『난민과 국민 사이』, 돌베개, 2006.
역도산 김신락, 이광재 옮김, 『인간 역도산』, 청구출판사, 1966.
오자와 유사쿠(小澤有作), 이충호 옮김, 『재일조선인 교육의 역사』, 혜안, 1999.
요시미 슌야 외, 이태문 옮김, 『운동회-근대의 신체』, 논형, 2007.
요시미 슌야 외, 허보윤 외 옮김, 『냉전체제와 자본의 문화: 근대 일본의 문화사 9 - 1955년 이후』, 소명출판, 2017.
우승호, 「재일동포학생야구단의 모국방문경기에 관한 역사적 연구」, 중앙대 박사학위논문, 2017.
윤건차, 박진우 외 옮김, 『교착된 사상의 현대사』, 창비, 2008.
____________________, 『자이니치의 정신사』, 한겨레출판, 2016.
윤인진, 『코리안 디아스포라』, 고려대출판부, 2003.
이순일, 육후연 옮김, 『영웅 역도산』, 미다스북스, 1996.
이승원, 『학교의 탄생』, 휴머니스트, 2005.
이타가키 류타(板垣龍太), 「동아시아 기억의 장소로서 力道山」, 『역사비평』 95, 역사비평사, 2011.

이태신, 『체육학대사전-인명편』, 민중서관, 2000.
이학래·김동선, 『북한체육자료집』, 한국학술정보(주), 2004.
장훈, 성일만 옮김, 『일본을 이긴 한국인』, 평단문화사, 1993.
재일본대한체육회60년사편찬위원회, 『재일본대한체육회60년사』, 재일본대한체육회, 2012.
정영환, 『해방 조선의 재일조선인사』, 푸른역사, 2019.
정진성, 『재일동포』, 서울대출판부, 2018.
정희선, 『재일조선인의 민족교육운동』, 선인, 2014.
조경희, 「한국사회의 '재일조선인' 인식」, 『황해문화』, 새얼문화재단, 2007.
조선인민민주주의공화국 사회과학원, 『정치용어사전』, 구월서방, 1970.
존 다우어, 최은석 옮김, 『패배를 껴안고』, 민음사, 2009.
존 리, 김혜진 옮김, 『다민족 일본』, 소명출판, 2019.
________________, 『자이니치-디아스포라 민족주의와 탈식민 정체성』, 소명출판, 2019.
琴榮進, 『在日朝鮮人スポツ史年表』, 在日本朝鮮人體育聯合會, 2014.
白宗元, 『朝鮮のスポツ2000年』, 拓殖書房, 1995.
呉圭祥, 『ドキユメント在日本朝鮮人聯盟(1945~1949)』, 岩波書店, 2009.
小熊英二 外 2人, 『在日二世の記憶』, 集英社, 2016.
大島裕史, 『魂の相克-在日スポツ英雄列傳』, 講談社, 2012.

한국학중앙연구원, 『한국민족문화대백과』, 한국학중앙연구원[네이버지식백과], 2017. (https://terms.naver.com/list.nhn?cid=44621&categoryId=44621)
박동희, 「박동희의 야구탐사-'슬픈 전설' 재일동포 야구단(5편)」(2009.1.19., 2011.5.27) http://news.naver.com/sports/index.nhn?category=baseball&ctg=issue&mod=read&issue_id=438&issue_item_id=8394&office_id=295&article_id=0000000193
「4.24기획_재일조선인, 그리고 조선학교」(KBS뉴스)(2019.4.20.) https://www.youtube.com/watch?v=AXkVVWRl4pE
EBS, 「불멸의 전설 재일동포야구단」(2011.2.22.)
https://www.youtube.com/watch?v=JAvGu2nzG4s
https://www.youtube.com/watch?v=JDLbsU8rKDE
https://www.youtube.com/watch?v=32JJUdTLbBo
https://www.youtube.com/watch?v=vsT1uEbwC_4

일본 속의 한국

재일한국인의 삶과 여정

곽진오

1. 시작하며

한국과 일본이 21세기에 공동으로 대처해야 할 새로운 세계질서는 통합과 지역 협력을 중심으로 19세기 후반 이래 우리가 수용해온 개별 근대 국제 질서를 넘어서는 일이다. 그러나 현재 일본의 입장은 우리의 기대와는 현격한 차이가 있다. 이는 2000년 4월 이시하라 신타로(石原慎太郎) 도쿄지사의 일본 자위대 연설에서 제3국(The Third Nations)[1] 발언을 필두로 일본의 주요 정치인들의 극우적인 발언은 한국, 중국, 대만, 그리고 주변국들의 일본에 대한 경계심은 더욱 고조 되고 있다. 이는 일본 사회에 급속도로 진행되는 고령화와 인구감소, 그리고 정주 외국인의 증가에 따른 사회적 변화에 대응하기 위해서 일본이라는 정치공동체의 성격과 구성원에 대한 자격요건을 변화시키려고 하고 있다.[2] 이러한 변화는 보통 국가를 지향하는 일본과 이에 상응하는 국민

1) 이시하라 도쿄지사가 2000년 4월 9일 육상자위대 내리마(練馬) 주둔지에서 개최된 자위대 창립식에 출석해 인사말에서 '불법 입국한 많은 3국인, 외국인이 흉악범죄를 저지르고 있다'를 교도통신(共同通信), 아사히신문(朝日新聞) 그리고 산케이신문(産經新聞) 등이 보도하면서 문제시되었던 발언이다. 『아사히신문』, 2000.4.10.

의 권리와 의무 강조에 관한 헌법개정 및 기본법제 개혁안이 구체화 되고 있다. 헌법개정 및 기본법제 개혁은 일본 국적 취득요건을 완화 시키고 헌법이 정한 차별금지 대상을 일본에 거주하는 외국인들에게 확대하는 것을 목표로 하고 있다. 이러한 국적 관련 정책의 변화는 국적법과 호적 관련 법안의 근본적인 개혁을 염두 해서 추진되고 있는 것으로 보인다. 그러나 일본을 둘러싼 국내외적 상황 변화는 기존의 재일한국인 국적 처리 방식에 대한 근본적인 재검토를 요구하고 있다. 이는 변화하는 세계화 추세 속에서 타민족이나 다른 문화를 배제하면서 존재할 수 없게 되었으며 오히려 적극적으로 수용하지 않으면 살아남을 수 없는 상황에 이르렀다. 더구나 일본의 고령화·저출산(少子化)에 따른 국내의 노동력 부족은 외국인 노동자를 유입하지 않으면 안 되는 상황으로 변하였다. 한편 재일한국인과 같은 정주 외국인은 일본 국민과 같은 납세의무를 지고 있지만 참정권 제한, 취직 등에 있어서 차별받고 있다. 그래서 재일외국인들이 추진하고 있는 지방참정권 추진 운동은 전국적인 범위에서 큰 호응을 얻고 있다. 현재 일본에는 전후 일본인으로 귀화한 사람까지 포함해서 재일한국인[3]은 약 100만 명에 이르고 있다. 재일한국인은 현재 일본에 거주하는 외국인 중 최

2) 2004년 6월에 공포된 국민 보호법은 무력 공격사태 등에 있어서 일본 국민을 보호하기 위한 관련 법률로 일본 자위대법, 무력 공격 사태대처법 등 유사법제(有事法制) 10개 법안 중 1개에 해당한다. 이는 유사시 국가가 경보를 발령, 피난을 지시하면 광역자치단체장은 주민에게 수용시설과 식량 확보, 생활필수품 제공, 의료 활동 등을 하도록 규정함으로써 기존의 주민보호법이 강화되어 일본 국민이 아닌 재일외국인에게는 상당히 불리하게 작용할 수 있는 법이라 할 수 있다. 山内敏弘 編, 『有事法制を検証する ; 9·11以後を平和憲法の坐視から問い直す』, 法律文化社, 2004, pp.312~315.

3) 이 글에서는 일본에 거주하는 한반도 관련 사람들을 재일한국인, 조선인, 재일동포 등으로 부르고 있다. 그러나 문장의 특성으로 인해 위의 용어들을 혼합해서 사용하기로 한다.

대[4]인원이기에 재일한국인에 대해 관심이 높은 것이며 이에 대한 언론보도 또한 많은 편이다. 지금까지의 재일한국인 대상 관심은 주로 1세들 대상이었지만 그러나 1980년대에 들어와서 1986년 아시안게임과 1988년 올림픽을 계기로 2세를 포함한 모든 재일한국인을 대상으로 관심을 가지게 되었다.[5] 그러나 기존의 언론보도를 보면 재일한국인 관련 내용은 주로 일본에 살고 있는 외국인의 삶의 질에 대한 보도가 주를 이루고 있다. 하지만 1990년 舊 소련의 붕괴와 탈냉전기에 접어들면서 일본 경제는 부동산시장의 침체와 주가 하락 등으로 저성장과 장기침체기에 접어든다. 이에 따라 일본은 변화를 시도하는데 이는 정치 현상의 우경화와 맞물려 일본인과 비일본인의 구별을 명확히 하려는 일본 정부의 정책에 찬반 논쟁이 활기를 띠고 있다.[6] 그러나 일본 정부에 의한 일본인과 비일본인 관련 제 정책에 관한 초점은 재일 정주 외국인의 과반을 차지하고 있는 재일한국인에 대한 차별정책의 존재 여부는 전혀 고려되지 않고 있다. 그래서 이 글은 전후 일본의 재일한국인에 대한 국적 처리 정책을 살펴보고 재일한국인에게 일본 거주 재류 자격이 어떻게 적용되어왔는지를 설명하고 있다. 그리고 현재 일본 사회에 가속화되고 있는 재일한국인의 일본 귀화 현황과 이에

4) 2022년 기준으로 일본에 거주하는 최대 외국인의 국적은 중국인이고 그다음이 재일한국인이다.

5) 在日朝鮮人社会·教育研究所 編,『神奈川の韓国·朝鮮人 ; 自治體現場から題言』, 公人社, 1984, 金原左門, 田中宏, 小沢有作,『日本のなかの韓国·朝鮮人·中国人: 神奈川県内在住外国人実態調査より』, 明石書店, 1986, 若槻泰雄,『韓国·朝鮮と日本人 ; 韓国·朝鮮人の嫌いな日本人·日本人の嫌いな韓国·朝鮮人』, 原書房, 1989, 金英達,『在日朝鮮人の帰化』, 明石書店, 1990.

6) 文道平 編著,『在日朝鮮人の歴史と展望: 近現代の朝鮮と日本の関係史』, 大阪: サツキ印刷株式会社, 1998, ほるもん文化編輯委員会,『在日朝鮮人「ふるさと」考』, 富士見印刷株式会社, 1998, 樋口雄一,『日本の朝鮮·韓国人』, 同成社, 2002.

대한 현상도 알아보려고 한다.

2. 국가와 국적

국적의 취득에는 선천적(先天的) 취득과 후천적(後天的) 취득이 있는데, 전자의 경우는 출생에 의한 국적의 취득을 말하는데 부모 국적을 부여하는 혈통주의와 후자의 경우는 자국에서 태어난 자에게 국적을 부여하는 출생지주의가 있다. 혈통주의는 부모의 국적에 따라 자녀의 국적이 결정되는 주의이며, 출생지주의는 출생지의 국적을 따르는 주의이다. 후자의 경우는 출생 이외의 사실에 의하여 국적을 취득하는 것으로 영토의 변경, 귀화와 같은 방법이 있다. 이외에도 여러 가지 경우에 있어서 국적변경의 불가피성이 발생하기도 한다(예: 혼인과 입양, 형벌로서 국적 박탈, 국가국경 변경의 경우도 국적의 국가 계승 등이 발생할 수도 있다). 한일 양국은 국적의 자유 선택을 인정하고 혈통주의를 채용하고 있다. 그래서 이번 장에서는 일반적으로 국적을 논의할 때, 국적의 조건이나 권리가 역사적으로 어떻게 변형 확대되어왔는지 알아보기로 한다. 즉 국적의 의미변화는 국가와 개인의 관계 변화뿐만이 아니라 국가 자체의 변화는 물론 국가의 구성원을 규정하는 자격이 변화하였다는 것을 의미하기도 하기 때문이다.

1) 국적의 역사

모든 법이 자연법에서 유래한다고 생각되던 17세기에는 국적의 이탈이나 변경이 인정되지 않았으나 근대 자유주의 사상의 발달이 국적 선택권의 자유를 인정하는 계기가 되었다고 하겠다. 일반적으로 우리가 알고 있는 오늘날 국적은 일정한 국가의 구성원이 되는 자격과 어떤 개인을 그 나라의 국민으로 하는가에 대해서는 그 나라의 전통·경제·인구정책·국방정책 등의 이해관계와 직접 관련되는 일이 많으므로 국제법상의 제한을 두지 않고 그 나라 국내의 관할 사항으로 되어있다. 일정한 국적을 가진 사람은 그 나라의 영토 밖에서도 그 나라의 주권에 복종하는 반면 국적에 의해 보호를 받는 것을 원칙으로 하고 있다. 또한 개인 입장에서 어떤 나라의 국민이 되는가 하는 것은 개인의 이해와 중대한 관계가 있으므로 국적의 취득이나 상실은 개인의 의사가 존중되고 있기에 그래서 국적자유의 원칙 또는 국적 비강제의 원칙이 통용되고 있다. 근대국가에서 국적은 국가와의 일반적인 관계를 나타내는 추상적인 관계, 즉 권리와 의무를 규정하는 필수적인 구성원의 자격을 부여하게 되었다. 한편 모든 개인은 존중되고 평등이 보장되었고 국가를 중심으로 한 통합과 충성이 요구되었다. 그래서 국가는 누구를 자국의 구성원으로 간주하고, 어떠한 권리와 의무를 부여할 것인가를 결정하는 권한을 갖게 되었다고 볼 수 있다.

근대국가는 국민국가의 원칙과 민주주의의 원칙에 따라서 성립·발전하였다. 모든 민족은 자신들의 주권 국가를 가지고 모든 국민은 국가에 대하여 완전한 정치적 권리를 가지는 것으로 출발하였다. 그러나 현실적으로 신생민주주의 국가들은 많은 장애에 직면하였으며 유럽의 소수민족들은 주권 국가로 출발하지 못하였다. 유럽에 존재하는 민족들은 국가의 형태를 갖추지 못하고 복잡하게 얽혀지게 되었고 국경선은 민족 구성과 관계없이 그어지게 되었다. 국민의 자격 규정은 정치적 권리를 가진 시민 즉 유권자가 누구인가를 규정하는 것이었다. 그래서 국민 모두에게 같은 성질의 권리를 부여하게 되었으며 투표에 참여하고 입후보할 수 있는 자격을 명확하게 규정하였다. 그래서 국가를 중심으로 국민을 통합하고 충성을 요구하기 위해서 국민에게만 정치적 권리가 인정되었으며 외국인은 그 대상에게 제외되었다. 그러나 1차 세계대전과 파리강화회의 이후 1919년을 전후해서 보통 선거권이 확대되는 시기에 모든 국민은 정치적 권리를 가진 유권자 또는 정치적 공동체의 구성원과 동의어로 쓰이게 되었다.[7] 한편 정치 권리가 확대됨에 따라서 국민과 국민의 테두리에 소속되지 못하는 사람 간의 격차가 커지게 되었다. 이러한 차이는 사회적 권리인 사회복지 혜택 면에서도 큰 의미를 차지하게 되었는데 이는 인간으로서 기본적 생활권을 보장받을 수 있느냐 그렇지 못하느냐는 문제와도 관련되기 때문이다. 그래서 국적 문제는 민족주의와도 관계가 깊다. 베네딕트 앤더슨이 문화적 정통성과 역사적 실체를 지닌 민족주의는 상상의 공동체(imagined community)라고 정의한 것처럼 민족주의의 발현 형태는 상상의 스타일에 따라 다르게 나타난다. 그래서 민족이라는 용어에는 감정적인 요소가 짙게 나타난다. 민족주의는 국민의 구성원 모두에 대해서 보다 큰 단위인 국가에 대한 일체감, 민족이나 역사에 대한 같은 의식의 고양, 언어에 대한 일체감, 또한 종속적 지위에 있는 억압받는 소수에 대한 배제의식의 공유와도 깊은 관련이 있다. 국민에게 같은 언어와 일체감이 강조되는 것은 산업혁명 초기에 나타났는데 이것은 국가 중심의 의무교육이 실시됨에 따라 같은 언어를 습득해 가는 과정과 관련하고 있다고 볼 수 있다. 국가는 같은 교육제도를 통하여 같은 언어를 습득시킨 후, 같은 문화적 사회화 과정을 통하여 문화적 공동체를 구현한 것이다. 종교개혁 이후에도 국적취득의 조건은 왕조가 믿고 있는 신앙

7) 近藤敦, 『永住市民と国民国家』, 明石書店, 1999, pp.82~83.

에 대한 귀의가 절대적인 조건이었다. 그러나 근대 국민국가의 탄생과 더불어 국적취득은 국민에의 동화가 절대적 조건이 되었다. 바로 시민권(citizenship)이 그것인데 이는 세 가지 즉 시민적, 정치적, 그리고 사회경제적 요소 영역으로 구분될 수 있다. 첫째, 기본적인 시민적 자유를 위해 필수적인 권리에 해당하는 것으로서 법의 보호 아래 국민이 국가에 의해 통제받지 않고 자유롭게 행할 수 있는 권리이다. 둘째, 정치적 권위를 부여받은 공동체 또는 그곳에서 생활하는 여러 집단의 한 구성원으로서, 또는 그러한 집단의 선거권자로서 정치권력의 행사에 참여할 수 있는 권리이다. 셋째, 자원과 사회적 유산의 분배에 대한 권리로서 그 사회의 표준적 삶을 영위할 수 있는 권리 등이다.

우리 자신의 권리와 우리가 속한 다양한 조직들로부터 우리에게 강요되는 의무 사이의 균형이 필요한데 이러한 의무의 중복성(multiplicity of obligations)은 회피하기 어려운 것이다. 위에서도 언급했듯이 서유럽의 국민은 시민적 권리, 정치적 권리, 사회적 권리의 순으로 획득되었으나 외국인은 사회적 권리가 제일 먼저 부여되는 경우가 많았다. 이것은 복지국가에서 사회적 권리를 가장 기본적으로 생각하기 때문일 것이다. 한편 정치적 권리는 국가구성원의 자격과 밀접한 관련이 있는 것으로 인식되기 시작하였다. 그리고 현재 시민적 권리를 영주시민에게도 인정하고 있다. 결사의 자유, 출판의 자유, 언론의 자유, 집회의 자유, 정당 가입도 허용하고 있다. 그러나 아직도 선거권과 피선거권은 국민의 특권으로 인식되고 있다. 20세기 이후 급격한 근대화에 따른 교통통신과 전화, 신문, 라디오 그리고 텔레비전과 같은 정보전달 매체의 발달은 국가를 초월한 인적교류를 촉진 시켰다. 이 같은 교통과 정보전달 매체의 등장은 인적 왕래에 따른 외국인의 증가로 이어졌고 이는 더 이상 민족국가를 고집하거나 근대적 의미의 정치적, 사회적 권리를 자국민에게만 부여하는 것은 불가능하게 되었다. 이는 아직도 각국이 국적을 부여하는 명확한 기준이 통일되어있지 않기 때문이며 앞으로도 이중국적 또는 무국적 문제가 발생하는 수가 있다. 우리나라는 재외 국민이 65세가 되면 거주 국가가 반대하지 않으면 이중국적을 부여하고 있다. 하지만 타국의 경우는 그렇지 않은 국가도 있기에 이중국적자에 대해서는 지금보다도 효과적인 원칙이 적용되길 기대해본다. 그리고 무국적자의 경우는 난민의 대우와 거의 동등한 지위를 무국적자 일반에게도 보장하며, 그 예로 1961년 '무국적자 감소에 관한 협약'은 체약국 영역에서 태어난 자에 대하여 국적 부여 의무 등을 규정하고 있기 때문이기도 하다.[8)]

2) 일본의 국적법

일본의 국적은 헌법 제10조에서 규정하고 있다. 헌법에 '일본 국민의 요건은 법률로 이것을 정한다'라고 규정하여 실제로 국적법에서 국적을 정하고 있다. 일본의 이러한 국적법 규정은 메이지(明治)유신 이후 일본의 근대국가 형성에서부터 시작되었다고 볼 수 있다.[9)] 상기 내용을 좀 더 구체적으로 살펴보면, 일본 국민이 천황 직계의 통치를 받는

8) 고선규, 『일본의 국적 정책과 재일한국인의 일본국적 문제』, 한국일본학회 발표논문, 2003.

9) 메이지유신에 의해 새롭게 탄생한 일본이라는 근대국가는, 진무천황(神武天皇)이래 단일 가계의 천황이 만세에 걸쳐 지배한다는『古事記(고서기)』,『日本書紀(일본서기)』의 신화(神話)에 의해 성립된 국가이다. 이러한 신화에 의거하여 메이지 헌법 제1조에서는 '대일본제국은 만세 일계(一系)의 천황이 통치한다'로 규정하고 있다. 그리고 헌법 선포칙어(宣布勅語)에는 '우리 신민은 조종(祖宗)의 충량(忠良)한 신민(臣民)의 자손으로 민족적 일체성'을 강조하고 있다. 대일본제국헌법(大日本帝國憲法) 구 헌법(旧憲法) 고문(告文)과 제1장 천황(天皇) 참조.

신민에 의해 구성된다는 신화에 따른다면 일본 국민의 범위는 이 신화 시대에 존재하였던 일본 신민이나 그 후손으로 구성되는 일본 민족에 한정된다. 이러한 민족적 일체성을 유지하기 위해서 메이지유신 직후 일본에 편입된 홋카이도(北海道) 지역이나 오키나와(沖縄)에 거주하고 있었던 아이누 민족과 류큐인(琉球人)을 동화시키기 위해서 천황제 국가에 귀순한 자는 누구라도 일본 국민으로 인정한다는 구실을 만들었다.[10] 즉 정신적으로 일본 민족화되어 천황의 지배를 행복으로 느끼는 자는 일본 국민으로 인정했다. 그래서 홋카이도지역의 아이누 민족이나 오키나와지역에 거주하고 있었던 류큐인일지라도 천황의 지배를 받아들이는 자로 보았다. 일본의 천황 지배를 근간으로 하는 국민의 조건은 식민지 시대에 들어와서도 변하지 않았다. 조선인이나 대만인에게도 똑같은 구실이 적용되어 일본 천황에 대한 충성심과 경모(敬慕)의 정(情)이 커질 때 비로소 완전한 의미의 일본 국민이 된다는 구실을 적용하였다. 그러므로 식민지국의 국민으로서 민족적 정체성과 긍지를 버리고 천황에게 충성을 강요했던 것으로 볼 수 있다. 식민지 지배 당시 일본이 조선인에게 강요하였던 창씨개명(創氏改名)과 신사참배(神社參拜)는 천황에게 충성과 일본 민족으로의 동화를 의도해서 시행한 것이라고 볼 수 있다. 전후에도 이러한 국민의 조건과 국적에 대한 개념은 변화하지 않고 지속되고 있다. 그래서 현재 진행 중인 귀화(歸化) 제도는 이러한 연장선상에서 이해될 수 있을 것이다. 전후 귀화가 인정되는 경우는 일본 민족에 속하는 것이 행복이라고 생각하는 자에 한정해서 인정되었다. 그러므로 재일한국인이 일본 국적을 선택한다는 것은 민족적 정체성을 부정하는 행위 자체였기에 인간으로의 존엄

10) 河炳旭,『第4の選択韓国系日本人』, 文藝社, 2001, pp.220~221.

성과 권리를 침해받는 것을 감수하고 선택할 수밖에 없었다. 결국 이러한 동화적 귀화제도에 많은 재일한국인이 반발하지 않을 수 없었다.[11)]

이러한 과거의 복합적인 관행의 연장선상에서 전후 시행된 일본의 새로운 국적법에서도 일본 국적취득은 원칙적으로 일본 국적을 보유한 부모 사이에서 출생한 자녀에 한정하고 있다. 일본은 부계혈통주의(父系血統主義)를 채택하고 있었기 때문에 출생에 의한 일본 국적이 주어지는 범주는 일본인 아버지와 일본인 어머니 사이, 또는 일본인 아버지와 외국인 어머니 사이에서 출생하는 자녀에 한정되었다. 이 이외에 일본 국적을 취득할 수 있는 경우는 귀화를 통해서 일본 국적을 선택하는 방법밖에 없었다. 그러나 1985년 일본이 여성 차별철폐조약에 가입한 것을 계기로 국적법 및 호적법이 개정되었다. 국적법의 개정에 따라 자녀의 국적 승계가 부계혈통주의에서 부모양계 혈통주의로 개정되었다. 즉 개정 국적법에서는 '출생 당시 아버지 또는 어머니가 일본 국민일 경우, 그 자녀는 일본 국민이 된다'로 규정하게 되었다. 이로써 어머니만이 일본인인 경우에도 출생과 동시에 일본 국적을 취득할 수 있게 되었다. 실제로 개정 국적법의 시행에 따라 외국인 아버지와 일본인 어머니 사이에서 출생한 20세 미만의 자녀는 자신의 의사표시만으로 일본 국적취득이 가능해지게 되었다. 그리고 국적법과 동시에 개정된 호적법의 시행에 따라 한국인 아버지와 일본인 어머니 사이에서 태어나 일본 국적을 취득하는 자녀의 경우, 이름과 성이 한국식이라 할지라도 일본 국적을 취득할 때 일본식으로 개명하지 않고도 가능해졌다. 그리고 재일한국인의 일본 국적취득 문제와 결부시켜 볼 때 1985년에 개정된 국적법은 커다란 변화라고 할 수 있다. 이전에는 재일한국인의

11) 구술인터뷰, 박두진(동경, 2004년 11월 22일).

일본 국적취득은 귀화를 통해서만 가능하였다. 그러나 이제는 일본인과 결혼을 통해서도 가능하게 되었고 한국식 이름으로도 일본 국적취득이 가능하게 되었다.

한편 귀화 신청의 조건은 국적법 제4조 1항에 의해 5년 이상 계속해서 일본에 주소를 두고 있는 사람의 경우에 가능하다. 일본인 배우자의 경우 3년 이상이면 가능하다. 우선 이러한 거주 조건이 만족 되어야 하고 이외에도 성실하게 납세의무를 다 했는지에 대한 여부, 형사처벌 여부, 심지어는 교통법규 위반 여부까지 조사한다.[12] 마지막으로 일본에 대한 충성을 서약하고 귀화가 허용된다.

3) 전후 재일한국인 참정권정책

1910년 8월 불법으로 조인된 한일강제병합에 관한 조약 발효로 한반도로부터 건너온 많은 조선인이 일본에 정착하게 되었고 본의 아니게 일본제국 신민이 되었다. 이후 일본 국적을 보유하게 된 조선인은 일본인과 동등한 권리와 의무를 수행하게 되었다. 그러나 태평양전쟁이 일본의 패전으로 끝나자 당시 일본에 거주하고 있던 약 230만 명의 조선인 중 약 160만 명은 귀국하고 약 70여만 명이 일본에 남게 되었다. 태평양전쟁 이전 재일한국인에게 참정권과 같은 제반 권리가 인정되었으나 일본의 패전에 따라 국적은 물론 정치적 권리도 상실되었다. 1945년 12월 중의원 의원선거 부칙 법률 제40호에서 '호적법의 적용을 받지 않는 자의 선거권 및 피선거권은 당분간 정지한다'로 정해져 재일한국인에 대해 일방적인 참정권 중단 조처가 내려졌다. 다시 말해서 일본의

12) 고선규, 『일본의 국적 정책과 재일한국인의 일본국적 문제』.

패전 이전에 재일한국인은 외지(外地) 호적(戸籍)의 형태로 호적법(戸籍法)의 적용을 받아 왔으나 일본의 패전과 더불어 호적법의 적용을 받지 않게 되면서 일본 국적을 상실하게 되었다. 제89차 제국의회(帝國議會)에서 호리키리 젠지로(堀切善次郎) 내무상은 관련 내용에 관한 제안 이유를 다음과 같이 설명했다. "임시 특별 조치로서 두세 가지 특수한 문제를 동 법률안의 부칙으로 규정하고 있습니다. 그중 하나는 호적법의 적용을 받지 않는 자, 즉 조선인 및 대만인의 선거권 및 피선거권을 당분간 정지하는 것과 포츠담선언에 근거해서 조선 및 대만은 제국의 영토로부터 이탈하게 되며, 그 결과 조선인 및 대만인은 원칙적으로 제국의 국적을 상실하는 것과 다를 바 없는 것으로 생각되어 짐으로 그들을 지금까지처럼 제국 신민으로서 선거에 참여시키는 것은 적당하다고 인정할 수 없는 것으로 생각하는 바입니다. 그러나 강화조약의 체결까지는 아직 제국의 국적을 가지고 있는 자로 생각되기 때문에, 지금 당장 선거권 및 피선거권의 향유를 금지하는 것에 대해 옳다고 인정하기 어려움으로 선거권과 피선거권을 가지지만, 그 국적이 국제법상 확정될 때까지 그것을 정지하려 하는 것입니다."[13] 즉 제89차 제국의회에서, 현재 선거권과 피선거권을 가지고는 있지만 그 국적이 국제법상 확정되기까지는 선거권과 피선거권을 당분간 정지한다고 정한 것이다. 1946년 11월 연합국 총사령부는 재일한국인의 지위에 관한 발표를 통해서 총사령부의 인양계획에 따라 본국에 귀환하는 것을 거부하는 사람은 정당한 절차를 거쳐 수립된 조선 정부가 재일한국인을 자국민으로서 승인할 때까지 이들은 일본 국적을 보유하는 것으로 간주한다는 견해를 발표하였다. 그리고 일본 정부도 재일한국인의 국적

13) 第89次帝国議会速記録, 1945年12月17日 法律40号, '衆議院選挙法附則戸籍法説明'.

문제에 대해서 일본 국내에 거주하는 재일한국인은 여전히 일본 국적을 보유하는 것으로 해석된다고 발표하였다. 재일한국인의 국적 문제는 샌프란시스코 강화조약에 의해서 정식으로 결정될 예정이며 현재는 미확정 상태이다. 그래서 샌프란시스코 강화조약이 체결되지 않은 상태에서 재일한국인은 일본 국적을 상실하지 않은 상태라고 보아야 한다. 특히 현재 일본에 거주하는 사람들에 대해서는 그렇게 보고 있다고 1949년 1월 26일 법무성 민사국장이 표명하였다. 이후 4월 28일 최고재판소 사무총장은 패전 이전부터 계속해서 일본에 거주하고 있는 조선인은 예전과 같이 일본 국적을 보유하고 있다고 볼 수 있다고 설명하고 있었다. 그러나 국적이 일본인이라면 선거권과 피선거권의 행사가 가능한 것이 상식이지만 재일조선인에 대해서는 예외였다. 즉 1945년 12월 17일 중의원선거법, 1947년 2월 24일 참의원의원선거법, 1947년 4월 17일 지방자치법, 1950년 4월 15일 공직선거법 개정에서 호적법의 적용을 받고 있지 않기 때문에 재일한국인·조선인의 참정권은 정지되었다.

4) 외국인 등록령(登録令)

1946년 2월 17일 '한국인·중국인·류큐인 및 대만인의 등록에 관한 건'이 GHQ의 명령으로 공포 되어졌다. 이 명령은 동년 3월 18일까지 귀환 의사에 관한 등록으로서, 고국에 돌아갈 것을 희망하지 않는 자는 귀국의 특권을 상실한다는 내용이다. 이후 1946년 4월 2일, GHQ로부터 발표된 '비 일본인의 일본입국과 등록에 관한 각서'(SCAPIN 852)의 내용은 다음과 같다.

1. 점령군 부대에 속하지 않는 외국인에게 수시로 일본에 입국할 수 있는 허가를 내줄 수가 있다. 이러한 자들은 반영구적으로 일본에 거주하게 될 것이다. 현재 외국에는 일본 영사가 주재하지 않고, 따라서 여행 사증을 받는 것이 불가능하기에 합법적인 입국 거주 절차에 관한 설정이 필요하다.

2. 다음에 열거하는 절차에 있어 일본 정부가 취할 수단을 강구 할 것을 희망한다.

가. 최고사령부는 입국을 허가받는 자에 대하여 그 허가를 통고하고, 여권 사증의 필요는 폐기 되지만 그들이 일본에 도착했을 때는 등록을 위해 일본 내무성에 출두해야 한다는 것을 통지할 것이다.

나. 일본제국 정부는 앞에 적힌 조항에 따라 입국허가를 받는 자의 성명을 통보해야 한다는 것을 통지할 것이다.

다. 일본제국 정부는 앞에 적힌 조항에 따라 입국허가를 받는 자의 성명을 통보해야 한다.

라. 이러한 자가 내무성에 출두하면 일본제국 정부는 이를 등록하고 신분증명서와 그 외 일본 거주를 합법화하는 데 필요한 서류교부를 요구한다. 이 각서는 명백히 이후 입국을 허가받는 사람에 대한 등록에 관한 것이었다. 이를 계기로 구 내무성을 중심으로 사법성, 농림성, 운수성 등의 관계 공무원이 모여 법령 입안에 착수하여 약 1년간 GHQ와 절충해 조선인 단속의 필요성을 역설하여 양해를 얻은 결과는 1947년 5월 2일 포츠담회담(칙령) 270호를 발령하여 외국인등록령(外国人登録令)의 공표였다. 이 칙령에 따라 재일한국인은 외국인으로 간주되었다. 이후 1952년 4월 28일 샌프란시스코 강화조약의 발효에 따른 국적 및 호적 사무에 관한 법무성 사무국장 통달(제438호)이 내려졌다. 이

민사국장 통달 내용은 '조선은 조약 발효일로부터 일본의 영토로부터 분리되었기 때문에 조선인은 일본 국내에 거주하는 자를 포함하여 모두 일본 국적을 상실한다'로 되어있다. 이렇게 법령도 아닌 통달의 형태로 재일한국인의 국적 문제가 처리되었다.

이상에서 열거한 최고재판소나 법무성 민사국장이 재일한국인은 일본 국적을 보유하고 있다는 설명과는 달리 국적 문제가 일방적으로 처리되었음을 알 수 있다. 이로써 재일한국인은 일본 국적을 상실하게 되면서 참정권 박탈은 물론 외국인으로 전락하여 거주지 등록을 해야만 일본 국내에서 생활할 수 있는 불안한 처지가 되었다.[14] 이에 대해 재일한국인단체들은 맹렬히 반대했지만 일본 정부는 점령군과 협력하여 벌금·금고·징역 및 강제 송환 등에 의한 위압을 사용하여 1947년 10월 말 재일한국인의 등록이 완료되었다. 등록 완료 후 미군정은 재일한국인의 권리를 보장한다고 성명을 발표했지만 일본 정부가 '외국인으로 간주한다'로 규정했기에 이런 상황에서 일본 정부는 한국인을 일본에 유리한 법적 지위로 놓아두기 위하여 실질적으로 점차 관리를 강화해 갔다. 한편 1952년 4월 28일 비준된 샌프란시스코 강화조약에는 일본 내 한국인 국적 문제는 전혀 언급되지 않았다. 한국이나 북한은 조약 당사국이 아니었기 때문에 샌프란시스코 강화조약에 참석하지 못하였으며 국적 선택권을 주장 할 수 있는 기회도 없었다. 그렇더라도 대만인을 포함한 일본식민지 국민은 영토의 변경이 없었으므로 국적변경이 필요 없었다. 하지만 재일한국인의 법적 지위는 일본 정부의 일방적인 조치로 일본인에서 외국인으로 전락하고 말았다.

재일한국인이 일본 국적을 상실하였다고 해도 본국으로 돌아가면

14) 구술인터뷰, 박진산(동경, 2004년 11월 23일).

아무런 문제가 발생하지 않았지만 그렇다고 본국으로 귀국하는 문제는 그리 간단하지도 단순하지도 않았다. 이유는 오랫동안 일본에 거주해 오면서 익숙해진 일본 생활과 한반도 분단으로 인한 한국 사회의 정치적 혼란은 재일한국인의 귀국을 제약하는 주요한 원인이었다.

3. 재일한국인의 역사적 경위

재일한국인이 일본 땅에 정착하기 시작한 것은 메이지 초기 1876년 강화도 늑약 이후 일본의 산업화 진행 과정에서 일본 국내의 노동력 부족을 해소하기 위한 수단으로 유입되었다. 이러한 유입책의 일환으로 일본에 건너온 조선인은 규슈지방의 탄광이나 산지의 철도건설 현장에서 노동자로 일하게 되었다. 그러나 재일한국인이 본격적으로 일본으로 유입되고 오늘날 일본에서 한인사회를 형성하게 되는 직접적인 계기는 1910년에 체결된 한일 강제병합이다. 1910년 당시 일본에 거주하는 재일조선인은 800명 정도에 불과했고 10년 후인 1920년에는 약 3만 명, 1930년에는 30만 명 가까이 증가하였다. 그리고 1940년에는 약 120만, 일본이 패전하는 1945년에는 약 230만 정도가 일본에 거주하고 있었다고 한다.[15)]

1) 전전(戰前)과 전후(前後)의 재일한국인

재일한국인의 대부분은 가혹한 식민지 통치로 고향에서 생활하기가

15) 구술인터뷰, 박갑동(동경, 2003년 6월 12일).

어려워지면서 일자리를 찾아 일본으로 건너가게 되었다.[16] 조선에서 겪었던 생활고는 일본의 식민지 정책과 깊은 관련이 있다. 일본은 조선의 토지 소유가 불명확하다는 점을 이용하여 농민의 토지를 수탈하려는 의도에서 토지조사사업을 시행했다. 이후 토지를 수탈당하고 높은 소작료 때문에 경제적으로 생계가 곤란한 농민들은 생활고를 견디지 못해 일본으로 일자리를 찾아서 떠나게 된 것이다. 일본으로 건너간 조선인들은 탄광, 항만, 도로공사, 댐, 철도부설 등 주로 토목이나 건설 현장에서 일하게 된다. 처음에는 가족을 조선에 두고 혼자 몸으로 일본으로 건너오는 경우가 많았다. 일본에서 생활이 어느 정도 안정되면, 가족을 데리고 와 정착하였다. 일본에 재일한국인이 정착하게 된 계기는 식민지 초기의 경우, 생활고와 같은 경제적인 문제가 많았지만 1930년대 이후에는 전적으로 변화하였다.[17]

일본은 중국과의 전쟁이 본격화되면서 일본 국내의 심각한 노동력 부족을 메우기 위하여 조선인을 강제 연행하게 된다. 그래서 1930년대에 들어서면서 일본에 재일한국인 수는 급격하게 증가한다. 일본 내무성 경보국(警保局) 조사를 보면, 재일한국인의 유입 수가 1931년에는 2만 명 정도 증가하였으나 1932년에는 7만 2천 명 정도 늘어나 유입인구가 이전 연도보다도 3배 이상 증가하였다. 1932년 이후 매년 일본으로 유입되는 재일한국인 수는 6만에서 8만 명 정도를 헤아리게 된다. 이러한 결과 1938년에는 재일한국인 총수가 799,865명에 달하게 되었다. 그러나 1939년부터 군수공장, 철광산, 탄광 등으로 조직적이고 관(官)중심의 강제공출이 실시되었다. 1939년 한 해 동안 일본으로 유입

16) 구술인터뷰, 박갑동(동경, 2003년 6월 12일).
17) 구술인터뷰, 박갑동(동경, 2003년 6월 12일).

된 한국인 수는 216,726명으로 전년도에 비해 3배 이상 급증하였다. 이후 매년 일본으로 건너오는 한국인 수는 1940년 228,853명, 1941년 256,786명, 1942년 155,824명, 1943년의 경우, 한 해 동안 277,402명의 한국인이 유입되어 재일한국인 전체 인구는 1,882,456명을 헤아리게 되었다. 일본이 패망하는 1945년의 한국인 유입 수는 428,420명이었다. 1945년 한 해 동안 유입된 한국인 수는 1932년까지 일본에 거주하는 한국인 전체 수보다도 많은 인구이다. 이로써 1945년 패전 당시 일본에 거주하는 한국인 전체 수는 230만 이상을 헤아리게 되었다. 이렇게 많은 재일한국인이 일본에 거주하게 된 요인은 태평양전쟁 말기 일본 국내의 심각한 노동력 부족을 메우기 위하여 한국인을 강제 연행하였기 때문이다. 일본에 의한 한국인 강제 연행은 노무 동원 계획에 따라 각 지역 단위로 할당되어 진행되었는데 희망자를 모집하는 방법으로 부족한 노동력을 채울 수 없게 되자 국가 주도의 강제 연행이 시행되었다.[18] 이처럼 노무 동원 계획에 따라 일본으로 연행된 한국인은 100만 명이 넘었으며 실제로 확인된 수만 해도 72만 4,000명 정도이다. 패전 후 일본 정부가 동원기록을 은폐한 것을 고려한다면 이보다 훨씬 많은 수가 동원된 것으로 추정된다. 강제 연행이나 노동력 동원에 따라 일본으로 오게 된 사람들은 일본의 패망과 더불어 가족이 있는 고향으로 귀국하는 경우가 많았다.[19] 그러나 일본에서 장기간에 걸쳐 거주하면서 생활 기반을 마련한 사람들은 고향에 돌아가도 토지나 생활 터전이 없는 상황이라 귀국을 미루는 경우가 많았다. 게다가 패전

18) 佐藤文明, 『在日「外国人」読本』, 緑風出版, 1999, pp.45~48.

19) 1945년 8월에서 대한민국 정부가 수립되는 1948년 8월까지 3년간에 걸쳐 약 150만 명 정도가 귀환한 것으로 추측된다. 국민대학교 한국학연구소 편, 『해방 후 해외 한인의 귀환문제연구』, 국민대학교 한국학연구소, 2002, pp.85~107.

이후 일본은 한국으로 돌아가는 귀향인에게 일본의 재산이나 물건을 가져가지 못하게 하는 조치가 취해졌다.[20] 이후 한반도는 남과 북으로 분단되었고 서로 다른 정부가 수립되었다. 남북한 간에 이데올로기 대립이 격화되는 상황에서 재일한국인은 귀국을 미루고 한반도의 정세를 관망하게 되었다. 해방 이후 한반도의 극심한 생활고와 정세 불안은 재일한국인이 귀국을 미루는 가장 큰 요인 중의 하나였다. 특히, 1950년에 발발한 한국전쟁은 재일한국인의 귀국을 더욱 불안하게 만들었다. 결국, 재일한국인은 조국이 해방되었어도 귀국하지 못하고 생활기반이 있는 일본에 정착하게 되었다. 이러한 의미에서 재일한국인은 일제의 식민지 지배에서 오는 경제적 곤란과 강제 연행으로 일본에 온 사람들과 그 후손들을 중심으로 형성되었다고 볼 수 있다.[21] 그러나 식민지 조국의 해방에도 불구하고 귀국하지 못한 재일한국인은 다시 분열되었다. 1946년 10월 재일본조선거류민단(在日本朝鮮居留民團)이 결성되었는데 이 단체는 1948년 10월 재일본대한민국거류민단(이른바 민단)으로 개칭되어 대한민국 정부를 지지하게 되었다. 그리고 북한의 해외공민으로 자칭하는 사람들에 의해 재일본조선인총연합회(이른바 조총련)가 결성되었다. 위의 두 단체는 조국의 분단에 따라 이념적으로나 정치체제 면에서 상호 대립하게 되었다. 재일한국인 사회에서 민단과 조총련은 현재까지도 상호 대립과 반목을 거듭하고 있다. 그러나 2000년 6월 역사적인 남북정상회담 이후 대립과 반목의 역사를 씻고 민족공동체의 일원으로 상호 협력하려는 움직임도 나타나고 있다. 현

20) 일본 정부는 개인이 가지고 귀환할 수 있는 재산의 금액과 소지품의 무게를 제한하였다. 돈은 일본 엔으로 1천 엔이었으며 소지품의 무게는 200파운드로 제한하였다.

21) 구술인터뷰, 정대성(동경, 2004년 11월 24일).

재 재일한국인사회는 식민지 시대에 건너와서 정착하게 된 사람과 후손들이 주를 이루고 있으나 1980년대 이후 결혼이나 유학 등으로 일본으로 온 재일한국인들이 증가하면서 새로운 국면을 맞이하고 있다.

2) 해방과 재일한국인

1947년 5월 2일 '외국인등록령'(昭和 22年 勅令 第207号)이 제정되었다. 이 칙령은 외국인 등록뿐만이 아니라 출입국 및 강제 출국에 관한 규정을 포함한 외국인 출입국관리에 관한 기본법령이었다. 1945년 조선이 일본식민지로부터 독립하면서 일본에 거주하는 재일한국인의 체류자격 문제가 대두되었다. 그렇지만 1952년 샌프란시스코 강화조약이 비준되기 이전에는 재일한국인을 일본 국적 보유자로서 보는 견해가 일본 당국자 사이에서도 일반적인 견해였지만 이 이른바 '외국인등록령(칙령)'을 적용하면 조선인들은 외국인이었기에 외국인등록증 및 출입국관리의 대상이 되었다. 그리고 1952년 4월 28일 비준된 샌프란시스코 강화조약 이후 일본 정부는 구 식민지인들의 일본 국적을 일방적으로 박탈하였다. 이후 재일한국인은 일본 국적 상실에 따라 일본에 거주하기 위한 체류자격에 관한 법적 문제가 대두되었다. 이때 일본 정부는 특별법을 제정하지 않고 잠정조치로서 '포츠담선언 수락에 준해서 발령되어진 명령에 기초해서 외무성관계제명령조치(外務省關係諸命令措置)에 관한 법률'(昭和27年 法律 第126号)을 시행했다. 이는 포츠담 정령으로 제정하고 '출입국관리령'의 법률로서 효력을 발휘하기 위해서였다. 이 법률 시행에 따라서 샌프란시스코 강화조약 발효 후에도 일본에 재류를 희망하는 외국인들은 3개월 이내에 재류 자격 취득신청을 해야만 했다. 그래서 이러한 법률에 따라 체류하는 사람들을 당시에는 126호 해당자라고 부르기도 했다.[22] 그러나 1945년 9월 2일 이전부터 일본에 재류했던 조선인(1945년 9월 3일부터 1952년 4월 28일까지 일본에서 출생한 아이를 포함)에 대해서는 일본재류의 역사적 경위에 따라서 그 법적 지위가 별도법률로 정해지기까지는 계속해서 재류 자격을 갱신하지 않고도 일본에 머무를 수가 있었다. 한편 1959년 8월 13일 '북한적십자사와 일본 적십자사 간의 재일조선인 귀환 관련 협정'이 체결되었다. 이 협정에 따라서 1959년 1월 14일부터 1967년 11월 12일까지 88,611명의 조선인이 북한으로 귀환했다.[23] 이후 한일 간에 국교회복을 위한 양국 간 협상이 계속되어 마침내 '협정영주권'[24]이 주어졌다. 이상의 협정영주권으로 1966년 1월 17일 '일본에 거주하는 대한민국 국민의 법적 지위 및 대우에 관한 대한민국과 일본과의 협정에 따른 출입국관리 특별법'(昭和 40年 法律 第146号)이 실시되었다. 그러나 이 협정영주권은 재일한국인·조선인사회를 한국 국적 소유자와 조선(북한)국적 소유자로 양분하는 결과를 가져왔다.

3) 한일기본조약과 국적 문제

1965년 6월 22일 한국과 일본 양국은 불행한 과거를 청산하고 새로

22) 구술인터뷰, 신창석(동경, 2004년 11월 25일).

23) 日本外務省資料, アジア局 東北アジア課, 1962, p.1.

24) 협정영주권 내용은 다음과 같다. 1. 1945년 8월 15일 이전부터 일본에 거주하고 있는 한국인(동일 조건의 외국인 포함)의 그 직계비속으로서 1945년 8월 16일부터 1971년 1월 16일까지 일본에서 출생해서 계속 일본에 거주하고 있는 한국인은 소정(所定)의 날까지 신청하면 협정상의 영주권을 허가한다. 2. 협정영주권이 허가된 사람의 아이는 출생일로부터 60일 이내에 신청하면 부모와 같은 자격의 협정상 영주를 허가한다. 3. 협정 영주가 허가된 사람은 강제 출국 사유가 완화되는 등 일반외국인에 비교해서 유리한 취급을 받는다.

운 국교 관계를 맺기 위하여 한일기본권에 관한 조약 「일본에 거주하는 대한민국 국민의 법적 지위 및 대우에 관한 협정」 「재산 및 청구권에 관한 문제 해결과 경제협력에 관한 협정」 「어업에 관한 협정」 「문화재산 및 문화협력에 관한 협정」 「관계 부속 문서로 구성된 한일조약」을 체결하였다. 한일조약이 12월 18일 비준됨에 따라 1966년 1월부터 5년간에 걸쳐 재일한국인·조선인에게 본인 의사에 따라서 협정영주권이 부여되었다. 이때에도 재일한국인·조선인에게 국적 선택의 기회는 주어지지 않았다. 한일 간 조약에 의해 전전부터 일본에 거주해 온 재일한국인·조선인 1세와 1971년 1월 17일 이후 일본에서 태어난 2세에게 협정 영주라는 법적 지위가 주어졌다. 한일 간 지위 협정에 따라 부여되는 협정영주권은 협정 1세와 2세에게만 부여되었고 협정 3세 이하는 대상에서 제외되었다. 협정 3세 문제는 25년 후에 다시 협상하기로 정하고 명확한 결정을 내리지 못했다. 협정 3세는 협정 2세에서 태어나므로 당연히 일본에서 태어나고 성장하는데도 불구하고 이들에게 영주권을 부여하지 않는다는 것은 도저히 이해하기 어려운 조치가 아닐 수 없다.

일본의 의도는 협정 3세 이하의 신분을 불안한 상태로 두면, 재일한국인·조선인의 귀화자가 증가하게 되고 그러면 협정영주권자의 수가 줄어들게 될 것으로 판단하였기 때문으로 보인다. 그리고 영주권에 대한 일본 정부의 양보에 대한 비난이 국내에서 고조되었기 때문이기도 하다. 그러나 1966년부터 협정영주권이 효력을 발휘하게 되면서 재일한국인·조선인사회는 양분되기 시작하였다. 1966년 이전 재일한국인·조선인은 외국인등록증에 국적이 모두 조선으로 표기되었다. 그러나 새롭게 협정 영주로 체류자격을 변경하기 위해서는 국적 표기를 조선에서 한국으로 변경하지 않으면 안 되었다. 결국 재일한국인·조선인사회는 협정영주권자와 기존의 법률 제126조에 의거 하여 체류하는 사람들로 양분되는 현상이 발생하였다. 외국인 등록은 재일한국인·조선인 모두가 새롭게 등록하지 않으면 안 되었기에 모든 재일한국인·조선인은 조선이나 한국을 국적으로 선택해야만 했다. 이에 대해 북한은 조국의 분단과 더불어 재일한국인·조선인 사회도 분단되었다고 한일 국교 정상화를 비판했으며 이에 대한 책임은 한국과 일본 그리고 미국에 있다고 비난했다.[25)]

일본 정부는 한일 국교 정상화에 합의하면서 한국 정부를 한반도의 유일한 합법정부로 인정하였기에 협정 영주의 시행에서도 재일조선인에게 한국 국적취득을 장려하였던 것으로 보인다. 그리고 협정 영주의 시행으로 재일한국인·조선인 신분이 보다 안정되었으나 일반영주보다는 안정되지 못해 강제퇴거 조항은 여전히 존속하게 되었다. 한편 1965년 한일조약 체결 당시 재일한국인 3세에 대한 법적 지위는 25년 후에 재차 협의하기로 한 점은 앞에서 언급한 바이다. 1966년 실시된 협정 영주가 25년째를 맞이하는 해가 1991년이었기에 이를 1991년 문제라고 부르기도 한다.

1988년부터 한국과 일본은 재일한국인 3세의 체류자격에 대한 협의를 계속하여 1991년 1월 10일 마침내 한·일 외교장관 간에 각서가 체결되었다. 한·일 양국 간 각서체결에 따라 일본 정부는 1991년 5월 샌프란시스코 강화조약에 근거하여 일본 국적을 이탈한 자 등의 출입국관리에 관한 특례법을 제정하여 같은 해 2월 1일부터 시행하였다. 이 특례법의 시행에 따라 첫째, 재일한국인 협정 3세에게 특별영주권이 부여되었다. 둘째, 강제퇴거 사유는 내란죄, 외환(外患)죄 등에 한정시

25) 日本外務省国際資料部資料課, アジア局 東北アジア課 資共 63, 1965.

키기로 합의하였다. 셋째, 특별영주권자가 외국에 출국하여 다시 일본에 재입국하려 할 때 그 기간은 최대 5년으로 설정되었다. 이러한 세 가지 조항은 재일한국인·조선인 1세와 2세에게도 적용되었다. 아울러 외국인 등록과 관련하여 지문날인제도가 폐지되는 대신 동일인임을 확인하는 방법으로 서명과 가족 사항을 등록하도록 개정되었다. 그리고 거주지 등의 변경 등록 위반에 대한 처벌이 벌금형으로 변경되었고 1991년에 특별영주권이 시행됨으로써 재일한국인·조선인의 일본 체류자격이 통일되었다.

1965년 한일 국교 정상화에 따라 협정영주권 취득권자와 기존의 법률 126조에 의거 한 체류자로 양분되었던 재일한국인·조선인의 체류자격은 1991년 이후 특별영주권에 의한 체류자로 일원화되었다.

4. 재일한국인의 감소와 현황

앞에서 보았듯이 현재 일본에 거주하고 있는 약 60만 명의 한국인은 과거의 차별 받는 민족에서 현재는 과거보다 많이 개선되었다 할지라도 모두가 협정영주권 취득자로서 살아가고 있는 것은 아니다. 여기에는 북한을 지지하는 조선인은 협정영주권을 취득함으로써 한국인이 되는 것을 거부하고 있다. 그래서 재일한국인·조선인 스스로가 자신을 한국인이나 북한(조선민주주의인민공화국)의 일원으로 규정하는 한 한국이나 북한의 국적을 가지는 것은 당연하다. 그 결과 북한국적 소유자들은 재일(在日)의 역사적 경위나 자기 의사에 기인하지 않고 일방적으로 일본 국적을 상실하게 되어 외국인으로 남게 되고, 일본에서 태어나 성장하고 성년이 되어 한국 국적의 협정영주권자들과 전혀 다름이 없음에도 불구하고 법적 지위 면에서는 불안정한 상태에 놓여있다. 예를 들면, 북한국적 소유자들의 법적 지위는, 부모 또는 친(親), (체류자격 유무 관계없이 일본에 재류할 수 있다 '法 126-2-6 해당자(該當者))', 자(子), (省令의 특정 재류 자격), 손(孫), (省令의 법무 대신이 특별히 재류를 인정하는 사람만 재류 자격)으로 세대가 내려갈수록 불안정한 재류 형태를 취하게 된다. 하지만 재일한국인의 재일 체류가 이전보다는 나아졌다고 하지만 문제는 재일한국인의 숫자가 해마다 급속히 감소하고 있다는 데 있다. 이는 일본 사회의 고령화·저출산으로 인한 인구감소에 고심하던 일본 정부가 정주 외국인에 대한 일본 사회 구성원자격요건을 강화하려는 움직임을 보이고 있기 때문이라고 한다.[26] 일본 정부의 이런 움직임은 기존의 정주 외국인이 주민으로서 일본 사회의 보호 대상이었지만 이제는 국민이 아니면 사회의 보호 대상에서 제외하는 국적법과 호적 관련 법안의 추진강화를 보이고 있기 때문이다.

1) 재일한국인 재류 형태의 변화

앞에서 보았듯이 이러한 불안정한 재류 형태에도 불구하고 재일한국인·조선인에 대한 처우는 개선되고 있는 듯하다. 이에 대해서는 최근 재일한국인에 대해 지방자치단체가 건축한 공공주택에 입주가 가능해지고 사회보장제도의 가입에 있어서 국적 조항이 폐지되고 특히 1982년 9월 국립 또는 공립대학의 외국인 교원임용 등에 관한 특별조치법이 시행되어 외국인 교원임용이 가능해졌다. 그리고 1991년 한일 간 합의

26) 구술인터뷰, 신창석(동경, 2004년 11월 24일).

각서 채택 이후 지방자치단체의 공무원 채용도 점차 확대되고 있다. 1992년부터 교원임용선발시험에 재일한국인이나 외국인 수험생을 인정하고 정식교사는 아닐지라도 이에 준하는 상근 강사로 채용하고 있다. 급기야는 지역사회의 의사결정을 위한 주민투표에 재일외국인의 참가를 허용하는 자치단체들이 늘고 있다.[27)]

일본 정부의 제도개선 및 차별조항철폐에 의한 재일한국인·조선인들의 일본 사회 참여는 반가운 일이나, 반면 현재 재일한국인의 수가 점점 감소하고 있으며 이들의 정체성이 점점 약화되어 가고 있다. 현실적으로 2세 이하인 경우, 한국에 대한 실제적 경험이 부족하고 친인척과 같은 혈연적 관계도 약화되어있다고 볼 수 있다. 더구나 최근 급격하게 눈에 띄는 귀화에 따른 일본 국적 취득자의 급증은 귀화를 통한 일본 국적 취득자가 지금과 같이 증가한다면 머지않아 동포사회는 소멸 위기에 빠지게 될지도 모른다. 일본 법무성 출입국관리국의 집계에 따르면, 1999년 현재 재일한국인·조선인 수는 635,548명으로 나타났다. 이러한 숫자는 1997년과 비교할 때 1만 명 정도가 감소한 숫자이다. 일본 국적법이 부계 중심주의에서 부모양계 주의로 개정된 1986년 이래 계속해서 13년째 감소하고 있다. 이러한 재일한국인·조선인의 감소는 여러 가지 복합적인 요인이 존재하고 있다. 그러나 가장 큰 요인은 특별영주권자로 살아가기에는 너무 많은 차별이 존재한다는 사실일 것이다. 실제로 재일한국인의 본명 사용 여부와 귀화 여부에 준거해서 분류하면 다음의 네 가지 패턴으로 분류될 수 있다. 첫째, 한국명과

27) 시즈오카현(静岡県)은 2001년 6월, 시즈오카 공항 건설 여부를 묻기 위한 주민투표 조례안(條例案)을 제안하면서 재일외국인의 투표권을 인정하기로 하였다. 자격요건은 만 18세 이상으로 일본에 3년 이상 거주한 사람이면 주민투표에 참여할 수 있다.

일본 이름을 병용하여 쓰는 한국인이다. 재일한국인 중에서 이러한 부류가 가장 많다. 일본 사회가 차별을 강요하는 분위기 속에서 이러한 행동을 취하는 부류는 어쩔 수 없을지도 모른다. 동시에 또한 일본에서 사업을 하거나 자영업에 종사하는 경우 일본인을 상대해야 하기에 부득이하게 일본 이름을 쓰게 된다. 둘째, 한국명만을 사용하는 한국인이다. 이러한 부류의 사람들은 한국인으로서 당당하게 살아가려고 노력하는 사람들이다. 재일한국인 1세에 해당하는 사람들이 대부분인데 점점 그 수는 줄어들고 있다. 셋째, 귀화하여 일본인 이름만을 사용하는 일본인이 세 번째 부류에 해당한다. 이러한 부류의 사람들은 귀화하여 일본인으로 살기를 결심하였거나 일본인과 결혼하여 배우자와의 관계 때문에 동화한 사람들이라고 볼 수 있다. 넷째, 한국명을 가지고 일본인으로 존재하는 것이다. 일본 국적을 선택하였지만 한국인 본명을 사용하는 사람들이다. 엄밀한 의미에서 재일한국인이라 할 때는 위에서 열거한 네 가지 부류 중에서 첫째와 둘째에 해당하는 사람들이다. 그러나 민단의 규약에서 귀화한 동포들을 우호 단원으로 규정하고 있는 것처럼 일본 국적을 취득한 사람들도 같은 동포로서 인정하고 있음을 알 수 있다.[28)]

1999년 8월 한국 국회에서 제정된 재외동포 특례법에서도 이 법의 적용 대상을 거주 국가의 국적 취득자들도 포함하고 있다. 그러나 문제는 해방 이후 재일한국인·조선인의 수는 1950년에 60만 명 이하로 감소하였으나 이후 1990년까지 출산율 증가로 인해 재일한국인의 숫자는 계속 증가 일변도였다. 그러나 1990년대에 들어와서는 점진적으로 감소하고 있다. 1990년대 재일한국인·조선인의 감소는 일본 국적

28) 河炳旭, 『第の選択韓国系日本人』, 文藝社, 2001, pp.21~22.

취득과 일본인과 결혼을 통한 귀화자가 증가하였기 때문으로 보인다.

2) 정주 외국인의 일본재류한계

일본 국적취득과 일본인과의 결혼이 증가하는 이유는 재일 1세들과는 달리 한국이나 북한과의 지연적, 혈연적 관계 약화와 민족적 정체감의 약화로 초래되었다고 볼 수 있다. 현재 재일한국인·조선인사회에서 재일 1세가 차지하는 비율은 10% 미만으로 나타난다. 재일 2세, 3세, 4세들은 도일 당사자인 재일 1세들과는 달리 본국에 대한 정치적 귀속의식이 약하고 일본 정부나 사회에 대한 반감도 적어 일본인과의 결혼이나 일본 국적취득이 쉬워졌다. 예를 들면, 1970년대 이후 귀화하는 재일한국인·조선인의 수는 1975년 6,323명에서 1989년에는 4,759명 정도로 감소하였다. 그러나 1990년 이후 지속 증가하여 1995년에는 1만 명이 넘는 것으로 나타났다. 역시 1999년에도 일본으로 귀화한 재일한국인·조선인 수는 1만 명 이상을 기록하고 있다. 결국, 1990년대 이후 지속적인 일본으로 귀화자의 증가는 재일한국인·조선인의 수를 감소시키고 있다고 볼 수 있다.[29)]

재일한국인·조선인의 감소와 귀화자의 증가는 재일한국인·조선인의 결혼 양태와도 밀접한 관련이 있다. 1970년대까지는 재일동포 간의 결혼이 압도적으로 많았으나 1980년대에 이르면 재일한국인·조선인의 결혼 상대자는 같은 재일한국인·조선인보다는 일본인이 많아지게 된다. 1990년대 이후에는 일본인과의 결혼이 압도적인 비율을 차지하여 재일한국인·조선인 70% 이상이 일본인과 결혼하고 있다. 특히 일

29) 『現代コリア』, 現代コリア 401, 2000, p.37.

본인 남성과 재일한국인·조선인 여성이 결혼하는 비율이 3분의 2를 차지한다. 일본인과 결혼하는 비율이 압도적으로 증가한 이유로는 재일한국인·조선인사회의 세대교체와도 무관하지 않다. 즉 본국에서 결혼해서 도일한 재일 1세와 달리 2세 이하는 일본에서 태어나고 일본에서 교육받아서인지는 몰라도 일본인에 대한 인식이 재일 1세와는 근본적으로 다르기 때문이다. 또한 일본인과 학교나 직장에서 접촉하게 되는 기회가 늘어난 것도 이유일 것이다. 그렇지만 무엇보다도 일본에서 태어나서 자라왔고 앞으로 일본에서 생활해야 하기에 재일한국인·조선인이라는 차별적 존재로 살기보다는 일본인과 동등하게 살기를 원하는 마음이기에 일본인과의 결혼이 증가하였다고 보인다. 이러한 변화는 일본 사회가 재일한국인·조선인에게 가하는 차별로부터 도피하려는 현상일지도 모른다. 그리고 일본은 1985년 국적법 개정 이후 일본인과 결혼하는 모든 자녀에게 일본 국적을 부여하는 부모양계 주의를 채택하였다. 그 결과 일본인 여성과 결혼하는 재일한국인·조선인 남성의 비율도 2배 가까이 증가하였다.[30] 현재 재일 3세, 4세를 중심으로 구성된 재일한국인·조선인사회는 위기에 직면하고 있다. 연간 1만 명이 넘는 재일한국인·조선인이 귀화하여 일본 국적을 취득하고 있다. 일본인과의 결혼도 급격히 증가하여 국적 선택은 물론 민족적 정체성이 약화되고 있다. 계속해서 일본 국적취득과 일본인과의 결혼이 증가하면 재일한국인·조선인사회는 자기 정체성의 위기에 빠지게 될지도 모른다.[31]

30) 1985년 이후 이중국적 소지자에게 일본 국적취득을 장려하는 정책이 전개되면서 일본 국적 취득자는 증가하였다.

31) 구술인터뷰, 강덕상(동경, 2004년 11월 24일).

3) 재일한국인감소와 대응

21세기의 재일한국인·조선인은 2050년을 기점으로 소멸한다는 다소 비관적인 얘기들이 일본 거주 동포사회에서 회자 되고 있다. 이유로는, 일본인과의 결혼 증가와 일본 인구감소를 들 수 있다. 그리고 이제부터 재일한국인·조선인들의 일본 국적취득이 급속히 진행되면 재일한국인·조선인의 인구가 큰 폭으로 감소할 것으로 예측된다.[32] 한편 지금까지 재일한국인·조선인에 대한 법적 지위 향상은 한일 양국 정부간에 협의를 통해서 이루어져 왔다. 한국 정부는 재일한국인의 일본생활이 자유롭고 기본적 인권과 사회보장제도의 혜택을 받으면서 생활할 수 있도록 외교적 노력과 상호주의에 입각한 국내법의 정비가 필요하다. 예를 들면, 재일한국인의 지방선거 참정권은 한국이 외국인에 대한 참정권을 허용하고 있지 않기 때문에 상호주의를 내세워 일본도 허용하지 않는다고 주장하고 있다.[33] 그리고 재일한국인이 일본 사회에서 거주하게 된 근본적인 이유는 과거 식민지 지배에서 유래하였다. 그러므로 원초적 원인 제공자인 일본 정부에 인도적 차원과 세계적 권리 신장 추세에 맞는 권리보장을 요구해야만 할 것이다.

한국 정부는 1999년 8월 국회를 통과한 재외동포 특례법에서 규정하

32) 『現代コリア』, 現代コリア 401, 2000, p.38.

33) 한국에서 외국인 참정권에 대한 도입 논의는 90년대부터 시작되었는데, 이런 논의의 배경에는 한국 정부가 일본 정부에 재일한국인의 참정권을 요구하는 상황에서 상호주의 원칙에 따라 이를 국내 거주 외국인에게 적용하기 위함이었다. 이에 따라 우리나라는 2005년 여야 공동 발의로 공직선거법이 개정되면서 영주권 자격 취득 3년이 넘은 19세 이상 외국인에게 지방선거 참정권을 허용했고 실제로 외국인 참정권이 적용된 첫 선거는 2005년 제주도 행정 구역 개편 주민투표이다. 전국 단위로 적용된 시기는 2006년 5월 31일 제4회 전국동시지방선거부터이다. 2022년 현재 외국인 유권자는 13만 명을 상회하고 있다.

고 있는 것과 같이 해외에 거주하는 한국 국적자뿐만이 아니라 거주 국가의 국적을 취득한 동포에 대해서도 보호정책을 실시하고 있다. 현실적으로 한국과 일본 정부가 이중국적을 허용하고 민족의 문화와 교육에 대한 자율성을 보장하지 않는 한 재일한국인의 귀화는 막을 수가 없을 것 같다. 그렇다면 한국 정부는 특별영주자로 일본에 거주하거나 귀화하여 일본 국적을 취득한 한국계 일본인이 본국과의 관계를 원활히 하고 민족적 긍지를 가지고 생활할 수 있도록 지원해야 한다. 특히 재일한국인에 대한 한글 교육과 전통 문화예술 등에 대한 지원은 대단히 중요하다. 1997년에 설립된 재외동포재단을 통해서 적극적인 한글 교육과 민족문화의 보급 활동을 전개해야 한다. 그리고 정부가 재외동포의 역할에 대한 인식을 지금보다 적극적으로 해야 한다. 재일한국인·조선인은 그들이 가진 경제력과 북한과의 인적 네트워크 때문에 남북통일 과정에 지대한 공헌을 할 것으로 생각된다. 북일 간 관계 정상화가 이루어진다면 일본의 자본은 물론 재일한국인·조선인 자본이 북한으로 유입되어 북한의 경제위기 극복에도 크게 기여 하게 될 것이다. 또한 재일한국인·조선인은 한국이 국내외적으로 위기에 봉착하게 되었을 때 거주국의 국적과 관계없이 한국을 돕게 될 것이다.

재일한국인·조선인은 한국을 대변하는 민간 외교관으로, 한국제품의 소비자로서 한국 전통문화의 홍보요원으로 크게 공헌할 것으로 생각된다. 실제로 한국 정부가 조총련계 동포에게 한국방문과 경제적 투자를 허용한 이래 상당수의 조선 국적 소유자가 한국을 방문했다. 이들은 한국 정부가 발행하는 임시 여권을 소유하고 입국하게 되는데 특히 젊은 사람들은 병역 신고 문제로 인해 한국 입국 과정에서부터 공항 출국심사에서까지 병역 신고 미필자로 적발되어 어려움을 겪기도 했다. 이런 경우 재일조선인은 재일한국인과 동등한 자격을 가진 같은 민족임에도 타국인 취급을 받고 있다.[34] 앞에서도 살펴본 바와 같이 일본에서는 외국인의 인권 문제가 새롭게 제기되는 가운데 재일한국인 문제도 새롭게 조명되고 있으며, 재일한국인의 인권 문제를 일본 사회가 어떻게 인식하고 대응하는가 하는 것이야말로 일본의 모습이 단일 민족에 기초한 민족국가에서 세계의 여러 나라 외국인이 공생하는 다민족·다문화로 구성된 공동체로 변화하고 있음을 보여주는 시금석이라는 주장도 제기되고 있다.[35] 또한 현재 일본 사회가 처한 사회적, 경제적 여건을 보더라도 외국인과의 공생은 불가결하며, 세계사적 흐름과 일본 사회가 처한 제반 환경을 고려하여 남북한과 일본은 재일한국인·조선인의 국적 문제를 적극적으로 해결해야 할 것이다.

5. 맺음말

우리는 이 글에서 일본의 근대 국민국가 출범 이후 국적 제정과 국가의 성격 변화 그리고 일본 국민과 국적법의 특징을 살펴보았다. 그리고 재일한국인의 형성에 대한 역사적 경위, 체류자격의 변화 그리고 현재의 일본 국적취득 현황에 대해서 고찰하였다. 앞에서 보았듯이 재일한국인·조선인은 역사적으로 일본에 의한 강제 동원정책과 식민정책의 폐단으로 말미암아 오늘에 이르게 되었다. 그래서 전후 초기의 재일한국인·조선인 문제는 일본의 국내 전후처리 문제에 중요한 과제의 하나였을 뿐만이 아니라 때로는 한일 간의 초미의 관심사가 되기도 했다.

34) 구술인터뷰, 강덕상(동경, 2004년 11월 24일).
35) 구술인터뷰, 강덕상(동경, 2004년 11월 24일).

이는 일본 정부에 의한 노골적인 재일한국인·조선인 차별정책과 일본 사회의 소수민족에 대한 몰이해를 들 수 있겠다. 그래서 해방 이후 재일한국인·조선인을 외국인으로서 취급해왔고 외국인이라는 명분으로 민족교육을 부정해왔다. 그리고 직업선택의 자유를 제한하고 제반 사회보장제도의 혜택으로부터 제외되었다. 이러한 권리를 보장받기 위해서는 귀화하여 일본 국적을 취득할 것을 강요받았으며 현재에도 계속되고 있는 이러한 귀화 정책은 폐쇄적인 발상이며 세계사적 흐름에도 부합하지 못하는 민족적 동화정책임을 알 수 있다. 그러나 1970년대부터 시작된 정주 외국인 참정권 운동을 중심으로 한 시민운동은 국가의 틀에 얽매이지 않고 인간으로서의 존엄을 확보할 수 있는 독자적인 정체성을 모색해왔다. 그 결과 아직 부족한 면이 있지만 지속적인 운동의 성과로 지역 단위에서는 지방자치단체를 중심으로 재일한국인에 대한 참정권이 부분적으로 허용되기 시작했으며, 제도적 차별이 조금씩 해소되기 시작했다. 그 과정에서 일본 사회의 양심 있는 세력과의 연대가 모색되어져, 이때부터 민족이나 국적을 넘어서서 생활의 장을 공유하는 같은 시민으로서 자신들이 살고 있는 사회를 변혁시키려는 운동이 일어나게 되었다. 일본의 이러한 사회적 변화에 따라, 1985년 이후 일본 정부에 의한 일본 내 소수민족 정책에 많은 변화와 발전으로 이제는 재일한국인·조선인의 법적 지위 향상을 위한 노력보다는 이들의 자연 소멸에 대해서 더 신경을 써야 할 시기가 되었다. 이를 위해서는 이제까지의 재일한국인·조선인에 대한 정책이 기존의 양적인 처우개선을 위한 처벌 규정 완화나 일본인화를 위한 귀화종용 정책에서 일본 영주 재일한국인으로 살아가기 위해 어떤 방법이 있는지에 대한 구체적인 방법과 대안을 기대해본다. 그리고 재일한국인·조선인이 일본 국적을 취득하지 않고 한국 민족 고유의 민족문화를 향유 하며 일본에서 생활할 수 있는 환경을 조성해야 한다. 이를 위해서 일본 정부는 재일한국인·조선인의 민족적 정체성 회복과 사회적 권리, 지방참정권의 부여 등 정치적 권리를 부여해야 할 것이다. 이렇게 하는 것이야말로 오늘날의 다국적·다민족 그리고 다문화 현상에 대한 대응의 형태라 할 수 있겠다.

이 글은 한일관계사학회의 『한일관계사연구』 제24집에 실린 논문
「전후 일본의 재일동포 국적처리문제고찰」을 수정·보완한 것임.

참고문헌

고선규, 『일본의 국적 정책과 재일한국인의 일본국적 문제』, 한국일본학회 발표논문, 2003.

국민대학교 학국학연구소편, 『해방 후 해외 한인의 귀환문제연구』, 국민대학교 한국학연구소, 2002.

山内敏弘 編, 『有事法制を検証する ; 9 11以後 を平和憲法の坐視から問い直す』, 法律文化社, 2004.

在日朝鮮人社会·教育研究所 編, 『神奈川の韓国·朝鮮人 ; 自治體現場から題言』, 公人社, 1984.

金原左門, 田中宏, 小沢有作, 『日本のなかの韓国·朝鮮人·中国人: 神奈川県内在住外国人実態調査より』, 明石書店, 1986.

若槻泰雄, 『韓国·朝鮮と日本人 ; 韓国·朝鮮人の嫌いな日本人·日本人の嫌いな韓国·朝鮮人』, 原書房, 1989.

金英達, 『在日朝鮮人の歸化』, 明石書店, 1990.

文道平 編著, 『在日朝鮮人の歷史と展望: 近現代の朝鮮と日本の関係史』, 大阪: サツキ印刷株式会社, 1998.

ほるもん文化編輯委員会, 『在日朝鮮人「ふるさと」考』, 富士見印刷株式会社, 1998.

樋口雄一, 『日本の朝鮮·韓国人』, 同成社, 2002.

近藤敦, 『永住市民と国民国家』, 明石書店, 1999.

大日本帝國憲法(旧 憲法)告文과 제1장 天皇.

구술인터뷰, 박두진(동경, 2004년 11월 22일).
구술인터뷰, 박진산(동경, 2004년 11월 23일).
구술인터뷰, 신창석(동경, 2004년 11월 24일).
구술인터뷰, 정대성(동경, 2004년 11월 24일).
구술인터뷰, 강덕상(동경, 2004년 11월 24일).

第89次帝国議会速記録, 1945年 12月 17日 法律40号, '衆議院選挙法附則戸籍法説明'.
(国会議事録検索システム http://kokkai.ndl.go.jp) (검색일: 2006.1.8).
佐藤文明, 『在日「外国人」読本』, 緑風出版, 1999.
日本外務省資料, アジア局 東北アジア課, 1962.
日本外務省国際資料部資料課, アジア局 東北アジア課 資共 63, 1965.
河炳旭, 『第の選択韓国系日本人』, 文藝社, 2001.
『現代コリア』, 現代コリア 401, 2000.
아사히신문(朝日新聞), 2000.4.10.

'자이니치' 강상중의 자서전과 일본 사회

이한정

1. 말할 수 있는 자

'자이니치'라는 말은 '일본에 거주한다'라는 뜻을 지닌 '재일'의 일본어음이다. 2004년에 일본에서 간행된 강상중의 자서전 제목은 '자이니치'다. 이 책은 일본에서 2004년 3월 25일에 발매되었고, 한국에서는 같은 해 11월 25일에 출판되었다. 번역서로 6개월 만에 나왔다. 짧은 시차 번역은 일본 사회의 반향과 그에 대한 한국 사회의 반응의 결정체라 할 수 있다.

1950년생 강상중은 재일한국인 2세대에 속한다. 그의 자전을 담은 『在日 *Zainichi*』(한국어 역 『재일 강상중』, 이후 본문 인용은 한국어 번역본에서 하고 해당 쪽 수만 인용문 말미에 기입함)는 일본에서 간행된 후 화제를 불러 모았고, 이 책을 간행한 후 강상중은 더 대중적 인물로 자리매김했다. 그렇다면 일본어로 쓰인 이 책은 어떻게 일본 독자를 끌어당길 수 있었을까. 이 글은 『재일 강상중』이라는 자서전[1]에 초점을 맞춰

---

1) 강상중의 저서를 '자서전'이라 보는 것은 유호식이 말한 "자서전은 자신의 삶으로 하나의 이야기를 만들어 내는 행위"라는 점에 의한다(유호식, 『자서전-서양고전에서 배우

어떻게 이 책이 일본 사회와 공명할 수 있었고, 강상중이 취했던 '자이니치'의 자세가 무엇이었는지를 생각해 보고자 한다.

강상중에 관한 국내의 대표적 논문으로 2편 있다. 권성우의 「한 디아스포라 논객의 청춘과 고뇌-강상중의 에세이에 대한 몇 가지 단상-」과 정은경의 「강상중의 디아스포라 의식과 글쓰기」다. 권성우는 국내에 번역된 강상중의 『재일 강상중』(2004), 『고민하는 힘』(2009), 『청춘을 읽는다』(2009)의 내용을 비평적 관점을 곁들여 정리하면서 국내에 널리 소개된 '재일조선인' 에세이스트 서경식이 "낭만적인 예술가(혁명가)"인 것에 반해 강상중은 "온건하고 합리적인 사회과학자"라 하며, 서경식이 "근대 국민국가의 본질"을 비판하는 차원에서 "민족주의"의 유효성을 논한다면 강상중은 "확고한 탈민족주의적 입장"[2]에서 발언하고 있다고 지적했다.

또한 정은경은 국내에 소개된 강상중의 몇 몇 저서를 대상으로 강상중의 "디아스포라 의식과 사회 실천 담론"을 고찰하고 그가 "'재일'임을 표방하지만 아웃사이더로서 머물지 않고 '인사이더'로서 일본 사회에 적극적으로 개입하여 발언해왔다"는 점을 들어, 강상중의 "탈근대적 의식은 이전까지 소수자의 '고통과 차별, 원한과 피해자 의식'으로 인식되었던 재일 감각의 표상에서 벗어나 다양한 재일 감각의 편차와 동시대성을 보여준다"고 말했다. 그러면서도 정은경은 강상중의 탈근대적 담론이 재일에 대해 "현존하는 '적대'와 '차별'의 현실을 외면한

는 자기표현의 기술』, 민음사, 2015, p.27). 자서전을 한 장르로 말하기는 쉽지 않은데 이에 관해서도 장르로서의 '자서전의 주요 쟁점' 사항을 정리한 유호식의 논의를 참고할 수 있다.

2) 권성우, 「한 디아스포라 논객의 청춘과 고뇌 – 강상중의 에세이에 대한 몇 가지 단상」, 『한국어와 문화』 11, 숙명여자대학교 한국어문화연구소, 2012, p.131.

'지적인 유희'가 될 수 있다. 또한 '고민'과 '선택', '마음'은 차별적 현실을 '개인적 차원'으로 돌리는 일이 될 수 있으며, 선택할 수 없는 처지에 놓인 이들의 고통을 외면하는 허구적, 초월적 이념이 될 수 있다"고 지적했다.[3] 이와 같이 선행연구는 강상중의 논설과 자서전이 함의하고 있는 '탈민족주의'와 '탈근대적' 요소를 적극 해명하면서도 민족주의적인 차별을 간과하거나, 재일한국인이 놓인 처지의 "구체성과 특수성을 망각한 '추상과 초월'이라는 함정"(정은경)을 품을 수 있다고 우려했다.

그렇지만 어떻게 보면 강상중의 자서전은 '자이니치'의 민족주의적 성격과 그 소수자의 '구체성과 특수성'을 일본 사회에 최초로 당당하게 드러냈으며, 일본 사회는 여느 자이니치의 발언보다도 여기에 '공명'하고 호응했다는 점에 주목할 필요가 있다. 이를 엿볼 수 있는 참고 자료의 하나로 국내의 강상중 논의에서 언급하지 않은 또 다른 자이니치 정대균의 '강상중 비판'을 들 수 있다. 정대균은 일본에 귀화한 '자이니치'로 자이니치의 '일본 귀속'을 적극적으로 주장한 지식인이다. 그는 단행본 한 권을 집필하여 강상중의 '자전적 논픽션'이 "'자이니치'의 희생자 성격(犧牲者性)을 말하는 새로운 취향의 책"이라고 '비판'했다.[4] 앞서 소개한 국내의 강상중에 대한 논의('탈근대적', '탈민족주의')와는 달리 '재일'의 '구체성과 특수성'을 '희생자 성격'에 의지해 드러내 보이는 것이 『재일 강상중』이라고 정대균은 말하고 있다. 일본 사회에서 자이니치 지식인 두 사람이 '자이니치'라는 담론 상황을 두고 서로 정면

3) 정은경, 「강상중의 디아스포라 의식과 글쓰기」, 『국제한인문학연구』 16, 국제한인문학회, 2015, p.48.

4) 鄭大均, 『姜尚中を批判する』, 飛鳥新社, 2011, p.26. 책의 표지에는 "'자이니치'의 희생자성을 상품으로 하는 진보적 문화인의 공죄"라는 카피를 달고 있다.

대치하는 형국을 보인다. 그렇다면 '자이니치'란 무엇일까. 『'자이니치' 로서의 코리안』을 쓴 하라지리 히데키는 '자이니치'라는 용어에 대해 다음과 같이 말하고 있다.

> 이 책은 '자이니치'라고 불리는 사람들에 관한 책이다. '자이니치'라는 호칭 이외에는 재일한국·조선인, 재일한국인, 재일조선인, 재일코리안 등의 호칭이 있다. 까다로운 점은 '자이니치'라고 하면 일시적 체재의 의미로 받아들여지는 경향이 있다는 것과 일본 사회의 구성 멤버가 아니라 '바깥사람'='외국인'이라고 생각되어 버린다는 사실이다. '자이니치'란 조선반도 출신자 및 그 자손들이지만 일본에 영주할 의사를 지닌 사람들로 단지 일시적으로 체재하는 외국인이 아니다. 다시 말해 '자이니치'는 국적이 일본이 아니어도 일본 사회의 멤버다.[5]

자이니치는 '일본 사회의 멤버'다. 자이니치의 출현 배경에는 일본의 식민지 지배가 가로 놓여 있다. '자이니치'가 여느 재일외국인과 구별되는 이유이며, 그들은 일본에 '영주할 의사'를 갖고 있다. 한국인들은 자이니치를 '재일한인'과 '재일동포'라는 말로도 부른다. 이쪽에서 보자면 그들은 일본에 일시적으로 체재하고 있는 '한인'이며 '동포'다. '자이니치'라는 호칭의 특징은 기존에 함께 사용했던 '한국인' '조선인' '코리안'이라는 국가나 민족을 상징하는 말을 소거했다는 점에 있다. '자이니치'라는 호칭은 일본 사회가 자이니치에게 붙인 것이 아니라, 자이니치 스스로가 1970년대 중반부터 사용하기 시작한 말이다.[6] 2004년에 이르러 강상중은 자신의 자서전에 이 '자이니치'라는

---

5) 原尻英樹, 『「在日」としてのコリアン』, 講談社, 1998, p.3.

6) 姜在彦, 「「在日朝鮮人」であることの意味」, 『季刊 三千里』 50, 1987, p.47.

말만을 사용했다. 그렇다면 그에게 '자이니치'란 무엇일까. 『재일 강상중』의 머리말에서 처음 등장하는 '자이니치'는 다음과 같은 장면에 섞여 있다.

> 사진 속의 나는 내가 재일(在日)이며, 한국 조선계 얼굴을 하고 있다는 것을 확인시켜 주는 것처럼 느껴졌다. 사진을 보면서 내가 틀림없는 한국 조선인이라고 재확인하는 것이 싫었는지도 모를 일이다. 재일이라는 것에 따라붙는 꺼림칙한 느낌은 내 얼굴을 보는 것조차도 피하고 싶은 마음이 되어 저절로 사진 찍는 것을 기피하게 되었던 것이다. (p.13, 밑줄 인용자, 이하 동일)[7]

여기에서 주목하고 싶은 것은 '재일이라는 것에 따라붙는 꺼림칙한 느낌'이라는 표현이다. 머리말은 "나는 사진을 별로 좋아하지 않는다"라는 말로 시작한다. 그런데 얄궂게도 이 책은 좋아하지 않는 '사진'(이미지)을 표지에 사용했고, 권두 사진에도 전신사진 몇 장을 싣고 있다. 본래 사진을 찍고 싶지 않다는 심리는 자신을 '감추고 싶다는 것'이며, 자기 자신은 '말할 수 없는 자'임을 암묵적으로 수긍하는 자세다. 그런데 『재일 강상중』은 한 세기를 지나온 자이니치의 역사에서 자기 자신을 일본 사회를 향해 가장 강렬하게 드러내 보인 책 가운데 하나 일 것이다. 자이니치라고 하면 일본에서 네거티브 이미지로 통용된다. 강상중의 자서전은 이를 완전히 뒤집어 자이니치에 대한 포지티브 이미지 구축에 기여했다. 2004년 이전까지 자이니치가 쓴 자서전이 없지 않았어도 이 책만큼 당당하게 '말할 수 있는 자' '자이니치'를 내세우며,

7) 강상중, 고정애 옮김, 『재일 강상중』, 삶과꿈, 2004, 앞으로 이 책에서 인용하는 경우에는 인용문 뒤에 페이지만 명기한다.

그 '호칭'과 자기 자신의 모습을 '사진'으로 내세운 책은 없었다. 강상중 스스로 언급하듯이 '재일'(자이니치)이라는 이미지는 '꺼림칙한 느낌'을 준다. 강상중 자신이 이렇게 인식하는 자이니치의 이미지는 그대로 일본 사회에서 살아가면서 받은 '느낌'이 자기 자신에게 투사되어 나타난 것이라고 봐야 한다. 그런 일본 사회에 이제 당당히 자신을 말하고 있으며, 일본 사회에는 전혀 예기치 않은 인물이 갑작스럽게 나타났다고 볼 수 있다. 강상중이 어떻게 이렇게 당당하게 '자이니치'임을 드러낼 수 있었을까. 우선 짚자면 『재일 강상중』이 발간되던 시점에 그의 직업이 '도쿄대 교수'였다라는 것이다.

강상중이 자서전을 통해 "자기를 이야기하는 행위(자기 이야기)는 그것이 자기 자신을 경험하는 하나의 양식임과 동시에 그것을 타인에게 전하고, 이해받기 위한 표현이기도 하다".[8] 자기 이야기를 저술해 일본 사회에 공표하는 행위는 '쓰는 나'와 '읽는 당신' 사이의 상호 작용의 관계 속에서 성립한다. 강상중은 '자기 이야기'를 누구에게 말하기 위해 쓴 것일까. 그 대상은 동일한 처지의 '자이니치'와 일본어 문헌을 읽을 수 있는 '일본어 공동체'의 독자일 것이다. 독자들은 대부분 '일본 사회' 속에서 살아간다. 강상중은 '자이니치'와 '일본 사회'의 상호 의존성을 염두에 두고 자서전을 집필했다.[9]

8) 小林多寿子·浅野智彦, 『自己語りの社会学』, 新曜社, 2018, p.4.

9) 『재일 강상중』의 상호 의존적 작용은 이 책이 한국어로 번역되어 한국 독자들과 만날 때에도 성립한다. 하지만 애초 이 책은 '번역'을 전제로 쓰인 것은 아니기에 그 문제는 다루지 않겠다. 그렇다면 더욱더 일본어 독자, 일본 사회와 강상중의 자기 이야기의 상호 의존성은 중요한 문맥이라 할 수 있다.

2. 시대 속의 '개인'

강상중이 도쿄대 교수가 된 것은 1998년이며 그는 정년을 3년 남겨 놓고 2013년에 퇴직했다. 대중적 인지도는 일본 아사히텔레비전의 정치 토론 프로그램 「아침까지 생방송 텔레비전(朝まで生テレビ)」(1987년부터 현재까지 진행 중, 새벽 1시 25분부터 4시 25분까지 생방송)에 1991년부터 2010년까지 55회 좌파 논객의 한 사람으로 출현한 것을 계기로 획득했다. 미디어의 스타 논객과 도쿄대 교수라는 타이틀이 『재일 강상중』의 발매에 큰 영향을 끼쳤다는 사실은 두말할 나위 없다.

그러나 단지 그의 명망으로 인해 『재일 강상중』이 독자를 매료시킨 것은 아닐 것이다. 책에 담긴 서사 방식이 독자를 끌어당겼다. 자이니치가 자신의 이야기를 쓰기 시작한 것은 1980년대부터이며, 이러한 '자기서사'는 자이니치 발행 잡지에도 길지 않은 글로 1990년대까지 많은 편수가 수록되었다. 단행본 출판도 이어졌다. 잡지에는 자이니치 남성지식인의 '자기서사'가 대개 두드러진다. 이를 분석한 신승모는 "그 내용은 주로 식민지와 전쟁, 그리고 전후 사회를 살아오면서 겪은 고난(차별, 탄압, 생활의 어려움)과 조국(한반도)에 대한 향수와 정을 담은 내용이 개인사와 어우러지면서 기술되는 경우가 많다"[10]고 말했다. 이러한 점을 시야에 두고 이 책 구성을 살펴보면 다음과 같다.

제1장 <u>6.25전쟁</u> 때 태어나서
양돈, 막걸리, 그리고 다정한 사람들/아버지, 어머니는 이렇게 재일 1세가 되었다/10만 명의 민족귀환운동/'저변'에 사는 사람

10) 신승모, 「재일 에스닉 잡지에 나타난 재일조선인의 자기서사」, 『일본연구』 62, 한국외국어대학교 일본연구소, 2014, p.80.

들 속에서/재일로 살아가는 방식

제2장 재일 1세가 살았던 의미-두 아저씨의 일생

헌병이 된 재일 엘리트/실향자로 그늘에서 살았던 아저씨/이중 삼중으로 잡아 찢겨진 것

제3장 '상중(尙中)'이 '데츠오(鐵男)'를 버린 여름

소시민화와 재일의 깊은 어둠/한국 땅에 서서/'한국적 범주' 안에서/질풍노도의 시대를 치달아서/북의 낙원, 남의 독재/재일의 불안과 말더듬이, 그리고 우울

제4장 독일유학-고향과 타향

도피에서 비롯된 유학생활/모스크바의 '우울'/이란혁명과 사회주의 종말/박대통령 암살, 그리고 광주사건/고향과 타향 사이에서

제5장 아버지의 죽음과 천황의 죽음

평온한 결혼생활에서 데뷔 작품 출판까지/'재팬 애즈 넘버원' 아래에서/지문날인 거부가 낳은 만남/숙부와 아버지의 이별과 여행/1세들의 역사를 새겨 넣어라

제6장 사회적 발언자에게

걸프전쟁과 전후 내셔널리즘/거대 미디어와 대학 사이에서/일본의 재일화(在日化)/인사이더로서, 아웃사이더로서

제7장 새로운 질풍노도의 시대로

꿈의 남북수뇌 회담과 친구의 죽음/'햇볕정책'의 위기/북한이 시작한 위험한 개입/끝이 없는 이라크전쟁과 그 영향

제8장 동북아시아에서 함께 산다

지금이야말로 코리언 네트워크를 살릴 때다/6자회담과 납치 문제의 행방/100년 만의 꿈으로, 일북한 관계정상화를 바란다/프로젝트로서의 동북아시아

자서전은 보통 저자의 출생에서 시작해 성장과정, 나아가 가족과 인간관계를 그리면서 시대의 변곡점에서 발생하는 '개인'의 변모를 담

는다. 『재일 강상중』의 구성은 먼저 시대가 있고, 그 시대 속에서 가족이 움직이고, 그 가족 안에 '나' 강상중이 있다. 이 책에 기술된 시대 속 커다란 역사적 사건으로는 '6.25전쟁' '남북 분단' '사회주의 종말' '광주 사건' '대통령 암살' '천황의 죽음' '걸프전쟁' '남북 수뇌 회담' 등이 있다. 그리고 가족관계로는 '아버지'와 '숙부', 이웃집 '아저씨'와, 목차에는 나타나지 않지만 '어머니'가 중심에 자리한다. 가족과 함께 '친구'라는 우정 스토리가 가미된다. 시대(역사) → 가족 → '나'라는 이야기 흐름이 어느 정도 균형을 유지하고 있다. 시대가 있고 가족이 있으며 그 안에 개인으로서의 '나'가 감싸 들어가는 형상이다. 대개 자서전은 개인인 '나'를 중심에 두고 가족과 시대로 퍼져나간다. 예를 들어 이 책보다 4년 먼저 2000년에 간행된 재일 사학자 이진희의 자서전 『해협』을 보자.

1. 나의 소년 시절 2. 불타버린 미토를 향해 3. 조선학교 폐쇄 명령 4. 메이지대학에 입학 5. 토로 유적에서의 만남 6. 격전의 한국전쟁 7. 갑작스러운 체포, 묵비권 행사 8. 보따리 장사와 학생 생활 9. 청운료의 학우들 10. 졸업 논문 11. 록펠러로부터의 권유 12. 야나기 무네요시에의 심취 13. 도쿄 조선고등학교 14. 석사 논문 집필 15. 북한의 연구 성과에 감격 16. 귀국 운동과 1960년 안보 17. '뒤쳐진' 학생들과 함께 18. 김석형의 '분국설' 19. 한·일 간의 국교 정상화 20. 『조선 문화와 일본』의 파기 21. 대학 인가의 전후시기 22. 이상한 사건의 속출 23. 『일본 속의 조선 문화』 24. 사상 점검의 폭풍 25. 조선대학을 떠나다 26. 도작 사건 27. 『광개토왕릉비 연구』의 간행 28. 동분서주한 한 해 29. 김대중 납치와 남북 대화의 파탄 30. 김지하와 문세광 사건 31. 『계간 삼천리』 창간 32. 광개토대왕릉비의 반향 33. NHK에 조선어 강좌를 34. 조총련의 중상·비방 35. 김달수를 격려하는 모임 36. 중·일 국교 회복, 박정희 대통령의 피살 37. 방한과 그 경위 38. 서울에

서의 이틀 39. 공주·부여를 지나 순천으로 40. 김달수의 고향에서 경주로 41. 친척과의 재회와 산소 참배 42. 비망록 43. 비문 변조설로부터 22년 44. 국경의 대하, 압록강을 가다

이진희의 자서전 역시 '나'로 시작하여 바로 시대로 이어지고 다시 '나'로 회수되는 이야기 구조를 보여준다. 가족은 이야기의 중심에서 벗어나 있다. '나'의 행적을 쫓아 시대가 따라오고 부가적으로 가족, 주변 인물이 배치된다. 이진희의 자서전은 2000년에 출간되었는데, 이 연도를 전후로 자이니치의 자서전이 수십 종 발간되고 있다.[11] 이와 같은 자이니치의 자전적 성격의 책들이 다수 출판될 수 있었던 배경에는 1990년대부터 일본 사회에 등장한 '다문화공생'이란 분위기가 있었다. '다문화공생'은 "서로 다른 문화적 배경을 가진 사람들이 차이를 인정하고 존중하며 대등한 관계를 형성하는 것"으로 정의되며, "1995년 고베지진을 계기로 인권의 관점에서 외국인을 지원하는 시민단체 활동을 통해 확산되"었다.[12] '다문화공생' 분위기와 자이니치의 자서전 출판 붐의 관계는 좀 더 면밀한 분석을 요하는 사항이나 이진희와 강상중의 자서전이 모두 이 무렵에 출판되었다는 점은 간과할 수 없다. 특히 이진희의 자서전은 자기의 '이력'과 '업적'을 중심으로 '시대'와

11) 2000년대에 접어들어 자이니치 남성과 여성들의 자전적 성격을 띤 책의 출판이 급증했다. 필자가 조사한 바로 2000년도에는 재일사학자 이진희의 『해협-어느 재일사학자의 반생-』 등 6종이 출판되고 있으며, 『재일 강상중』이 출판된 2004년까지 4년간 무려 20여 종에 달하는 자이니치의 자서전 성격을 띤 책이 출판되고 있다.

12) 한영혜, 「일본의 다문화공생 담론과 아이덴티티 재구축」, 『사회와 역사』 71, 한국사회사학회, 2006, p.155. 이 논문을 참고하여 1995년부터 1999년까지 출판된 자이니치의 자서전을 살펴보면(필자 조사) 가네코 히로시의 『누구를 위해서도 아닌- '한국계일본인'으로서 살아간다』 등을 비롯해 12종 정도가 있다. 일본 사회의 '다문화공생'의 분위기에 '자이니치'의 '자기 이야기' 출판이 증가했다고 하겠다.

'민족'을 말하고 있는 데 반해 강상중의 자서전은 '가족' 중심의 서사로 이루어져 있다. 일본 사회에 보다 더 친밀하게 다가갈 수 있는 '가족 스토리'인 것이다.

3. '분열'과 어머니와 '나'

『재일 강상중』의 일본어판 머리말은 앞에서 언급했듯이 강상중 자신의 '사진' 이야기로 시작하여 자신의 '원점'을 '어머니'에게서 찾으면서 머리말 말미는 "어머니가 이 세상을 떠나면, 저 소중한 기억 속 사람들은 한 사람도 없이 사라져버리는 것이다. 그것이 얼마나 쓸쓸한 것인지, 상상만 해도 슬프다"라고 하며 "어머니와 그런대로 그 기억을 서로 나누기 위하여"(p.20)로 끝을 맺는다. '나와 어머니'의 교감이라는 주제가 이 자서전 전면에 배치되어 있다. 그러므로 자서전의 '자이니치'라는 일본 사회 속의 마이너리티, 또는 소수 민족이라고 할 수 있는 호칭은 '어머니'라는 보편적 언어에 감싸인다. 일본 사회의 독자들에게 공감을 얻을 수 있는 서사구조라 할 수 있겠다. 이와 같이 '자이니치'의 자서전에 '어머니'가 전면으로 등장하는 것은 강상중이 처음은 아니다. 2000년에 출판된 가네무라 요시아키의 『재일 정신』은 제1장에서 '어머니'를 전면에 내세우며 저자의 반생을 말하고 있다.[13] 가네무라 요시아키는 '김의명'이라는 본명을 지닌 자이니치 3세로 중학교 이후 일본 국적을 취득하고 있다. 프로야구 선수 출신으로 이 책이 출판될 무렵에

13) 金村義明, 『在日魂』, 講談社, 2000, p.19. 이 책 제1장이 시작되는 안표지에는 초등학교 입학 당시 어머니와 함께 찍은 저자 사진이 실려 있다.

는 야구해설가로 활약하고 있었다. 『재일 정신』은 일본의 저명한 출판사 고단샤에서 나왔는데 『재일 강상중』 역시 동일 출판사에서 간행되었다. 즉, 재일 이야기에 어머니의 스토리 라인이 저변에 깔리는 출판 전략이 동일하다고 볼 수 있다.

『재일 강상중』의 머리말에서 저자는 '사진' 속 자신은 "항상 얼어붙은 표정"을 짓고 있다라고 말하면서 이 표정은 일본 안의 '재일'의 표정과 닮아 있다고 했다. 자신이 남의 시선에 과민하게 반응하는 것은 "정신적 유약함"에 원인이 있고 "심리적인 불안감"과 관련이 있다고 하면서도, 한편으로 "그렇게 안으로 틀어박혀 버리려는 순진한 성격과는 반대로, 내 안에는 어딘가 대담함과 유들유들하고 뻔뻔스러운 면이 감추어져 있다"고 말한다. 이것을 "불령(不逞)의 정신"이라 표현했다. '분열'과 '불령'의 양면성이 동시에 공존하는 자신을 그는 다음과 같이 말한다.

> 도대체 어느 쪽이 나의 진정한 모습일까. 실은 나 자신도 잘 알지 못한다. 이렇게 분열된 내 성격은, 부모와 나를 둘러싸 왔던 재일의 환경에서 얼마간의 영향을 받았음에 틀림없다. 특히, 나의 원점이 된 것은 어머니였을 것이다. 넘치는 모성애와 섬세한 성격의 어머니는 나의 피난처였고, 어머니 또한 나를 자신의 고치 속에 보호하려고 했다. 하지만 때로는 갑자기 발칵 터뜨리는 어머니의 뺏성에 나는 몹시 당황하곤 했다. 퉁겨 날려지는 듯한 놀라움과 전율과도 같은 느낌에 휩쓸리는 것이다. 어머니의 히스테릭할 정도의 분노와 격정이 가라앉을 때까지, 그저 나는 몸을 움츠리고 시간이 지나가기만 빌 뿐이었다. 어머니 또한, 분명 열정적인 성격의 소유자임에 틀림없다. 나 나름의 해석일지 모르지만, 어머니가 그렇게 된 데는 선척적인 요인보다, 재일이라는 환경의 영향이 크다고 생각하지 않을 수 없다. (pp.13~14)

강상중은 '재일'이라는 환경이 자신에게 주어진 선천적인 요소라고 말하고 싶어 한다. 재일로 인해 어머니와 자신의 '분열'이 생겨났다. 이에 대해 강상중을 비판하는 정대균은 "'분열적인' 성격을 '재일'과의 인과관계에서 말하는 문장은 상당히 자의적이라고 생각하나 그 인상을 지우려는 듯이 '뭔가의 영향' 등이라는 완곡 화법을 이용하는 것이 요점으로, 재일의 불우 의식을 가진 인간이라면 이것으로 강상중의 말솜씨에 놀아날 가능성이 크다. 한편 비판적인 눈을 가진 독자라면 부정적인 일들을 모두 재일의 희생자 성격과 연결 지으려는 저자의 태도에서 '교활한 녀석이구나'라는 인상을 가질지도 모른다"[14]라고 말했다. 정대균은 후자의 독자로 강상중의 자서전에서 읽혀지는 '재일'은 희생자, '일본인'은 가해자라는 구도를 비판하는 태도를 취하고 있다. 하지만 반드시 '재일'이 아니더라도 『재일 강상중』을 일본어로 읽는 일본의 독자라면 오히려 전자의 독서 태도를 취하지 않을까. 그 이유는 "어머니는 나의 피난처였고, 어머니 또한 나를 자신의 고치 속에 보호하려고 했다"라는 '모태 신앙'을 이 책이 주조저음으로 하고 있기 때문이다. 이에 반해 이진희의 『해협』에서 '어머니'는 '나'와 다른 세계에 존재한다.

> 30여 년 전 어머니 옆을 떠나던 때가 뇌리를 스쳤다. 우리 집은 마을 제일 높은 곳에 있었는데 내가 몇 번이나 뒤돌아보아도 어머니는 '대문' 앞에 서서 꼼짝도 않고 계셨다. 하얀 치마저고리 모습이 점점 작아져 점이 되었다. 그것이 이 세상에서의 이별이었다. 참는 것만을 미덕으로 사시다가 마흔둘이라는 젊은 나이에 세상을 떠난 어머니의 생애를 생각하니 세상의 덧없음에 화가 났다. 언제 다시 성묘할 수 있을 것인가

14) 鄭大均, 『姜尚中を批判する』, p.27.

> 생각하니 어머니의 묘 옆을 떠나는 것이 가슴 아팠다. 눈물을 겨우 참는 것이 고작이었다.[15)]

물론 1929년생으로 재일한국인 1세인 이진희와 1950년생의 강상중은 세대 차가 다르고 '어머니'와 저자를 둘러싼 환경도 달랐을 수 있다. 그러나 불과 4년 차이로 출판된 『해협』과 『재일 강상중』은 동일한 '재일'의 환경을 공유하면서도 '어머니'나 '가족' 스토리를 담는 전개 방식은 확연히 다르다. 강상중 쪽이 보다 더 일본의 일반 독자에게 열려 있다는 것이다. 강상중의 자서전은 '재일'의 기록이면서도 일본 사회와 절충 지점을 모색하는 것이라 할 수 있다. 그 절충점의 한복판에 놓인 것이 '어머니'라는 신앙이다. 이 책의 '맺는 글'에서 강상중은 "독자가 이 책 속에서 도대체 어떤 이야기를 발견하게 될 것인가, 무관심할 수 없다"라며 '독자'를 의식한 저술임을 분명히 밝혔다. 그러면서 독자는 분명 "재일 2세의 성공담"을 읽으면서 "'역경'을 이겨내는 처세훈(處世訓)"을 발견할 수도 있을 것이며, "자신이 알지 못했던 재일의 같은 시대사를 반쯤 놀라운 느낌으로 돌아보는 '살아 있는' 교재"로 받아들일 수도 있을 것이라고 하며, 그 어떤 것을 독자가 취해도 그것은 나쁘지 않다라고 말했다. 그렇지만 저자로서 『재일 강상중』에 담고 싶었던 내용은 '기억'이라고 했다.

> 이 책을 쓰고자 생각했던 최대의 모티브는, 6.25전쟁의 해에 태어나서 반세기 남짓을 겪은 한 사람의 재일 2세가 무엇을 잃고, 무엇을 얻을 수 있었는가, <u>그 일을 잊지 못할 사람들의 기억과 함께 써 두는 것</u>에 있다. (중략) <u>노쇠한 어머니가 잃어버린 세계의 기억을 마치 어제</u>

15) 이진희, 이규수 옮김, 『해협』, 삼인, 2003, pp.284~285.

> 일처럼 얘기하는 모습을 불가사의하게 생각했지만, 지금은 내가 어머니에게 가까워지고 있는 것을 발견한다. 그것은 나이 탓일까. 아니, 그것만은 아닐 것이다. 거기에는 재일이라는 잊혀져 가는 세계에의 애절哀切과도 닮은 우울한 감정이 있는 듯이 생각되는 것은 어쩔 수 없다. (p.224)

'자이니치'의 스토리에서 가족이야기는 자이니치 작가 김학영, 유미리, 이양지 등에게서 선명하게 나타나듯이 '해체'나 '분열', '불화'의 표식이기도 하다.[16] 자이니치의 '불우 의식'은 보통 '가족'으로 수렴되고, 자이니치의 '차별 의식'은 대개 '일본 사회'로 향한다. 그런데 강상중의 자서전은 이러한 기존의 자이니치 스토리 라인을 따라가는 듯이 보이면서도, '불우'='가족'이라기보다는 '가족'이 있어서 '불우 의식'이 치유되는 방향으로 나간다. 그 중심에 '어머니'가 굳건히 자리하고 있으며, 이러한 서사 구조가 '자이니치'라는 특수 환경을 보편화시키면서 일본 독자에게도 받아들여지는 보편적 가족 이야기로 나가게 만든다. 또한 일본 사회가 자이니치를 차별한다는 기존의 담론이 이 책에서도 반복되는 점이 없지 않으나, 그 내용은 눈에 띄게 드러나지 않는다. 그 이유는 자신만이 겪었던 '차별'로 부각되지 않고 '자이니치'를 막연하게 알고 있는 독자라면 누구나 알 법한 차별을 기술하는 정도로 그치고 있기 때문이다. 예를 들어 "내가 있던 저 재일 마을에 몸을 의지한 사람들은 조국으로 가는 길이 끊기고, 거칠어진 마음으로 또다시 민족적인 차별을 견디어내지 않으면 안 되게 되었던 것이다"(p.36)라는 정도의 표현으로 '차별'이 여느 자이니치 스토리에서 그려지는 형식보다

16) 윤송아, 『재일조선인 문학의 주체 서사 연구 – 가족·신체·민족의 상관성을 중심으로』, 인문사, 2012, p.85.

완화된 표현으로 나타나며, 김희로 사건이나 지문날인 거부 사건을 다루더라도, 일본 사회에 자이니치의 '차별'을 부각시킨 사건으로 다루는 데 머물지 자이니치 강상중 개인의 문제로까지 파급되지 않는다. 강상중 개인은 '어머니'라는 '고치' 속에 쌓인 누에로 존재한다.

『재일 강상중』이 간행된 이후 강상중은 2010년에 소설 『어머니』를 집필했는데, 그 사이에 2008년 1월에 『재일 강상중』은 '대폭 가필'을 하여 문고판으로 발매되었다. 이 문고판의 맺음말에 해당하는 '에필로그'는 2004년 출판물의 내용과는 다르게 쓰였다. 그 시작에는 "어머니가 돌아가시고 2년의 세월이 흘렀다. 불과 얼마 안 되는 세월에도 불구하고 왠지 10년의 세월이 지난 것처럼 생각될 때가 있다. 어머니의 기억은 선명할 터인데도, 그 반면에서는 물에 풀어져 흘러간 글씨체처럼 어렴풋이 느껴지는 기분이 든다"로 시작한다. 그리고 끝맺음에서는 2007년 10월에 개최된 제2차 남북정상회담의 여운을 되새기면서 어머니의 목소리를 담아내고 있다.

> 조용한 만족감이 온 몸에 퍼지고 나는 문득 한숨 섞인 노래를 흥얼거리고 싶을 때가 있다. 그 울먹이는 노래는 환희와 슬픔, 미래에 대한 꿈과 과거에 대한 노스탤지어가 뒤섞인 독특한 것인지도 모른다. 그 눈물은 분명히 어머니의 볼을 타고 내린 눈물과 같은 것은 아닐까… 그렇다면 분명히 어머니는 나를 위로해 주실 것이다. "데쓰오, 너는 아주 잘했다. 어머니는 기쁘구나". 어머니가 기뻐하시며 자랑스러워하실 것 같은 목소리가 들려오는 듯하다.[17]

『재일 강상중』은 '성공담' '처세훈' 혹은 '(재일의) 기억' 스토리이면

17) 姜尚中, 『在日』, 集英社, 2008(초판 단행본은 講談社에서 2004년 간행), p.254.

서도 동시에 '어머니'와 '나'를 하나로 묶는 '치유' '힐링' 스토리이기도 하다. 『재일 강상중』 속의 자이니치 가족은 기존의 재일문학에서 다루던 가족 스토리와 달리 '어머니'뿐만 아니라 '아버지' '숙부' '아내' 모두 따뜻한 사람들로 등장한다. 배움을 갖지 못한 이웃 아저씨도 온화하다. 2001년에 간행된 양석일의 『피와 뼈』에서는 재일 가족이 폭력적인 아버지 앞에서 철저히 '파괴'되는 양상으로 그려진다. 이에 비해 3년 후에 출판된 『재일 강상중』은 소설과 자서전의 장르 차이가 있다 해도 일본 사회에 비치는 재일 가족의 모습을 색다르게 보여준다. 더욱이 강상중은 자신에게 큰 영향을 끼쳤던 일본인 은사 두 명이 자신의 장래를 개척하는 데 큰 힘이 되어준 사람들이었다고 『재일 강상중』에서 소개하고 있다. 그리고 '자이니치'라는 환경이 부여한 '나'의 분열은 동일한 환경에서 '분열'을 맛본 '어머니'와 동일시되면서 '치유'된다. 이는 양석일의 소설에서와 같이 기존의 억세고 드센 느낌으로 다가온 '자이니치' 가족 이야기가 후경으로 물러나게 한다.

『재일 강상중』은 이전의 자이니치 스토리에서 방점을 찍은 '민족적 차별'의 문제보다는 한 인간이 '사회'라는 제도, '시대'라는 굴곡 속에서 '분열'을 맛보며 그 분열을 사람들과 만나면서 안고 가며 극복하는 스토리로 이루어져 있다. 이러한 한 개인의 갈등은 삶에서 동일한 갈등을 안는 일본 독자/대중의 스토리와 등치되는 효과를 낳는다.

4. '아마추어'로서의 포즈와 '디아스포라 민족주의'

자이니치의 '특수성과 구체성'을 책 타이틀로 내걸면서 스토리 라인은 '어머니'와 '잊지 못할 사람들'의 이야기가 굵직한 선을 이루는 것이

『재일 강상중』의 서사구조다. 이 서사성이 기존 자이니치 스토리보다 부각되면서 자이니치의 '특수성'을 담은 분위기는 시대의 저변에 가라앉는다. 이 책의 표지에 저자 사진이 큼지막하게 등장하는 것은 앞에서도 언급했듯이 강상중의 대중적 인지도가 작용했다. 사진 찍기를 싫어하는 자의 사진. 이 모순을 단적으로 드러내는 것이 '자이니치'라는 환경이며, 이는 '분열'의 근원이며, 자이니치인 강상중의 '우울증'이기도 하다.

> 내 우울증의 근원에는, 언제나 이 분열이 있는 듯하다. 분열은, '폭력'에 의해서가 아니라, '화해'에 의하여 치료되지 않으면 안 된다. 물론, 분열이 완전히 통합될 일은 없을지도 모른다. 하지만 그렇더라도 '타자(他者)'를 자신 속에 받아들여, 그 '이질성'과 공존해 가는 것에 의해서만이, 불안을 해소할 수가 있는 것이 아닐까. 아니, 불안을 근본적으로 해소하는 일은 애당초 무리한 이야기일지도 모른다. 완전히 해소되지 않더라도, 불안의 원인을 규명하여, 그것을 받아들이고, 껴안고 가는 것으로라도 마음을 누그러뜨려야 하는 것이 아닐까. (p.69)

자서전에서 '가족사'는 근간을 이루는 요소이지만, 반드시 '가족'이 전면에 등장하지 않는다. 특히 명망 있는 인물의 자서전이라면 '가족' 이야기보다는 더 큰 역사와 시대, 자기 고난 극복, 업적, 성공 스토리에 이야기의 초점이 맞추어지면서 공적 삶을 산 인물임이 부상한다. 앞의 이진희의 자서전을 보더라도 그렇다. 강상중의 자서전 역시 저자의 위치가 공적 삶의 기술에 치우치기 쉽다. 그럼에도 불구하고 강상중의 자서전은 이러한 자서전의 기본적 골격을 답습하면서도 교묘하게 가족 이야기와 '사회주의의 종말'과 같은 거대 서사를 적절히 배합한다. 특히 '어머니'의 이야기는 누구라도 쉽게 공감할 수 있으며, 어머니를 동심원으로 따뜻한 가족/사람들이 등장한다면 아무리 일본-한반도-독일 등 세계사적 시야에서 시대와 자신을 말하더라도 보통 사람들의 이야기로 치환될 수 있는 가능성을 지닌다. 특히 '분열'(재일 표상)을 '화해'와 연결시키고 있어 누구라도 그의 이야기 줄기를 따라가기에 무리가 생기지 않는다. 『재일 강상중』이 '꺼림칙한 느낌'을 주는 자이니치 이야기이면서도 오히려 따뜻한 느낌을 주는 스토리로 다가오는 것은 '타자'를 '자신' 속에 받아들이는 모습에서 일 것이다. 『재일 강상중』에는 나쁜 사람이 거의 보이지 않는다. 모두 '잊지 못할 사람들'로 강상중과의 교섭에서 따뜻하고 온화한 인물로 기억된다.

> (A)
>
> 편지의 맨 뒤에 적힌 은사의 섬세한 배려는 좌절감에 빠져 있던 나를 위로해 주었다. 은사가 보여주었던 우직할 정도로 곧았던 학문에의 정열과 제자를 향한 따뜻한 배려를, 나는 지금도 상기할 때가 있다.
>
> "강군에게는, 강군 나름의 방법이 있으니까, 그것으로 끝까지 밀고 나가요."
>
> 꼭 그렇게 격려해 줄 것임에 틀림없다. (p.112)

> (B)
>
> 확실히 임마누엘에게는 '고향'이 있는 것이다. 더구나 '조국'이라고 말할 수 있는 '고향'이. 그러나 나에게는 그것이 없다. 그 결락감(缺落感) 때문인지 임마누엘이 더욱더 빛나 보였다. 그러나 독일에서 우리는 디아스포라적(離散的)인 소수자인 것에는 변함이 없었다. 석양에 빛나는 서울의 거리를 보면서 무언가가 잘려졌던 것처럼, 이때도 내 속에서 무언가 깨끗이 잘려지고 있었다. '고향'과 '타향'의 틈새를 오가면서, 나는 세계사 속의 재일이라는 것에 대하여 생각할 수 있게 되었다. 재일은 결코 고립되어 있지 않다. 그 강한 확신이 싹트고 있었다. 일본

으로 돌아갈 즈음, 고독하고 쓸쓸한 감정은 사리지고 있었다. 비전은 없다 해도, 나는 살아갈 수 있다. 그렇게 생각하니, 새로운 희망으로 가득 찬 기분이 들었다. (p.138)

(C)

도몬 선생님의 말씀은 내 마음에 깊이 스며들었다. 나는 치료되고, 위로받고 있었다. 선생님에 대한 신뢰는 깊어지고, 나는 선생님께 갖가지 상담을 하게 되었다. (중략) 그 후 나는 도몬 선생님의 소개로 국제기독교대학의 조교수로 들어가게 되었다. 도몬 선생님이 소개해 준 C씨는 우연히도 나의 대학원 선배였다. 이런 것을 불가사의한 인연이라고 할까. 그리고 때가 있다라고 하는 것인가. (p.155)

(A)에 등장하는 인물은 와세대대학 대학원 재학 중의 은사로 강상중에게 '독일 유학'을 권유했던 스승이다. (B)는 독일 유학에서 만난 그리스 출신 친구의 이야기다. (C)는 지문거부운동에 처음 뛰어든 강상중이 막상 그 지문거부운동에 주저하자 이를 이해하고 받아들인 일본인 목사와의 만남을 기록한 것이다. 특히 두 일본인을 강상중은 모두 '은사'라고 표현하고 있다. 『재일 강상중』에 등장하는 일본인은 모두 강상중과 매우 좋은 관계를 맺었던 사람들이지 강상중을 개별적/민족적으로 '차별'하는 사람이 아니다. 그렇다고 강상중이 '일본 사회의 멤버'로 자리한 것은 아니다.

'귀태(鬼胎)'가 된 나의 숙부와 재일 1세들은 도대체 어디에서 거처를 찾을 수 있단 말인가. 그리고 '일본인'만의 애도(哀悼) 공동체에서 소외된 재일은 도대체 어디에 있으면 좋단 말인가. 도대체 재일이란 어떤 존재인 것일까. '자숙(自肅)'의 총동원체제의 숨막히는 괴로움에 절절매면서, <u>나는 내가 태어나 자란 일본이라는 사회</u>를 새롭게 직면하

> 게 된 것이다. 그리고 동시에 전후라는 시대에 대해서 다시 생각해야 할 필요성을 느꼈다. (p.163)

1989년에 일본 왕이 서거했을 때에 '자이니치'는 일본인의 '애도 공동체'에서 제외된 채로 일본 사회에 있었다. 자이니치로서 한 개인인 강상중이 아무리 일본인과 좋은 관계를 맺고 있었더라도 '자이니치' 대 '일본 사회'라는 이항대립의 관계를 넘어설 수는 없다. 그래서 그는 '전후' 일본을 다시 이해할 필요성을 깨닫는다. 여기서 '식민지'나 '근대'가 아니라 1945년 일본의 패전 이후를 뜻하는 '전후'라는 점에 주의를 요한다. '식민지'를 다시 생각해 보는 것이 아니라, 현재 자신이 살아가고 있는 '시대'와 '일본 사회'를 바라보는 시선이다. 강상중은 자이니치를 생산한 '식민지' 지배라는 '원죄'를 후면에 두고 '전후'를 전면에 배치해 『재일 강상중』이라는 책의 타이틀에서부터 부각시켰던 '자이니치'의 본래성을 새롭게 구성하고 있다.

> 그것은 한편, 재일에 대한 이미지를 조금씩 허물어 가는 작업이기도 했다. 재일이라는 존재는 일본 사회에서 재일의 주제에 대해서만 언급할 수 있다고 생각되어 왔다. 나는 그것을 바꾸고 싶었다. 도대체 차별이라고 하는 것은, 개인이 갖고 있는 여러 가지 가능성을 어떤 특정한 영역에 가두어 가는 것이다. 그리고 스스로 그 틀에 갇혀 버린다. (p.172)

> 재일은 안전망 없는 시대를 살면서, 조금씩 일본 사회 속으로 파묻혀 겨우 '시민'과 '주민'으로 살아갈 수 있는 가능성이 보이게 되었을 때, 거꾸로 일본의 국민이 재일의 상황에 처하게 된 것이다. (p.177)

자이니치와 일본 사회의 관계를 언급할 때 빠지지 않는 것이 '차별'이라는 단어다. 강상중은 그 '차별'이라는 단어에 따라붙는 자이니치 의식이 '일본 사회'와의 관계 속에서 달라져야 한다고 말한다. 자이니치는 스스로를 가두는 '차별'과 어떻게 다른 방식으로 대면해야 할까. 강상중은 분명히 "재일은 오랫동안 일본 안에서 평등하지 못한 상황에서 살아왔다. 나의 부모와 아저씨 등 1세들은 그러한 상황을 어쩔 수 없이 받아들일 수밖에 없었던 것이다. 그것은 내일을 알 수 없는 불안한 상태를 말한다"(p.176)라고 한다. 그러나 이어서 '일본 사회'의 '불안'과 '재일'의 '불안'을 동일한 것으로 간주한다. 자이니치에 대한 일본 사회의 '차별'은 '일본 사회'의 특수한 현상이 아니다. '한국 사회' 역시 마찬가지다. 강상중은 "한국 사회 또한, 재일의 역사에 대해 잘 알지도 못하고 무관심했다"(p.179)라고 쓰고 있다. 이러한 서술이 일본의 자이니치에 대한 '차별' 의식에 면죄부를 준다고도 말할 수 있다. 자이니치와 일본 사회, 한국과 일본이라는 구도로 바라보면 당연히 강상중의 태도는 애매모호하게 나타난다. 그럼에도 이 책이 일본 사회 속에서 '자이니치'의 자리를 생각할 때 새로운 방향성을 보여주었다는 점은 부인할 수 없다.

『재일 강상중』이 등장할 무렵부터 자이니치의 이미지는 새로운 면모를 띠기 시작했다. 그 대표적인 예가 2000년에 일본의 저명한 나오키문학상을 수상한 가네시로 가즈키의 『GO』라는 소설이다. 가네시로 가즈키는 자이니치 3세이면서도 자신은 '코리언저패니스'이지 '자이니치'가 아니라고 했다. 자이니치의 '분열' '불우 의식'과 거리를 두고자 했던 것이다. 이 소설의 주인공 역시 작가의 지향성을 담아 일본 사회와 접속하는 자이니치로 등장한다. 이는 앞서 언급했던 일본 사회의 '다문화공생' 분위기와 더불어 자이니치 사회에서 일본 귀화자가 증가하는 추세와도 무관하지 않다. 가네시로 가즈키와 같은 "아이덴티티의 재규정의 움직임은 국적을 상대화하고, 복합적 아이덴티티를 주장"[18] 하는 포즈라 할 수 있다. 강상중의 자서전도 이러한 '포즈'를 내비친다.

> 에드워드 W. 사이드에게서 나는 타자와 독자성의 문제에 대한 깊은 통찰(洞察)을 얻었다. 나는 1980년대까지 재일이라는 회로를 통해서만 일본을 보았다. 그러나 지금은 그렇지 않다. 사이드처럼 몇 겹으로 잡아 찢겨지고, 더구나 그 어느 쪽에도 귀속(歸屬)되지 못하는 자신이 어떻게 해서 메시지를 전달할 것인가, 그 일에 골몰하고, 실제로 행동에 옮겨 보았던 것이다. 지식인이란 무엇인가. 고립되어 있는데, 발언하는 게 무슨 의미가 있을까. 이렇게 헤매고 있을 때 아마추어로서 발언하는 것은 지식인의 또 다른 역할이라는 그의 메시지는 내 마음에 와 닿았다. (p.184)

에드워드 사이드의 '지식인'이 '아마추어'로 발언해야 한다는 명제는 강상중에게 '재일'이 '재일'이 아닌 말을 일본 사회에 할 수 있다는 용기를 갖게 만들었다. 여기서 '타자'란 '일본 사회'이며, '독자성'은 '자이니치 정체성'을 가리킨다. 에드워드 사이드가 말하는 "아마추어란, 한 사회의 분별력 있고 사려 깊은 구성원이 되고자 한다면 가장 전문적이고 직업적인 행위에 있어서조차 그 행위가 자신과 국가와 관련되고 그 국가의 권력과 관련되며 다른 사회와의 상호작용 방식은 물론 자국 시민들과의 상호작용 방식과 관련될 때, 그 핵심에서 도덕적인 문제를 제기할 수 있는 자격이 있어야 한다고 생각하는 사람"[19]을 말한다. 강상중이 생각하는 '아마추어'로서의 '포즈'는 자이니치인 자신과 일본

18) 한영혜, 「일본의 다문화공생 담론과 아이덴티티 재구축」, p.175.
19) 에드워드 사이드, 최유준 옮김, 『지식인의 표상』, 마티, 2012, p.98.

사회와의 '상호 작용 방식'이 아니었을까. 그러므로 앞의 인용문에서 강상중이 에드워드 사이드의 말을 빌려 언급하는 '지식인'이란 일본 사회 속의 '자이니치'에 다름 아닐 것이다. 그렇다면 강상중은 무엇을 버리고 무엇을 획득했으며, 일본 사회는 무엇을 받아들였는가를 이제까지의 논의를 정리하면서 말해보고자 한다.

'재일이라고 하는 것에 따라붙는 꺼림칙한 느낌'이라고 강상중은 『재일 강상중』의 머리말에 쓰고 있다. 그런데 이 책을 다 읽고 나면 그 '꺼리직한 느낌'은 다소 희석된다. 아니 강상중이 이 책에서 묻고자 했던 '재일'의 색깔이 선명해지기보다도 오히려 더 옅어지는 느낌을 지울 수 없다. 그 이유는 '어머니'와 '잊지 못할 사람들'의 이야기가 독자의 공감을 자아내기 때문이다. 정대균은 『재일 강상중』을 "정서성(情緒性)과 로맨티시즘을 가미한 작품"[20]이라고도 말했다. 그는 구체적인 근거를 나열하지는 않았으나 아마도 이러한 어머니와 사람들 이야기가 배어있는 점을 말하고 있을 것이다. 『재일 강상중』이 간행된 시점에서 강상중은 텔레비전에 얼굴을 자주 비추는 '지식인'(자이니치)이면서 도쿄대 교수였다. 일반 독자가 보기에는 명망 있는 인물로 스타 '지식인'이라고도 할 수 있다. 그러나 오히려 그는 이 '지식인'의 전문성을 내려놓는다. 사진을 통해 자신의 맨얼굴을 보여주고, 자신이 어떤 인간이라는 것을 말한다.

> 생각해 보면, 나의 아버지와 어머니도 일본 사회에서 살아가는 데 있어 분명히 아마추어였다. 왜냐하면 재일이 되었을 때, 두 분은 일본에 대해 전혀 모르고 있었으므로, 당연히 아마추어로서 살아가지 않으

20) 鄭大均, 『姜尚中を批判する』, p.139.

> 면 안 되었을 것이다. 일본인이다라고 하는 것은 그 하나만으로 일본 사회에서 프로이기 때문이다. (pp.180~181)

'아마추어'와 '프로'는 어떻게 보면 전혀 다른 세계에 속하는 사람들이다. 그러나 '아마추어'는 '프로'가 될 수 있으며, '프로'는 또한 언제든 아마추어가 될 수 있다. '아마추어'와 '프로'는 다른 말로 하자면 '자이니치'와 '일본인'을 가리키지만 기존의 '자이니치'와 '일본인'이라는 '민족'으로 나뉜 구도의 고착성을 비껴가게 만든다. 왜냐하면 '자이니치'가 (일본인으로 귀화하지 않는 이상 혹은 귀화해도) '일본인'이 될 수 없지만, '아마추어'는 '프로'가 될 수 있기 때문이다. 양자의 교환 가능성 조건이 형성된다. 강상중의 자서전은 '자이니치'라는 자신의 선명성을 표방함으로써 '자이니치'와 일본 사회의 차이를 드러내, 일본 사회의 '자이니치'에 대한 이해를 돕고 있다. 그런데 그 방식이 여느 자이니치 자서전과 다른 점은 '자이니치'의 정체성을 확고히 견지하면서도 일본 사회 안으로 들어가고 있다는 데 있다. 자이니치에게 일본에 '귀속'될 것을 주장하는 정대균과는 강상중은 정반대의 자리에 있을 수밖에 없다. 자이니치의 민족성과 일정한 거리를 확보하면서 일본 사회 안에 자신을 위치시키는 방식이 다르기 때문이다. '강상중' 자신과 일본 사회 구성원은 '어머니'와 '가족' '잊지 못할 사람들'에 대한 '기억' 방식으로 소통한다. 『재일 강상중』 이후에 강상중은 『어머니』(2010)라는 소설을 썼고, 베스트셀러로 자리한 에세이 『고민하는 힘』(2009)도 간행했다. 일본 사회와 자이니치 지식인의 교감은 자이니치임을 말하면서도, '자이니치'의 '구체성과 특수성'을 '가족 이야기'의 '자서전'에 담아 일본 사회로 들어가는 '포즈'로 인해 가능했다. 에드워드 사이드가 말한 '사회'와의 '상호 작용 방식'을 강상중은 '자이니치'의 위치에서 적절하게 활용했다.

강상중은 자서전에서 한 개인이 제도와 가족 안에서 벗어나지 못함을 보여준다. 그리고 그가 겪은 경험과 문화는 일본 사회의 구성원에게 자이니치의 문제가 아닌 보편적 삶이라면 제도 안에서 누구라도 겪는 한계를 상상하게 만든다. 일본 사회의 독자는 강상중의 자서전에서 인간이 마주하는 삶의 '불안'을 읽고, 그에 공감했다고 볼 수 있다. 2000년대에 접어들어 '다문화공생'이 어느 정도 일본 사회에 새로운 기운으로 작동하고 있던 시기라서 강상중의 '자이니치' 스토리는 특수성 안에 갇히는 것을 피할 수 있었다. 그렇다고 일본 사회에서 자이니치에 대한 '차별' '편견'이 감소되었다고 보기는 어렵다('혐한' 현상 등이 현저한 오늘날 상황을 보더라도). 2004년에 출판된 『재일 강상중』에 대한 일본 사회의 호응은 그의 양적 영역인 명망성(수치화되지 않지만 가시적으로 인정되는 그의 도쿄대 교수직과 미디어 대중 스타성)과 질적 영역인 '자이니치'라는 특수적 정체성에 보편적 어머니 이야기/화목한 가족 이야기의 색채가 입혀지면서 이루어졌다. 2004년 무렵 일본 사회에서는 2002년의 한일공동월드컵과 2003년의 한류 붐을 막 지나면서 한국에 대한 관심이 증대했다. 일본의 대표적인 한국문화 연구자인 오구라 기조는 일본이 한국을 바라보면서 일본의 '주체화'를 꾀하던 시기라고 말했다.[21] 강상중의 자서전은 자이니치 도쿄대 교수의 성공담, 한국 이미지를 풍기는 자이니치 면모, 어머니를 위시로 하는 화목한 가족 이야기 등 다면적 포즈로 일본 사회와 만났던 것이다.

일본 사회와 접속하려는 강상중의 아마추어라는 포즈는 기존의 '자

21) 小倉紀藏, 「'한류(韓流)'와 일본의 주체화」, 『翰林日本學』 10, 한림대학교 일본학연구소, 2005 참고.

이니치와 일본 사회'라는 이항대립에 안주하는 자세가 아니었다. 또 '자이니치와 일본 사회'라는 구도를 무화시켜 한 쪽에 편승하는 태도라고도 볼 수 없다. 그 포즈는 '자이니치'를 일본 사회와의 '상호 작용' 속에 두고 그 일본 사회에서 살아가는 길을 모색하는 것이었다. 그 방식이 일본 사회 속에서 취하는 자이니치의 "난민적 주체 되기"[22]일 수도 있겠다. 그러나 강상주의 자서전은 '난민적 주체'가 '난민'임을 일본 사회에 선언함으로써 그 '난민'의 이미지를 일본 사회와 '상호 작용'하는 방식으로 바꾸는 것이었다. 또한 『재일 강상중』이 '탈근대'나 '탈민족주의'라는 명제를 내세우고 있을지라도 이 책의 타이틀이 '자이니치'인 이상, 근대의 소산인 '자이니치'가 '탈근대'의 속성과 멀어지기는 어렵다. 마찬가지로 일본 사회에서 소수자 민족성을 표상하는 '자이니치'가 자신이 '자이니치'임을 선언하면서 '탈민족주의'로 나가기는 쉽지 않다. 그러므로 강상중의 자서전이 '탈근대'와 '탈민족주의'를 보여주고 있다고 말하는 순간, '근대'와 '민족주의'의 그물망에 걸려들 수 있으며, 정은경의 연구에서 보여주듯이 결국 '자이니치'의 '구체성과 특수성'의 결락을 지적할 수밖에 없다. 그리고 이는 정대균이 비판하는 '희생자성'과 동일선상에 자리한다. 따라서 자서전의 타이틀이 '자이니치'를 표방하고 있는 이상, 강상중의 자서전에서 애써 '탈근대'와 '탈민족주의'를 읽으려는 노력을 기울일 필요가 없다. 강상중의 자서전은 국내의 이러한 독법에 부합하는 책이라기보다는 '일본 사회'와 '자이니치'가 서로 무엇을 교환할 수 있고, 무엇을 절충하며 살아갈 수 있을지를 자이니치 당사자의 입장에서 '고민'하며 묻고 있는 책이라

22) 김경연, 「마이너리티는 말할 수 있는가 – 난민의 자기역사 쓰기와 내셔널 히스토리의 파열」, 『인문연구』 64, 영남대학교 인문과학연구소, 2012, p.324.

할 수 있다. 그 가능성은 '디아스포라 민족주의'에서 찾을 수 있을 것이다. 강상중의 자서전은 앞서 말했듯이 '자이니치'를 한 '개인'의 이야기, 그것도 '어머니'와 '나'를 결착시키는 모양새로 해서 일본 사회에 말하는 자 '자이니치'임을 선언하고 있다. "디아스포라 민족주의는 다수 또는 소수 민족주의 안에 존재할 뿐만 아니라 정치가 차지하는 자리를 강조하고 집단의 무게를 각 개별 발화에 얹는다"[23]고 볼 때, '일본 사회'라는 '다수 민족주의' 안에 강상중은 자서전이라는 '개별 발화'로 '자이니치'를 도드라지게 했다. 자서전의 '개별 발화'는 '전문화'된 '민족주의'에 한하지 않고 일본 사회와 자이니치의 교환 관계를 모색할 수 있는 '아마추어'라는 포즈로 나타나 있다.

이 글은 동국대학교 일본학연구소의 『일본학』 제50집에 실린 논문 「'자이니치' 강상중의 자서전과 일본 사회」를 수정·보완한 것임.

참고문헌

강상중, 고정애 옮김, 『재일 강상중』, 삶과꿈, 2004.

김경연, 「마이너리티는 말할 수 있는가 – 난민의 자기역사 쓰기와 내셔널 히스토리의 파열」, 『인문연구』 64, 영남대학교 인문과학연구소, 2012.

권성우, 「한 디아스포라 논객의 청춘과 고뇌 – 강상중의 에세이에 대한 몇 가지 단상」, 『한국어와 문화』 11, 숙명여자대학교 한국어문화연구소, 2012.

신승모, 「재일 에스닉 잡지에 나타난 재일조선인의 자기서사」, 『일본연구』 62, 한국외국어대학교 일본연구소, 2014.

23) 존 리, 김혜진 옮김, 『자이니치–디아스포라 민족주의와 탈정체성』, 소명출판, 2019, p.203.

小倉紀藏, 「'한류(韓流)'와 일본의 주체화」, 『翰林日本學』 10, 한림대학교 일본학연구소, 2005.

에드워드 사이드, 최유준 옮김, 『지식인의 표상』, 마티, 2012.

유호식, 『자서전 서양고전에서 배우는 자기표현의 기술』, 민음사, 2015.

윤송아, 『재일조선인 문학의 주체 서사 연구 – 가족·신체·민족의 상관성을 중심으로』, 인문사, 2012.

이진희, 이규수 역, 『해협』, 삼인, 2003.

정은경, 「강상중의 디아스포라 의식과 글쓰기」, 『국제한인문학연구』 16, 국제한인문학회, 2015.

존 리, 김혜진 옮김, 『자이니치–디아스포라 민족주의와 탈정체성』, 소명출판, 2019.

한영혜, 「일본의 다문화공생 담론과 아이덴티티 재구축」, 『사회와 역사』 71, 한국사회사학회, 2006.

金村義明, 『在日魂』, 講談社, 2000.

姜尚中, 『在日』, 集英社, 2008.

姜在彦, 『「在日朝鮮人」であることの意味」, 『季刊 三千里』 50, 三千里社, 1987.

小林多寿子·浅野智彦, 『自己語りの社会学』, 新曜社, 2018.

鄭大均, 『姜尚中を批判する』, 飛鳥新社, 2011.

原尻英樹, 『「在日」としてのコリアン』, 講談社, 1998.

제3장

경계선상에 선 재일디아스포라

배제와 동화의 간극 속
조선인 도항 정책

이승희

1. 들어가며: 제국 일본에게 식민지 조선은 어떠한 존재였는가?

1910년 8월 한일강제병합 이래 일본으로 이주한 조선인의 수는 1945년 8월 해방 때까지 지속적으로 증가하였으며 그 중심은 노동자였다. 1914년 7월부터 약 4년에 걸쳐 진행된 제1차 세계대전의 영향으로 일본은 전쟁특수를 맞이하였고, 일본 국내의 부족한 노동력 수요를 채우는 형태로 조선인 노동자의 일본 도항이 본격적으로 늘어나기 시작하였다. 조선인 도항자가 늘어난 배경으로는 토지조사사업과 산미증식계획을 비롯한 가혹한 식민지 조선의 경제 상황이 존재했다.[1] 때문에 조선의 상황이 개선되지 않는 한 조선인 노동자의 일본 도항 추세는 1920년 3월에 발생한 전후공황에 이은 만성적 불황과 1923년 9월에

1) 도노무라 마사루, 신유원·김인덕 옮김, 『재일조선인 사회의 역사학적 연구』, 논형, 2010(外村大, 『在日朝鮮人社会の歴史学的研究：形成·構造·変容』, 録蔭書房, 2004의 번역본), pp.35~39. 조선인 노동자가 일본으로 도항하게 된 주요한 배경 중 하나로 지목되는 중국인 노동자의 조선 도항과 이에 대한 조선총독부의 관리 정책에 관해서는 김승욱, 「20세기 전반 한반도에서 日帝의 渡航 관리정책 – 중국인 노동자를 중심으로」, 『중국근현대사연구』 58, 중국근현대사학회, 2013 참조.

일어난 관동대지진과 조선인학살, 그리고 1939년 7월부터 개시된 강제동원 등 악조건 하에서도 꾸준히 지속될 수밖에 없었다. 이에 일본 국내의 치안을 책임지고 있던 내무성은 1920년대 이후부터 조선총독부와 협력하여 일본 본국의 '경제 상황'과 '치안유지'를 이유로 조선인 노동자의 일본 도항을 규제하는 정책을 실시해나갔다.[2] 특히 조선인 도항자의 수가 역대 최고치를 갱신했던 1928년과 1929년 이후 내무성의 도항 규제정책은 더욱 강력하게 추진되었다.

식민지 통치기관인 조선총독부는 일본에 거주하고 있는 조선인에 대한 감시와 단속 등 치안관련 정책 결정에는 사실상 거의 관여할 수 없었다. 조선총독부가 관여할 수 있는 부분은 조선인의 일본 도항을 규제하는 정책에 그쳤으며, 이조차 도항 전 조선 내의 사안에만 한정되었다. 심지어 일본에서 조선으로 귀국하거나 송환되는 조선인을 관리·통제하는 과정에도 영향력을 행사하지 못했다. 관동대지진과 조선인학살 사건을 계기로 재일조선인의 치안과 관련된 사항에 조선총독부가 적극적으로 관여할 수 있는 길이 열렸다는 지적도 존재하지만,[3] 기본적으로 기존의 '원조' 혹은 '협의'의 형식으로 내무성의 조선인 노동자 도항 규제정책에 참여하는 방식의 연장선에 불과했다고 볼 수 있다.

그렇다면 조선인 노동자의 일본 도항정책을 결정하는 과정에서 조선총독부는 항상 일본 내무성에 '추종'하는 형태이거나, 양자는 일체화된 존재였는가. 특히 1930년을 전후하여 내무성의 지나친 도항 규제정책

2) 내무성을 비롯한 일본 치안당국의 재일조선인 인식에 관해서는 이승희, 「식민지 시기 재일조선인에 대한 일본 치안당국의 인식」, 『한일관계사연구』 44, 한일관계사학회, 2013 참조.

3) 노주은, 「關東大地震과 朝鮮總督府의 在日朝鮮人 政策 - 總督府의 '震災處理' 過程을 中心으로」, 『한일민족문제연구』 12, 한일민족문제학회, 2007, pp.13~15.

에 대해 조선총독부 측이 본격적으로 반발하는 모습을 보인다는 점에도 주목할 필요가 있다. 야마와키 게이조(山脇啓造)가 지적하는 바와 같이 조선인 노동자의 일본 도항 규제정책을 결정한 주체로서 일본 내무성과 조선총독부를 '일제'나 '일본 정부'로 일체화하여 파악해서는 안 된다.[4] 이러한 시각에 입각하여 정진성/길인성의 연구는 내무성과 조선총독부 양자 사이의 '미묘한 입장 차이'를 들면서, '치안유지' 차원에서 조선인의 일본 도항에 소극적·규제적이었던 일본 내무성에 대해, 조선총독부가 조선의 경제적 상황과 '내선일체'라는 통치이념의 실현을 명분으로 하여 그 완화를 요구하는 형태로 나타났다고 지적하였다.[5] 한편 관동대지진 이후 조선총독부의 재일조선인 정책을 분석한 노주은의 연구는 일본 정부와 조선총독부가 각자의 입장에서 갈등을 내포한 상호협력 관계를 재구축해 나갔다고 분석하였다.[6] 이와 같이 '일본 정부'를 내무성과 조선총독부로 나누어 양자 간의 갈등 관계를 언급한 선행연구는 일부 존재하지만, 문제제기 수준에 그쳐 갈등 관계 그 자체에 초점을 맞춘 본격적인 연구라고 하기는 어렵다. 최근 식민지 시기 전반을 시야에 넣고 일본의 조선인 일본 도항에 관한 정책 전체상에 대해 치밀한 분석을 전개한 도노무라 마사루(外村大)와 김광열의 최

4) 山脇啓造, 『近代日本と外国人労働者 – 1890年代後半と1920年代前半における中国人·朝鮮人労働者問題–』, 明石書店, 1994, p.202. 아울러 미즈노 나오키(水野直樹)도 분석대상을 '일제'나 '일본 정부'가 아닌 조선총독부로 한정하여 그 도항관리 정책이 조선 내부의 '이해'를 고려한 것이기도 했음을 밝혔다(水野直樹, 「朝鮮総督府の「内地」渡航管理政策 – 1910年代の労働者募集取締」, 『在日朝鮮人史研究』 22, 在日朝鮮人運動史研究会, 1992, pp.33~35).

5) 정진성·길인성, 「일본의 이민정책과 조선인의 일본 이민 : 1910~1939」, 『경제사학』 25, 경제사학회, 1998, p.200.

6) 노주은, 「關東大地震과 朝鮮總督府의 在日朝鮮人 政策 – 總督府의 '震災處理' 過程을 中心으로」, p.52.

근 연구도 이러한 경향에서 벗어나지 않았다.[7]

이 글은 이상의 선행연구가 남긴 성과를 토대로 조선인 노동자의 일본 도항 규제정책에 대한 내무성과 조선총독부의 공조체제를 흐름에 따라 정리하고, 특히 1930년대 즈음 등장하는 도항 규제 완화 문제를 둘러싸고 양자 사이에서 불거져 나온 '갈등'에 대해 재검토하는 것을 목적으로 한다. 이를 통해 재일조선인 문제를 둘러싼 양자의 입장차를 도출함으로써 제국 일본에게 식민지 조선은 어떠한 존재였는지 그 실상과 허상을 밝히고자 한다.

2. 조선인 노동자의 일본 도항 문제에 대한 내무성과 조선총독부의 공조체제

일본 정부가 '제1기 자유도항제도 시기'[8]라고 구분했던 1910년 8월 한일강제병합부터 1923년 4월까지는 3.1운동의 영향으로 조선총독부가 1919년 4월 15일부터 1929년 12월 15일까지 '여행증명서제도'를 실시하여 조선인의 일본 도항 규제를 강화한 시기를 제외하고, 일본 내무성은 적극적으로 조선인 노동자 관리에 나서지 않았다.[9] 이 시기는 제1차

7) 도노무라 마사루, 신유원·김인덕 옮김, 『재일조선인 사회의 역사학적 연구』, pp.39~59; 김광열, 『한인의 일본이주사 연구 : 1910~1940년대』, 논형, 2010, pp.104~113.

8) 厚生省健康局指導課, 「在日朝鮮人に対する同化政策の「協和事業」」, 第84会帝国会議参考資料 第2編国民生活の保護指導〈抜粋〉, 1943(在日朝鮮人運動史研究会 編, 『在日朝鮮人史資料集』 2, 録蔭書房, 2011, pp.469~472).

9) 総督府警務総監令第3号, 「朝鮮人の旅行取締に関する件」(朴慶植 編, 『在日朝鮮人関係資料集成』 1, 三一書房, 1975, p.36), 朝鮮総督府令第153号, 「大正8年警務総監部令第3号ハ之ヲ廃止ス」(『朝鮮総督府官報』 3104, 大正11年12月15日).

세계대전을 통해 호황을 맞이한 일본 경제가 부족한 노동력을 수급하기 위해 조선인 노동자를 필요로 했고, 일본 기업들의 모집에 응하여 일본으로 도항하는 조선인 노동자가 급증하는 1916년부터 1919년까지도 그 수는 평균 1만 명을 넘지 않는 상황이었다.[10] 하지만 1920년 3월부터 시작된 전후공황으로 상황이 바뀌게 되었다. 경제 상황 악화에 따른 노동력 공급과잉으로 조선인 노동자의 수요가 격감했고, 조선인 노동자들은 값싼 임금으로 일자리를 빼앗고, 치안을 악화시키는 존재로 일본인들에게 인식되기 시작했다. 이러한 사회 분위기가 반영되어 1922년 내무성은 앞에서 언급한 '여행증명서제도'를 조선총독부가 폐지를 검토할 때 제도의 존속을 요망하였다. 하지만 양자 협의 결과 조선 내 노동시장의 악화와 '내선융화'에 반한다는 비판에 대응해야 하는 조선총독부의 입장이 우선되어 '여행증명서제도'는 결국 폐지가 결정되었다.[11]

1923년 5월부터 1939년 7월까지를 일본 정부는 '제2기 제한도항제시대'로 구분한다. '여행증명제도' 폐지의 결과 조선인 노동자의 일본 도항은 급증하였고, 불황이 지속되어 실업자 문제가 심각해진 일본의 경제 상황으로 인해 조선인 노동자의 일본 도항을 규제할 필요성이 대두되었다. 이에 내무성은 조선총독부와 다시 협의하여 조선인 노동자의 자유로운 일본 도항과 조선인 노동자의 단체 모집을 규제하기로 결정하였다. 그 협의 결과가 1923년 5월 14일 고토 후미오(後藤文夫) 내무성 경보국장이 전국 각 청(廳), 부현(府縣) 장관 앞으로 하달한 「조

10) 박재일, 이지영·박양신 옮김, 『재일조선인에 관한 종합조사 연구』, 보고사, 2020(朴在一, 『在日朝鮮人に関する綜合的研究』, 新紀元社, 1957의 번역본), p.43.

11) 厚生省健康局指導課, 「在日朝鮮人に対する同化政策の「協和事業」」, pp.469~470, 森田芳夫, 「在日朝鮮人処遇の推移と現状」, 『法務研究報告書』 43-3, 法務研修所, 1955, p.32.

선인 노동자 모집에 관한 의명 통첩」[12]이다. 이후 상호 협의를 통해 내무성이 추진하는 조선인 노동자의 일본 도항 규제정책에 조선총독부가 협력하는 체제가 지속되어 나간다.

1930년대에 접어들어 1931년 9월 18일 만주사변을 시작으로 중국에 대한 일본의 침략이 시작되고, 1932년 1월 8일 도쿄(東京)에서 이봉창 의거, 같은 해 4월 29일 상해에서 윤봉길 의거가 연이어 일어나자 조선인의 도항 규제와 재일조선인에 대한 내무성의 감시체제는 더욱 강화되었으며, 조선총독부도 이에 협력해나갔다. 일본 국내에 대한 단속을 강화하는 한편, 1932년 6월 4일 내무성 경보국장 마쓰모토 마나부(松本學)는 조선총독부 경무국장 이케다 기요시(池田清)에게 보낸 「내지 근해 어로 출가 선인(鮮人)의 신분증명 방법에 관한 건」[13]을 통해 어선을 이용해 일본에 '잠입'해오는 '불령선인'을 막고자 일본 근해에서 조업하는 어선의 조선인 어부에 대해 사진이 첨부된 신분증명서 발급을 요청하였다. 같은 해 9월 22일 조선총독부 경무국장은 이를 받아들여 「내지 근해 출어 조선인 신분증명서에 관한 건」[14]을 통해 각 도지사에게 일본 근해에서 조업하는 조선인 어부에 대해 신분증명서를 발급하라고 지시하고 그 방법과 양식을 통첩하였음을 내무성 경보국장에게 통보하였다. 당시의 시국을 반영해 내무성의 요청에 조선총독부 측이 발 빠르게 공조해 나가는 모습이 잘 나타나 있다.

---

12) 内務省閣警第3号, 「朝鮮人労働者募集ニ関スル件依命通牒」(朴慶植 編, 『在日朝鮮人関係資料集成』 1, 三一書房, 1975, pp.38~39).

13) 警保局保発第15号, 「内地近海漁撈出稼鮮人ノ身分証明方ニ関スル件」(朴慶植 編, 『在日朝鮮人関係資料集成』 2, 三一書房, 1976, p.18).

14) 朝保秘第750号, 「内地近海出漁朝鮮人身分証明書ニ関スル件」(朴慶植 編, 『在日朝鮮人関係資料集成』 2, pp.18~19).

한편 일본으로 도항하는 조선인의 숫자가 계속 증가해나가자 1933년 10월 내무성은 사회국의 홋타 다케오(堀田健男) 사무관을 조선에 파견하여 각종 현지 실정을 조사시켜 조선인의 일본 도항 문제 대책의 근본 방침을 강구하도록 하였다. 이를 바탕으로 1934년 4월 7일에는 일본 정부로부터 내무성 사회국의 니와 시치로(丹羽七郎) 장관, 도미타 아이지로(富田愛次郎) 사회부장, 하세가와 도루(長谷川透) 직업과장, 경무국의 나카자토 기이치(中里喜一) 도서과장, 나가노(永野) 사무관, 척무성의 가와다 이사오(河田烈) 차관, 이코마 다카쓰네(生駒高常) 관리국장, 그리고 조선총독부로부터는 이마이다 기요노리(今井田清德) 정무총감, 와타나베 도요히코(渡辺豊日子) 학무국장, 다나카 다케오(田中武雄) 외사과장 등이 회합하여 조선인의 일본 도항과 재일조선인 문제에 관해 협의를 진행하였다.[15] 이러한 관계부처 실무 책임자들의 협의 결과는 1934년 10월 30일 각의결정 「조선인 이주 대책의 건」으로 정리되었다. 여기서는 일본과 조선 전반의 이익을 위해 하나가 되어 재정이 허락하는 범위 내에서 실시할 사항으로서 '조선인 이주대책 요목'을 규정하였는데 그 내용은 다음과 같다.

1. 조선 내에서 조선인을 안주시킬 조치를 강구할 것.
   (1) 농촌진흥 및 자력갱생의 취지를 한층 더 철저히 할 것.
   (2) 춘궁기 궁민의 구제를 위해 환미(還米) 제도의 보급, 토목사업 기타 유효한 방법을 행할 것.
   (3) 북선(北鮮) 개척철도 부설 계획 등의 실시를 가급적 촉진할 것.
2. 조선인을 만주 및 북선으로 이주시킬 조치를 강구할 것.
   (1) 농업이민의 보호 조성에 대해 적당한 시설을 강구하고, 특히

15) 国策研究会, 「内地在住半島人問題と協和事業」, 『研究資料』 8, 1938, p.20.

인구가 조밀한 남선(南鮮) 지방의 농민을 만주 및 북선으로 이주시킬 것. 만주 이주에 대해서는 만주국과의 관계 및 내지인 이민과의 관계를 고려해 관계기관과 연락을 취한 후 실시할 것.

3. 조선인의 내지 도항을 한층 더 감소시킬 것
  (1) 조선 내 내지 도항 열기를 억제할 것.
  (2) 조선 내 해당 지역에서의 유지(諭止)를 한층 더 강화할 것.
  (3) 밀항의 단속을 한층 더 엄중하게 행할 것.
  (4) 내지의 고용자에게 유시(諭示)하여 조선에서 새롭게 노동자를 고용하려고 하는 것을 삼가도록 하고, 내지 재주 조선인 또는 내지인을 고용하도록 권고할 것.
4. 내지에서 조선인에 대한 지도 향상 및 내지 융화를 꾀할 것.
  (1) 조선인 보호단체의 통일 강화를 꾀함과 동시에 그 지도, 장려, 감독의 방법을 강구할 것.
  (2) 조선인 밀집지대의 보안, 위생, 기타 생활상태의 개선 향상을 꾀할 것.
  (3) 조선인을 지도 교화하여 내지에 동화시킬 것.[16)]

1~3번의 항목은 일본 국내의 '치안유지'와 '경제 상황' 문제로 인한 조선인의 일본 도항을 막기 위해 조선 내에서 취할 조치로 일본 관계 당국이 조선총독부 측에게 요구한 사항이라 할 수 있다. 특히 2번 항목에서는 조선인의 일본 도항을 감소시키기 위해 그 대안으로서 만주로 농업이민을 보낸다는 계획까지 제시하고 있다. 만주사변 직후부터 조선인의 만주 이민 문제를 둘러싸고 현지 치안유지를 담당하는 일본의 관동군(関東軍)과, 조선농민의 과잉인구를 밖으로 내보내려는 조선총

16) 「朝鮮人移住対策ノ件」, 朴慶植 編, 『在日朝鮮人関係資料集成』 3, 三一書房, 1976, p.12.

독부가 대립하고 있는 관계를 생각한다면, 각의결정은 조선총독부 측에도 나쁘지 않은 내용이었다고 할 수 있다.[17] 이 양자 간의 관계는 내무성과 조선총독부의 입장과도 유사한 점이 존재해 흥미롭다. 마지막 4번 항목은 조선총독부 측이 '내선융화'를 위해 일본 관계 당국에게 요구한 사항이 반영된 것이라고 할 수 있다. 각의 결정은 조선인 노동자의 일본 도항 규제를 추진하면서도 조선총독부의 재일조선인에 대한 처우개선 요구를 일정부분 반영한 타협안이었던 것이다. 이러한 규제에 의해 일본으로 도항한 조선인의 수는 1935년 71,465명에서 1936년 49,204명, 그리고 1937년에는 30,619명까지 감소하게 되었다.[18]

중일전쟁이 개시된 1937년 7월에는 기존의 도항 단속 제도에 개선이 필요하다는 조선총독부 측의 요청이 있었고, 이에 대해 내무성, 후생성, 척무성이 협의한 결과 추가적으로 다음 사항의 협정을 맺었다.

1. 내지 측 단속 당국자에게 노동자 이외의 일반조선인의 도항은 자유라는 사실에 관해 그 취지를 앞으로 한 층 더 철저히 주지시킬 것.
2. 조선 당국자가 발급한 제 증명서를 존중하여 이중(二重) 단속의 폐해를 막도록 노력할 것.
3. 도항 단속 당사자인 조선인에 대한 언어, 태도 등 처우를 한층 더 개선하여 조선인에게 불쾌한 감정을 주지 않도록 주의할 것.
4. 처를 비롯한 피부양자의 도항은 특별히 고려할 것.

---

17) 만주 농업이민을 둘러싼 관동군과 조선총독부의 대립에 대해서는 임성모, 「만주농업이민 정책을 둘러싼 관동군·조선총독부의 대립과 그 귀결 – 우가키(宇垣) 총독의 구상 및 활동과 관련하여」, 『일본역사연구』 29, 일본사학회, 2009 참조.

18) 박재일, 이지영·박양신 옮김, 『재일조선인에 관한 종합조사 연구』, p.50. 조선인 도항자 수의 감소에도 불구하고 일본에 거주하는 조선인의 전체인구는 병합 이후 패망 때까지 매년 계속해서 증가하고 있다는 사실에는 주의가 필요하다.

5. 일시귀선증명서의 기간을 2개월까지 연장하여 어쩔 수 없을 사정이 있을 경우에는 연장을 인정할 것.[19]

조선인 도항자가 감소하는 추세 속에서 조선총독부 측의 조선인 일본 도항자에 대한 '배려' 요구를 관계 당국이 수용한 형태이지만, 1~3번 항목을 통해서는 조선총독부 측의 요구에도 불구하고 여전히 단속 현장에서는 조선인 도항자에 대한 일본 현지 당국의 차별이 무분별하게 자행되고 있던 현실이 잘 드러나 있다. 조선인 노동자에 한정된 도항 규제가 여행 등으로 일본에 단기 체류하는 '일반조선인'에게도 그대로 적용되고 있었고, 도항 희망자에 대한 조선총독부 측의 철저한 현지 선별 작업에도 불구하고 내무성의 치안 당국은 이를 신뢰하지 않고 단속을 강화하고 있었으며, 조선인에 대한 고압적, 차별적 자세 역시 여전했던 것이다.

1938년 4월 1일 중일전쟁 장기화에 따른 총력전 수행을 위해 '국가총동원법'이 공포되어 본격적인 전시체제에 돌입하자 조선인에 대해서도 전시 노동력 동원이 시작되었다. 조선인 노동자에 대한 '노무동원'이 '모집'이라는 형태로 이루어지게 된 것으로, 1939년 7월 28일 내무성과 후생성, 그리고 조선총독부의 협정인 「조선인 노무자 내지 이입에 관한 건」[20]을 통해 구체화되었다. 여기서는 방침을 '내지 조선 공통', '조선 측', '내지 측'으로 나누어 세부사항을 규정하고 있는데, 먼저 공통적으로는 '모집'을 통해 일본에 이주하는 조선인 노동자의 수는 매년 '노무동원계획'에 의거하여 제한할 것과, 이들은 모두 '시국 산업'에 종사

19) 厚生省健康局指導課, 「在日朝鮮人に対する同化政策の「協和事業」」, p.472.

20) 内務省·厚生省·朝鮮総督府, 「朝鮮人労務者内地移入ニ関スル件」, 1939(在日朝鮮人運動史研究会 編, 『在日朝鮮人史資料集』 2, 緑蔭書房, 2011, pp.410~417).

시킬 것, 가능한 한 일본인 노동자와 차별하지 말 것, 사업이 축소 혹은 종료되어도 최대한 일본 국내에서 전직을 알선하고 일본인과 마찬가지로 귀향이나 해외 이주 등을 장려할 것이 규정되어 있었다. 또한 일본 관계당국 측과 조선총독부 측 사이의 협의를 위한 기관으로 '내선노무조정협의회'를 설치할 것도 규정하였다. '노무동원'에서도 일본 내무성을 비롯한 관계당국과 조선총독부의 협력체제가 기능하고 있었던 것이다. '제3기 계획도항제도 시대'로 구분되는 1939년 8월 이후 '모집'을 통한 계획적인 동원이 진행되는 도중에도 개인적으로 일본으로 도항하는 조선인 노동자는 계속 존재했으며, 그 수는 감소하지 않아 이에 대한 내무성의 도항 규제 정책은 조선총독부의 협력 하에 기본적으로 패전 직전까지 지속되었다.

한편 재일조선인을 둘러싼 협력체제는 내무성과 조선총독부라고 하는 중앙기관에서뿐만 아니라 경찰기관의 말단에서도 이루어지고 있었다. 즉 일본 지방 경찰관서는 일본에 거주하고 있는 조선인에 대해 일상적으로 조선총독부의 지방 경찰관서 측과 정보교환을 하고 있었고, 그 대표적인 사례가 '신원조회'라고 할 수 있다.[21] '신원조회' 절차는 ①일본에서 조사가 필요한 재일조선인에 대해 담당 순사가 소정의 서식에 따라 서류를 작성한 후 관할 경찰서를 경유해 피조사자의 조선 전거주지 관할 경찰서로 송부하면, ②조선 현지의 경찰서는 등록되어 있는 주소에 경찰관을 파견하거나 해당 지역 파출소, 주재소에 조사를 지시하였고, ③담당 경찰관이 이에 대한 조사보고를 조선의 관할 경찰

21) 福井譲, 「在住朝鮮人の「身元調査」について－岩井警察署『朝鮮人関係綴』をもとに」, 『在日朝鮮人史研究』 40, 在日朝鮮人史研究会, 2010, pp.129~130. 이와이(岩井) 경찰서의 '신원조회' 자료는 1932년부터 1936년까지 존재한다.

서로 제출하면, ④일본의 관할 경찰서로 반송하는 형식이었다.[22] 서식은 복수 존재하지만 조사항목은 대체로 ①본적지 주소, 성명, 직업, 생년월일, 호주와의 관계, ②성질, 소행, 경력의 상세 ③전과, 기소, 수배의 유무 및 죄명의 상세, ④병역관계, ⑤일본 도항의 목적 및 도항 증명서 발부 날짜 및 도항 날짜, ⑥도항 당시의 인상착의 및 휴대품, ⑦사상적 용의점의 유무, ⑧본적지에서의 자산 신용정도, ⑨가족의 상황(생활상태, 주소, 성명, 연령 등), ⑩기타 참고사항 등으로 매우 세세하였다.[23]

3. 표면화하는 공조체제의 한계와 균열 양상

일본 국내의 '경제 상황'과 '치안유지'를 이유로 1920년대부터 일방적으로 조선인의 일본 도항을 규제해온 내무성의 정책에 대해 조선총독부는 기본적으로 '추종'하는 입장이었지만, 1930년을 전후해 점차 양자 사이에 괴리가 생기기 시작하였다. 축적된 식민통치의 모순은 '내선융화'로 포장하고 억압하는 것으로는 해결되지 않았고, 이에 대한 조선인들의 터져 나오는 불만을 조선총독부는 누그러뜨리며 통치할 필요가 있었기 때문이다. 본국의 사정을 고려해 기본적으로 내무성에 협조하면서도 조선총독부는 식민통치의 담당 기관으로서 현지의 목소리를 최대한 반영해야 하는 입장이었다. 1929년 내무성 사회정책심의회가 개최한 특별위원회에서 결정된 「조선 재주 노동자의 내지 도항

22) 福井譲, 위의 논문, p.131, pp.135~138.

23) 福井譲, 위의 논문, pp.132~133.

문제에 관한 조사 요강」이라는 방침은 조선총독부의 반발을 초래하게 되었다.

> 1. 긴급정책이 허용하는 범위 내에서 조선의 산업 진흥, 자원 개발 사업의 진흥 등 실업의 방지 및 구제의 방법을 강구함으로써 조선 재주 노동자의 내지 도항을 필요 한도로 막을 것.
> 2. 조선 재주 노동자가 만연히 내지에 도항하는 것은 점점 더 내지에서 내선인의 실업문제를 심각하게 만들어 피아 상호의 불행을 초래하는 바, 조선 당국은 관내에 이런 사정을 주지시킴과 동시에 내지 당국과 협력해 이의 저지에 관해 한층 더 유효한 조치를 강구할 것.
> 3. 내지에서의 사업을 위해 조선 재주 노동자를 집단적으로 모집하는 일은 당분간 이를 허가하지 않는 방침을 취할 것.
> [후략][24)]

본 요강은 일본 국내에서 악화되는 실업문제를 해결한다는 명목으로 조선총독부 측에 조선인 노동자의 일본 도항을 적극적으로 저지하고, 일본 사업자에게도 조선인을 모집하지 못하도록 일방적으로 규정한 것이었다. 요강은 10월 1일 아다치 겐조(安達謙蔵) 내무대신에 의해 사이토 마코토(斎藤実) 조선총독에게 보내져 의견을 묻는 절차를 거쳤는데, 이에 대한 조선총독부의 회답이 12월 5일 자 「조선 재주 노동자의 내지 도항 문제에 관한 조사 요강에 대한 본부(本府)의 의견」이다.

> [전략] 본 건 저지는 원래 아무런 법적 근거를 갖고 있지 않는 것으로, 단순히 도항 조선인 보호 및 내지에서의 실업문제 완화를 이유로

24) 「朝鮮在住労働者の内地渡航問題に関する調査要綱」, 朴慶植 編, 『在日朝鮮人関係資料集成』 2, p.900.

> 편의상 이를 실시해온 것에 지나지 않는다. 따라서 지나치게 엄중하게 도항 저지를 실시하면 일반 조선인의 반감과 물의가 증대되어, 나아가 통치에도 중대한 영향을 미칠 우려가 있다. [중략]응모자의 신원이 확실하고 고용계약을 확실하게 이행하며, 또한 모집자의 사업경영의 실정에 비추어 모집 예정 인원의 노동자를 필요로 하는 경우에는 당연히 이를 허가해야만 한다. 하지만 단순히 내지에 실업자가 많다는 이유로 이를 불허가 처분하는 것은 곤란하다. 특히 조선에서도 재정긴축 방침에 순응해 각종 사업이 자연히 축소되어 실업자가 격증하는 경향에 있는 오늘날, 취직처가 가장 확실한 기업가의 모집에 불허가 처분을 내리는 등의 일은 매우 불합리한 처치라고 사료된다. 본 건에 관해서는 목하 본부(本府) 경무국장이 내무성 경보국장 앞으로 위의 취지에 따라 교섭중이다. [후략][25)]

여기에서 사이토 총독은 법리적으로 조선은 일본의 외국이 아니기 때문에 신민인 조선인의 제국 내 이동을 금지할 '법적 근거'가 없다는 점을 내세워 '실업문제 완화'를 구실로 조선인의 일본 도항을 저지시키는 조치는 '매우 불합리'하고 조선 통치에도 '중대한 영향'을 미칠 우려가 있음을 주장하며 강하게 항의하고 있다. 하지만 내무성 경보국은 조선인의 일본 도항 제한 조치가 기본적으로 정책적인 문제로 법적 근거에 기인한 절대적인 것이 아니라는 입장을 고수하고 있었다.[26)] 이 문제를 협의하기 위해 같은 해 12월 11일과 21일 두 차례에 걸쳐 내무성과 척무성, 그리고 조선총독부 관계자가 모여 신중하게 심의를 거듭했지만, 결국 상호간에 타협점을 찾지 못하고 다른 방도가 없다는 이유로

25)「朝鮮在住労働者の内地渡航問題に関する調査要綱に対する本府の意見」, 朴慶植 編, 『在日朝鮮人関係資料集成』 2, p.901.

26) 김광열, 『한인의 일본이주사 연구 : 1910~1940년대』, pp.78~79에서 재인용.

내무성의 원안대로 결정되었다.[27] 일본 정계의 중진으로 2번이나 조선총독을 역임하고 있는 사이토까지 앞장섰지만 조선총독부 측의 의견은 받아들여지지 않았고, 조선인 노동자의 일본 도항 규제를 둘러싼 내무성과 조선총독부 양측의 입장 차만 부각되고 말았다.

앞 장에서 다룬 바와 같이 1934년 10월 조선인 노동자의 일본 도항문제를 근본적으로 해결하기 위해 내려진 각의결정의 '조선인 이주대책요목'에는 '내선융화'를 내세우는 조선총독부의 요구도 일정 부분 반영되어 있었다. 하지만 조선인 노동자의 일본 도항 규제는 더욱 강화되었고, 1937년 단계에도 조선인 노동자에 대한 실제 처우도 개선되는 모습을 보이지 않았다. 결국 조선총독이 다시 직접 나서 내무성의 조선인 노동자 도항 규제정책에 불만을 토로하게 되었다. 당시 조선총독은 중일전쟁에 조선인을 동원하기 위해 '내선일체'를 표방하며 황민화정책을 강화하고 있던 미나미 지로(南次郞)였다. 1938년 3월 23일 미나미 총독은 오타니 손유(大谷尊由) 척무대신을 경유해 내무성과 후생성에게 「조선인의 내지 도항 제한에 관한 건」[28]이라는 공문을 보냈다. 여기서는 "반도 통치의 목표인 조선의 완전한 일본화 즉 내선일체의 이상이 착착 그 성과를 올리고 있는데도 불구하고, 돌이켜보면 지나간 시정상의 실적을 검토하는데 있어 내선일체의 대방침의 실현을 위해 긴급히 개선을 요하는 제도 내지 대책들이 하나 둘에 그치지 않는다. 그중 대표적인 것이 조선인 내지 도항 제한 문제"라고 지적하였다. 아울러 도항 단속은 "제국신민인 조선인의 자유왕래를 제한하는 것인 동시에

27) 「朝鮮在住労働者内地渡航取締状況 1933年(昭和8)」, 朴慶植 編, 『在日朝鮮人関係資料集成』 2, p.899.

28) 「朝鮮人ノ内地渡航制限ニ関スル件」, 朴慶植 編, 『在日朝鮮人関係資料集成』 3, p.17.

내선(內鮮) 두 곳에서 단속을 실시하고 있는 관계로 인해 한층 더 조선인의 민족적 반감을 도발하고, 게다가 단속 방법이 때때로 가혹해지는 경향이 있어 이로 인해 내선융합 상 커다란 어두운 그림자를 드리운다"고 우려를 나타내었다. 따라서 "서둘러 조선과 내지 모두 일제히 본 제도를 철폐하여 내선간의 자유왕래를 강구"하던지, 최소한 "조선 측의 단속을 신뢰하여", "배, 차, 항만, 정차장 등에서 일절 도항 단속을 철폐하여 이중 단속의 번잡함을 피하고, 동시에 제도 운용 상 생기는 마찰을 극력 배제하고자 노력"해야 한다고 주장하였다. 그리고 이와 같은 조선총독 명의의 공문과 함께 조선총독부 경무국장의 명의로 「조선인 내지 도항 단속에 관해 내지 당국에 대한 요망 사항」[29]이 척무성 조선부장 앞으로 발송되었다. 조선총독부 측의 요망사항에 대해 면밀한 검토를 진행한 내무성 경보국은 같은 해 7월 21일 다음과 같이 회신하였다.[30]

조선총독부 요구사항	내무성의 회답
1. 도항 단속의 취지에 관해 조선인의 내지 도항 단속은 내지에 도항하여 노동에 종사하는 자에 대해 실시하고 있는 것으로 노동자 이외의 일반도항자는 자유롭게 왕래할 수 있다는 취지를 단속 경찰관에게 철저히 하도록 해줄 것.	종래 노동자 이외의 일반 조선인의 도항이 자유롭다는 것에 관해서는 그 취지를 철저히 하고자 노력하고 있는 바이지만, 앞으로 한층 더 이를 철저히 하도록 노력하고자 함.

29) 「朝鮮人内地渡航取締ニ関スル内地当局ニ対スル要望事項」, 朴慶植 編, 『在日朝鮮人関係資料集成』, pp.17~18.

30) 「朝鮮人の内地渡航取締ニ関スル朝鮮総督府ノ要望事項ニ対スル内務省ノ回答」, 内務省警保局, 『社会運動の状況』, 1938年版, pp.963~966.

2. 내지 재류 조선인의 단속에 관해 ①내지에 왕래하는 조선인에 대한 경찰관의 처우상의 언어 태도 등을 주의시켜, 조선인이라고 해서 차별 단속을 하는 것과 같은 태도로 인해 불평 반감을 유발하지 않도록 유의시킬 것. 특히 내지에서의 선박 열차 안 조선인에 대한 이동경찰관의 처우에 대해 유의시킬 것. ②일시귀선증명서의 발급을 내지 재류 조선인 공장노동자 등 특정한 자로 한정하지 않고 노동자 전부의 일시귀선에 대해 간이 취급에 의해 이를 발급하도록 하고, 그 유효기간을 2개월(현재 1개월)로 연장하며 또한 필요에 따라 수시로 이의 연장을 인정하도록 할 것. ③부양의무자가 이미 내지에 있는 경우 그 부양가족이 의무자의 밑으로 도항하는 경우는 행선지 관할서에 대한 도항 조회를 생략하고 자유로운 도항을 인정할 것. ④내지 재류 중의 소위 불량조선인의 조선 송환을 삼가고 내지 재류자는 내지당국에서 이의 교화 지도에 노력할 것.	①조선인의 처우에 관해서는 귀의(貴意)에 따르고자 일반경찰관 특히 평소 가장 많이 조선인과 접촉하는 내선계원(内鮮係員) 또는 이동경찰관에 대해 지도 교양에 노력하고자 함. ②일시귀선증명서의 발급은 공장 광산 등에서 임금노동을 하는 노동자뿐만이 아니라 기타 노동자 일반사용인으로 재도래 후 취직처가 확실한 자 및 유식(有識) 직업에 종사하는 자, 그리고 독립영업자로 특히 희망이 있는 자에 대해서도 귀의에 따르고자 하며, 또한 그 유효기간의 연장에 관해서도 귀의대로 규정을 개정하였음. ③부양의무자가 이미 내지에 있는 경우 피부양자의 도항에 관해서는 부양의무자가 단독으로 부양할 수 있을 것을 전제로 하여 처의 도항에 관해서는 취급상 특히 고려하고자 함. 어쨌든 부양의무자의 거주지 관할경찰서에 대해 사전조회의 수속을 부탁하고자 함. ④내지에서는 근년 특히 협화사업의 보급 및 충실을 기해 재주 조선인의 교화 지도의 완벽을 기하고 있지만, 동 사업 수행을 심각하게 저해하고 일반 조선인의 선도를 불가능하게 만드는 자에 한해 송환을 필요로 함. 하지만 위와 같은 송환자는 장래 협화사업의 철저에 의해 점차 감소할 것으로 여겨짐.
3. 도항 조회에 관해 조선측 경찰관헌으로부터 내지 도항 희망자에 관한 조회가 있을 때에는 내지 경찰관헌은 신속히 조사 회보함은 물론 도항 불가능한 자에 대해서는 그 사유를 도항희망자에게 납득시킬 수 있도록 상세를 조선 측 경찰관헌에게 회보할 것. 종래 왕왕 도항을 유지(諭止)해야만 하는 사유를 일률적으로 부동 문자로 인쇄한 것을 가지고 회답해야 하는 경향이 있음.	귀의에 따르도록 노력하고자 함.

4. 노동자 모집에 관해 ①내지의 고용주로 조선으로부터 노동자를 모집하는 자에 대해서는 내지 재류의 조선인 실업자 중에서 고용하도록 권고하고, 조선내로부터 신규 노동자를 부정한 방법에 의해 유인(誘引)하지 않도록 단속해줄 것. 만약 조선에서 조선인 노동자를 모집하는 경우는 노동자 모집 단속 규칙(총독부령)에 의거해 허가를 필요로 한다는 것을 일반에게 주지시켜줄 것. ②내지 방면으로부터 조선의 조선인 노동자 모집에 관해서는 관할 부현 지사의 모집이 정당하다는 증명서를 첨부하여 출원시키는 것으로 하고, 그 실정에 따라서는 허가하는 방침을 취해줄 것.	①귀의에 따르도록 노력하고자 함. ②본 건에 관해서는 허가하지 않도록 하겠음. 본 항에 관해서는 지나사변(支那事變:중일전쟁)의 진전에 수반하여 각종 산업의 통제가 강화됨에 따라 내지 재주 조선인의 이직자가 상당한 수에 이를 전망임. 이 대책에 관해서는 적지 않은 곤란이 예상되어지는 바로 앞으로 한층 더 단속을 강화하고자 함.
5. 사립학교 생도의 도항에 관해 ①사립학교에 재적하고 있는 조선인학생이 휴대하는 재학증명서 중 왕왕 사진을 첨부하지 않은 것이 있는 바, 반드시 사진을 첨부하도록 학교 당국에 철저하게 대처해주기를 바람. ②사립학교로서 실제로 입학 수양할 의사가 없는 자에 대해서도 재학증명서를 발급하는 경향이 있어, 본 증명서를 부정도항에 사용하려고 하는 자가 적지 않은 바, 단속 상 유의해줄 것.	①재학증명서에 사진을 첨부하지 않은 사실이 발견될 때마다 각 부현에서 해당 학교에 대해 엄격히 이를 지키도록 엄달하고 있음. ②입학 전 재학증명서 발급에 관해서는 각 부현에서 학교당국에게 엄중 주의할 것을 촉구하고 있는 바이지만, 장래 이의 절무(絶無)를 기하고자 함.
6. 밀항자 단속에 관해 밀항자(부정도항자 이하 동문)라 할지라도 발견 시 상당한 기간이 지나 업무에 취직(취로)하고 있는 자에 대해서는 조선 송환을 보류해줄 것. 또한 이의 송환 취급에 대해서도 일반 범죄인과 동일시하여 가혹하게 대하는 등의 일이 없도록 조처해 줄 것.	밀항자의 단속에 관해서는 현재에도 귀의와 같이 취급하고 있음. 또한 송환자의 취급에 관해서도 귀의와 같이 장래에도 적절한 취급을 하고자 함.

조선총독부의 요구사항 총 6개 항목 중 긍정적으로 수용한 것은 1번, 3번, 5번으로 절반에 불과하며, 2번 '내지 재류 조선인의 단속에 관해'의 ④일본에 거주 중인 '불량조선인'의 조선 송환을 자제해달라는 요구,

4번 '노동자 모집에 관해'의 ②일본 국내에서 조선의 노동자를 모집을 허가해달라는 요구, 6번 '밀항자 단속에 관해'의 이미 일본에서 취업 중인 '밀항자'의 조선 송환을 보류해달라는 요구들은 사실상 현상유지를 표명하며 거부되었다.[31] 특히 이미 일본에 상당기간 거주하고 있는 재일조선인에 대한 송환 자제 요청에도 불구하고, 내무성은 '경제 상황'과 '치안유지'를 우선하여 강제송환율을 높여나가 1939년에는 90% 대로 끌어올렸다.[32] 이는 결국 식민지 조선인을 어떻게 볼 것인가로 귀결되는 문제로, '내선일체'를 표방하는 조선총독부와 사실상 조선인을 '외국인'으로 보는 내무성은 결국 타협점을 찾지 못했다고 할 수 있다. 조선인과 일본인이 표면적·법리적으로 동일한 '제국신민'이라는 논리는 식민지 조선 밖에서는 통하지 않았던 것이다. 일본 후생성이 '내선일체'에 대한 해석으로 "조선에서 미나미 총독시대부터 내선일체가 제창된 이래 조선인이 왕왕 현재의 사상(事象)을 갖고 와서는 전반적으로 평등하지 않다는 것을 비난하는 자가 있다. 하지만 내선일체는 조선인 지도상의 목표를 나타내는 것으로 모든 것을 평등화하려는 것이 아님은 확실하다"[33]고 기술하고 있는 것이 대표적이라 할 수 있다. 내무성 경보국의 당국자들도 조선총독부가 조선인에 대해 매우 낙관하고 있으며, 일본 정부 당국의 재일조선인에 대한 처우에 불만을 갖고 있기 때문에 문제가 발생한다고 비판하고 있었다.[34] 조선총독부가 내

31) 내무성과 조선총독부의 조선인 밀항자 단속에 관해서는 이승희, 「조선인의 일본 '밀항'에 대한 일제 경찰의 대응 양상」, 『다문화콘텐츠연구』 13, 문화콘텐츠연구원, 2012 참조.

32) 樋口雄一, 『協和会 - 戦時下朝鮮人統制組織の研究』, 社会評論社, 1986, pp.249~250.

33) 厚生省健康局指導課, 「在日朝鮮人に対する同化政策の「協和事業」」, p.498.

34) 東京刑事地方裁判所検事局思想部, 「特高内鮮課主任会議(1939年)」, 朴慶植 編, 『在日朝鮮人関係資料集成』 4, 三一書房, 1976, p.1097.

세우는 '내선융화', '내선일체'와 같은 황민화 정책의 성과는 내무성을 비롯한 일본 관계당국에게는 인정받지 못했다.

4. 나가며: 차별과 보호, 배제와 동화 사이의 딜레마

이상으로 조선인 노동자의 일본 도항 규제정책에 대한 내무성과 조선총독부의 공조체제의 흐름을 정리하고, 특히 1930년대 즈음 등장하는 도항 규제 완화 문제를 둘러싸고 양자 사이에서 불거져 나온 '갈등'에 대해 검토하였다.[35] 내무성이 적극적으로 조선인 노동자의 도항을 규제하지 않았던 1910년대까지와는 달리 전후공황이 시작된 1920년대부터는 내무성이 조선총독부와 협력하여 본격적으로 도항 규제에 나섰다. 전후공황과 불황으로 인한 경제 상황 악화로 실업자 문제가 심화되어 조선인 노동자에 대한 수요가 급감한 것이 배경이었다. 내무성은 조선총독부와 협의 후 1923년 5월 「조선인 노동자 모집에 관한 의명통첩」을 각 관련 기관장에게 하달하였고, 이후 상호 협의를 통해 내무성이 추진하는 조선인 노동자의 일본 도항 규제정책에 조선총독부가 협력하는 체제가 유지되어 나간다.

1930년대에 접어들어도 조선인 노동자의 일본 유입은 증감을 거듭하면서도 꾸준히 지속되었고 일본에 거주하는 조선인의 수도 늘어만 갔다. 내무성은 만주사변과 이봉창 의거, 윤봉길 의거 등에 대응하는

35) 취업을 목적으로 한 조선인 노동자가 아닌 '일반조선인'이 일본에 도항하는 것은 상대적으로 '자유'로웠다는 점은 주의가 필요하다(厚生省健康局指導課, 「在日朝鮮人に対する同化政策の「協和事業」」, p.471).

형태로 조선인의 도항 규제와 재일조선인에 대한 감시체제를 강화해 나갔고, 조선총독부도 기본적으로 이에 '추종'하는 입장이었다. 내무성에게 조선인 노동자는 실업자 문제와 함께 치안 문제도 야기하는 골치 아픈 존재가 되었다. 결국 일본 정부는 1934년 4월 조선인 노동자의 일본 도항 문제에 대해 근본적인 대책을 마련하고자 내무성, 척무성, 후생성, 조선총독부 관계 당국자를 모아 협의를 진행하였고, 그 결과를 바탕으로 같은 해 10월에는 각의결정 「조선인 이주 대책의 건」이 나오게 되었다. 이는 내무성의 방침대로 조선인 노동자의 일본 도항을 강력하게 규제하는 정책을 추진하면서도 조선총독부의 재일조선인에 대한 처우개선 요구를 일정 부분 반영하는 형태를 취하고 있었다. 내무성과 조선총독부의 협의 체제는 중일전쟁 이후 전시체제 하에서도 계속되어 1939년 7월 '모집'의 형태로 조선인 노동자를 계획적으로 '시국 산업'에 동원하기 위한 협정인 「조선인 노무자 내지 이입에 관한 건」도 공동으로 만들어졌다. '모집' 외에 개인적으로 일본으로 도항하는 조선인 노동자는 여전히 다수 존재했으며, 그 수는 감소하지 않아 이에 대한 내무성의 도항 규제 정책은 조선총독부의 협력 하에 패전 직전까지 지속되었다.

이와 같이 일본 국내의 '경제 상황'과 '치안유지'를 우선시하고 1920년대부터 일방적으로 조선인의 일본 도항을 규제해온 내무성의 정책에 대해 조선총독부는 기본적으로 협조라는 형태로 '추종'하는 입장이었다. 하지만 1930년을 전후해 점차 양자 사이에 괴리가 생기기 시작하였다. 축적된 식민통치의 모순은 '내선융화'로 포장하고 억압하는 것으로는 해결되지 않았고, 이에 대한 조선인들의 터져 나오는 불만을 조선총독부는 누그러뜨리며 통치할 필요가 있었기 때문이다. 식민 본국의 사정을 고려해 기본적으로 내무성에 협조하면서도 조선총독부는 식민통치의 담당 기관으로서 현지의 목소리를 최대한 반영해야 하는 입장이었다. 총독으로서 특히 '내선융화'를 내걸었던 제3대 및 제5대 조선총독 사이토 마코토와, '내선일체'를 추진하던 제7대 조선총독 미나미 지로의 경우가 대표적이다. 사이토 총독은 1929년 내무성 사회정책심의회에서 결정된 조선인의 일본 도항을 적극적으로 저지하고 일본 사업자에게 조선인 모집을 금지한 「조선 재주 노동자의 내지 도항 문제에 관한 조사 요강」이라는 방침에 크게 반발하였다. 그는 법리적으로 조선은 일본의 외국이 아니기 때문에 신민인 조선인의 제국 내 이동을 금지할 '법적 근거'가 없다는 점을 내세워 '실업문제 완화'를 구실로 조선인의 일본 도항을 저지시키는 조치는 '매우 불합리'하고 조선 통치에도 '중대한 영향'을 미칠 우려가 있음을 주장하며 강하게 항의하였다. 하지만 내무성은 조선인의 일본 도항 제한 조치가 기본적으로 정책적인 문제로 법적 근거에 기인한 절대적인 것이 아니라는 입장을 고수하고 있었기 때문에, 법리론에 입각한 사이토 총독의 주장은 받아들여지지 않고 결국 내무성의 원안대로 결정되었다.

그 후에도 조선인 노동자의 일본 도항 규제 및 재일조선인에 대한 처우가 개선되지 않는 상황이 계속되자 1938년 3월에는 미나미 총독이 반발하였다. 미나미 총독은 내무성을 비롯한 관계 당국에 공문을 보내 '내선일체' 정책의 성과를 내세우며 조선인 노동자의 일본 도항 규제 및 재일조선인에 대한 처우에 대해 강력히 항의하였다. 또한 조선총독부 경무국장의 명의로 총독부 측의 상세한 요구사항을 함께 전달하였다. 조선총독은 데라우치 마사타케(寺内正毅)나 사이토 마코토, 그리고 고이소 구니아키(小磯國昭) 등의 사례를 통해 알 수 있듯이 통치 실적을 인정받으면 일본의 내각총리대신으로 영전할 수 있는 중요한 자리였다. 때문에 더욱더 성과가 필요했고 위신이 걸려있는 문제이기도 했다고 볼 수 있다. 거듭된 조선총독의 항의와 조선총독부 측의 요구에 대해 내무성은 면밀한 검토를 진행한 후 같은 해 7월 '회답'을 보냈다. 조선총독부가 요구한 사항은 크게 6개로 구성되어 있었지만, 내무성은 일본에 거주 중인 '불량조선인'의 조선 송환 자제, 일본 국내에서 조선의 노동자 모집 허가, 밀항자의 조선 송환 보류 3개는 거부하였다. 내무성으로서는 조선인의 강제송환 보류와 새로운 노동자 모집은 받아들일 수 없는 요구였던 것이다. 이와 같은 '갈등'은 식민지 조선인을 어떻게 볼 것인가로 귀결된다고 볼 수 있으며, '내선융화', '내선일체'를 표방하며 '보호'하고 '동화'시키려는 조선총독부와 사실상 조선인을 '외국인'으로 보고 '차별'하고 '배제'하려는 내무성은 타협점을 찾지 못했다고 할 수 있다. 조선의 식민 통치에 대한 제국 일본의 딜레마가 상징적으로 잘 드러난 부분이다.

이 글은 동국대학교 일본학연구소의 『일본학』 제53집에 실린 논문
「조선인 노동자의 일본 도항정책을 둘러싼 내무성과 조선총독부의 '갈등'」을
수정·보완한 것임.

참고문헌

김광열, 『한인의 일본이주사 연구 : 1910~1940년대』, 논형, 2010.
김승욱, 「20세기 전반 한반도에서 日帝의 渡航 관리정책 – 중국인 노동자를 중심으로」, 『중국근현대사연구』 58, 중국근현대사학회, 2013.
노주은, 「關東大地震과 朝鮮總督府의 在日朝鮮人 政策 – 總督府의 '震災處理' 過程을 中心으로」, 『한일민족문제연구』 12, 한일민족문제학회, 2007.
도노무라 마사루, 신유원·김인덕 옮김, 『재일조선인 사회의 역사학적 연구』, 논형, 2010.

박재일, 이지영·박양신 옮김, 『재일조선인에 관한 종합조사 연구』, 보고사, 2020.
이승희, 「조선인의 일본 '밀항'에 대한 일제 경찰의 대응 양상」, 『다문화콘텐츠연구』 13, 문화콘텐츠연구원, 2012.
이승희, 「식민지 시기 재일조선인에 대한 일본 치안당국의 인식」, 『한일관계사연구』 44, 한일관계사학회, 2013.
임성모, 「만주농업이민 정책을 둘러싼 관동군·조선총독부의 대립과 그 귀결-우가키(宇垣) 총독의 구상 및 활동과 관련하여」, 『일본역사연구』 29, 일본사학회, 2009.
정진성·길인성, 「일본의 이민정책과 조선인의 일본 이민 : 1910~1939」, 『경제사학』 25, 경제사학회, 1998.
国策研究会, 「内地在住半島人問題と協和事業」, 『研究資料』 8, 1938.
内務省警保局, 『社会運動の状況』, 1938年版.
朴慶植 編, 『在日朝鮮人関係資料集成』 1~4, 三一書房, 1975~1976.
福井譲, 「在住朝鮮人の「身元調査」について - 岩井警察署『朝鮮人関係綴』をもとに」, 『在日朝鮮人史研究』 40, 在日朝鮮人史研究会, 2010.
山脇啓造, 『近代日本と外国人労働者 - 1890年代後半と1920年代前半における中国人·朝鮮人労働者問題-』, 明石書店, 1994.
森田芳夫, 「在日朝鮮人処遇の推移と現状」, 『法務研究報告書』 43-3, 法務研修所, 1955.
水野直樹, 「朝鮮総督府の「内地」渡航管理政策 - 1910年代の労働者募集取締」, 『在日朝鮮人史研究』 22, 在日朝鮮人運動史研究会, 1992.
在日朝鮮人運動史研究会 編, 『在日朝鮮人史資料集』 2, 緑蔭書房, 2011.
樋口雄一, 『協和会 - 戦時下朝鮮人統制組織の研究』, 社会評論社, 1986.

재일동포 참전 의용병과 이승만 정부

오가타 요시히로

1. 머리말

약 70년 전, 6.25전쟁 당시 젊은 학도의용병이 한국군에 편입되어 참전한 사실은 널리 알려져 있는 반면, 적지 않은 재일동포[1)]들이 참전했다는 사실은 한국 사회에서 오랫동안 주목받지 못했다. 재일동포라는 존재가 일본과의 관계로 특수한 역사적 배경을 지녔기 때문일 수도 있다. 재일동포란 일본의 식민지배로 인해 일본에 건너가 해방 이후에도 일본에 거주할 수밖에 없었던 약 60만 명에 달하는 한반도 출신자들을 말한다. 하지만 그들 중에는 일본에서 태어나고 자라, 조국 땅을 한 번도 밟지 못했거나 민족의 언어를 구사하지 못하는 이들이 적지 않았다.

이 글에서는 그런 재일동포가 6.25전쟁에 어떻게 참전하게 되었고,

1) 이 글은 한국 정부에 의한 시책 또는 인식을 검토 대상으로 삼기 때문에 한국 정부의 입장에서 '재일동포'라는 용어를 잠정적으로 사용하기로 한다. 호칭을 둘러싼 논의의 여지는 여전히 존재한다. 역사학계를 중심으로 '재일조선인'이라는 용어가 가장 널리 사용되지만, 사회과학 연구 분야나 언론 등 일반사회에서 '자이니치(在日)', '재일코리안', '재일한국인', '재일한인' 등의 표현이 사용되는 등 여전히 통일된 호칭이 정착되었다고 보기 어려운 것이 현실이다.

한국 정부는 이들을 어떻게 대우했는지를 중심으로 살펴보고자 한다. 이승만 정부가 재일동포에 대한 충분한 정책을 펼치지 못했고, 당시 한국 정부는 '무관심'과 '기민(棄民)'의 태도로 재일동포를 대했다는 것이 지금까지 지적되어온 이승만 정부의 재일동포 정책에 대한 일반적 시각이다.[2] 하지만 6.25 참전과 관련해서 재일동포 의용병에 관한 조사기록이 많지 않아 당시 정부가 어떤 정책을 펼쳤는지에 대해서도 충분한 평가가 이루어지지 않았다는 것이 현 상황이다. 그래서 이 글은 당시 이승만 정부가 재일동포 의용병에 대해 어떤 인식을 가졌고, 그들의 참전은 어떻게 진행되었으며, 또한 재일동포 의용병의 일본 귀환 문제를 둘러싸고 이승만이 어떤 대응을 했는지, 아니면 하지 않았는지를 검토하는 것을 목표로 삼았다.

6.25전쟁과 관련해서 학도의용군에 초점을 맞춘 연구들이 존재하지만, 충분하지 않았다.[3] 그중에서 특히 재일동포 의용병에 초점을 맞춘 연구는 보기 드물다. 그동안 그들에 대한 사회적 관심도 "매년 6.25 전쟁 기념일이 되면 간혹 이들에 대한 단편적인 글이나 특정 인물에 대한 인터뷰 기사가 게재되어 잠시 동안 관심을 끄는 수준에 머물곤 하였다".[4]

이렇듯 재일동포 의용병에 대해 사회적으로 무관심한 데는 나름 이

2) 일본에는 金賛汀, 『在日義勇兵帰還せず: 朝鮮戦争秘史』, 岩波書店, 2007; 閔智君, 『韓国政府の在日コリアン政策[1945~1960]: 包摂と排除のはざまで』, クレイン, 2019 등, 한국에는 김현수, 「한일회담에 있어 한국 정부의 재일조선인 인식」, 『한일민족문제연구』 19, 한일민족문제학회, 2010 등이 있다.

3) 손경호, 「6.25전쟁기 인천지구 학도의용군의 조직과 활동」, 『軍史』 87, 국방부군사편찬연구소, 2013.

4) 이내주, 「재일학도의용군의 참전과 활동」, 『나라사랑 국가수호정신』, 국가보훈처, 2005, p.52.

유가 있다. 재일동포 의용병이 실제로는 특별한 존재였음에도 불구하고, 당시 현장에서 겉으로는 그저 '한국인 병사'에 불과했고, 한국 내에서 참전한 학도의용병의 일원으로만 인지됐을 가능성을 지적할 수 있기 때문이다. 그리고 당초 연합군에 배속된 재일동포 의용병들이 한국군의 관리하에 있지 않았음에도 연합군에서 '한국인 병사'로 인지되어, 일부 예외도 있었으나 군번조차 부여받지 못했다는 점 또한 그들의 존재가 공식 기록에 충분히 남지 않았던 배경이 되었다. 따라서 재일동포 의용병에 초점을 맞춘 이 글도 한정적인 자료로 인한 한계점을 지니고 있고, 증언이나 회고에 의존해 사실관계를 확인하고 있다.[5)]

또한 몇 안 되는 재일동포 의용병 관련 연구들을 보면, 한쪽에만 치우쳐 주목하고 있다. 예를 들어 국가보훈의 관점에서 재일동포 의용병의 활약과 '애국심'을 강조한다거나, 일본 학계에서 자주 보이는 경향으로 재일동포가 국가 권력에 이용당한 피해자라는 측면을 강조하는 것이다. 그런데 그 어느 분석도 한국 정부의 관여를 자세히 분석 및 검토하지 않은 채 어떤 이미지로만 재일동포 의용병 또는 그들의 사회를 바라보고 있는 듯하다.

이 글의 목적은 그런 선입견을 제외하고, 일반적으로는 여전히 주목받지 못하고 있는 재일동포 참전 의용병에 초점을 맞춰 한국 정부가

5) 육군본부『한국전쟁시 학도의용군』(1994년 발간), 국방부 군사편찬연구소,『6.25전쟁 학도의용군 연구』(2012년 발간) 등 군에서 발간한 '학도의용군' 관련 자료들이 재일동포 참전 의용병에 대해 다루고 있다. 하지만 그 내용은 극히 한정적이고, 대부분 참전 의용병 당사자인 재일학도의용군동지회(在日學徒義勇軍同志會)가 펴내어 공식 기록의 성격을 가진『재일동포 6.25전쟁 참전사』(2002년 발간)에 의존하고 있다. 육군본부의『한국전쟁시 학도의용군』에 따르면『재일동포 6.25전쟁 참전사』보다 일찍 발간된 자신들의 간행물의 경우도 재일학도의용군동지회가 그 전에 집필한『재일학도의용군사』(미발간)에 의거해 작성되었다고 한다.

그들을 어떻게 인식하고, 대처했는지 살펴보는 데 있다. 만약 지금까지 인식되어온 대로 당시 이승만 정부가 재일동포를 '기민'했거나 의용병으로 이용했다는 것이 사실이라면, 거기에는 어떤 의도와 경위가 있었는지 충분히 검증할 필요가 있다.

당시 남북 체제 경쟁 상황에 놓여 있던 이승만 정부가 6.25전쟁에 참전한 재일동포를 어떻게 인식하고, 그 문제에 대처하려고 했는지에 대한 고찰은 한국 정부의 재일동포 정책을 탐구한다는 의미에서는 물론, 조국에서 벌어진 6.25전쟁이 재일동포에게 어떤 의미를 가질 수 있었는지 논의하는 데 필수적이다. "냉전체제라는 큰 톱니바퀴가 한국 분단이라는 작은 톱니바퀴를 돌리고 있는 구조에 대한 인식[6)]"이 6.25전쟁에 참여한 재일동포와 그들의 모국 한국과의 관계성을 살펴보게 함으로써 당시 이승만 정부의 재일동포 정책의 실상에 조금이나마 다가갈 수 있으리라고 기대한다.

2. 6.25전쟁 발발 직후 재일동포 의용병의 모집

1) 국민통합의 시도와 우파 재일동포

1945년 8월 15일 일본의 패전으로 한반도는 해방을 맞이했다. 그러나 신탁통치 문제를 거쳐 미·소 군정하에서 1948년 8월 15일 대한민국 수립에 이어 9월 9일 조선민주주의인민공화국 수립이 선언되며 한반도에서는 남북분단 체제가 형성되었다. 미국과 소련의 대립으로 동

6) 김명섭, 「한국전쟁이 냉전체제의 구성에 미친 영향」, 『국제정치논총』 43, 한국국제정치학회, 2003, p.116.

서냉전이 세계적으로 격화되는 가운데 1949년 10월 1일 중화인민공화국이 건국되었고, 한반도에서는 마오쩌둥과 스탈린의 동의를 얻은 김일성의 남침으로 1950년 6월 25일 동아시아의 냉전이 열전으로 발전되었다.

6.25전쟁이 발발하자 재일동포 학생들은 즉각 행동에 나섰다. 해방 후 분단 체제라는 비록 충분한 형태는 아니지만 '조국' 건설을 맞은 지 얼마 안 된 상황에서 다시 조국을 잃을까 우려하는 재일동포들이 적지 않았다. 조선인민군이 남침한 그날은 일요일이기도 했고, 한국 정부 주일대표부의 김용주(金龍周) 수석공사가 오사카(大阪) 출장 중이었기 때문에 일본에서는 전쟁 발발의 자세한 상황이 당장 파악되지 않았다. 하지만 자세한 정보가 전해지기 시작한 6월 27일에는 당시 우익 성향 학생이 중심이 된 재일본한국학생동맹(在日本韓國學生同盟, 한학동)이 긴급집회를 열었고, 곧바로 의용병 모집을 위해 재일한교학도의용군추진위원회를 설치하기로 결정했다.

집회에는 100여 명의 학생들이 참여하여 조국을 어떻게 도울 것인가 심각하게 토론했다. 이때 추진위원으로 의용병 모집에 임한 박병헌(朴炳憲)[7]의 회고에 따르면, 추진위원이 된 양태근(楊泰根)이 손가락을 물어뜯어 "학생들, 총궐기하여 참전하자"라고 혈서를 썼고, 그 자리에 모인 학생들은 "조국건설을 위해", "기꺼이 출병하자"고 외쳤다고 한다.[8] 재일동포 사회에 이미 만연해 있던 격한 좌우 대립이 청년 학생들 사이에서도 예외가 아니었고, 6.25전쟁 발발 이전부터 이어진 공산주

7) 박병헌은 1985년에 재일본대한민국거류민단(在日本大韓民國居留民團, 민단) 제38대 단장을 역임한 인물이다. 민단은 1994년 명칭을 변경하여 현재의 '재일본대한민국민단(在日本大韓民國民團)'이 되었다.

8) 朴炳憲, 『私が歩んだ道』, 新幹社, 2011, p.85.

의와 싸움의 연장선상에서 그들이 그토록 신속하게 움직인 것이다.[9)]

한학동은 이어서 7월 17일 우익 청년단체 재일한국청년동맹(在日韓國靑年同盟, 건청)과 협동하여 재일한교자원병임시사무소를 운영하기 시작했다.[10)] 재일본대한민국거류민단(在日本大韓民國居留民團, 민단)과 건청의 지방지부도 전쟁 발발에 어떻게 대처할지 즉시 협의했고, 6월 29일 아침에는 오사카 등에서 의용병 모집이 시작되었다.[11)] 민단 중앙본부가 강한 위기감을 느끼고 확대간부회의를 열어 의용병 파견을 결정한 것도 전쟁 발발 5일 후인 6월 30일이었다.[12)] 이렇듯 발 빠른 대처를 통해 조국에서 벌어진 전쟁 상황을 두고 재일동포 사회가 느꼈던 강한 위기감을 확인할 수 있다.

한학동, 건청, 민단 세 단체는 7월 5일 도쿄 간다쿄리쓰(神田共立)강당에서 '재일본한국민족 총결기(總結起)민중대회'를 공동개최하고 재일동포 사회에 "타도 적마(赤魔)"를 위한 단결을 호소했다. 이 대회에는 주일대표부 김용주 수석공사도 참석해 "대동단결은 모든 것을 해결하는 최단거리"이며 "반공 일선에 따라 모든 동포는 민주주의진영에 규합되어야 함"을 연설했다고 한다. 마침 대통령 특사로 파견됐던 전 문교부장관 안호상(安浩相)도 대회에 참석하여 "소위 중간파 분들은 그들(좌파–필자)에 의해서 이용당하기 쉬운 입장에 있다. 이번에 부디 적마격멸(赤魔擊滅)에 일치단결하기를 바란다"는 메시지와 함께 한일 양국의

9) 이내주, 「재일학도의용군의 참전과 활동」, pp.57~58.

10) 재일학도의용군동지회(在日學徒義勇軍同志會), 『在日同胞 6.25戰爭 參戰史』, 在日學徒義勇軍同志會, 2002, pp.107~109.

11) 崔徳孝, 「朝鮮戦争と在日朝鮮人: 義勇軍派遣の問題を中心に」, 同時代史学会 편, 『朝鮮半島と日本の同時代史: 東アジア地域共生を展望して』, 日本経済評論社, 2005, p.8, 金贊汀, 『在日義勇兵帰還せず: 朝鮮戦争秘史』, pp.9~12.

12) 국방부 군사편찬연구소, 『6.25전쟁 학도의용군』, 국방부 군사편찬연구소, 2012, p.219.

공립관계를 위해서도 중요하기 때문에 "우호적 인국으로서 재건되려고 하는 일본의 치안과 질서유지에는 앞장서서 협력하도록" 요청했다.[13)]

안호상은 6.25전쟁 발발 이전인 6월 13일[14)] 이승만의 명을 받아 대한청년단 총본부 단장으로서 재일동포의 실태 파악과 재일동포 청장년층에 대한 민족교육 촉진을 위해 일본을 방문했다. 안호상은 당시를 다음과 같이 회고한다.

> "당시 고베 같은 지역에선 한 우익청년이 좌익청년의 습격을 받고 살해될 만큼 조련[15)]의 활동은 극단적인 양상을 띠기 시작했고 이에 대항할 민단청년들의 정신교육이 무엇보다 시급할 때였죠. 김용주 공사의 후원을 받아 도쿄, 교토, 오사카, 후쿠오카 등 일본의 큰 도시들을 돌면서 민단청년들에게 조국과 민족에 대한 순회강연을 하고 있었어요. 그러다 예상치 못한 6.25동란이 일어나 나는 재일 학도 의용군을 조직, 남침하는 공산당과 싸워야 한다고 주장, 혈기방장한 재일 청년층의 열화 같은 호응을 얻어 냈어요."[16)]

앞서 같은 해 3월에는 본국에서 육군참모총장 채병덕(蔡秉德) 소장 역시 일본을 방문하여 재일동포 청년들의 결집체로서 대한청년단 결성을 요청한 바 있다. 이후 대한청년단장 안호상이 일본을 방문하여 재일동포 청년운동의 방향을 제시한 것이다. 그 결과 일본 전국에서 대표자

13) 『韓日新報』 1950년 7월 16일 자.

14) 안호상의 방일 일자에 대해서는 5월 14일 등 기록마다 차이가 있는데, 6.25전쟁 이전인 것은 확실한 것으로 보인다.

15) 당시 조련은 이미 해산되어 존재하지 않았다. 여기서는 구(舊) 조련 세력의 좌익 재일동포를 '조련'으로 표현한 것으로 보인다.

16) 서울신문 특별취재팀, 『韓國 外交秘錄』, 서울신문사, 1984, p.127.

들이 모인 가운데, 8월 28일 민단 중앙본부 강당에서 대한청년단 결성대회가 열렸다. 이 자리에는 대한청년단 안호상 단장, 주일대표부 김용주 수석공사, 민단 김재화(金載華) 단장 등이 임석했다.

대회 토의과정에서 건청 부위원장 김용태(金容太) 등 15명의 건청 통일파가 반대 입장을 표하며 퇴장하는 일이 벌어졌으나 다음 날 29일, 통일파를 제외한 약 150명이 참가하여 본국 대한청년단과 직결된 조직이자 민단의 청년 행동부대인 재일대한청년단(在日大韓青年團, 한청)이 발족되었다. 한청은 1951년 4월 및 7월에 도쿄 스기나미(杉並)에 한청 중앙훈련소를 설치하여 "반공 투사 양성을 위한 연수회"를 가졌고, 이곳은 6.25전쟁 당시 참전 의용병의 훈련소로 이용되기도 했다.[17]

한청은 실질적으로는 건청을 개칭한 조직이었으나 민단의 산하단체로 개편되면서 통일파가 배제되고, 본국 대한청년단은 물론 민단과의 종속적 관계가 형성되는 등 본래 건청의 독립적인 활동을 계승하지 못했다. 한청은 결과적으로 일부 단원이 6.25전쟁에 의용병으로 참전한 것 외에는 특기할 만한 활동을 하지 못했다. 한국 정부는 재일동포를 대한민국 국민으로 통합하려고 한청을 조직한 것으로 볼 수 있으나 그 의도대로 되지는 않았던 것이다. 오히려 한청은 1958년에 단장(1960년부터 '위원장'으로 개칭)으로 취임한 곽동의(郭東儀)의 주도하에 조선민주주의인민공화국을 지지하는 재일본조선인총연합회(在日本朝鮮人總聯合會, 총련)과의 관계를 강화하면서 1960년 4.19 이후 "반(反)한국 민단파괴단체"로 변질되어 한학동과 함께 민단 산하에서 배제되었다.[18]

17) 민단30년사편찬위원회(民團30年史編纂委員會), 『民團30年史』, 在日本大韓民国居留民團, 1977, pp.64~65.

18) 李瑜煥, 『日本の中の三十八度線: 民団·朝総連の歴史と現実』, 洋々社, 1980, pp.36~37.

우파 재일동포 청년들의 6.25 참전 건의를 받아들인 민단이 주일대표부와 교섭하고, 그들의 열기를 막을 수 없었던 주일대표부가 일본점령 당국 연합국군사령관사령부(General Headquarters/Supreme Commander for the Allied Powers; GHQ/SCAP)를 설득하게 됐다는 일각의 주장이 있다. 당초 재일동포 의용병 참전을 "작전상의 이유를 내세우며" 거절한 GHQ/SCAP이었으나, 재일동포 청년들의 "애국심과 강력한 의지"가 그들을 움직이게 하여 참전 승인을 얻어냈다는 것이다.[19]

그러나 실제로는 앞서 확인한 대로 한학동이 곧바로 행동한 것이 맞지만, 그들과 함께 건청, 민단도 거의 처음부터 주체적으로 움직이기 시작했고, 주일대표부와 본국에서 파견된 인사도 그들의 참전에 동조하면서 부추기기까지 하는 분위기였다. 또한 주일대표부와 본국 정부, 그리고 GHQ/SCAP 사이에 있었던 소통 과정을 확인하면 당초 부정적인 태도를 보였던 GHQ/SCAP이 입장을 바꿔 참전을 동의한 데는 우파 재일동포 청년들의 열기뿐만 아닌 다른 이유가 있었던 것을 확인할 수 있다.

2) 이승만 정부의 의용병 참전 거부

6.25전쟁은 동아시아 냉전구조 아래 남북 체제 경쟁의 격화로 벌어졌다. 그런 전쟁의 한가운데 있던 이승만 정부에게 재일동포 사회에서 벌어진 의용병 참전 움직임은 환영할 만한 일로 보인다. 하지만 실제로 이승만이 보인 태도는 달랐다. 주일대표부는 의용병 모집 움직임에 대해 본국에 보고하고 지시를 받으려고 했지만, 이승만 대통령은 김용

19) 이내주, 「재일학도의용군의 참전과 활동」, pp.59~62.

주 수석공사에게 GHQ/SCAP과 상의하여 대응방안을 결정하도록 요구했다. 이승만은 김용주 앞으로 보낸 7월 16일 자 전문(電文)에서 다음과 같은 지침을 전했다.

> "의용군 지원에 대해서는 먼저 그 사람들의 사상·경력 등이 어떠하며, 실로 애국심을 가지고 헌신하려는 것인지 조사하며, 또 현재로는 군사상 경력과 기술이 있는 사람 외에는 소용없으며 금후로는 준비해 가면서 올지라도 지금으로는 총을 가지고 싸울 사람이 얼마 있으면 좋겠고, 또 군기(軍器)가 있어야 되겠는데 현재 군기가 없어 충분히 싸우지 못하는 형편임에 의용군에 대해서는 스캡(GHQ/SCAP-필자)에 요청해서 군기가 있어야 될 것이오. 그렇지 않으면 소용이 없다."[20]

조선인민군의 남침 이후 한국 정부는 1950년 7월 8일 북위 38도선 이남 전역에 비상계엄을 선포했고, 7월 22일에는 대통령 긴급명령 제7호 비상시 향토방위령을 내림으로써 만 14세 이상의 국민에게 향토방위의 의무를 부여했다. 또한 만 17~50세의 남자들에게는 각 마을별로 자위대를 조직하여 1주일에 3회 이상, 6시간 이상의 훈련을 하도록 의무화시켰다.[21] 치열한 초기 전투에서 많은 인력을 잃어 병력 충원이 큰 문제가 되고 있던 상황이었음에도 이승만은 재일동포 의용병의 참전을 사실상 거부한 것이다.

이승만은 왜 그랬을까? 재일동포 참전에 대한 이승만의 소극적인 태도는 사실 GHQ/SCAP의 뜻을 따른 것으로 판단된다. 당초 GHQ/

---

20) 「대통령이 김용주 공사에게 보낸 전문」, 단기 4283년(1950년) 7월 16일.

21) 국방군사연구소(國防軍史研究所), 『韓國戰爭支援史: 人事·軍需·民事支援』, 國防軍史研究所, 1997, pp.152~153.

SCAP은 의용병 모집에 대해 부정적인 견해를 갖고 있었다. 일본 외교사 전문가 김태기에 따르면, 김용주가 GHQ/SCAP의 첩보, 보안, 검열을 담당하는 참모 제2부(General Staff 2)를 방문했을 때 윌로비(Charles Andrew Willoughby) 부장은 의용병 모집에 반대했고, 대신 지원자의 신원만 확보해둘 것을 요청했다.

또한 군사작전과 인양작전을 담당하는 참모 제3부(General Staff 3)도 자체 조사를 통해 민단의 의용병 모집활동에 대해 파악하고 있었다. 북한 지원을 위해 재일동포 좌파세력도 의용군 조직에 나설 것을 우려한 참모 제3부와 협의한 외교국(Diplomatic Section) 시볼트(William Joseph Sebald) 국장은 의용병 모집을 중단할 것을 주일대표부에 전달하기로 했고, 7월 5일 외교국 휴스턴(Cloyce K. Huston) 부국장이 그 내용을 김용주에게 전달했다.[22] 즉, 7월 16일 시점에 이승만이 김용주에게 전한 지침은 GHQ/SCAP의 뜻을 추인한 것으로 판단된다.

그런데 당시 재일동포 좌파세력 역시 6.25전쟁 발발을 계기로 새로운 움직임을 보이고 있었다. 1949년에 단체등규정령(團體等規正令)으로 재일동포 최대 민족단체이자 좌익단체였던 재일본조선인연맹(在日本朝鮮人聯盟, 조련)이 강제 해산된 상황에서 일본공산당 민족대책부(民族對策部, 민대) 박은철(朴恩哲)[23]이 주도하여 중앙조직을 설치하고 각 지방에 조국방위위원회(祖國防衛委員會, 조방위)를 조직했으며, 그 지도하에 행동부대인 조국방위대(祖國防衛隊, 조방대)를 두었다. 1951년 1월에

22) 金太基, 『戰後日本政治と在日朝鮮人問題: SCAPの対在日朝鮮人政策 1945~1952年』, 勁草書房, 1997, p.680.

23) 박은철은 공산주의 지도자 양성을 위한 조련의 '3.1정치학원' 원장으로 매년 200~300명의 조선인 공산주의자를 세상에 배출하는 역할을 맡았던 인물이다. 金太基, 『戰後日本政治と在日朝鮮人問題: SCAPの対在日朝鮮人政策 1945~1952年』, p.665.

는 조련의 후계 조직으로 "조선민주주의인민공화국을 사수한다"는 재일조선통일민주전선(在日朝鮮統一民主戰線, 민전)이 결성되었고, 같은 해 2월 일본공산당 제4회 전국협의회에서 '군사방침'이 결의되었다.[24]

조방위와 조방대는 모두 비합법적 조직으로 활동했고, 6.25전쟁에 대해서는 "남조선에 보내는 무기탄약의 제조, 수송을 중지시킨다. 군수품의 수송을 방해하여 일본인 노동자에 조선 내란의 진상을 전하여 이해시키는 행동을 취한다", "조선 동란은 순연(純然)한 조선의 내정문제이기 때문에 미국 기타 각국의 간섭을 허용하지 않는다", "재일동포 생활권의 방위투쟁을 강화한다" 등의 방침을 결정했다. 그러나 GHQ/SCAP의 우려와 달리 조선인민군의 우세가 전해진 상황과 아울러 조방위는 일본공산당 영향하의 조직이었으므로 민족주의적 관점이 강조되지 않아 6.25전쟁에 대한 직접적 지원에 나서지는 않았다.[25] 6.25전쟁 당시 좌파 재일동포들은 일본공산당의 지도하에 있었기에 조직적으로 참전하지 않은 것이다.

재일동포 좌파세력이 일본공산당과 결별하고 조선민주주의인민공화국을 전적으로 지지하며 그 지도하에 들어가는 것은 이후 1955년에 총련을 결성하는 과정에서였다. 대신 그들은 일본 국내에서 6.25전쟁 반대운동을 벌였다. 그 대표적인 사건으로 1952년 6월 24~25일 오사카에서 많은 재일동포들이 관여한 스이타(吹田)사건과 히라카타(枚方)사건이 있다. 당시 좌파 재일동포들은 전쟁 수행과 전쟁에 대한 협력을 막으려고 지원물자의 반출을 저지하는 등 반전운동에 나섰다. 이들의 활동은 일본 국내에 머물렀으나, 비합법적인 활동을 펼치는 그들에게

24) 文京洙, 『在日朝鮮人問題の起源』, クレイン, 2007, p.143.
25) 朴慶植, 『解放後在日朝鮮人運動史』, 三一書房, 1989, pp.272~274.

GHQ/SCAP은 물론 이승만도 경계심을 가질 수밖에 없었던 것이다.

한편, 재일동포 의용병의 참전이 검토되던 그 무렵, 국제연합 안전보장이사회가 7월 7일 통합군사령부(Unified Command)를 설치함에 따라 13일 맥아더(Douglas MacArthur) 장군을 사령관으로 한 주한 국제연합군사령부가 설치되었다. 7월 14일 이승만은 국제연합군사령관에게 한국군의 작전지휘권(Operational Command)을 이양한다고 결정했고, 맥아더는 16일 이를 받아들여 무초(John Joseph Mucho) 주한 대사를 통해 18일 이승만에게 그 회신을 전달했다.[26] 좌파 재일동포에 대한 경계심과는 별개로 이승만은 재일동포 참전에 대한 GHQ/SCAP의 부정적인 반응을 외면할 수 있는 입장이 아니었던 것이다.

그런데 GHQ/SCAP과 이승만의 의향과는 달리 6월 말부터 이미 시작된 의용병 모집에는 지원자들이 대거 몰려들었다. 한편, GHQ/SCAP과 이승만의 뜻은 민단과 재일동포 사회에 바로 전달되지 않은 것으로 보인다. 민단은 8월 5일 중앙본부의장 김광남(金光男)을 본부장으로 하는 자원병지도본부를 설치했고, 중앙본부와 각 지방본부 및 지부에서 정식으로 의용병 모집을 시작했다.[27] 또한 도쿄에서는 한청 훈련소에서 하루 한 차례 집단훈련이 시작되었다. 결국 민단이 언제 주일대표부를 통해 본국의 지침을 전달받았는지는 분명치 않지만, 이미 모이기 시작한 '애국심' 어린 청년들에게 참전을 원하지 않는다는 본국의 뜻을 전해야 하는 상황이 민단으로서는 꽤 곤란했을 것이다.

26) 최찬동, 「국군 작전지휘권 이양의 법적 문제점」, 『비교법연구』 3, 동국대학교 비교법문화연구원, 2002, pp.223~228.

27) 재일학도의용군동지회, 『在日同胞 6.25戰爭 參戰史』, p.110; 국방부 군사편찬연구소, 『6.25전쟁 학도의용군』, p.222.

3. 본격적인 재일동포 의용병 모집 경위

1) GHQ/SCAP의 방침 전환

앞서 본 바와 같이 재일동포 의용병 지원에 대한 청년들의 열정에도 불구하고 GHQ/SCAP과 이승만은 당초 냉담한 태도를 보였다. 의용병 모집 중단이라는 판단을 전해들은 민단은 열의에 찬 지원자들을 설득해야 했지만, 의용병 지원자들은 쉽게 납득하지 못해 민단 중앙본부와 주일대표부 앞에서 자신들을 즉각 전선으로 보내달라고 요구하며 시위를 벌였다고 한다.[28] 그런 가운데 GHQ/SCAP의 방침이 바뀐다. 국방부 군사편찬연구소에 따르면 GHQ/SCAP의 방침 전환은 재일동포 지원자들의 열의를 이기지 못하고 설득을 포기한 결과인 것처럼 여겨진다.[29] 하지만 여러 상황을 종합해보면 재일동포 의용병의 참전이 결정된 것은 사실 국제연합군의 요청에 따른 방침 전환이었다.

1950년 6월 28일 조선인민군이 서울을 침공하자 6월 30일 미국의 트루먼(Harry S. Truman) 대통령은 미군에게 한반도 출격 명령을 내렸다. 그러나 조선인민군의 남침은 멈추지 않았고, 8월 중순에는 낙동강 부근까지 침공했다. 이에 맥아더는 대대적인 한반도상륙작전을 결의하여 미 극동군 병력 보충을 위해 한국군 병사 3~4만 명을 모집하게 됐다.

이승만의 아내 프란체스카(Francesca Donner Rhee) 여사의 8월 14일자 일기에 따르면, 미군 제24사단에서 실종자가 대거 발생한 가운데 8월 13일 오후 콜터(John B. Coulter) 장군이 무초 주한 대사, 드럼라이

28) 국방부 군사편찬연구소, 『6.25전쟁 학도의용군』, p.222.
29) 국방부 군사편찬연구소, 위의 책, pp.224~227.

트(Everett F. Drumright) 일등서기관과 함께 이승만을 찾아왔다. 그들은 "1천 명의 한국 병사들에게 유엔군 휘장이 있는 군복을 입히고, 미군과 함께 먹고 잘 수 있도록 조치하라"는 맥아더 사령관의 지시에 따라 "사흘 이내에 3천 명의 한국인 병력이 필요하다"고 요청했다. 이에 동석했던 신성모(申性模) 국방부장관이 새로운 것을 습득하는 속도와 영어 능력을 이유로 언급하면서 "그 같은 목적을 위해선 18세 전후의 한국 학도병들이 가장 적합할 것"이라는 의견을 제시했다고 한다.[30)]

국제연합군은 곧 있을 인천상륙작전을 앞두고 병력 부족을 보충하기 위해 재일동포를 포함한 학도의용병을 모집하기로 한 것이다. 인천상륙작전을 위해 한국에서 모집한 병력, 대한학도의용대 약 950명을 포함한 8,625명은 8월 15~24일 사이 부산에서 일본 요코하마(横濱)로 이동해 시즈오카(静岡)현 히가시후지(東富士)에서 훈련을 받은 뒤 제7사단에 합류하여 9월 11일 인천으로 출격했다.[31)]

1950년 8월 중순, 주일대표부 김용주 수석공사는 GHQ/SCAP 참모제2부 윌로비 부장으로부터 "그동안 열세에 놓여 있던 유엔군은 이제 반격태세를 확립, 가까운 장래에 한국 모 해안에서 일대 상륙작전을 감행할 예정인데 여기에 쓰일, 간단한 통역과 길 안내역을 맡을 한국 출신 요원 1천 명을 10일 안으로 갖추어 달라"는 요망을 받았다. 그리고 이어서 "군요원들의 식사, 피복 등의 급여는 미군사병의 경우와 하등 다를 것이 없으나 보수만은 앞으로 미군 주무당국이 한국 정부와 협의하여 추후 결정할 방침으로 돼 있다"는 설명을 들었다.[32)] 김용주는 곧

30) 프란체스카 도너 리(Francesca Donner Rhee), 조혜자 옮김, 『6.25와 이승만: 프란체스카의 난중일기』, 기파랑, 2010, pp.96~97.

31) 和田春樹, 『朝鮮戦争全史』, 岩波書店, 2002, p.246, 중앙일보사(中央日報社) 편, 『民族의 證言: 韓國戰爭 實録』 2, 乙酉文化社, 1972, p.347.

바로 GHQ/SCAP의 요구를 본국에 전달했고, 이에 이승만은 GHQ/SCAP의 요구대로 진행해도 무방하다며 그 요청을 받아들이도록 지시했다. 그 후 8월 31일 주일대표부는 민단 자원병지도본부와 협의하여 민단 지방본부 및 지부를 통해 의용병 모집을 재개하기에 이르렀다.[33)]

민단 중앙본부는 1950년 8월 17일 하일청(河一清) 문교국장 명의로 각 지방본부 단장 및 신조선건설동맹(新朝鮮建設同盟, 건동) 중앙본부 앞으로 "의용군 소집 대기에 관한 건"이라는 통보를 발신했다. 앞서 언급한대로 GHQ/SCAP과 한국 정부는 재일동포 의용병 모집 중단의 방침을 제시했었고, 민단은 지방본부마다 "정식 소집령이 있을 때까지 만단의 준비를 하여 현직에 충실히 종사하며 대기하고 있도록" 지령을 내렸었다. 그러나 8월 17일부의 이 통지는 "대표부와 협의하여 사령부 관계당국과 의용군 파견에 관한 제반 문제를 교섭 추진 중이었던 바, 지난 8월 15일 밤, 본국 정부로부터 '재일교포의 의용병을 받아들일 용의가 있다'는 전보가 왔음"을 전했다. 이 지령에는 주일대표부와 협의하여 본국 정부의 지시에 따라 의용군의 편성 및 수송 등에 관한 준비를 진행하고 있다는 내용도 포함되어 있었다.[34)] 즉, 의용병 모집 재개는 이승만이 미군과 GHQ/SCAP의 요청에 응하여 주일대표부와 민단의 협의하에서 실시된 것이었음을 이 통지를 통해서도 확인할 수 있다.

일각에서는 재일동포 의용병 모집과 관련해 한국 정부가 알선 역할에 그치지 않고 동원까지 했다는 지적도 있다. 주일대표부가 주도한

32) 김용주(金龍周), 『風雪時代 八十年: 나의 回顧録』, 新紀元社, 1984, pp.165~166.

33) 서울신문 특별취재팀, 『韓國 外交秘録』, p.128.

34) 「義勇軍 召集待機에 關한 件」, 朴慶植 編, 『在日朝鮮人関係資料集成: 戦後編, 第3巻』, 不二出版, 2000, p.196.

병력 확보가 이승만의 지시하에서 반강제적인 '징병'으로 전개되었을 가능성을 지적하는 주장이다.[35]

GHQ/SCAP의 방침 전환과 이승만의 지시에 따라 의용병 모집이 재개된 1950년 8월 중순 이후에는 원래 자원했던 청년층뿐만 아니라 교토(京都)의 마이즈루(舞鶴)인양원호국수용소와 나가사키(長崎) 사세보(佐世保)의 하리오(針尾)수용소에 억류된 인양 예정자 및 강제송환 예정자를 대상으로 한 모집이 시작되었다. 당시 수용소에는 본국으로 귀환하기 위해 항구에 모였다가 6.25전쟁 발발로 대기하게 된 재일동포들이 다수 포함되어 있었다. 마이즈루수용소의 경우, 일본 생활을 모두 정리하고 귀국만 기다리던 재일동포 수용자 약 530명이 있었다. 그들이 수용소 체류비용을 지불할 여력이 없다며 지원을 요청하는 탄원서를 주일대표부에 보낸 기록도 남아 있다.

이와 관련해서 주일대표부는 본국과 상의한 후 "많은 이들이 한국에서의 병역을 자원하고 있다"고 탄원서 내용을 왜곡하면서 GHQ/SCAP에 수용자들의 석방과 빠른 시일 내의 본국 송환을 요청했다고 한다. GHQ/SCAP 외교국은 주한미군 당국의 반대가 없는 한해서, 주일대표부가 병역 선발에 책임을 지고 건강한 지원병(Volunteers)의 명단을 작성하여 수용자를 송환하는 것을 승인했다. 결과적으로 자원병이 얼마나 있었고, 본국에 송환되어 참전한 이들이 얼마나 되는지 확인된 바 없으나, 이와 같은 정황을 두고 윌로비가 김용주에게 요청한 1천 명을 충족하기 위해 반강제적 '징병'이 이루어진 것이라고 보는 해석이 있다.[36]

한편, 1950년부터 1951년 사이 이승만 정부는 재일동포 공산주의자

35) 崔徳孝, 「朝鮮戦争と在日朝鮮人: 義勇軍派遣の問題を中心に」, pp.3~29.

36) 崔徳孝, 위의 논문, pp.13~16.

의 한국 송환을 GHQ/SCAP에게 재차 요청했다. 공산주의자를 본국에 송환해서 처벌함과 동시에 재일동포 사회 내에서 조련 출신 좌익세력의 영향력 약화를 노린 것이다. 주일대표부에 취임한 지 얼마 되지 않은 김용주 수석공사는 1950년 5월 25일 GHQ/SCAP 외교국 휴스턴 부국장을 방문하여 50명의 '폭력분자'를 한국으로 추방할 것을 요청했다.[37]

> "오사카(大阪)·교토(京都)·히메지(姬路) 등 도시에서 한인 공산당 소동이 있었다는 보고에 대해서는 이러한 일이 있스면 일본 정부 당국에 교섭해서 무슨 까닭에 한인들을 잡어가두는지 그 사유를 분명히 물어서 한인 공산당의 소동이라면 그러한 분자들이 일본에 있슴으로서 일본도 불안하고 우리 한국에도 불리하니 우리에게 넘겨주어야만 곳 본국에 잡어다가 처벌하겟다고 강경히 주장해야 할터인데 보고만 하고 방관하고 있스니 이는 공사의 직책을 다하지 못함이오 공사가 있는데 달리 조치한다면 공사를 무시하게 되는 것이니 이러케 되면 공사가 있슴으로서 도로혀(도리어-필자) 길이 매키게 되니 금후로는 공사의 직책을 완수하기에 더욱 노력할 것을 지령함."[38]

이는 12월 16일 이승만이 김용주에게 보낸 전문(電文)의 일부이다. 당시 일부 재일동포들이 생활고를 호소하면서 지역 행정기관과 그들 사이에 크고 작은 충돌이 잇따르고 있었다. 이승만은 이후 12월 21일, 31일에도 김용주에게 전문을 보내 재일동포 "악질 공산분자"의 본국 송환에 대해 GHQ/SCAP 또는 일본 정부와 교섭할 것을 거듭 지시했다.[39]

---

37) 金太基, 『戦後日本政治と在日朝鮮人問題: SCAPの対在日朝鮮人政策 1945~1952年』, p.681.

38) 대통령기록관, 「前參事官 及 韓人共産黨 騷動에 關한 件」, 단기 4283년(1950년) 12월 16일.

결국 이승만 정부의 요청은 거절당해 공산주의자 강제송환은 이루어지지 않았으나, 재일동포 의용병의 모집이 이루어진 비슷한 시기에 이승만 정부가 재일동포의 본국 강제송환을 요구하는 입장을 취하고 있었다는 점이 흥미롭다. 다만, 수용소 억류자에 관해 어떤 조치가 이루어졌는지 밝혀진 바가 없고, 이승만 정부가 국제연합군의 요청에 응하기 위해 수용소의 재일동포를 전선에 보냈을 가능성과 의용병 지원을 조건으로 수용소에서의 석방이 이루어졌을 가능성에 대해서도 확인된 바가 없다. 만약 본국 송환이 이루어졌을 경우 그것은 한국 내에서의 '징병'이 되기 때문에 재일동포 의용병과 다른 성격의 문제가 될 것이다.

또한 앞서 안호상과 같은 인물이 일본 각지를 순회하며 강연하는 등 재일동포 사회의 결집을 촉진시키려고 한 것은 국민통합을 도모한 이승만 정부의 정책을 실현하기 위함이었고, 6.25전쟁 발발 후에는 의용병으로 참전할 것을 촉구하는 등 재일동포 사회를 선동했던 측면도 지적될 수 있다. 실제로 안호상이 일본 전국 순회강연을 통해 한청의 조직화와 조국에 대한 공헌, 의용병 지원을 호소한 것은 사후 본국 국회에서 보고되기도 했다.[40] 주일대표부 또한 의용병 모집이 진행되는 가운데 민단 중앙본부와 공동으로 7월 9일 자문위원회를 설치하여 "재류동포 진영강화는 국토 수호의 새로운 무장"이라는 인식을 보이기도 했다.[41]

39) 대통령기록관, 「韓人 惡質分子 送還 及 其他에 關한 件」, 단기 4283년(1950년) 12월 21일; 대통령기록관, 「居留民 追放에 關한 件」, 단기 4283년(1950년) 12월 31일.
40) 국회사무처, 「국회임시회의속기록 제10회-제52호, 단기 4284년 3월 27일」, 1951년 3월 27일, p.9.
41) 『韓日新報』, 1950년 7월 16일.

그런데 앞서 언급한 대로 그 과정을 살펴보면, 의용병 참전은 재일동포들의 자발적 참여가 주된 원동력이었다는 것이 확실해 보인다. 또한 당시 의용병 모집 과정과 이승만 대통령의 태도로 봤을 때, 이승만 정부가 의용병 참전을 단순히 국민통합의 수단으로 적극 활용하려고 했다고만 보기는 어렵고, 오히려 공산주의 세력이 주류를 이루는 재일동포 사회에 대한 이승만의 경계심이 컸던 것으로 보인다. 이승만 정부의 재일동포에 대한 그런 태도는 참전 이후 상황에서도 확인할 수 있다.

2) 의용병 지원 재일동포의 '애국심'

6.25전쟁에는 재일동포 의용병 외에도 많은 '학도의용군'이 참전했다. 전쟁 발발 직후인 6월 28일 수도 서울까지 조선인민군에게 침공당하자 서울 시내 학교에서 피난한 학도호국단 간부 200여 명이 수원에 모여 비상학도대를 조직했고, 6월 29일부터 국방부 정훈국 지도하에 참전하게 됐다. 이를 시작으로 7월에 들어서는 대전에서 현지 학생들과 타지 피난 학생들이 모여 대한학도의용대를 조직했고, 국방부가 대구와 부산으로 이동함에 따라 개편 및 발전된 학도의용병들의 조직이 부산 천도 후 대한학도의용대로 통합되었다. 그중 실전에 투입된 학도의용병은 27만 700명에 달했다. 또한 7월 중순에는 일부 학도의용병이 국제연합군에 편입된 후 일본에서 특수훈련을 받고 인천상륙작전 등에 투입되기도 했다.[42]

국제연합군의 요청, 즉 GHQ/SCAP의 방침 전환에 이은 이승만의

42) 남상선(南相瑄)·김만규(金晩圭), 『6.25와 學徒兵: 3사단학도의용군편』, 혜선문화사, 1974, pp.80~82, 육군본부, 『한국전쟁시 學徒義勇軍』, 육군본부, 1994, pp.65~70.

지시에 따라 다시 본격화된 의용병 모집 활동 결과, 일본 전국에서 모인 약 3천 명의 지원자 중 신체검사 등 심사를 거쳐 선발된 642명의 재일동포가 의용병으로 전쟁터에 나가게 됐다. 당시 재일동포 사회의 동향을 감시하고 점령당국에 수시로 보고하던 일본 정부 법무부 특별심사국(法務府特別審査局)의 조사에 따르면, 각지에서 의용병으로 지원한 이들은 7월 4일 시점으로 총 797명, 9월에는 3천 명에 달했다고 한다.[43] 최종적으로 선발되지는 않았으나 당시 지원자 중에는 재일동포 여성이나 급여를 목적으로 한 일본인도 있었다고 한다. 선발된 의용병에는 대학생이 많아 흔히 '학도의용군'이라고 불리지만, 대학생 외에도 18세 고등학생부터 45세 성인까지 다양한 이들이 포함되어 있었다.[44]

국방부 군사편찬연구소가 2012년에 펴낸 『6.25전쟁 학도의용군 연구』는 재일동포 의용병 모집에 대해 "당사자인 재일동포 청년학생들의 적극적인 협조가 없이는 절대로 이루어질 수 없는 상황"이었고, "누가 강요하기도 전에 재일동포 청년학생들은 자발적으로 조국 전선으로의 참전을 결정하였다"고 당시 재일동포 의용병 지원자의 열의를 기록하고 있다.[45]

참전했던 재일동포들의 회고록에서도 당시 이들이 강한 '애국심'에

43) 崔徳孝, 「朝鮮戦争と在日朝鮮人: 義勇軍派遣の問題を中心に」, pp.8~9.

44) 재일학도의용군동지회, 『在日同胞 6.25戰爭 參戰史』, pp.25~26. 반공의 입장에서 일본인 의용병 파견의 움직임도 있었다. 하지만 당시 일본의 요시다 시게루(吉田茂) 수상은 그것을 거부하여 공식적으로 일본인 파병은 실현되지 않았다. 요시다는 일본인 파병이 소련 등에게 일본의 재군비를 상기시켜 대일 강화, 즉 일본의 독립회복을 방해하는 요인이 될 것을 우려한 것이었다. 西村秀樹, 『大阪で闘った朝鮮戦争: 吹田枚方事件の青春群像』, 岩波書店, 2004, p.89.

45) 국방부 군사편찬연구소, 『6.25전쟁 학도의용군』, p.219.

이끌렸던 모습을 확인할 수 있다. 어떤 재일동포는 좌파세력과의 투쟁의 연장선상에서 참전을 결의하기도 했다. 한청 오사카본부 소속으로 활동하던 조용갑(趙鏞甲)은 조카 조만철(趙滿鐵)과 함께 의용병에 자원했는데, "나야 원래 건청 시절부터 좌익과의 싸움에 앞장선 터라 공산당이라면 이가 갈리는 사람이라 지원하는 것은 당연한 일이었지요"라고 당시를 회고했다.[46)]

한편, 의용병들에게는 저마다의 사연이 있었다. 나중에 한국에 돌아와 인하대학교 기계공학과 교수가 된 양옥룡(梁玉龍)은 당시 일본의 게이오기주쿠(慶應義塾)대학에서 기계공학을 공부하던 학생이었다. 그는 식민지 시기에도 벌써 한 번 중학교 2학년이라는 어린 나이에 특별지원병으로 일본 해군에 입대하여 전쟁터를 경험한 적이 있던 터라 해방과 함께 죽다 살아서 돌아온 몸이기도 했다. 그는 일본인 지도교수의 만류도 뿌리치고 참전을 결심했다면서 다음과 같이 말했다.

> "어렵게 다시 시작한 공부여서 제 개인 입장만 생각한다면야 당연히 공부를 계속하고 싶었죠. 하지만 내 양심이 도저히 그것을 허락하지 않았습니다. 조국이 없다는 이유 하나만으로 제 나라도 아닌 남의 나라 군대인 일본군대에 끌려나갔다가 죽을 고비를 간신히 넘기고 살아 돌아온 내가 아닙니까. 만일 내 나라가 없어진다면 또 그런 일이 일어나지 않는다고 누가 보장하겠습니까."[47)]

1950년 4월 25일 결혼식을 올린 참이었던 한동일(韓東日)은 의용병 모집 소식을 듣고 부인에게는 한마디 상의 없이 원서를 제출하였고,

46) 재일학도의용군동지회, 『在日同胞 6.25戰爭 參戰史』, pp.127~128.
47) 재일학도의용군동지회, 위의 책, pp.129~130.

소집 통지를 받고 집을 나가기 며칠 전에야 아내에게 겨우 그 결정을 말했다며 다음과 같이 당시를 회고했다.

> "제가 전쟁터로 나간다고 하니까 집사람은 너무나도 어이가 없는지 말도 못하고 엉엉 울기만 하더군요. 그때는 제가 젊어서 잘 몰랐지만 어떤 부인이 남편이 살아 돌아올지도 모르는 전쟁터로 나간다는데 옳은 결정을 내렸다고 박수를 치겠습니까. 더군다나 그때 우리는 병역의 의무도 없었고 전쟁터로 나가지 않는다고 해서 비겁하다고 손가락질할 사람은 아무도 없었거든요. 게다가 저는 홀가분하게 떠날 수 있는 사람과 달리 결혼한 지 몇 달밖에 되지 않은 새신랑 아니었습니까? 다행히 마누라가 착하고 순했으니까 망정이지 요즈음 사람들 같았으면 당장 이혼하자고 난리였을 겁니다."[48]

이와 같이 다시는 조국을 잃고 싶지 않다는 '애국심'이 의용병들의 가장 큰 동기 중 하나였으나, '애국심'만으로 모든 자원 동기를 설명하는 것은 충분하지 않다. 의용병 지원자들 중에는 전쟁터가 된 조국에 가족을 둔 이들도 있었다. 의용병으로 참전함으로써 가족을 만나고 싶고, 또 가족을 지키고 싶다고 생각한 것이다. 신혼의 몸으로 참전을 결심한 한동일에게도 한국에 사는 부모가 있었다.

한편, 의용병에게 상당한 보수가 지급된다는 "터무니없는 소문"도 나돌아 경제적 목적으로 자원한 이들도 있었다.[49] 실제로는 보수를 기대할 수 있는 상황이 아니었으나, 당시 재일동포가 직면하고 있던 일본 생활의 어려움을 고려하면, 그것은 단순한 금전적 욕심이라기보다는

48) 재일학도의용군동지회, 위의 책, pp.132~133.

49) 강노향(姜鷺鄕), 『논·픽션 駐日代表部』, 東亞PR硏究所出版部, 1966, p.126.

생존을 위한 현실적인 선택이기도 했다.

4. 재일동포 의용병의 참전 실태

1) 재일동포 의용병의 다양한 참전 형태

선발 후 국제연합군에서 'Korean volunteers from Japan'으로 불린 재일동포 의용병은 제1진부터 제5진까지 나뉘어 일본을 출발했고, 인천상륙작전, 원산·이원군상륙작전, 백마고지전투, 저격능선전투 등 수많은 전투에 참전하게 됐다.[50] 제1진부터 제3진까지는 도쿄에 모인 다음, 각각 미군 아사카(朝霞)기지에서 훈련을 받았고, 제4, 5진은 규슈(九州)지방 출신 학생이 대부분이었기 때문에 벳푸(別府)의 미군 제8068 보충대대, 일명 '캠프 모리(Camp Mori)'에서 훈련을 받았다.

그 후 9월 12일 요코하마항 출발 제1진 78명, 9월 19일 요코스카(橫須賀)항 출발 제2진 266명은 부평 병참기지에 배속되었고, 9월 30일 요코하마항 출발 제3진 101명은 미군 제7사단, 10월 15일 사세보항 출발 제4진 145명은 부산항을 경유해서 한국군,[51] 11월 10일 고쿠라(小倉)항 출발 제5진 52명은 정식으로 국제연합군 군인으로 미군 제3사단에 배속되어 원산상륙작전에 참전하게 되었다.[52]

---

50) 森田芳夫, 『在日朝鮮人処遇の推移と現状』, 法務研究報告書, 43-3, 法務研修所, 1955, p.136.

51) 제4진에는 제2차 세계대전 중 일본 육군 소년항공병으로 전투기 조종훈련을 받은 청년 4명이 있었다. 그들은 그 특수한 경력으로 1명은 한국 공군, 3명은 한국 육군항공대에 편입되었다. 金賛汀, 『在日義勇兵帰還せず: 朝鮮戦争秘史』, p.49.

52) 金賛汀, 『在日義勇兵帰還せず: 朝鮮戦争秘史』, pp.25~49; 재일학도의용군동지회,

9월 8일 도쿄 스루가다이(駿河台)호텔 앞에서는 아사카기지 입대를 앞둔 재일동포 의용병을 위한 출정식이 열렸다. 출정식에는 의용병들의 가족과 지인들이 모였고, 주일대표부 김용주 수석공사도 참석했다. 그는 이제 출정할 의용병들에게 다음과 같은 격려사를 했다.

> "병역의 의무도 없는 재일동포 청년 학생들이 오로지 조국을 구하기 위해 학업과 생업을 중도에 포기하고 현해탄을 넘어 조국땅으로 달려가는 호국정신에 대해서 깊은 감명을 받았으며 그들의 앞날에 무훈(武勳)과 영광(榮光)이 있으라." "영웅주의적인 생각을 버리고 서로 합심하여 끝까지 잘 싸워서 조국을 지키고 반드시 살아서 돌아오라."[53]

또한 주일대표부는 의용병들이 사전에 모여 도쿄 스기나미의 한청 훈련소에서 합숙한 비용을 부담했다고도 한다.[54] 이와 같은 상황을 보면 주일대표부가 의용병 모집과 파견에 직접 관여한 사실을 확인할 수 있다.

그런데 재일동포 의용병은 국제연합군 소속이면서 대부분이 한국병사로 간주되었지만, 일부 사례를 제외하고는 한국 내에서 참전하게 된 정식 미군 소속 카투사(KATUSA)와 달리 군번도 계급도 없이 인식표에 이름만 적힌, 말 그대로 '의용병'에 불과했다.[55] 그렇다고 본국에서 참전한 이른바 '학도의용군'과도 달랐다. 육군본부는 병역법 및 국가

『在日同胞 6.25戰爭 參戰史』, pp.165~176.

53) 재일학도의용군동지회, 『在日同胞 6.25戰爭 參戰史』, pp.142~143.

54) 강노향, 『논·픽션 駐日代表部』, p.126.

55) 예외도 있었다. 제5진의 경우 '캠프 모리'에서 45일 동안 기본적인 군사훈련을 받고 'K-1138301'부터 'K-1138352'까지의 군번이 정식으로 부여되었다고 한다. 재일학도의용군동지회, 『在日同胞 6.25戰爭 參戰史』, p.173.

보훈법상의 정의를 검토하면서 '학도의용군'을 다음과 같이 정의하고 있다.

> "「학도의용군」은 한국전쟁 발발시부터 1951년 4월까지 대한민국의 학생의 신분으로 지원하여 전·후방에서 전투에 참여하거나 공비소탕, 치안유지, 간호활동, 선무공작 등에 참가함으로써 군과 경찰의 업무를 도와주었던 개별적인 학생 혹은 단체를 뜻한다. 단, 「재일학도의용군」은 대한민국 국적의 재일학생 신분으로서 한국전쟁 발발시로부터 1953년 7월 27일까지 국군 또는 연합군에 지원입대하거나 개인의 자격으로 지원하여 한국전쟁에 참전하고 제대된 자를 뜻한다."[56)]

이와 같이 재일동포 의용병도 '학도의용군'의 한 유형으로 간주될 수 있다. 대부분 군번도 계급도 없이 참전할 수밖에 없었던 점 등 공통된 측면들이 있고, 무엇보다 학생 신분 등의 젊은 나이에 참전을 결심한 자원병이었다는 점에서 동일하게 '학도의용군'으로 볼 수 있다. 다만, 엄밀하게는 재일동포 의용병 중 학생 신분이었던 이들이 약 30%에 불과했고,[57)] 애초부터 국방부가 직접 지도 또는 후원한 병력이 아니었으며, 사후에 한국군에 편입된 경우가 있긴 하나 모두가 국제연합군의 관리하에서 일본을 출발했다는 점이 엄연한 차이라고 할 수 있다.

재일동포 의용병은 국제연합군 주도로 일본을 떠나 한국에 온 뒤에는 다양한 형태로 참전하게 됐다. 미군 부대로 배속되는 경우도 있었고 한국군에 배속되는 경우도 있었으며 미군에서 한국군으로 전적되는 경우나 해산명령 후 다시 부대로 배속되는 경우도 있었다. 원산상륙작

56) 육군본부, 『한국전쟁시 學徒義勇軍』, 육군본부, 1994, pp.17~18.
57) 이내주, 「재일학도의용군의 참전과 활동」, p.50.

전을 위해 미군 제3사단에 배속된 제5진 52명의 경우, 1950년 11월 하순 중국인민지원군의 공격을 받아 함흥에서 흥남으로 후퇴했다. 그러던 중 12월 22일 돌연 철수명령이 내려졌고, 제3사단 소속 재일동포 의용병들은 흥남철수작전으로 미군 함정에 승선하여 12월 25일 부산항에 도착했다. 그리고 경주를 거쳐 재편성된 다음 서부전선 백마고지 전투에 투입되었다.[58]

재일동포 의용병들이 맡은 임무 또한 전선 투입에서부터 위생병, 통신병, 병참 등 후방지원에 이르기까지 다양했다. 하지만 한국 내 학도의용군과 마찬가지로 군사훈련이나 장비가 충분하지 않았던 재일동포 의용병도 최전선 전투부대가 아닌 후방지원을 맡은 경우가 많았다.

제1진, 제2진의 경우, 인천에 상륙해서 부평 병참기지의 임무를 맡은 재일동포 의용병들 가운데 약 200명이 전투부대에 배속되지 않은 것에 불만을 가지고 한국군 편입을 호소했다. 그들은 결국 1950년 11월 28일 서울 남산의 육군 제1보충대대에 배속되었다. 그중 하사관이나 일반병사로 한국군 부대로 배속된 재일동포 의용병들 외 26명은 12월 중순쯤 간부후보선발시험에 합격해서 조선인민군의 침공으로 부산 동래로 옮겨진 육군종합학교에 1951년 1월 7일 제22기생으로 입학하게 됐다.[59] 그들은 다른 부대에서 간부후보생이 된 7명의 재일동포와 합류하여 한국 내 출신의 간부후보생 250여 명과 함께 1951년 1월 14일부터 3월 10일까지 8주간 혹독한 훈련을 받았다고 한다.[60] 33명의 재일동포

58) 金賛汀, 『在日義勇兵帰還せず: 朝鮮戦争秘史』, pp.102~105; 육군본부, 『한국전쟁시 學徒義勇軍』, p.179.

59) 金賛汀, 『在日義勇兵帰還せず: 朝鮮戦争秘史』, pp.119~122; 국방군사연구소, 『韓國戰爭支援史: 人事·軍需·民事支援』, p.335.

60) 국방군사연구소가 발간한 『한국전쟁 지원사: 인사·군사·민사지원(韓國戰爭支援史:

중 육군종합학교를 무사히 졸업한 사람은 24명에 불과했다. 가혹한 훈련으로 다친 사람도 있었고 한국어로 진행되는 훈련을 따라가지 못해 탈락한 사람도 있었다.[61]

재일동포 의용병에게 언어의 벽은 높았다. 전방에서는 한국어를 제대로 이해하지 못해서 철수명령을 놓치는 바람에 철수하는 부대와 떨어져 전사하게 된 비극적인 사례도 있었다.[62] 그런데 원래 GHQ/SCAP이 주일대표부에 요청한 것은 병사가 아니라 "군요원"이었고, "간단한 통역과 길안내역을 맡을 한국 출신 요원"이었다. 그러나 의용병에 지원한 재일동포 대부분은 일본에서 태어나 자란 이들이었기 때문에 민족의 언어를 구사할 수 없었고, 일부 특별한 경우를 제외하고는 영어 또한 제대로 구사할 수 없었던 것으로 보인다. 해방 직후 한반도로 돌아왔으나 다시 일본으로 건너간 경우를 제외하고는 한국 땅을 밟아 본 적도 없어 한국 지리를 잘 알고 길잡이를 맡을 수 있는 이도 거의 없었다고 봐야 한다. 애초부터 재일동포 의용병의 모집이 국제연합군의 요구와는 괴리가 있었던 것이다.

人事·軍需·民事支援』(國防軍史研究所, 1997)에 의하면 제22기 훈련은 1월 7일부터 9주간이었다고 한다. 한편, 앞서 언급한 재일학도의용군동지회의 『在日同胞 6.25戰爭參戰史』(2002년 발간), 즉 당사자들의 기록에 따르면 입교가 1월 14일이었고, 그 후 4일 만인 18일에 정식으로 입교식이 진행됐으며 8주간의 훈련이었다고 한다. 이를 고려하면 서류상 1월 7일에 입교 등록되면서 14일부터 훈련이 시작된 것으로 볼 수 있다.

61) 재일학도의용군동지회, 『在日同胞 6.25戰爭 參戰史』, pp.213~217.

62) 재일학도의용군동지회, 『在日同胞 6.25戰爭 參戰史』, pp.230~232.

2) 귀환 문제의 발생

GHQ/SCAP 참모 제2부 윌로비 부장이 주일대표부 김용주 수석공사에게 전달한 요청 내용은 의용병 지원자들에게 제대로 전달되지 않았을 뿐만 아니라 의용병의 보수에 대해서도 제대로 교섭이 이루어지지 않았다. 주일대표부는 보수문제를 포함해서 "입대 후의 군요원에 관한 모든 사무를 전적으로 '스캡(GHQ/SCAP-필자)'이 주관하게 된 이상 주일대표부로서 그 내용에 용훼(容喙)할 계제가 아닌 것 같아 만사를 오로지 '스캡'에 일임할 수밖에 없었다"는 입장이었다.

김용주의 회고록에는 의용병 모집에 필요한 비용을 본국이 송금하지 않아 본인이 개인적으로 부담하게 됐다는 언급이 있으나, 보수 문제를 비롯해 재일동포 의용병과 관련해서 이후 발생한 문제와 그 책임에 대한 언급은 전혀 보이지 않는다.[63] 재일동포 참전 의용병 모집은 이 시점에서 이미 그 실시와 책임체계에 있어 위태로운 측면을 안고 있었다고 봐야 한다.

앞서 본 바와 같이 재일동포 의용병은 국제연합군의 관리하에서 일본을 떠난 뒤 미군이나 한국군에 소속되거나 때로는 이적되면서 다양한 형태로 참전했다. 한국 내 참전 학도의용병의 경우 예외적 사례도 있고, 정규군으로 이미 편입된 이들이 제외되기도 했으나, 1951년 2월 28일 복교령이 내려져 4월 3일 정훈공작대 해산을 마지막으로 공식적 참전은 끝이 났다.[64] 한편 재일동포 의용병의 경우, 애초부터 한국군이 관리를 한 것이 아니기 때문에 공식적으로 참전이 종료된 기록은 없지

63) 김용주, 『風雪時代 八十年: 나의 回顧錄』, p.167; 강노향, 『논·픽션 駐日代表部』, p.126.

64) 육군본부, 『한국전쟁시 學徒義勇軍』, p.65.

만, 이르면 1950년 말쯤 제대한 이들도 있고, 정전 후 1954년까지 군에 복무한 이들도 있으며 전쟁 중 포로가 되어 정전 이후에 석방된 이들도 있었다.

제대한 후 다시 자원해서 참전한 재일동포 의용병들도 있었다. 1950년 10월 이후 중국인민지원군의 진격이 이어져 서울이 다시 점령될 위기에 처하자 부평 병참기지는 폐쇄되었다. 한국군에 이적하지 않아 부평 병참기지에 남아 있던 의용병들은 어떤 상황인지 모른 채 12월 17일 인천항에서 미군 수송함을 타고 일본 모지(門司)항에 도착했다. 그 후 그들은 고쿠라의 미군 제24사단 보충대로 이동한 다음 제대를 통보받았다.[65] 그럼에도 그들은 조국을 위해 헌신하기로 결심하고 참전한 이상 전쟁이 끝나지도 않았는데 귀가할 수 없다며 한국군으로의 편입을 호소했다. 하지만 미군 제24사단 보충대는 그런 권한을 갖고 있지 않다는 이유로 거절했다. 그렇다면 참전에 대한 보수를 받아야 한다며 보수 지불을 요구했으나 이것 또한 해당 지시가 없다며 거절했다.[66]

그들은 문제 해결을 위해 즉시 기차편으로 도쿄의 민단 중앙본부와 주일대표부를 방문했다.[67] 당시 주일대표부 서기관이었던 강노향(姜鷺鄕)이 남긴 기록에 따르면 1951년 1월 중순쯤 항의하려고 주일대표부 건물 앞에 모인 참전 의용병은 100명 정도였다고 한다. 주일대표부에서는 최문경(崔文卿) 영사부장이 나서서 그들과 면담을 가졌다. 이후 김용주 수석공사가 함께 의용병 대표 4명과 대면하기도 했다. 당시

65) 재일학도의용군동지회, 『在日同胞 6.25戰爭 參戰史』, p.218.
66) 金贊汀, 『在日義勇兵帰還せず: 朝鮮戦争秘史』, pp.107~108.
67) 육군본부, 『한국전쟁시 學徒義勇軍』, p.174.

주일대표부는 보수문제가 자신들의 책임이 아니라고 변명하였는데, 애초부터 주일대표부에게 그런 재정적 여력 또한 없었다. 결국 주일대표부는 각자의 거주지까지 교통비로 의용병 1인당 1만 엔을 지불하면서 당장의 사태를 수습했다.[68]

김용주 수석공사는 그 후 늦게나마 GHQ/SCAP을 방문해 의용병 보수문제에 대해 따져봤다고 한다. 의용병 모집 요청 당시 GHQ/SCAP 참모 제2부 윌로비 부장이 보수는 차후 한국 정부와 협의할 것을 약속했기 때문이다. 하지만 GHQ/SCAP 측도 전혀 대비한 바가 없었다. 인사 관련을 담당하는 참모 제1부 담당자는 "심히 난처한 표정으로" 그래도 대책을 찾아보겠다고 약속했다. 그는 실제로 그 후 한국으로 날아가서 장면 국무총리와 직접 면담하여 한국 정부로부터 "선처하겠다"는 답을 받아냈다.

한국 정부의 "선처" 약속을 전해들은 김용주는 본국으로 가서 장면을 만났다. 그런데 결국 장면도 미국 앞에서 체면만 생각하여 "선처"를 약속했을 뿐 사실 아무 대책도 고려하고 있지 않았고, 그럴 생각도 없는 것을 확인하게 되었다고 한다.[69] 이와 같은 강노향의 기록이 모두 사실이라면 GHQ/SCAP은 애초부터 약속을 지킬 생각이 없었고, 한국 정부도 진지하게 이 문제를 해결할 자세가 없었다고 볼 수 있다. 또한 주일대표부는 GHQ/SCAP과의 약속을 서류로 남기거나 확실하게 이행시킬 철저함이 부족했다. 학업을 중단하고 참전한 의용병들에게 일본에 돌아간 후 복학을 지원한다는 약속도 지켜지지 않았다.[70] 그런 점에

68) 강노향, 『논·픽션 駐日代表部』, pp.156~166.

69) 강노향, 위의 책, pp.168~189.

70) 한편, 정부 문교부는 1954년 미귀환 의용병의 일본 귀환이 불가능해지자 국내 대학 편입 희망자 25명이 서울대, 연희대, 고려대, 동국대에서 취학할 수 있도록 특별조치를

서 주일대표부 역시 의용병을 모집한 주체 단체로서 책임질 생각이 있었는지 의심스럽다.

한편, 1951년 1월 4일 한국 정부는 다시 서울을 포기하고 수원 및 원주 선까지 후퇴하게 되었다. 부평에서 일본으로 송환되어 제대하게 되면서 제대로 된 대우를 받지 못한 재일동포 의용병들은 그런 본국의 정세를 알고 다시 참전하겠다는 의사를 민단 중앙본부와 주일대표부에 호소했다. 부평 병참기지에서 경비와 군사물자 운반 등 후방지원만 담당하여 짧은 기간에 제대했던 이들 중 특히 젊은 독신자들이 조국의 위기 상황에 다시 자원하게 된 것이다.[71)]

최종적으로 재지원자는 58명으로 당시 귀환 의용병 중 절반 정도가 다시 참전한 것이다. 민단과 주일대표부의 협의를 거쳐 한국군이 그들의 참전 준비를 진행했다. 58명의 의용병은 국제연합군이 아니라 한국군에 입대해 한국 정부가 준비한 한국해운공사의 화물선을 타고 2월 13일 요코하마항을 출발, 2월 23일 부산에 도착했다. 그들은 부산 범일동에 있던 육군 제2훈련소에 입소했고, 제2훈련소가 나중에 육군하사관학교로 바뀌면서 하사관교육을 받은 이후 각지의 최전선 부대로 보내졌다.[72)]

재일동포 의용병을 둘러싼 최대의 비극은 그 후의 귀환 문제였다. 재일동포 의용병의 일본 출국은 당초 국제연합군의 관리하에서 미군 주도로 진행되었다. 군 부대가 일본에 돌아갈 때도 국제연합군 소속으로 일본에 귀환할 경우, 즉 일본에 재입국하게 될 경우 사실상 일본

취했다. 『동아일보』, 1954년 4월 21일; 『경향신문』, 1954년 10월 31일.

71) 육군본부, 『한국전쟁시 學徒義勇軍』, p.174.

72) 재일학도의용군동지회, 『在日同胞 6.25戰爭 參戰史』, pp.218~220; 金贊汀, 『在日義勇兵帰還せず: 朝鮮戦争秘史』, p.115.

정부가 그것에 관여할 일이 일절 없었다. 그런데 1952년 4월 28일 샌프란시스코 대일 강화조약이 발효됨에 따라 일본이 주권을 회복하면서 출입국관리도 당연히 일본 정부의 권한이 되었다. 당시 한일 간에는 국교가 없었기 때문에 일본에 입국하기 위한 심사 및 사증 발급을 담당하는 기관 또한 한국에 존재하지 않아 한국에서 일본으로 건너가는 길이 막힌 것이다.

일본이 주권을 회복하기 이전에도 재일동포 의용병의 재입국이 문제가 된 적이 있었다. 하지만 당시 일본 출입국에 대한 권한은 간접적으로 GHQ/SCAP에게 있었기 때문에 일본 정부는 외국인등록증명서의 제시만 요구했고, 분실했을 경우도 재발급 조치로 대응했다. 재일동포 의용병의 일본 출국은 국제연합군의 관리하에서 이루어진 일이었기 때문에 주일대표부는 물론 GHQ/SCAP도 일본 정부에 사전에 설명할 생각조차 없었고, 그것은 전혀 문제되지 않았던 것이다. 어떤 조사 결과에 따르면 1950년 12월 18일 165명, 1951년 9월 12일 부상병 47명, 10월 1일 부상병 56명이 일본에 귀환했는데, 이외에 일본으로 밀입국하여 차후 GHQ/SCAP에 탄원해 일본 체류가 허가된 의용병들도 있었다고 한다.[73)]

한편, 한국군에 배속되거나 편입된 재일동포 의용병의 경우 원래 일본으로 귀환할 부대가 아니기 때문에 당연히 한국에서 제대하게 되었다. 그러나 의용병 대부분의 한국어 실력이 부족해 국내에서 제대 후 의사소통의 문제가 컸고, 한국에 연고가 없는 경우 일본에 돌아갈 길을 찾기 이전에 생활 자체에 큰 어려움을 겪었다.

그런 재일동포를 위해 당시 임시수도 부산에 내려와 있던 한국 정부

73) 森田芳夫, 『在日朝鮮人処遇の推移と現状』, p.136.

는 초량동의 소림사(小林寺) 법당을 숙소로 제공했다. 소림사는 당시 일본 인양을 기다리던 재한 일본인의 숙소로 이용되었던 곳이다. 재일동포에 대한 이러한 한국 정부의 조치를 두고 비판적 목소리도 있다. 식민지배를 위해 한국에 와서 일본의 패전 이후 귀국을 기다리던 일본인 인양자와 조국을 위해 전쟁터로 나섰다가 임무를 마치고 귀환을 기다리는 의용병을 같은 공간에 둔다는 한국 정부의 발상이 무신경했다는 지적이다.[74)]

그래도 국내에 연고가 없고, 일본에 돌아갈 길도 막힌 상황에서 제대 의용병 재일동포들에게 소림사는 의지할 곳이 되었다. 1951년 3월 당시 처음 소림사에 들어간 의용병 재일동포는 10명 정도였으나, 각지에서 제대 후 갈 곳이 없던 이들이 소문을 듣고 모이면서 이후 100명이 넘는 제대 의용병들이 소림사에서 살게 되었다. 그들은 1951년 4월 무렵 당장의 생활과 일본 귀환을 목적으로 한국 정부와 교섭하기 위해 '재일한교학도의용대'라는 단체를 결성했고, 소림사에 '재일한교학도의용대 귀환대기소'라는 간판을 내걸었다. 그리고 예전에 건청 활동가였던 이봉남(李奉男)이 초대 대장을 맡았다.

재일한교학도의용대는 이봉남을 중심으로 한국 정부 당국과 교섭했다. 의용병들은 일본 전국 각지에서 모였기 때문에 서로 누군지도 잘 모르고, 소림사에서 처음 본 사이도 많았다. 이봉남은 "당국과 교섭한다 해도 개별적으로 진정(陳情)해도 상대해주지 않기 때문에 단체를 결성함으로써 문제해결에 나설 필요가 있었다"고 회고한다. 학도의용대는 첫 번째 교섭 성과로 소림사 별원(別院)을 의용병 전용 공간으로 차용하는 것에 성공했고, 정부 보건사회부와 교섭한 결과 약간의 식량

74) 金賛汀, 『在日義勇兵帰還せず: 朝鮮戦争秘史』, p.145.

과 담배, 그리고 담요 등을 지급받을 수 있었다.[75)]

5. 귀환 문제와 이승만 정부

1) 주일대표부와 본국의 인식

재일동포 의용병의 귀환 문제는 이승만 정부의 재일동포 정책 중 '기민'이라고 비판받기 쉬운 대표적인 사례가 되었다. 하지만 이승만 정부가 이 문제에 대해서 아무것도 하지 않고 외면만 한 것은 아니다. 주일대표부는 1951년 4월쯤 미귀환 의용병의 존재를 알았고, 김용주 수석공사는 최문경 영사부장에게 한국에 잠시 귀국할 때 실태조사를 하고 올 것을 지시했다. 최문경은 본국 정부 외교부가 GHQ/SCAP과 직접 교섭하는 것이 효과적이라고 판단하여 이승만 대통령을 만나 해결에 나서줄 것을 요청할 생각이었다. 그는 경무대 비서관 임철호(任哲鎬)의 주선으로 이승만 대통령과 면회할 기회를 가졌다.

그런데 그 자리에서 이승만은 의용병 미귀환 문제에 관심을 보이지 않았다. 최문경이 미리 작성해 지참한 서면보고를 보고도 별다른 논의나 지시, 견해도 제시하지 않았다. 그래도 포기할 수 없었던 최문경은 바로 국방부를 방문해서 부재중이던 장관 대신 장경근(張璟根) 차관을 만나 의용병들이 처한 어려움을 호소했다. 하지만 장경근은 의용병과 관련된 사무는 미군 당국의 문제이고 국방부가 책임 있는 발언을 하는 것이 어렵다고만 답했다. 결국 최문경은 국방부가 가지고 있던 미귀환

75) 재일학도의용군동지회, 『在日同胞 6.25戰爭 參戰史』, pp.330~332.

의용병 명단만 가지고 주일대표부로 돌아가게 되었다고 한다.[76)]

그런데 몇 가지 정부 문서를 확인해보면, 이승만은 이 문제에 대해서 전혀 관심이 없었다기보다 그 상황이 난처했던 것이 아닐까 짐작할 수 있다. 1951년 3월 27일, 경상남도지사 관저에서 열린 국무회의에서 이승만 대통령의 유시사항으로 다음과 같은 보고가 있었다.

> "재일동포 중에서 UN군에 편입된 출정자(出征者)의 해대(解隊)로 인한 귀환문제와 봉급문제 운운이 유하니 외무부에서 부책(負責)하고 주일 공사에게 자세한 것을 조사하여 보고케 하라."[77)]

이승만은 주일대표부 최문경과 면담하기 전에 이미 재일동포 귀환문제에 대해서 충분히 인지하고 있었던 것이다. 뿐만 아니라 재일동포 의용병의 참전 보수문제도 충분히 인지하여 일정의 조치를 취하려고 했다. 정부가 거처를 부산까지 옮기고 대통령 임시관저에서 열린 5월 11일 국무회의에서 1951년도의 "국방부 소관 재일동포 학도의용군 귀환 여비를 예비비에서 지출의 건"으로 "재일동포 학도의용군 1인당 10만 환(圜)씩 지불키로" 하는 의결이 있었던 것이다.[78)]

의용병의 귀환 문제는 비슷한 시기 국회에서도 논의되었다. 1951년 3월 27일 열린 정기회의에서 김정식 의원이 문제제기를 했는데, 그는 인천상륙작전에 참전한 후 부산 소림사에 머물던 제1진 재일동포 의용

---

76) 강노향, 『논·픽션 駐日代表部』, pp.184~185; 金賛汀, 『在日義勇兵帰還せず: 朝鮮戦争秘史』, p.149.

77) 총무처, 「단기 4284년 3월 27일, 제42회 국무회의록」, 『국무회의록(제1회~129회)』, 1951년 3월 28일.

78) 총무처, 「단기 4284년 5월 11일, 제59회 국무회의록」, 『국무회의록(제1회~129회)』, 1951년 5월 12일.

병을 만나면서 그들이 겪고 있는 어려움을 알게 됐다. 김정식 의원은 125명의 재일동포 참전병이 70여 명의 유골함을 가지고 소림사에 있다고 보고하면서 "사회부에서 하루 주식 쌀 3홉과 부식대 50원을 받고 근근이 연명하고 있는 현실"을 방치하면 안 된다고 호소하고 다음과 같이 설명했다.

> "그러면 여기에 온 자원병들은 대다수가 어떠한 질(質)인가? 주로 대학이나 전문학교에 있는 학생들을 기간(基幹)으로 해 가지고, 여러분이 잘 아시는 바와 같이 일본에는 재일조선인연맹[79]이라는 것이 이것이 전체 재류동포(在留同胞)를 장악하고 있는 현실입니다. 이러한 중에 있어서 그들과 용감히 싸우고 우리 대한민국을 지지하고 우리 대통령을 지지하는 이 청년들이, 이 학생들이 자발적으로 모국 전선에 나온 것입니다. 그런데 지금에 와서 그 사람들한테 대략 감상을 물어보았습니다만 대한민국 정부를 주저(呪詛)하고 심지어 이러한 인신공격을 해서 안 되었습니다만 주일대표부에 있는 모 고관을 정치가라고 인정을 안 하고 일본인들과 결탁을 해서 장사하고 돌아다닌다는 대단히 미안한 말 같습니다만 이러한 공격을 했습니다."[80]

이와 같이 주일대표부 김용주 수석공사에 대한 재일동포들 사이의 혹평을 소개하면서 김정식 의원은 "과거에 가졌든 나라를 사랑하고 대한민국 정부를 어떻게 해서든지 받들어 보겠다고 투쟁한 이 청년들에 이와 같은 정신적 고통을 주고 한 책임이 어디에 있는가"를 규명할

79) 재일조선인연맹, 즉 조련은 1949년에 이미 강제적으로 해산되어 당시 존재하지 않았으므로 조련 출신 좌익 재일동포들을 가리켜 발언하고 있는 것으로 해석된다.

80) 국회사무처, 「국회임시회의속기록 제10회-제52호, 단기 4284년 3월 27일」, 1951년 3월 27일, p.8.

것을 제안했다.[81]

김정식 의원의 발언에서도 언급되었듯, 당시 소림사에 머물고 있는 재일동포에게 정부 차원에서 그나마 "하루 주식 쌀 3홉과 부식대 50원"이라는 지원이 있었고, 유골함을 위해 사회부가 지원한 사실도 있었다. 또한 김정식 의원의 발언과 관련해 당시 사회부 장관 허정(許政)은 정확하지는 않더라도 GHQ/SCAP과의 관계에서 신분확인의 어려움으로 재일동포 의용병들의 귀환이 이루어지지 못하고 있다는 정도로는 충분히 인지하고 있었다. 또한 허정 장관은 다음과 같이 발언하여 한국 정부 입장에서 이 문제에 대처하려는 모습을 보였다.

> "앞으로도 더 우리 외무부라든지 또 국방부라든지에서 제8군에 교섭해서 먼저 그 사람들의 성격을 규명해야 됩니다. 그래서 거기에 대해서 적절한 대책을 실시하도록 힘쓰겠습니다."[82]

이승만 정부는 실제로도 이 문제의 해결책을 모색한 것으로 보인다. 재일학도의용군동지회의 기록에 따르면 국방부 김일환(金一換) 차관이 소림사를 방문하여 일본 귀환이 실현되도록 노력할 것을 약속했고, 미군과의 협의에 시간이 걸릴지 모른다고 이해를 구하면서 미귀환 의용병들을 위로했다고 한다. 국방부는 그 후 미군 관계 당국과 협의를 가졌고, 의용병의 일본 귀환에 대해 합의를 보았다. 이에 따라 소림사가 아닌 국내 곳곳에 흩어져 살고 있던 의용병에게 귀환의 희소식을 전하고자 소림사의 재일한교학도의용대 귀환대기소에서는 "일본으로

81) 국회사무처, 위의 글, pp.8~9.
82) 국회사무처, 위의 글, pp.9~10.

귀환 문제가 해결되었으니 이 글을 보는 재일학도의용군들은 즉시 부산 소림사로 집결할 것. 기한은 단기 4284(1951년) 4월 15일까지"라는 내용의 신문광고를 내기도 했다.[83]

2) 귀환 문제의 결말

1952년 4월 28일 샌프란시스코 강화조약 발효 이후 재일동포 의용병들의 일본 귀환은 불가능해졌다. 하지만 그 이전에도 일본 정부가 직접 일본 재입국자의 신분확인을 모두 끝내야 귀환이 가능했는데, 그 절차를 철저히 지시한 것은 GHQ/SCAP이었다. 샌프란시스코 강화조약 체결을 앞둔 시기, GHQ/SCAP은 일본의 주권회복을 앞두고 출입국관리 권한을 서서히 일본 정부에게 이관하는 단계에 들어갔다.[84] GHQ/SCAP은 일본 정부의 식민주의를 온존한 출입국관리제도 구축을 감시 및 억제하면서도 당시 한반도에서의 전쟁과 동아시아 냉전 속에서 일본을 반공의 보루로 만드는 것이 더 시급해졌다. 그래서 GHQ/SCAP은 일본 정부가 일본에 입국하는 이들에 대한 엄격한 검증을 실시하게 한 것이다.

일본에서는 1946년 4월 이후 식민지 출신자, 즉 조선인과 타이완인의 입국 또는 재입국이 금지되었고, 1947년 5월 외국인등록령이 공포되면서 일본에 체류하는 외국인은 철저한 관리의 대상이 되었다. 하지만 36년에 걸친 일본 식민지배로 한반도와 일본을 하나의 생활권으로

83) 재일학도의용군동지회, 『在日同胞 6.25戰爭 參戰史』, p.326.

84) 大沼保昭, 『単一民族社会の神話を超えて: 在日韓国人·朝鮮人と出入国管理体制』, 東信堂, 1986, p.69.

삼은 재일동포들 중에는 그 후에도 한국에서 일본으로 건너간 이들이 적지 않았다. 그렇게 일본에 다시 간 이들은 밀입국이라는 사실이 발각되면 한국에 강제송환되기 때문에 일본어로 말하고 일본인과 똑같이 생활하면서 일부러 외국인등록을 하지 않은 경우도 있었다고 한다. 그중에는 1948년 제주4.3을 계기로 일본에 피신한 이들처럼 실질적 망명자도 포함되어 있었다.

이와 같은 상황에서 GHQ/SCAP은 한국에서 일본으로 건너갈 공산주의자를 경계한 것이다. 1951년 4월 19일부로 GHQ/SCAP이 재일동포 의용병 중 밀항으로 일본에 돌아가려다 적발되어 오무라(大村)수용소[85]에 구속된 이들 6명에 대한 일본 거주 기록 확인을 지시한 사례가 있었다. 그때 일본 정부의 조사 결과, 6명 중 5명은 공식기록이 확인되어 재입국이 허가되었지만 1명에 대해서 GHQ/SCAP은 기록이 확인될 때까지 오무라수용소에 계속 수용할 것을 지시했다.[86]

그런데 근본적인 문제는 재일동포 참전 의용병에게 일본 재입국을 위한 허가증을 발급할 공식 절차가 없었던 것은 물론, 정식으로 일본을 출국한 기록마저 없었다는 것이다. 일부 의용병은 제대 후 다시 자원해서 한국군으로 출국한 경우가 있었으나, 그들을 포함해서 애초부터 재일동포 의용병들은 국제연합군의 관리하에서 일본을 출국했다. 그것이 바로 군사기밀에 해당되는 일이었기 때문에 일본 정부는 그들이 왜 한국에 있는지, 어떻게 출국했는지 그 경위를 알 수 없었던 것이다.

GHQ/SCAP은 한국에 남아 있는 재일동포 의용병의 일본 재입국과

85) 오무라수용소는 나가사키현 오무라시에 소재한 시설로 밀입국을 포함한 불법 행위자의 한국 송환 대기 장소였다. 현재의 '오무라 입국관리센터'이다.

86) 笹本征男, 「韓国義勇軍人の再入国と日本人死傷者などについて: 外務省外交記録から」, 大沼久夫 편, 『朝鮮戦争と日本』, 新幹社, 2006, pp.266~268.

관련해서도 일본 정부에게 신분확인을 요구했고, 일본 거주 기록을 기준으로 재입국 허가와 불허가 정해졌다. 사사모토(笹本)의 연구에서는 일본 정부의 신분확인 절차에 따라 재입국이 불허된 재일동포의 사례가 소개되고 있다. GHQ/SCAP의 "한국의용군인"이라는 7월 10일부 문서에는 일본 정부가 의용병의 등록심사를 완료했고, 주일대표부가 제출한 126명의 한국 체류 미귀환 의용병의 이름이 확인됨에 따라 78명의 일본 재입국이 허가되었으며, 불법입국 또는 현행 일본 법률을 준수하지 않았다는 이유로 48명의 재입국이 불허되었다는 내용이 포함되어 있다.[87]

작가 김찬정의 조사에 따르면 주일대표부가 일본 정부로부터 받은 7월 13일부 결과로는 재일동포 의용병 미귀환자 126명 중 51명이 외국인등록이 없어서 일본 재입국이 허가되지 않았다는 것이다.[88] 이에 대해 주일대표부는 민단과 협력하여 해결책을 모색했다. 민단은 각 지방본부에 7월 30일부로 통지를 보내 귀환 촉진을 위해 의용병들의 외국인등록 유무를 확인할 것을 요청했다.[89] 본래 식민주의적 관리체제로 성립된 일본의 외국인등록제도가 재일동포의 권리를 보장해주는 근거가 되었다는 점이 아이러니하다.

전쟁으로 인해 재일동포의 일본 밀입국이 급증하자 GHQ/SCAP이 반공정책의 일환으로 경계하고, 일본 정부에게 엄격한 출입국관리를 요청한 것이 재일동포 의용병의 일본 귀환을 어렵게 한 요인 중 하나였

87) 笹本征男, 위의 글, pp.269~270.

88) 7월 13일까지 주일대표부에 정보가 전달되는 과정에서 어떤 경위인지 불분명하지만 재입국 불허로 분류된 이들은 GHQ/SCAP이 7월 10일 시점으로 파악한 인원보다 3명이 늘어나 51명이 되었다.

89) 金賛汀, 『在日義勇兵帰還せず: 朝鮮戦争秘史』, pp.179~180.

으나, 이승만 정부 역시 재일동포를 경계했던 것으로 확인된다. 1951년 6월 19일 국무회의에서는 다음과 같은 이승만 대통령의 유시사항이 보고되었다.

> "재일한국인 지원병 약 200명이 UN군에서 제대되었다니 이들은 국방부에서 인계하여 정신훈련을 실시할 따로히 일단을 구성 조직함이 좋겠다."[90)]

이 유시사항이 실제로 어떻게 실천됐는지 불분명하지만 조국을 위해 의용병으로 참전한 재일동포에 대해서조차 이승만이 경계하는 모습을 역력하게 드러낸 사례로 볼 수 있다. 재일동포 사회는 조국의 전쟁 위기에 의용병으로 참전한 것뿐만 아니라 민단에서 비상대책위원회를 구성하여 본국 지원에 나서며 1950년 10월까지 국방 헌금 932,712엔과 위문대(慰問袋) 2,825개를 모아 전선과 본국 피난민 앞으로 보냈다.[91)] 이렇듯 의용병으로 참전한 젊은 재일동포들의 '애국심', 재일동포 사회의 조국에 대한 마음과 이승만의 인식 사이에는 큰 괴리가 존재했다.

재일동포 의용병의 일본 귀환 문제를 놓고 이승만 정부가 아무것도 하지 않은 것이 아니고, 국민통합의 대상이던 재일동포를 외면한 것도 아니지만, 그들의 참전을 환영한 것으로도 보이지 않는다. 오히려 그들의 모집 단계부터 공산주의 세력이 주류를 이루고 있는 재일동포 사회에 대한 경계심이 컸기 때문에 참전 의용병조차 불신한 것으로 보인다.

90) 국무총리비서실, 「단기 4284년 6월 19일, 제71회 국무회의록」, 『국무회의록보고철(제1회~101회)』, 1951년 6월 20일.

91) 민단30년사편찬위원회, 『民團30年史』, 在日本大韓民国居留民團, 1977, p.64.

결국 이승만의 이러한 인식이 주권회복을 맞이한 일본 정부와 직접 교섭하는 과정에서도 의용병의 일본 귀환 문제를 우선적으로 해결하지 못한 요인으로 작동했을 가능성을 지적할 수 있다.

1952년 1월 18일 이승만 정부는 '평화선'을 선언하며 대일 강경자세를 취하기 시작했다. 일본의 주권회복을 앞두고 대일 강경자세를 보이면서 재일동포 의용병 귀환 문제의 해결은 더욱 어려워질 수밖에 없었다. 또한 평화선 선언과 함께 재일동포 공산주의자의 강제송환을 요구했던 이승만 정부는 일본 정부 주도의 재일동포 본국 송환을 거부하기 시작했다. 각각 부산수용소와 오무라수용소에 상대국 국민을 두면서 '인질외교'로 불리는 갈등 관계가 한일 간에 형성되기 시작하며 모든 의제에 대해 교섭 자체가 어려운 상황이 되었다.[92)]

결국 일본 재입국 허가를 받은 재일동포 의용병은 1951년 10월 2일부터 네 차례에 걸쳐 일본으로 '귀국'하게 되었다. 그리고 일본이 주권을 회복하고 GHQ/SCAP의 중개도 불가능해지면서 재일동포 의용병의 공식 귀환이 종료되었고, 이제 한국에서 국교가 없는 일본으로의 입국은 불가능하게 되었다. 1952년 2월 대한해운공사의 '원주호(原州號)'를 타고 일본으로 돌아간 26명이 마지막 귀환자가 되었다. 결국 재일동포 의용병 642명 중 일본에 귀환한 자가 265명, 전사자가 52명, 전쟁터에서 실종된 자가 83명, 한국 잔류자가 242명으로 집계되었다. 실종자 83명은 이후 1992년 11월 19일 한국 육군본부에 의해서 전사자로 확정되어 최종적으로 전사자는 135명이 되었다.[93)]

92) 金東祚, 『韓日の和解: 日韓交渉14年の記録』, pp.39~40.

93) 재일학도의용군동지회, 『在日同胞 6.25戰爭 參戰史』, p.327, 451, 金贊汀, 『在日義勇兵帰還せず: 朝鮮戦争秘史』, pp.201~202, 朴炳憲, 『私が歩んだ道』, p.99.

6. 맺음말

6.25전쟁에 참전한 재일동포 의용병을 둘러싼 문제는 당시 국제정세를 고려하지 않는다면 충분한 해석이 어렵다. 세계적인 냉전 격화에 따른 동아시아의 냉전구조는 한반도에서 전쟁을 일으켰고, 이에 따른 자유주의 진영의 반공정책 강화가 일본의 주권회복을 재촉했다. 동시에 식민지배 청산을 외면한 채 성립된 샌프란시스코 강화체제는 이후 한일관계를 규정했다. 재일동포는 그런 국제정세의 영향을 고스란히 받은 존재였던 것이다.

동아시아 냉전이 부른 6.25전쟁은 우파 재일동포에게 조국 상실의 위기감을 다시 불러일으켜 의용병으로 참전하게 만들었다. 한편 냉전구조 아래서 공산주의 세력에 대한 경계심을 높였던 이승만은 당초 GHQ/SCAP의 뜻에 따라 그들의 참전을 거부했다. 남북 체제 경쟁의 가운데서 이승만 정부는 재일동포를 국민통합의 대상으로 삼으면서도 이들의 참전에는 적극적인 태도를 보이지 않은 것이다.

이후 재일동포 의용병의 참전이 결정되었지만, 그것은 병력 부족을 보완해달라는 국제연합군의 요청에 따른 것일 뿐, 이승만 정부는 자국민 보호의 대상이어야 할 재일동포의 참전에 어떠한 주체적인 시책도 행하지 못했다. 주일대표부는 민단과 함께 의용병 모집에 직접 관여해 주도적 역할을 했다고 할 수 있지만, 정부 행정기관으로서의 책임 있는 역할은 충분히 다하지 못했다. 동포를 위해 존재했던 민단 또한 의용병 참전에 있어 주체적이고 책임 있는 태도를 취하지 못했다. 그리고 GHQ/SCAP도 전쟁 수행을 위한 인원 확보와 일본 내 치안 유지에만 관심을 보였을 뿐, 식민지에 기원하는 재일동포의 특수한 역사성을 고려하지 않았다.

남북 분단의 혼란과 전쟁을 피해 원래 연고가 있던 일본으로 다시 가려는 밀입국 재일동포가 늘어나는 가운데, 재일동포 의용병의 일본 재입국 문제에 대해서 GHQ/SCAP은 일본 정부에게 엄격한 관리체제를 요구했다. 일본 정부는 패전했음에도 불구하고 식민지배 책임을 인정하지 않았고, 일관되게 재일동포를 관리와 통제의 대상으로만 보았다. 1952년 샌프란시스코 대일 강화조약 발효에 따른 일본의 점령통치 종료는 재일동포 의용병을 둘러싼 문제를 더 심각하게 만들었다.

일본의 주권회복에 따라 이승만 정부는 재일동포 문제를 일본 정부와 직접 협상해야만 했다. 이전까지도 이승만 정부에게 어떤 유효한 외교수단이 있었던 것은 아니지만, GHQ/SCAP을 통해서 가능했던 다소의 외교적 흥정조차 어렵게 된 것이다. 이승만 정부는 대일 강경자세를 취해 국면을 타개하려고 했으나 한일 간 갈등은 심해져 의용병 귀환 문제뿐만 아니라 한일 교섭 자체가 어려운 상황이 되고 말았다. 그 결과 재일동포 의용병의 일본 재입국 문제는 해결은커녕 개별적인 교섭조차 제대로 이뤄지지 못했다.

6.25전쟁 정전에 따라 한국 정부가 부산에서 서울로 돌아갈 때 소림사에 있던 재일한교학도의용대 본부도 서울로 옮겨가 서울지부를 흡수통합하면서 '재일한교학도의용군'으로 개칭되었고, 좀 더 조직화되었다.[94] 동시에 회원들은 사실상 일본 귀환을 포기하고 한국에 정착하지 않을 수 없는 상황이 되었다. 일본에 돌아가지 못하게 된 재일동포 의용병 출신자들은 이후 한국에서 어렵게 생활할 수밖에 없었다. 전시 실종자가 전사자로 인정받게 된 것이 정전 후 40년이나 된 1992년의 일이었다는 것만 보아도 한국 정부의 인식 부족을 확인할 수 있다.

94) 재일학도의용군동지회, 『在日同胞 6.25戰爭 參戰史』, p.333.

일본과의 국교정상화 과정에서 그들의 귀환 문제를 우선적으로 해결하지 못한 것과 함께 한국 정부가 비판을 피할 수 없는 부분이다.

하지만 이승만 정부가 재일동포 귀환 문제에 대해서 아무것도 하지 않았다는 평가는 정확하지 않다. 실제로 효과적인 시책을 펼치기에는 이승만 정부에게 현실적으로 한계가 있었지만, 이승만 정부가 재일동포 의용병의 귀환 문제를 해결하려고 모색한 모습은 이 글을 통해서 확인할 수 있었다. 다만, 이승만 정부가 시도한 재일동포를 위한 시책들이 충분히 이행되지 않았던 것 또한 사실이다. 이승만이 보인 재일동포에 대한 무신경한 태도와 그들을 공산주의자와 동일시하는 것과 같은 경계심은 재일동포 사회의 '애국심'과 큰 괴리가 있었다는 것 역시 확인되었다.

결국 동아시아 냉전이라는 환경이 일본의 식민주의를 온존하여 GHQ/SCAP의 무책임한 대응을 허용하고 말았고, 동시에 그런 배경이 영향을 주었다고 하더라도 재일동포 의용병 모집과 출정에 직접 관여한 주일대표부, 그들의 대변인이어야 했던 민단, 그리고 무엇보다 자국민 보호의 책임을 가진 본국 정부 모두가 충분한 책임을 다하지 못했다는 점은 지적될 수밖에 없는 사실(史實)이다.

이 글은 고려대학교 아세아문제연구소의 『아세아연구』 제63집에 실린 논문 「6.25전쟁과 재일동포 참전 의용병: 이승만 정부의 인식과 대응을 중심으로」를 수정·보완한 것임.

참고문헌

강노향, 『논·픽션 駐日代表部』, 東亞PR硏究所出版部, 1966.

국방군사연구소, 『韓國戰爭支援史: 人事·軍需·民事支援』, 國防軍史硏究所, 1997.

국방부 군사편찬연구소, 『6.25전쟁 학도의용군』, 국방부군사편찬연구소, 2012.

김명섭, 「한국전쟁이 냉전체제의 구성에 미친 영향」, 『국제정치논총』 43, 한국국제정치학회, 2003.

김용주, 『風雪時代 八十年: 나의 回顧錄』, 新紀元社, 1984.

김현수, 「한일회담에 있어 한국 정부의 재일조선인 인식」, 『한일민족문제연구』 19, 한일민족문제학회, 2010.

남상선·김만규, 『6.25와 學徒兵: 3사단학도의용군편』, 혜선문화사, 1974.

리, 프란체스카 도너, 조혜자 옮김, 『6.25와 이승만: 프란체스카의 난중일기』, 기파랑, 2010.

민단30년사편찬위원회, 『民團30年史』, 在日本大韓民国居留民團, 1977.

박갑룡·양명호, 「호남지역 학도의용군 활약에 관한 연구」, 『인문사회21』 9(2), 아시아문화학술원, 2018.

서울신문 특별취재팀, 『韓國 外交秘錄』, 서울신문사, 1984.

손경호, 「6.25전쟁기 인천지구 학도의용군의 조직과 활동」, 『軍史』 87, 국방부군사편찬연구소, 2013.

육군본부, 『한국전쟁시 學徒義勇軍』, 육군본부, 1994.

이내주, 「재일학도의용군의 참전과 활동」, 『나라사랑 국가수호정신』, 국가보훈처, 2005.

임영언·허성태, 「한국전쟁 당시 학도의용군 활약과 국가보훈 선양사업 연구」, 『한국보훈논총』 17, 한국보훈학회, 2018.

재일학도의용군동지회, 『在日同胞 6.25戰爭 參戰史』, 在日學徒義勇軍同志會, 2002.

중앙일보사 편, 『民族의 證言: 韓國戰爭 實錄』 2, 乙酉文化社, 1972.

최찬동, 「국군 작전지휘권 이양의 법적 문제점」, 『비교법연구』 3, 동국대학교 비교법문화연구원, 2002.

金東祚, 『韓日の和解: 日韓交渉14年の記録』, サイマル出版会, 1993.

金賛汀, 『在日義勇兵帰還せず: 朝鮮戦争秘史』, 岩波書店, 2007.

金太基, 『戦後日本政治と在日朝鮮人問題: SCAPの対在日朝鮮人政策 1945~1952年』, 勁草書房, 1997.

大沼保昭, 『単一民族社会の神話を超えて: 在日韓国人·朝鮮人と出入国管理体制』, 東信堂, 1986.

李瑜煥,『日本の中の三十八度線: 民団·朝総連の歴史と現実』, 洋々社, 1980.
文京洙,『在日朝鮮人問題の起源』, クレイン, 2007.
閔智君,『韓国政府の在日コリアン政策[1945~1960]: 包摂と排除のはざまで』, クレイン, 2019.
朴慶植 편,『在日朝鮮人関係資料集成: 戦後編』3, 不二出版, 2000.
______,『解放後在日朝鮮人運動史』, 三一書房, 1989.
朴炳憲,『私が歩んだ道』, 新幹社, 2011.
森田芳夫,『在日朝鮮人処遇の推移と現状』(法務研究報告書, 第43集 第3号), 法務研修所, 1955.
西村秀樹,『大阪で闘った朝鮮戦争: 吹田枚方事件の青春群像』, 岩波書店, 2004.
笹本征男, "韓国義勇軍人の再入国と日本人死傷者などについて: 外務省外交記録から." 大沼久夫 편,『朝鮮戦争と日本』, 新幹社, 2006.
崔徳孝,「朝鮮戦争と在日朝鮮人: 義勇軍派遣の問題を中心に」, 同時代史学会 편,『朝鮮半島と日本の同時代史: 東アジア地域共生を展望して』, 日本経済評論社, 2005.
和田春樹,『朝鮮戦争全史』, 岩波書店, 2002.

『경향신문』, 1954년 10월 31일, 3면.
『동아일보』, 1954년 4월 21일, 2면.
『韓日新報』, 1950년 7월 16일, 1~2면.
「대통령이 김용주 공사에게 보낸 전문」, 단기 4283년(1950년) 7월 16일.
국회사무처,「국회임시회의속기록 제10회-제52호, 단기 4284년 3월 27일」, 1951년 3월 27일.
대통령기록관,「前參事官 及 韓人共産黨 騷動에 關한 件」, 단기 4283년(1950년) 12월 16일.
__________,「韓人 惡質分子 送還 及 其他에 關한 件」, 단기 4283년(1950년) 12월 21일.
__________,「居留民 追放에 關한 件」, 단기 4283년(1950년) 12월 31일.
총무처,「단기 4284년 3월 27일, 제42회 국무회의록」,『국무회의록(제1회~129회)』, 1951년 3월 28일.
______,「단기 4284년 5월 11일, 제59회 국무회의록」,『국무회의록(제1회~129회)』, 1951년 5월 12일.
국무총리비서실,「단기 4284년 6월 19일, 제71회 국무회의록」,『국무회의록보고철(제1회~101회)』, 1951년 6월 20일.

전후 일본의 외국인 정책

이진원

1. 머리말

단일 민족의 신화를 갖고 있는 일본은 외국인에 대해 개방적이지도 관대하지도 않았다. 일본은 일본 이외의 지역에 대해서는 외지(外地), 일본인 이외의 민족에 대해서는 외인(外人)이라고 지칭하면서 자신들과 구분하는 폐쇄적인 생각을 갖고 있었다. 따라서 일본 민족과 다른 민족이 공존하는 것에 대한 개념이 매우 희박하였으며 이를 거부하였다. 그렇다고 일본에 일본 민족만이 일본인만의 문화를 고집하면서 생활하는 것은 불가능하였다. 서구세력의 압력으로 개국을 한 이후에는 서구인과 서구의 문화가 일본에 유입되었고 일본 제국의 침략 팽창주의가 이웃나라와 동남아시아를 식민지화하면서 일본과 식민지와의 인적 물적 교류가 진행되었다. 그렇지만 일본이 개국하였을 시기의 서구 등 외국과의 교류는 물리적으로 매우 어려웠기 때문에 극히 일부에 불과하였으며 제국주의 팽창시기의 일본은 식민지 종주국으로 피식민지의 시민과 문화에 대해 우월감을 갖고 있었기 때문에 일본의 폐쇄성은 그대로 유지할 수 있었다. 그 후 제2차 세계대전에서 패전한 일본은 제국주의 시기 피 식민지로부터 유입된 민족과 문화가 있었음에도 불구하고 민족적 문화적 폐쇄성을 고집하였다. 그렇지만 세계적인 국제화 흐름이라는 외부적 요인과 저출산 고령화라는 내부적 요인으로 일본의 외국인과 외국문화에 대한 기존의 시각을 바꾸지 않으면 안 되게 되었다.

이러한 일본의 외국인에 대한 태도의 대해 곤도 아쓰시(近藤敦)는 외국인에 대한 정책 대응과 인권보장의 주요 과제를 시계열적으로 정리하여 1945년부터 1979년의 시대는 제1기로 배제·차별 동화 정책의 시대, 1980년부터 1989년까지는 제2기로 평등·국제화정책의 시대, 1990년부터 2005년까지는 제3기로 정주·공생정책의 시대, 2006년 이후는 제4기로 다문화 공생정책 시대로 설명하고 있다.[1] 콘도의 구분은 다문화 다민족 사회에 대응하는 여러 나라의 정책에 대한 일반적인 설명을 토대로 하고 있다. 즉 한 국가 내의 인종적 소수 인을 인정하지 않고 단지 국민의 단일성을 위협하는 요인으로 소수 인종과 소수문화를 인식하여 이를 제거하거나 최소화하는 것을 정책 목표로 하는 차별(배제) 모형과 소수 문화를 주류적 문화에 흡수하고 동화하고자 소수인종, 이민자, 외국인 노동자 집단이 이주 지역의 주류 문화에 동화되는 것을 정책 목표로 하고 있는 동화모형, 그리고 동화주의가 사회 통합보다는 종족 간 민족 간 갈등의 원인이 된다고 보고 이에 대한 대안적 방안으로 소수 다문화 이주자들에 대한 문화적, 정치적 사회적 차이를 인정하고 이들에게 정당성을 부여하는 다문화주의 정책을[2] 외국인과 외국문화에 대한 정책의 기본 틀로 보고 이를 일본에 적용하여 설명한 것이다.

---

1) 近藤敦, 「外国人の権利と法的地位」(近藤敦, 『多文化共生政策へのアプローチ』, 明石書店, 2011, pp.66~67.

2) 지종화 외, 「다문화 정책 이론 확립을 위한 탐색적 연구」, 『사회복지』 36(2), 한국사회복지정책연구원, 2009.6, pp.474~475.

야마와키 게이조(山脇啓造)는 일본의 지방자치단체의 외국인 정책의 유형을 구분하면서 "1970년대 재일코리안을 대상으로 한 정책(주로 인권정책)을 시작한 자치체와, 1990년대 뉴커머를 대상으로 한 시책(주로 국제화시책)을 시작한 자치체"라고[3] 설명하여 일본의 외국인에 대한 정책을 인권형, 국제형 등으로 구분하고 있다. 야마와키는 또한 일본의 외국인 수용의 역사를 '전후 재일 외국인은 그 대부분이 구 식민지 출신자이고, 법적 지위의 안정화와 권리 획득을 위한 운동이 전개'되었으며 '80년대 이후 아시아 및 남미 국가들로부터 뉴커머 외국인 증가하고 점차 정주화가 증가'하고 있다고 설명하면서 '현재, 구 식민지 출신자와 그 자손에 대해서는 전후 보상 현실과 민족적 아이덴티티의 보장, 뉴커머에 대해서는 국가 및 지방자치체에 의한 수용태세의 정비가 큰 과제'라고 주장하고 있다.[4]

이 글에서는 이상에서 설명과는 다른 시각에서 일본의 외국인에 대한 정책을 보고자 한다. 제2차 세계대전 이후 이민 정책을 적극적으로 추진하여 다민족·다문화에 대한 정책을 시행하지 않으면 안 되는 국가들과는 달리 일본은 단일민족 신화를 유지하면서 외국인에 대한 정책을 시행하여 왔다. 따라서 국가 차원의 외국인 정책은 그다지 적극적이지 않았으며 외국인을 피부로 접촉하면서 이에 대한 정책을 시행하지 않으면 안 되었던 지방자치체차원에서 다소 적극적인 모습을 띠었다. 이러한 일본의 특징을 고려하면서 본 논문에서는 국가적 차원에서 시행한 외국인 정책은 어떠한 성격과 내용을 갖고 있는가를 살펴보고자

3) 山脇啓造, 「日本における外国政策の歴史的展開」, 近藤敦, 『多文化共生政策へのアプローチ』, 明石書店, 2011, p.32.

4) 山脇啓造·柏崎千佳子·近藤敦, 「多民族国家日本の構想」(http://www.kisc.meiji.ac.jp/~yamawaki/vision/koso.htm(검색일: 2012.5.28))

한다. 즉 이민정책을 적극적으로 추진한 국가들의 정책을 분석한 틀이 아닌 일본만의 특징을 바탕으로 그 성격을 도출하고자 하였다. 또한 지방자치단체 차원이 아닌 전 국가적 차원에서 시행한 정책은 어떠한 성격을 갖고 있는가를 정리하여 보고자 한다.

이 글에서는 전후 일본의 외국인에 대한 정책을 외문화 배제정책(外文化 排除政策)과 이문화 교류정책(異文化 交流政策), 다문화 공생정책(多文化 共生政策)으로 구분하였다. 앞에서도 설명한 바와 같이 일본은 전통적으로 자신들만의 것 이외의 것들을 전혀 다른 것이라는 의미의 요소모노(よそ者)로 구분하여 자신들과 분리하려 하였다. 패전 이후 일본의 외국인에 대한 기본적인 생각과 정책은 이러한 의식을 바탕으로 이루어졌다고 생각한다. 따라서 외(外)문화로 지칭하고자 한다. 그 후 세계적인 국제화의 흐름 속에서 일본 이외의 것들을 인정하지 않으면 안 되었고 그들과의 교류를 부정할 수 없게 되었다. 즉 일본 이외의 것을 완전하게 부정할 수 없었고 다른 것이라는 의식을 갖게 되었고 이들과의 교류를 불가피하게 생각하게 되었던 것이다. 따라서 이를 이(異)문화로 지칭하였다. 그리고 사회경제적 필요에 따라 다른 문화를 자신들과 같이 생활하지 않으면 안 되는 것을 인정하여 자신들의 사회 속에서 존재하는 다(多)문화로 생각하게 되어 이들과의 공생을 모색하게 되었다고 볼 수 있다.

2. 외문화 배제정책

1) 패전 일본 사회의 외국인

1945년 패전 이후 일본 사회의 외국인·외국문화는 구 피식민지로부터 이주하여 온 사람들과 그들의 문화였다. 1947년 인구통계에 따르면 외국인 등록자 중 구 피식민지인 한국·조선, 중국·대만 국적자가 차지하는 비율이 93.6%와 5.14%로 전체의 98.8%로 거의 대부분을 차지하고 있었으며 이러한 현상은 1980년대까지 지속되었다.[5)]

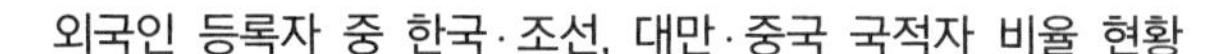

외국인 등록자 중 한국·조선, 대만·중국 국적자 비율 현황

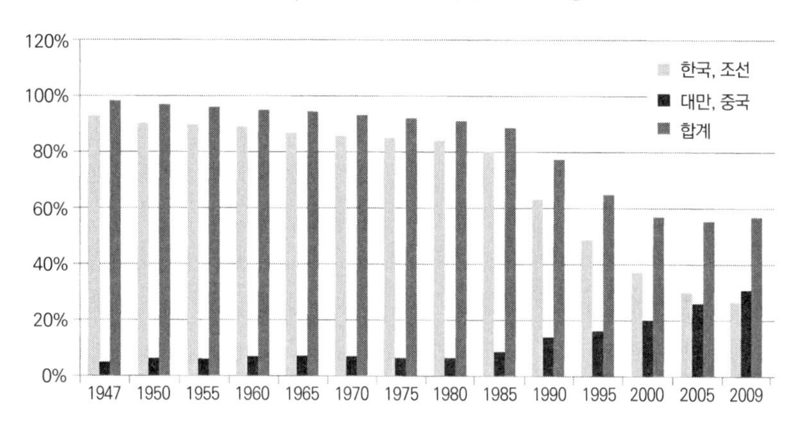

그런데 이들 대부분은 직·간접적인 강제로[6)] 피식민지로부터 일본에 이주하여 살면서 일본 사회로부터 적지 않은 차별을 받은 경험을 갖고 있으며 자신들만의 공동체를 형성하여 자신들의 고국에서의 문화를

5) 일본 통계국 통계데이터(http://www.stat.go.jp/data/chouki/02.htm(검색일: 2012. 6.3.))

6) 일본의 한반도에 대한 정책으로 '토지조사사업' '산미증산계획' 등은 당시 조선인들에게 경제적인 궁핍을 초래하게 되었고 이것이 일본에 이주하게 된 배경이 되었다. 이를 '간접적 강제 이주'라고 하고 있으며(中尾宏, 『在日韓国朝鮮人問題の基礎知識』, 明石書店, 2005, p.11.), 조선인들을 일본군대로 강제 징집을 하거나 일본의 노동력 부족을 보충하기 위한 징용으로 일본에 이주하는 경우는 직접적인 강제에 의한 이주이다.(졸고 「아이덴티티 변용의 측면에서 본 재일 코리안」(한국일본학회 『일본학보 89집』 참조)

유지하면서 일본 사회의 차별의 슬픔을 극복하고자 하였다.[7] 이에 따라 이들은 일본 사회에 대한 부정적이고 저항적인 사고를 갖고 있는 사람들이 대부분이었다. 즉 패전 당시 일본 사회 안의 외국인·외국문화는 일본 사회와 대립적인 입장을 갖고 있었으며 일본 사회도 이에 대해 매우 강한 경계심을 갖고 있었다. 일본은 먼저 구 피식민지 출신인들의 일본 국민으로서의 참정권을 제한하였다. 1945년 12월 일본 정부는 중의원 선거법을 개정하면서 부칙에 '호적법 적용을 받지 않는 자의 선거권 및 피선거권은 당분간 이를 정지한다.'라는 규정으로 일본에 호적이 없는 조선인 및 대만인의 선거권 행사를 금지하는 등의 조치를 취하여[8] 구 식민지 출신자들에 대한 경계를 표시하였다.

점령국인 미국도 이를 인식하고 있었다. 미국은 일본 점령에 앞서 다양한 점령연구를 하였는데 그중 '재일 비 일본 거류민에 대한 정책(CAVC 227)' 및 '재일외국인(R&A 1690)' 등에서 1923년 관동대지진 당시 조선인 학살 사건 등을 언급하고 일본인에 의한 폭력과 사회적 경제적 차별로부터 외국인을 보호할 필요가 있다고 지적하였다.[9] 이에 따라 1946년 2월 일본 정부에 전달된 맥아더 헌법 초안에는 제16조에 '외국인은 법의 평등한 보호를 받는다.'라고 명기하였다.[10] 그렇지만 일본 정부는 미국의 이러한 조치를 수용하지 않았을 뿐만 아니라 원래 일본 국적을 갖고 있던 구 피식민지 출신자들을 일본 국민과는 구별된 외국

7) 歴史教科書在日コリアンの歴史作成委員会編에서 편찬한『歴史教科書 在日コリアンの歴史』의 제2장 '해방 전 재일조선인의 생활'에서는 일본 사회에서의 재일조선인들의 차별에 대해 매우 상세하게 설명하고 있다.

8) 田中宏, 『在日外國人』, 岩波新書, 2010, p.63.

9) 田中宏, 위의 책, p.61.

10) 田中宏, 위의 책, p.62.

인으로 규정하여 자국인들과 철저하게 분리하는 정책을 구사하였다. 결국 일본 정부는 구 피식민지 출신을 일본 국적에서 제외함과 동시에 전술한 맥아더 헌법 초안을 교섭과정에서 삭제하였다. 법무부(현재의 법무성) 민사국장 통첩(1952년 4월 19일 민사갑 438)은 구 피식민지 출신인 조선인과 대만인에 대해 다음과 같은 조치를 취하였다.[11]

(1) 조선인 및 대만인은 [일본] 내지에 거주하는 자를 포함하여 모두 일본 국적을 상실한다.
(2) 원래 조선인 또는 대만인이었던 자도 조약 발표 전에 신분행위[혼인, 양자입양 등]으로 내지 호적을 취득한 자는 계속해서 일본 국적을 갖는다.
(3) 원래 내지인이었던 자도 조약 발효전의 신분행위에 의해 내지 호적으로부터 제외된 자는 일본 국적을 상실한다.
(4) 조선인 및 대만인이 일본 국적을 취득하기 위해서는 일반 외국인과 동일하게 귀화 수속을 밟아야 한다. 이 경우 조선인 및 대만인은 국적법에서 말하는 '일본 국민이었던 자' 및 '일본 국적을 잃은 자'에 해당하지 않는다.

즉 일본 내 호적을 갖고 있지 않은 구 피식민지 출신 인들을 철저하게 외국인으로 규정하여 일본 사회와 구분하려 하였다. 이러한 규정은 야마와키 게이조가 주장하는 일본 지방자치단체가 추진한 외국인 정책이 인권형이라는 주장과는 다소 차이가 있다. 이 시기 일본 정부가 추진한 정책은 오히려 자신들과는 전혀 다른 외(外)인으로 생각하는 경향이 강했다고 할 수 있다.

11) 田中宏, 위의 책, p.66.

2) 외국인 배제정책

일본 사회에 존재하는 구 피식민지 출신인과 그들의 문화를 확실하게 외국인·외국 문화로 규정한 일본 정부는 외국인등록령을 발표하여 외국인들에 대한 제한조치를 취하였다. 1947년 5월에 발표된 이 칙령은 외국인 등록의무, 등록증명서 휴대의무, 거주지 변경에 대한 변경등록 의무화 등을 규정하고 있으며 이를 위반할 경우 '6개월 이하의 징역 또는 금고, 천 엔 이하의 벌금 또는 구류 혹은 과료에 처한다.'라는 등의 제재 조치를 규정하고 있다. 또한 제13조와 제14조에는 외국인을 강제로 퇴거시킬 수 있는 내용도 규정하였다. 특히 제11조에는 '대만인 가운데 내무대신이 정하는 자 및 조선인은 이 칙령의 적용에 대해서는 당분간 외국인으로 간주한다.'라고 하여 구 피식민지 출신인들은 일본 국적을 갖고 있음에도 불구하고 외국인등록령에 적용한다는 규정을 명확하게 하였다.[12)]

일본 정부가 구 피식민지 출신자들, 특히 한반도 출신자들을 일본으로부터 배제해야 한다는 내용은 요시다 시게루(吉田茂)가 맥아더에게 쓴 편지에 잘 나타나 있다. 그는 조선인들이 그들의 모국인 한반도로 귀환해야 하는 이유에 대해 다음과 같이 쓰고 있다.[13)]

> (1) 현재 및 장래의 일본 식량 사정으로 보아 필요 이상의 인구를 유지하는 것은 불가능합니다. … 조선인 때문에 지고 있는 대미부채를 장래 세대에 지우게 하는 것은 불공평하다고 생각합니다.
> (2) 대다수의 조선인은 일본 경제의 부흥에 전혀 공헌하지 않습니다.

12) 外国人登録令(http://ja.wikisource.org/wiki/(검색일: 2012.6.3.))
13) 田中宏,『在日外国人』, pp.72~73.

(3) 더욱 나쁜 것은 조선이 가운데 범죄분자가 많은 비중을 차지하고 있다는 것입니다. 그들은 일본 경제 법령을 상습적으로 위반하는 자들입니다. 그들의 대부분은 공산주의자 및 그 비슷한 새로운 유형으로 악질적인 종류의 정치범죄를 저지르는 경향이 강하며…

즉 일본 정부의 수반은 외국인 특히 구 피식민지 출신자들을 일본 사회에 전혀 공헌하지 않을 뿐만 아니라 범죄자로 규정하고 있다. 이러한 이유로 일본에서의 외국인들은 철저한 관리의 대상이 되었다. 1951년 발표한 출입국관리령은 외국인에 대해서는 재류 조건을 정하고 강제퇴거를 할 수 있게 하였으며 벌칙 등을 부과할 수 있게 하였다.[14] 1952년에는 외국인등록법 제14조에 '외국인은… 지문을 날인하지 않으면 안 된다.'라는 조항과 함께 이를 위반할 경우 제재조치를 취할 수 있게 하여 외국인을 잠재적인 법죄인으로 취급하였다.[15] 이들에 대해 최종적으로 희망하는 조치 사항은 전술한 요시다 수상의 편지에 명확하게 나타난다. 그는 조선인들의 본 국 송환에 대해 "원칙적으로 모든 조선인을 일본 정부의 비용으로 본국에 송환해야 합니다." "일본에 잔류하기를 희망하는 조선인을 일본 정부의 허가를 받지 않으면 안 됩니다. 허가는 일본 경제 부흥에 공헌하는 능력을 가졌다고 생각되는 조선인에게 주어집니다."라고 하여[16] 일본 사회에서 원하지 않는 외국인은 모두 본국으로 송환해야 한다는 의견을 표시하였다. 즉 일본 사회가 원하지 않는 외국인의 일본 사회로부터의 철저한 배제 정책을 취하고 있다.

14) 出入国管理令(http://www.digital.archives.go.jp/DAS/meta/Detail_F0000000000000105925(검색일: 2012.6.10.))

15) 外国人登録法(http://www.shugiin.go.jp/itdb_housei.nsf/html/houritsu/01319520428125.htm(검색일: 2012.6.3.))

16) 田中宏, 『在日外国人』, pp.72~73.

이러한 일본 정부의 정책기조는 1990년까지 변화하지 않았다. 그렇지만 일본이 고도경제성장을 거치면서 경제적으로 세계적인 대국이 되고 선진국 대열에 들어서면서 사회의 변화가 일어나기 시작했다. 먼저 구 피식민지 출신인 재일코리안들의 취업과 사법시험에서의 배제 정책에 대한 반발이 일어났다. 1970년의 히다치(日立) 취업 차별사건은 일본에서 태어나 일본 교육을 받고, 생활을 하면서 일본이름을 사용하였지만 취업 당시 원래 이름을 밝히지 않았다는 이유로 취업에 차별을 받은 것에 대한 저항운동이었고, 1976년 사법시험 합격자의 일본 귀화 강요 사건이 사회문제가 되었다. 이러한 반발에 대해 일본 사법부는 재일코리안들의 주장을 인정하는 등 사회 분위기의 변화가 일어났다. 또한 1978년에는 미국인 매크린이 재류자격 이외의 정치 활동을 등을 했다는 이유로 일본 재류에 제한을 받은 것에 대해 일본 사법부는 '기본적 인권 보장은 권리의 성질상 일본 국민만을 대상으로 하고 있다고 해석할 수 있는 것 이외에 일본에 재류하는 외국인에 대해서도 평등하게 적용된다.'라고[17] 하여 일본 재류 외국인을 단순한 감시의 대상으로 하는 것에 대해 제재를 가했다.

이러한 사회적 분위기의 변화와 함께 이어 선진국 일본에 대한 국제사회의 요구로 1979년에는 일본이 국제 인권 규약에 가입을 하고 1981년에는 난민조약에 가입함으로써[18] 일본의 출입국관리법을 개정하고

17) 近藤敦, 「外国人の権利と法的地位」, pp.66~67.

18) 일본은 난민조약(난민의 지위에 관한 조약)에 가입하였지만 난민인정에는 매우 인색하였다. 2003년의 예를 들면 미국이 60,700명이 신청을 하여 28,420명이 인정을 받고 캐나다가 31,900명이 신청하여 10,730명이 인정을 받은 것에 비해 일본은 336명이 신청하여 10명이 인정을 받았을 뿐이다.(安田修. "日本の永住権と国籍取得·在留特別許可·難民認定·子供の認知"; http://www.interq.or.jp/tokyo/ystation/jvisa5.html (검색일: 2012.10.31)) 그렇지만 이로 인해 1990년에는 재류 자격을 재편하고 2004년

더 나아가 일본 사회의 다양한 사회보장 제도에 대한 국적 요건을 폐지하기에 이르렀다.

즉 이 시기 일본의 외국인 정책은 곤도 아쓰시가 주장하는 배제·차별 동화 정책의 시대와 맞물린다. 그렇지만 일본 정부의 정책은 철저한 배제정책의 성격이 더 강하다고 할 수 있다. 차별과 동화의 차원이 아닌 자신들과는 전혀 다르고 일본 사회에 존재 자체를 인정할 수 없는 문화이기 때문에 배제해야 한다는 생각이 강하였다고 할 수 있다.

3. 이문화 교류정책

1) 경제성장과 외국인·외국문화

일본의 경제성장에 따른 국제적 위상의 제고와 이에 걸 맞는 역할을 해 줄 것에 대한 국제사회의 요구는 지금까지 일본 정부가 취하고 있던 일본 내의 일본인, 일본 문화 이외의 사람들과 문화에 대한 배제정책에 변화를 가져오게 하였다. 앞에서 설명한 바와 같이 일본 내의 외국인에 대한 차별에 반발하였고 이들의 기본권 보장 등에 대해 인식하기 시작하였다. 또한 외국인의 일본 사회 수용에 대해 긍정적인 생각을 갖기 시작하였다.

고도경제성장이 계속되면서 1980년대 이후 특히 버블경제 이후 일본에는 많은 외국인들이 입국하기 시작하여 합법, 불법적으로 일본

에는 출국 명령제도를 창설하였으며 2005년에는 난민 심사참여원제도를 도입하기에 이르렀다.(出入国管理及び難民認定法 http://ja.wikipedia.org/wiki/(검색일: 2012.10.31.))

사회에서 생활을 하기 시작하였다. 특히 일본 고임금과 환율 등에서 유리한 동남아 국가를 중심으로 많은 노동자들이 입국하여 1979년에는 893,987명이었던 것이 1989년에 이르러서는 2,455,776명으로 거의 2.7배가 증가한 것으로 나타났다.[19] 이 배경에는 일본의 고도경제성장에 따른 기업들의 구인난과 노동자의 임금 상승이 있다. 기업활동에 압박을 받은 일본의 기업들은 외국인 노동자들을 수용하여 노동시장의 유연성을 도모하고자 하였다. 1989년 간사이(関西)경제동우회는 '외국인 노동자문제에 대한 제언'을 통하여 외국인 노동자 수용을 적극적으로 제언하였으며 이어서 일본 경제인들의 전국 조직인 경제동우회도 '금후 외국인 고용에 대해'를 제언하여 단순노동자를 실습생으로 취업을 시키는 '실습프로그램'을 제안하였다.[20]

이러한 경제계의 요구를 받아 정부는 1989년 3월 '출입국 관리 및 난민인정법'을 개정할 것을 결정하였다. 개정된 법에 따르면 지금까지 일본에서 외국인 노동자로 수용 직종을 확대하였고 이들에 대한 절차를 개선하였다. 또한 재류자격에 주로 일본계 외국인을 염두에 둔 정주자(定住者)을 신설하여 재류기간 및 취업에 제한을 두지 않았다.

그렇지만 경제계의 외국인 노동자의 수용 범위 확대 요구는 지속되었다. 도쿄(東京)상공회의소는 1989년 12월에 '외국인 노동자 숙련 형성제도' 구상을 비롯하여 유사한 제안을 사용자단체들이 제안하였다. 이에 따라 정부는 '연수생'제도를 탄력적으로 운용하는 대안을 마련하였고 1991년 보고된 제3차 임시행정개혁추진심의회(臨時行政改革推進審

---

19) 藤井禎介, 「日本の外国人労働者受け入れ政策」(http://www.ps.ritsumei.ac.jp/assoc/policy_science/142/14204fujii.pdf(검색일: 2012.5.8.))

20) 藤井禎介, 위의 글.

議會; 行革審)은 '기능실습' 형태로 고용관계를 맺게 하는 '기능실습제도'을 제안하였다.

이러한 일련의 제도적 변화로 일본 내 외국인의 수는 증가하였다. 특히 정주자라는 재류자격으로 입국하여 단순노동 등 종사하고자 하는 남미 국적자의 숫자가 급격하게 증가하였다. 표에서 보는 바와 같이 등록한 외국인의 비율은 점차 감소하는 양상을 보이다 1980년대 이후 증가하고 있다. 1990년에 이르러서는 100만 명을 초과하였고 2005년에는 200만 명을 돌파하였다. 그중 브라질 페루 등 남미 국적자의 비율의 증가세는 매우 두드러졌다. 특히 정주자 제도를 신설한 이후 매우 급격하게 증가하여 외국인 등록자 중 남미 국적자의 비율이 1988년 0.73%에서 1989년에는 2.22%로 증가하였다. 이 중 브라질 국적자의 비율이 1988년 0.44%에서 1989년 1.48%로 페루 국적자의 비율이 1988년 0.09%에서 1989년 0.42%로 증가하였다. 2009년의 통계에 따르면 브라질 국적자는 26만 7천여 명, 페루 국적자 5만 7천여 명으로 외국인 등록자 중에서 차지하는 비율이 각각 12.23%, 2.63%이며 브라질과

등록 외국인 추세(전체 인구에 대한 비율)

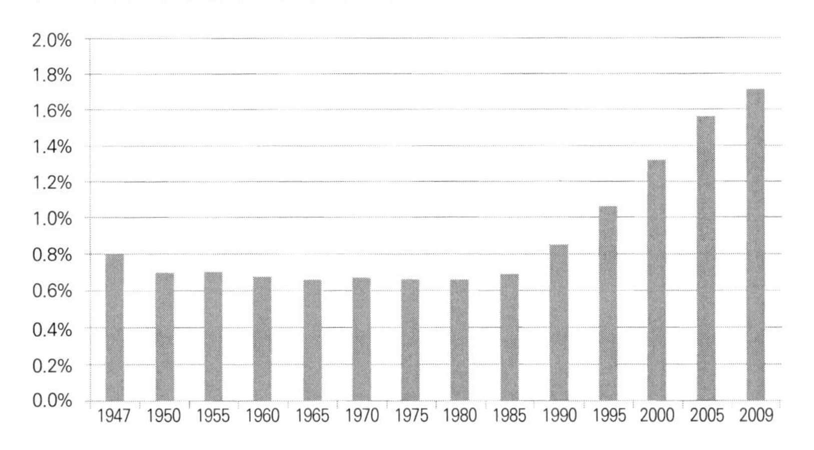

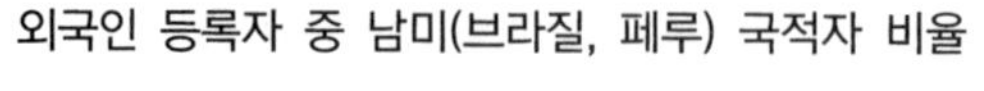

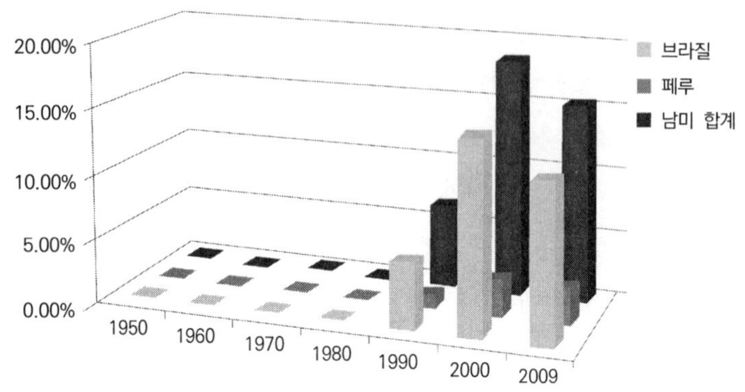

페루의 합쳐서 34만여 명으로 외국인 등록자 중에서 15.59%를 차지하고 있다.[21)]

그렇지만 일본 사회가 이들을 수용 통합하고자 한 것은 아니다. 1989년의 '출입국 관리 및 난민인정법'을 개정하면서 특정의 능력이 있다고 인정하는 외국인에 어느 정도의 문호를 개방하였지만 불법으로 외국인을 고용하는 사업주에 대해서는 '불법 취로 조장죄'를 제정하여 벌칙을 강화하였다.[22)] 연수생 등의 명목으로 일본에 재류하는 기간을 철저하게 제한하였다. 즉 일본 사회의 필요에 따라 일본 사회에 외국인의 존재는 인정하지만 이들과 영원히 같이 할 수 있다고는 생각하지 않았던 것이다.

외국인 노동자들과 함께 이 시기 일본 사회의 외국인·외국문화를 형성하고 있었던 것이 유학생들이다. 일본은 1983년 '21세기 유학생 정책간담회'를 통하여 일본 정부는 21세기를 대비하여 유학생 수를 프

---

21) 統計局 統計데이터(http://www.stat.go.jp/data/chouki/02.htm(검색일: 2012.6.3))
22) 藤井禎介, 「日本の外国人労働者受け入れ政策」.

랑스와 같은 10만 명 수준으로 늘리기 위해 장기적이고 종합적인 계획을 수립할 것을 제언하였다. 이러한 정부의 정책을 바탕으로 각 대학은 적극적으로 유학생을 유치하기 시작하여 1978년 5,849명이었던 총 유학생의 수가 1983년에 10,428명으로 증가하였고 그 이후 꾸준히 증가하여 1987년에는 22,154명이 되었다. 이러한 추세는 1995년 이후 감소하다 1999년부터 다시 증가하였다. 이러한 유학생의 증가는 일본 사회에서 일본 이외의 문화를 접하는 기회를 확대하였다. 그런데 유학생의 역할에 대해 일본 정부가 '일본과 외국와의 상호 이해를 증진하고 개발도상국의 인재 육성을 위해 필요하다'고 인식하고 유학을 마친 학생들이 귀국하여 '자국의 발전과 일본과의 관계에 중요한 역할을 한다'[23]고 설명하고 있는 바와 같이 유학생들은 학업기간에 일시적으로 일본에서 체류하는 존재로 인식하여 이들과 이들이 일본 사회에 소개한 외국문화를 일본 사회가 통합한다는 생각은 강하지 않았다. 즉 이 시기에 일본 사회 내의 외국인과 이들의 문화는 이문화(異文化)라고 할 수 있다. 따라서 곤도 아쓰시가 1980년대부터 1989년의 일본의 외국인 정책을 평등·국제화 정책 시기로 규정한 것은 다소 무리가 있다고 할 수 있다. 즉 일본 정부가 외국인들의 문화를 이(異)문화로 생각하고 있다는 것은 평등과는 거리가 있는 것이다. 단지 일본 사회와 다른 지역에서 존재하는 이질적인 문화로 일본 사회 내에서는 일시적으로 보여질 뿐이라고 생각하였다.

23) 当初の「留学生受入れ10万人計画」の概要(http://www.mext.go.jp/b_menu/shingi/chukyo/chukyo4/007/gijiroku/030101/2-1.htm(검색일: 2012.6.28))

2) 국제화와 국제교류

국내외 환경의 변화에 따른 외국인·외국문화의 일본 사회 유입을 가장 먼저 피부로 느꼈던 것은 지방자치단체이다. 지방자치단체는 외국인 노동자와 유학생들이 주민으로 생활하면서 이들의 문화를 이해하지 않으면 안 되었고 주민들과의 관계를 고민해야 했다. 이를 위해 지방자치단체들은 지역 내의 외국인과의 교류는 물론이고 외국의 지방자치단체들과 국제교류 사업을 증대시키려 노력을 했다. 이러한 지방자치단체들의 국제교류 정책에 대해 일본 정부는 보다 효율적이고 통일된 국제교류 정책을 도모하였다. 1987년 자치성(自治省 당시)은 '지방공공단체의 국제교류에 관한 지침'을 발표하였다. 여기에서는 지방공공단체의 국제교류가 활발하게 진행되고 시책도 다양하다는 설명과 함께 다른 시책 영역에 비해 경험이 없기 때문에 질적 양적으로 국제교류를 향상시킬 필요가 있다는 것을 지적하고 있다. 또한 국제화 현상에 대해서 종래의 경제 정치적인 분야를 넘어서 지역주민, 민간단체, 학술연구기관, 기업, 지역차원의 국제교류로 인적교류, 문화교류, 지역경제교류 등의 분야로 증대되고 있다고 설명하였다. 이러한 의미에서 지방자치단체가 선도적인 역할을 하면서 국제교류를 할 필요가 있으며 지방자치단체의 국제교류 사업의 목표를 '주민의 국제인식·이해 함양' '지역이미지의 국제차원의 고양' '국제사회에서 지역 아이덴티티 확립' '지역에서 필요한 정보 수집 제공' '지역의 행정주체로서 국제협력' 등을 제시하였다. 지방자치단체는 국제교류를 추진하기 위해 먼저 추진체제를 정비하고 국제교류 담당직원을 양성하여 국제감각과 외국어를 습득하게 하며 국제교류를 위한 기반시설을 정비와 민간의 추진체제도 정비할 것을 요구하였다. 구체적인 시책으로 자매·우호단체 등과의 교류, 주민의 국제감각·국제인식의 함양, 교육 문화 청소년 스포츠 교류 등의 추진, 국제행사 등의 유치 등을 예시로 들고 있다. 또한 주민과 외국인과의 교류를 위한 간담회 개최 등도 제안하고 있다.[24] 이 지침에 따르면 지방자치단체는 중심으로 해외의 다른 단체와의 교류의 활성화와 더불어 지역 내의 외국인들에 대한 이해와 교류를 증진시키는 것에 중점을 두고 있다. 이를 위해 일본인들의 국제적 감각과 이해를 함양하고 외국어를 구사할 수 있는 직원을 양성하며 지역 주민들과 외국인들과 교류의 장을 마련하고자 하였다. 1988년 7월 1일 자치대신관방기획실장(당시)의 '국제교류 마을 만들기 지침'에도 국제교류 마을 만들기의 기본 방향의 하나로 '재류하는 외국인과 지역주민의 교류의 장 마련'을 제시하고 있다.[25]

일본 지방자치단체의 해외 자매결연 현황

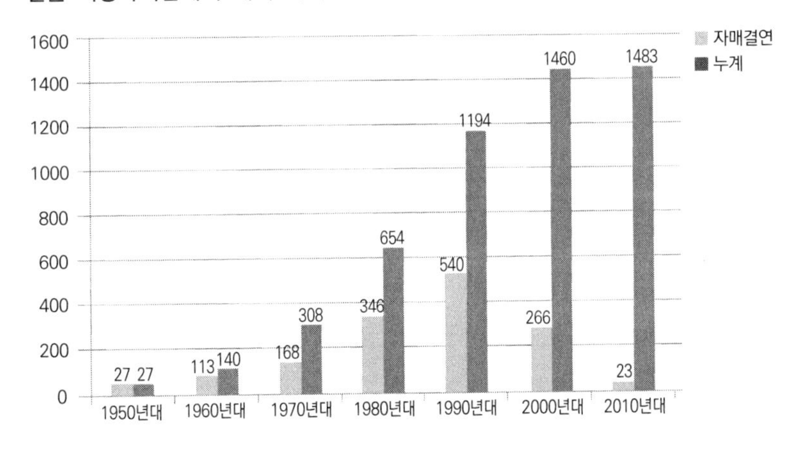

24) 地方公共団体における国際交流の在り方に関する指針(http://www.soumu.go.jp/kokusai/pdf/sonota_b8.pdf(검색일: 2010.5.29))

25) 国際交流のまちずくりのための指針について(http://www.soumu.go.jp/kokusai/pdf/sonota_b9.pdf(검색일: 2010.5.29))

지방자치단체의 국제적인 교류도 활발하게 진행되었다. 도도부현(都道府縣)과 시정촌(市町村)의 해외 자매결연을 맺은 지역현황을 보면 1950년대의 27개 지역에서 1980년대에는 401개 지역으로 1990년에는 586지역으로 증가하였고 그 이후 새롭게 자매결연을 맺는 지역은 감소 추세를 보이고 있다. 이 통계에서 보듯이 1980년대 1990년대에 일본 지방자치단체의 국제교류에 대한 의지는 매우 강했고 가장 활발하게 진행하려고 한 측면을 엿볼 수 있다.[26] 이러한 경향은 곤도 아쓰시와 야마와키 게이조가 말하는 국제화정책의 시대, 혹은 지방자치단체의 국제형 정책에 해당한다고 할 수 있으며 이러한 규정은 명확하게 나타나는 사회 현상의 반영이라고 할 수 있다.

4. 다문화 공생정책

1) 생활자의 증가

일본이 외국인·외국문화에 대한 교류를 활발히 진행하면서도 외국인의 일시적인 재류만을 전제로 한 정책을 기조로 한 것과는 달리 일본에 지속적으로 거주하는 외국인의 수는 증가하기 시작하였다. 1984년 67만 141명이었던 영주자(특별영주자 포함[27])가 2002년에는 71만 3775명으로, 2010년에는 96만 4195명으로 증가하였다.[28]

26) 自治体国際化協会 都道府県別姉妹都市提携の状況(http://www.clair.or.jp/cgi-bin/simai/j/01.cgi(검색일: 2012.8.14)) 참고 작성.

27) 1991년 실시된 '일본국과의 평화조약에 기초하여 일본 국적을 이탈한 자 등의 출입국관리에 관한 특례법'에 따라 정해진 재류자격으로 구 피식민지 출신자들에 대한 조치이다.

28) 統計局 統計데이터(http://www.stat.go.jp/data/chouki/02.htm(검색일: 2012.6.3))

영주자 추이 (단위: 명)

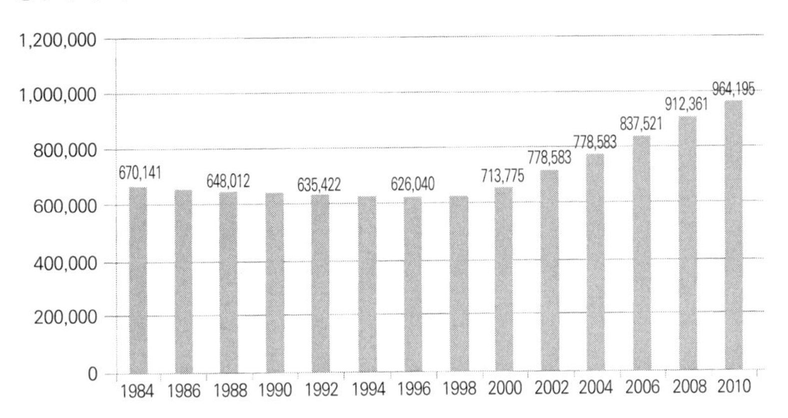

영주자(특별영주자 포함) 이외에 일본에 지속적으로 거주를 하는 재류 자격이 있는 자는 일본인의 배우자, 영주자의 배우자, 정주자[29] 등이 있다. 이들의 숫자는 점차 증가하여 1999년부터의 통계를 보면 영주자, 일본인 배우자, 영주자의 배우자, 정주자, 특별영주자의 숫자가 112만 8,247명이던 것이 2007년에는 141만 935명으로 증가하는 경향을 보이고 있다. 최근 들어 다소 감소하고 있지만 이들이 차지하는 일본 사회에서의 비중은 적지 않다. 그리고 이들은 외국인이지만 일본 사회를 떠나기 어려운 입장으로 일본인들과 함께 살지 않으면 안 되는 사람들이다. 즉 이들은 자신들의 문화를 가진 채 일본 사회에서 적응을 해야 하는 그룹이었다. 이에 일본 사회는 이에 대한 대응책을 강구하지 않으면 안 되었다. 즉 곤도 아쓰시가 주장한 바와 같이 일본은 정주정책을

29) 법무대신이 특별한 이유를 고려하여 일정한 재류기간을 지정하여 거주를 인정하는 자로 일본계 외국인의 배우자, 정주자의 자녀, 일본인이나 영주자의 배우자의 자녀 등과 일본인이나 영주자와 이혼 또는 사별 후 계속해서 재류를 희망하는 자 등을 말한다.(法務省 http://www.moj.go.jp/nyuukokukanri/kouhou/nyukan_hourei_h07-01-01.html(검색일: 2012.8.19)) 참조.

실시하지 않으면 안 되었던 것이다. 다만 이 글에서는 그 시기가 콘도가 주장한 바와 같이 2005년까지가 아닌 다문화공생정책을 추진하고 있는 현재까지 지속적으로 이어지고 있다고 생각한다. 내각부는 2009년에 일본의 내각부는 정주외국인 지원에 관한 대책을 추진하였고 2010년에는 '일본계 정주 외국인 시책에 관한 기본 방침'을 발표하기도 하였다.

영주자 등의 숫자 추이[30)]

(단위; 명)

	영주자	일본인의 배우자	영주자의 배우자	정주자	특별영주자	계
1999년	13,038	270,775	6,410	215,347	522,677	1,128,247
2000년	145,336	279,625	6,685	237,607	512,269	1,181,522
2001년	184,071	280,436	7,047	244,460	500,782	1,216,796
2002년	223,875	271,719	7,576	243,451	489,900	1,236,521
2003년	267,011	262,778	8,519	245,147	475,952	1,259,407
2004년	312,964	257,292	9,417	250,734	465,619	1,296,026
2005년	349,804	259,656	11,066	265,639	451,909	1,338,074
2006년	394,477	260,955	12,897	268,836	443,044	1,380,209
2007년	439,757	256,980	15,365	268,604	430,229	1,410,935
2008년	492,056	245,497	17,839	258,498	420,305	1,434,195
2009년	533,472	221,923	19,570	221,771	409,565	1,406,301
2010년	565,089	196,248	20,251	194,602	399,106	1,375,296
2011년	598,440	181,617	21,647	177,983	389,085	1,368,772

30) 法務省 http://www.moj.go.jp/housei/toukei/toukei_ichiran_touroku.html
出入国管理(白書) http://www.moj.go.jp/content/000001937.pdf(검색일: 2012.8.19) 참조작성

2) 다문화 공생 정책

외국인의 정주화가 확대되는 가운데 먼저 대응에 나선 것이 지방자치단체이다. 1994년 효고(兵庫)현에서는 '효고현 지역국제화추진기본지침'에서 '외국인 현민과의 공생사회를 향하여'라는 부제를 붙여 외국인들과의 공생에 대한 대책을 마련하고자 하였고 1999년 센다이(仙台)시에서는 '다문화 공생추진행동계획'을 책정하였다. 아울러 정부에서도 '21세기 일본의 구상'에서 "일본에 살기를 원하고 일해 보고 싶은 마음이 생기도록 하는 '이민정책'을 수립해야 한다."[31]는 제언을 하였다. 보다 실질적으로는 외국인이 모여 사는 지역이 중심이 되어 2001년 외국인 집주도시 회의를 개최하여 일본인 주민과 외국인 주민의 지역에서의 공생을 위한 '하마마쓰(浜松)선언'을 채택하였다.[32] 지방자치단체를 중심으로 외국인 주민과의 공생을 위해 '다문화 공생'을 주장하면서 2003년 효고현이 '어린이 다문화 공생센터'를 설치하였고 2004년에는 아이치(愛知)현, 기후(岐阜)현, 나고야(名古屋)시가 '다문화 공생사회 만들기 공동선언'을 책정하였으며 2005년에는 가와사키(川崎)가 '다문화 공생사회 추진 지침을, 다치카와(立川)시는 '다문화 공생추진플랜'을 책정하였다.[33]

일본 정부도 정주 외국인의 증가에 대응책의 필요성에 대해 인식하기 시작했다. 2004년 총무성은 '다문화 공생 추진에 관한 연구회의'를 출범시켜 2006년 보고서를 제출하였다.[34] 이 보고서에서는 일본은 지

31) 21세기 일본의 구상 간담회「일본의 프론티어는 일본 안에 있다」(http://www.kantei.go.jp/jp/21century/houkokusyo/index1.html(검색일: 2012.8.19))

32) 外国人集住都市会議(http://www.shujutoshi.jp/gaiyou/index.htm(검색일: 2012.8.19.))

33) 山脇啓造,「日本における外国政策の歴史的展開」, p.31.

금까지는 '외국인 노동자 정책 혹은 재류 관리의 관점에서' 외국인에 대처하여 왔지만 앞으로는 '외국인 주민도 또한 생활자이고 지역 주민이라는 것을 인식'하고 '1980년대 후반부터 국제교류와 국제협력을 주축으로 하여 지역의 국제화를 추진하였지만… 다문화 공생을 주축'으로 추진해야 한다고 하고 있다. 따라서 앞으로는 외국인·외국문화를 '커뮤니케이션 지원' '생활지원' '다문화공생 지역만들기'의 관점에서 검토해야 한다고 하였다. 구체적인 내용으로는 "단순히 외국인 노동자 문제나 재류 관리라는 관점에서 논하는 것이 아니라 외국인을 지역에서 생활하는 주민으로 생각하여… 지역사회의 구성원으로 더불어 살아간다는 관점에서"라고 하여 일본 사회를 다문화가 공생하는 지역으로 만들 것을 제안하였다. 이를 위해 정부는 지금까지의 각종 규제를 검토하여 개정하고 다문화 공생을 담당하는 소관부서를 설치하는 등의 하드웨어 면의 정비뿐만 아니라 일본 주민들에게는 '다문화 공생에 관한 의식을 계발'하며 '국적이나 문화의 차이에도 불구하고 지역에서 함께 생활하는 주민으로 서로를 이해하는 것이 필요하다.'고 하여 소프트웨어 면의 개선의 필요성을 제언하였다. 2006년 12월에는 외국인 노동자 문제 관계 성청 연락회의에서 '생활자로서의 외국인에 관한 종합대책'을 제출하였다.[35] 이 보고서에서는 '외국인에 대해 그 처우 생활환경 등에 대해 일정의 책임을 져야 하며 사회의 일원으로 일본인과 동일한 공공 서비스를 향유하여 생활할 수 있는 환경을 정비하지 않으면 안 된다.'라고 하면서 생활자로서의 외국인에 대한 서비스 촉진을 위해

34) 多文化共生の推進に関する研究会報告書2006(http://www.soumu.go.jp/kokusai/pdf/sonota_b5.pdf(검색일: 2011.9.30))

35) 生活者としての外国人に関する総合的対応策(http://www.cas.go.jp/jp/seisaku/gaikokujin/honbun2.pdf#search(검색일: 2010.6.20))

국가뿐만 아니라 지방자치단체나 NPO 등이 해야 할 역할의 중요성을 강조하였다. 즉 일본의 외국인·외국문화 정책은 과거의 단순한 교류와 협력의 차원을 넘어서 공생하는 정책으로 전환하였다. 외국인을 일본 사회에서 공생해야 하는 생활자로 보면서 이들을 삶을 위한 서비스 체제 정비 등에 힘을 기울이게 되었다.

한편 다문화 공생 정책으로 외국인 정책이 전환되면서 이를 담당해야 할 주체로 민간단체인 NPO의 중요성을 강조하고 있다. 민간단체의 중요성은 지역의 국제교류 추진에서도 강조하고 있다. 2000년 자치대신 관방 국제실장이 지방공공단체에 보낸 '지역국제교류 추진 대강 및 자치체 국제협력 추진대강에서 민간단체의 위치에 대해'에서는 국제교류에서 '민간교류 조직인 지역 국제화협회 등'이 중심이 되어 국제교류에 참여하는 것이 실질적이고 소득이 있었으며 앞으로 주민의 참여와 관여를 적극적으로 전개하고 민간단체나 주민은 국제교류의 주체가 되어야 한다고 하고 있다. 또한 지역의 국제화 협회는 민간단체와 제휴하여 국제교류를 추진하고 지방자치단체 또한 민간단체와 제휴하여 국제교류를 추진할 필요가 있다고 하였다.[36] 앞에서 언급한 총무성의 '다문화 공생 추진에 관한 연구회의' 2006년 보고서에서도 다문화 공생의 지역만들기와 지역에서의 다문화공생 추진체제의 정비에 대해서 행정과 민간의 협동을 강조하였고 2006년 12월의 외국인 노동자 문제 관계 성청 연락회의에서 '생활자로서의 외국인에 관한 종합대책'에서도 NPO의 역할이 강조되었던 것은 이미 설명한 바와 같다. 총무성의 2007년 보고서는 외국인들의 생활에 구체적으로 적용하는 내용을 담

36) 地域国際交流推進大綱及び自治体国際協力推進大綱における民間団体の位置づえｋについて(http://www.soumu.go.jp/kokusai/pdf/sonota_b3.pdf(검색일: 2010.5.29))

고 있는데 방재 네트워크 구축의 중요성을 강조하면서 연락회의에는 자치회의 회장, NPO, 일본 적십자사 등을 두루 포함시킬 것을 제안하고 있다.[37)]

즉 이 시기 일본 정부의 외국인 정책은 국가, 지방자치단체, NPO가 협력하여 추진하는 다문화 공생 정책으로 정착되었다고 할 수 있다.

5. 맺음말

1945년 이후 일본은 구 피식민지로부터 이주하여 온 외국인·외국문화를 일본 이외의 것으로 구분하려 하였고 이를 일본인과 어울리지 못하게 하였다. 이러한 현상은 일본 정부가 외국인·외국문화와의 교류를 위한 지침을 내리는 1987년까지 지속되었다. 그 이후 일본 사회의 고도경제성장과 국제화의 흐름 속에서 일본은 외국인과 어울리지 않으면 안 된다는 인식을 하게 되어 이들과의 교류의 필요성을 인식하기 시작하였다. 이러한 인식은 중앙정부가 아닌 지방자치단체에서 먼저 하기 시작하였고 지방자치단체는 지역 나름대로의 정책을 수행하였다. 그렇지만 국제교류는 단순히 교류에 그칠 뿐이고 외국인을 일본 안에서 받아들이는 것은 아니었다. 일본 사회내의 외국인·외국문화는 언젠가는 자신의 국가로 돌아갈 것을 간주하였으며 이들과의 교류만을 강조하였다. 그렇지만 이러한 일본의 정책은 일본에 생활자로 거주하는 외국인들이 증가하면서 전환을 하지 않으면 안 되게 되었다. 장기적

37) 多文化共生の推進に関する研究会報告書2007(http://www.soumu.go.jp/menu_news/s-news/2007/pdf/070328_3_bt1.pdf(검색일: 2010.3.18))

으로 주민으로 거주하는 외국인들의 증가는 이들과의 공존을 생각하지 않으면 안 되게 되었다. 그리고 이를 원활하게 추진하기 위해서는 중앙정부, 지방자치단체뿐만 아니라 시민단체의 적극적인 역할이 필요하였다. 이러한 내용을 정리하면 다음과 같다.

일본의 외국인·외국문화 정책의 성격과 내용

분류	외문화배제(外文化排除)	이문화교류(異文化交流)	다문화공생(多文化共生)
대상외국인	구 피식민지민	외국인노동자, 유학생	다양한외국인
성격	패전 처리 대책	경제성장대책	국제화, 다문화 대책
주체	국가	국가, 지자체	국가, 지자체, NPO(NGO)
수단	재류관리	국제교류	다문화공생

이상에서 살펴 본 바와 같이 일본의 외국인 정책은 일반적인 설명방식인 차별(배제)모형, 동화모형, 다문화주의 정책이라는 구분과는 다른 특수성을 갖고 있다. 이는 일본이 단일민족 신화를 갖고 있는 국가이기 때문에 자신들 만의 폐쇄성이 강하기 때문이며 따라서 외국인을 받아들이거나 이해하는 것도 시대의 흐름과 국제환경의 변화에 따라 능동적이 아닌 수동적으로 대응한 결과라고 할 수 있다.

이 글은 한국일본학회의 『일본학보』 제94집에 실린 논문
「전후 일본의 외국인 정책의 흐름」을 수정·보완한 것임.

참고문헌

近藤敦,『多文化共生政策へのアプローチ』, 明石書店, 2011.

歴史教科書在日コリアンの歴史作成委員会編,『歴史教科書 在日コリアンの歴史』, 明石書店, 2010.

田中宏,『在日外国人』, 岩波新書, 2010.

中尾宏,『在日韓国朝鮮人問題の基礎知識』, 明石書店, 2005.

지종화 외,「다문화 정책 이론 확립을 위한 탐색적 연구」,『사회복지』 36(2), 한국사회복지정책연구원, 2009.6.

http://www.digital.archives.go.jp

http://www.mext.go.jp

http://ja.wikisource.org

http://www.cas.go.jp

http://www.clair.or.jp

http://www.kantei.go.jp

http://www.kisc.meiji.ac.jp

http://www.moj.go.jp

http://www.moj.go.jp

http://www.ps.ritsumei.ac.jp

http://www.shujutoshi.jp

http://www.soumu.go.jp

http://www.soumu.go.jp

http://www.soumu.go.jp

http://www.soumu.go.jp

http://www.soumu.go.jp

http://www.stat.go.jp

http://www.stat.go.jp/

연합군총사령부(GHQ/SCAP)의 재일한인 귀환 정책

황선익

1. 머리말

연합군총사령부(GHQ/SCAP; General Headquarters/Supreme Commander for the Allied Powers)는 미국 태평양육군총사령부로서 미국의 입장을 대변하면서, 중국(국민정부)·소련·영국 등 연합국 간에 전후처리를 조율하는 역할을 맡았다. 일본 점령당국임과 동시에, 한국 주둔 미 육군 24군단을 관할한 연합군총사령부는 한국과 일본, 나아가 중국 및 태평양지역 한인 및 일본인 등의 본국 '송환'을 주도했다.

제2차 세계대전 종전 무렵 일본에는 약 2백만 명의 한인이 거주하고 있었다. 식민통치가 종식되면서 이들은 고국으로 돌아올 수 있었지만, 미국·일본 등의 해당국 정책에 따라 귀환이 좌우되었다. 특히 연합군을 주도한 미국은 동아시아 귀환 문제의 중요한 정책결정권자였다. 미국 측은 태평양전쟁기 해외 한인 문제의 중요성을 인식하고, 이에 대한 대응책을 모색하고 있었다. 국무부와 육군부를 중심으로 논의된 해외 한인의 국적 논의와 귀환에 대한 방침은 연합군총사령부에 계승되었다. 종전 후 아시아·태평양지역 귀환 정책의 주체가 된 연합군총사령부는 각 지령을 통해 일본 정부가 이를 이행토록 명령하고 감독했다. 결국 한인의 귀환은 기본적으로 연합군총사령부의 통제 속에서 진행되었다.

해외 한인사회의 중요한 격변을 이룬 해방 후 귀환 문제는 移住史나 海外同胞史의 중요한 分岐로서 지적되곤 했다.[1] 그중에서도 재일한인의 귀환은 일본제국주의 해체 과정을 보여주는 가늠자이며, 한편으로 140~150만 명에 달하는 대규모 인구 이동의 문제라는 점에서 주목되었다. 학계의 관심이 오래되었음에도 불구하고, 해외 한인의 귀환문제에 대한 국내 연구는 1990년대에 들어서야 시작하였다.[2] 그러나 대다수의 '귀환' 연구가 일본 측 자료 및 연구들에 영향 받은바 컸기 때문에 시각이 제한적인 면이 없지 않았다. 예컨대 한일 간의 귀환 업무에 종사했던 역사학자 에드워드 와그너(Edward W. Wagner)와 모리타 요시오(森田芳夫)는 각각 자국의 입장을 대변하며 귀환 업무의 성과를 평가했음에도 불구하고,[3] 이들 연구는 한인 귀환을 다룬 '선구적 연구'이자

1) 해외 한인의 귀환문제는 이주사 연구나 문화인류학 분야에서 개괄적으로 언급되기도 한다. 대표적인 것으로 玄圭煥, 『韓國流移民史』 上·下, 三和印刷株式會社, 1976; 이광규, 『재외동포』, 서울대학교출판부, 2000 등 참조.

2) 2000년대 중반 이전 전반적인 귀환 연구 성과에 대해서는 장석흥, 「해방 후 귀환문제의 연구의 성과와 과제」, 『한국근현대사연구』 25, 한국근현대사학회, 2003 참조. 2000년대 이전 재일한인 관련 연구에 대해서는 이연식의 연구가 참조할 만하다. 이연식, 「해방 후 '재일조선인'에 대한 국내의 연구성과와 대중서 서술」, 『한일민족문제연구』 5, 한일민족문제학회, 2003.

3) 에드워드 와그너(1924~2001)는 1946년 대학을 휴학하고 일본 주둔 미 8군 군정본부에서 군속으로 근무하며, 재일한인의 귀환 업무를 담당했다. 그리고 당시 경험을 바탕으로 "The Korean Minority in Japan"(1951)를 집필했다. 그는 "일본의 관헌들은 한인의 요구를 묵살하면서 이것이 미국의 의지인양 한인들에게 얘기하였고, 한편으로 한인들의 불법행위와 수많은 요구들을 점령군에게 질리도록 전달하였다"고 지적한 바 있다.(Edward. W. Wagner, *The Korean Minority in Japan*, 1951(『日本における朝鮮少數民族』 復刻板), pp.56~57.)
반면 1945년 이전 국민총력 조선연맹과 녹기연맹 등에서 동화정책을 선동하던 모리타 요시오(1910~1992)는 전후 일본 인양원호청, 외무성 등에서 귀환 관련 업무를 담당했

'통계자료'로 많은 연구들에서 활용되었다.

1990대 중반 최영호[4], 김태기[5] 등의 연구가 일본에서 발표되면서 귀환 연구는 한걸음 나아갔다. 최영호는 재일한인의 민족주의 형성과정을 분석하며 귀환문제를 다루었고, 김태기는 재일한인에 대한 GHQ/SCAP의 정책을 전후 일본 정치의 틀 안에서 분석하였는데 특히 재일한인의 국적문제와 교육투쟁을 주목하였다. 이러한 연구 성과에 힘입어 국내에서도 귀환문제에 대한 다양한 연구가 발표되었다. 대체로 귀환 연구는 미군정의 귀환동포('戰災民')정책이라는 측면에서 다뤄지다가,[6] 재일한인의 지위 규정,[7] 재일조선인연맹의 대응 등의 주제로 다양하게 확산되었다.[8] 일본의 마이너리티로서 살아온 재일한인사회의 원형은 해방 직후 귀환사에서 찾을 수 있다. 재일사학자가 자신들의 정체성을 더듬어가면서 해방 직후 귀환과 한인단체 결성에 깊은 관심

는데 "단기간에 140만 명이 고국으로 귀환한 것은 세계사적으로 특기할 일로 이는 한인들의 귀환열기 때문이기도 하지만 일본 정부의 열렬한 노력이 있었기에 가능했다"고 평가하였다.(森田芳夫, 『在日朝鮮人処遇の推移と現状』, 1955, p.68.) 그는 이후 당시 수집한 자료와 경험을 바탕으로 『朝鮮終戦の記録』(1964) 등을 출간했다. 황선익, 「해방 전후 在韓日本人의 敗戰경험과 한국 인식」, 『한국학논총』 34, 국민대 한국학연구소, 2010. 참고.

4) 최영호, 「해방 직후 재일한국인의 본국 귀환, 그 과정과 통제구조」, 『韓日關係史硏究』 4, 한일관계사학회, 1995; 최영호, 『재일한인과 조국광복』, 글모인, 1995 등.

5) 金太基, 『戦後日本政治と在日朝鮮人問題』, 勁草書房, 1997; 김태기, 「GHQ/SCAP의 對 재일한국인정책」, 『國際政治論叢』 38, 한국국제정치학회, 1998.

6) 이영환, 「미군정기 전재민 구호정책의 성격 연구」, 서울대 석사학위논문, 1989; 이연식, 「해방 직후 해외동포의 귀환과 미군정의 정책」, 『典農史論』 5, 서울시립대 국사학과, 1999 등.

7) 채영국, 「해방 후 재일한인의 지위와 귀환」, 『한국근현대사연구』 25, 한국근현대사연구회, 2003.

8) 김인덕, 「해방 후 조련과 재일조선인의 귀환정책」, 『한국독립운동사연구』 20, 한국독립운동사연구소, 2003.

을 둔 것도 그러한 이유에서였다.[9] 한편으로 재일한인의 귀환은 한일 양국의 인구이동,[10] 그에 따른 콜레라 문제 등으로 연계되어 분석되기도 했다.[11]

전후 일본, 나아가 동아시아 귀환을 주도한 미국의 귀환 정책은 태평양전쟁기부터 체계적으로 구상되었고, 연합군총사령부는 이는 현실에 적용했다. 그러면서도 귀환의 추진은 미국 일방이 아닌 연합국 일원의 합의와 정치적 지형이 작용하여 복잡다단하게 진행되었다. 때문에 연합군총사령부의 귀환 정책은 단순히 일본 내 한인의 고국 귀환을 밝히는 것이 아니라 미국이 구상한 전후 동아시아 정책에서 한국과 일본이 차지하는 국제적 지위와 현실을 가늠하는 잣대가 될 수 있다.

이 글에서는 태평양전쟁기 미국 측의 재일한인 인식과 귀환 구상, 나아가 이를 바탕으로 동아시아 귀환을 추진한 연합군총사령부의 일본지역 귀환 정책의 얼개를 구명하고자 한다. 연합군총사령부의 정책을 살피기 위해 이 글에서는 총사령부가 일본 정부에 지령한 각서(SCAPIN : Supreme Command Allied Powers Instruction)와 미국 측 자료[12], 그리고

9) 朴慶植, 『解放後 在日朝鮮人運動史』, 三一書房, 1989; 李大偉, 『在日韓僑の実態とその対策』, 在日韓国基督教青年会, 1952; 朴在日, 『在日朝鮮人に関する綜合調査研究』, 新紀元出版社, 1957; 在日韓国青年同盟中央本部, 『在日韓国人の歴史と現実』, 洋々社, 1971 등.

10) 이연식, 「일본제국의 붕괴와 한일 양 지역의 전후 인구이동: 양 국민의 귀환과 정착과정 비교」, 『호모미그란스-이주, 식민주의, 인종주의』 2, 이주사학회, 2010. 한일 간의 인구이동에 천착한 이연식은 『조선을 떠나며』, 역사비평사, 2012를 발표하였다.

11) 임종명, 「1946년 서울 지역 콜레라 발병세와 일국적·지역적 중심부/주변부/변경성」, 『사학연구』 140, 한국사학회, 2020 등.

12) 〈태평양지역 연합군총사령부 관련 문서군〉(Records of Allied Operational and Occupation Headquarters, World War II ; RG 331)이 주로 참조된다. 귀환 관련 자료 중 일부 원문은 『한국근현대사연구』에 소개된 바 있다.(조용욱, 「일본 내 한인의 '귀환'과 한국 내 일본인의 '송환'에 관한 해방 직전 미국 측 자료, 『한국근현대사연구』

일본 외교사료관 소장 '(戦後) 日本 外交記録' 등을 주로 참고했다.

2. 태평양전쟁기 미국의 재일한인 문제 인식과 귀환 정책

1) 전후처리기구의 정비와 해외 한인에 대한 법률적 검토

해외 한인에 대한 미국의 정책은 태평양전쟁기 마련된 동아시아 전후처리의 일환으로 구상되었다. 이전까지 극동지역에 대한 정보와 계획이 상대적으로 불충분했던 미국은 전후 대외정책을 준비하며 일본·한국 등 극동지역의 정보를 조사, 수집해갔다. 전쟁 기간 조직된 전후처리기구들은 미국의 전후 세계전략은 물론 대일점령정책, 한국정책 등을 세부적으로 수립해갔다. 그리고 정책의 얼개는 연합군총사령부에 승계되어 추진되었다.

미국의 전후처리 계획은 외교를 담당하는 국무부를 중심으로 입안되었다. 국무부 내에 구성된 '전후 대외정책에 관한 자문위원회'(Advisory Committee on Post-War Foreign Policy, 이하 '자문위원회')는 미국의 전후 세계전략과 대외정책 전반의 기획을 담당하며, 임무와 기능별로 다양하게 분화되었다.[13] '자문위원회' 고위원회를 중심으로 구성된 전후계획위원회(Post-War Programs Committee)는 연합국에 의한 대일공동점령방식을 구상하면서도, 연합군총사령관은 반드시 미군으로 하며, 분할점령을 회피한다는 등의 주요한 전후 구상들을 논의해 갔다.

33, 2005; 조용욱, 「2차대전 직후 연합국 총사령부의 아시아·태평양지역 귀환 정책, 서태평양에서의 대규모 송환에 관한 보고서」, 『한국근현대사연구』 45, 2008.)

13) 정용욱, 『미군정 자료연구』, 선인, 2003, p.105.

1944년 들어 삼부조정위원회(State-War-Navy Coordination Committee)와 전후계획위원회(Post-War Programs Committee)를 중심으로 한 대한정책이 '신탁통치안'을 중심으로 논의되는 가운데, 6월부터는 극동지역위원회(SFE, Sub-committee on Far East)가 재일한인 문제를 비롯한 재일외국인에 대한 점령정책을 검토하기 시작했다. 이때 외국인에 대한 처우는 기본적으로 국제법에 근거할 것과 재일 외국인을 외국인(Aliens), 중립국인(Neutrals), 적국인(Enemies), 무국적인(Non-nationals)으로 구분하여 이들에 대한 정책을 세울 것이 제안되었다. 이에 작성된 『CAC 예비초안b』(1944.6.13)에서는 재일 한인을 독일인이나 이탈리아인과 같은 적국민인 '日本 臣民'으로 규정되었다.[14]

1945년 3월 들어서 해외 한인 전반에 대한 것뿐 아니라, 군정 내의 한인 및 일본인 이용 방안, 한인 및 일본인의 귀환 문제 등이 정책연구 주제로 검토되었다. 1945년 4월 극동지역분과조정위원회 한국소위원회에서는 재일한인의 귀환 문제를 구체적으로 다루었다. 국무부 측은 재일 한인의 거주 상황과 이주 배경, 종전 후 전망, 향후 국적 결정문제, 송환 문제 등을 주로 다루었다.[15]

미국 측은 해외한인 문제의 중요한 과제로 이들에게 부여될 국적문제를 법률적으로 검토했다. 이는 해외 한인에 대한 외교적 보호책임이 어디에 있는가를 결정하는 것이자, 귀환의 책임당사국을 지정하는 문제이기도 했다. 국무부 극동위에서 논의된 국적 문제는 향후 한국의

14) 金太基, 『戰後日本政治と在日朝鮮人問題』, 勁草書房, 1997, pp.31~32.

15) K-7 Preliminary, 'Korea : Repatration of Koreans in Japan', 25 Apr 1945, RG 59 General Records of the Department of State Records of Harley A. Notter, 1939~45, Records Relating to Miscellaneous Policy Committees, 1940~45, Box. No. 108.

정치적 상황에 따라 한인의 국적이 가변될 수 있음을 전제로 하고 있었다. 즉 전후 한국이 일본으로부터 완전히 독립하여 분리될 것인지에 대한 여부를 비롯하여, 위임통치, 2개국 이상의 신탁통치, 독립국이면서 특정국의 감독을 받는 상황에 있을지 등을 상정하고 있었다. 그리고 전후 한국의 상황에 따른 국적부여 방안을 다음과 같이 구상하였다.[16)]

첫째, 한국이 군사적으로 점령될 경우이다. 이는 한국이 일본으로부터 분리되지 않을 수 있는 경우를 가정한 것으로, 이 경우 한인의 "국제적 지위는 영향을 받지 않을 것"이라고 보았다. 즉 과거와 같이 한인은 '일본' 국적을 보유하게 될 것이며, 이는 기본적으로 연합국에 대한 '적국민'으로 규정됨을 의미하는 것이었다. 다만 미국 측은 한인이 다른 외국의 '적'들보다는 우호적 대우를 받을 수 있을 것이라는 단서를 달았다.

둘째, 한국이 일본으로부터 독립되지만, 특정국에 의해 신탁통치 등을 받게 될 때의 경우이다. 미국 측은 이때 한인이 '일본' 국적에서 벗어나며, 신탁통치를 실시하는 국가의 보호를 받을 권한이 생긴다고 보았다. 하지만 튀니지, 모로코, 시리아 등이 "무국적 상태로 간주되었음"을 상기시켰다. 이는 사실상 국가의 독립만을 염두에 둔 것일 뿐, 해당 국민은 무국적 상태에 놓을 수 있음을 전제한 애매한 태도였다.

셋째, 한국이 독립하여 2개국 이상의 보호를 받게 될 경우이다. 이 경우, 해당 국가들의 공동책임에 대한 협정이 필요할 것이며, 국적 또한 이러한 합의를 통해 특정국으로 지정될 수 있을 것으로 판단했다. 여기서 중요한 점은 국적 부여에 관해서 보호국 간에 원만한 합의가

16) K-1 Preliminary a, 20 Jul 1945, Records Relating to Miscellaneous Policy Committees, 1940~45 Box. No. 108, RG 59.

이뤄질 수 있는 우호적 관계가 전제되어야 한다는 점이다.

넷째, 한국이 독립국이지만, 특정국의 감독 혹은 고문을 받는 경우로, 한국은 "자신의 재외공관과 영사관을 유지하고 자신의 국민을 보호할 수도" 있다고 판단했다. 다만 그럴 경우, 감독국은 "해외 한인들의 보호에 직접적 책임을 지지 않을 것"임을 분명히 밝혔다. 이는 해외 한인이 '한국인'으로서 독립적 국적을 부여받을 수 있지만, 외교적 보호 책임도 스스로 다해야 한다는 것을 의미하는 것이었다.

미국은 위와 같이 네 가지 경우를 상정하며, 해외 한인에 대한 외교적 보호 책임을 다음과 같이 규정하였다.

> (1) 한국이 일본으로부터 법적으로 분리되는 즉시, 한국에 줄곧 거주하던 일본 국민들은 일본 국적을 상실하는 것으로 간주될 것이며, 일시적으로 해외에 있는 그러한 사람들은 한국의 이익을 책임지는 정부에 의한 외교적 보호를 받을 자격이 있다.
> (2) 한국을 위해 공동책임을 수행하는 나라들은 입법을 통해 한국 국적을 창출한다.
> (3) 한국이 자신의 재외 공관과 영사관을 마련할 때까지 공동책임을 지는 국가들은 한국 국적을 취득한 해외의 사람들을 보호해야 한다.
> (4) 공동책임을 수행하는 국가들은 한국 정부가 이 책임을 스스로 질 수 있을 때까지 그들 중 한 나라가 그들 모두를 대신해 한국 국민들을 보호하도록 재외공관과 영사관에 지시하도록 책임을 양도하는 것이 편리할 것이다.

결국 미국 측은 한국의 상황에 따른 해외 한인의 국적 부여방안을, ①독립하지 못하고 군사적으로 점령시 '우호적 적국민', ②신탁통치시 '무국적', ③2개국 이상의 신탁통치시 합의에 따라 국적을 규정하되 신탁통치국 국적 부여 가능, ④한국이 독립국이되 고문(顧問)을 받을 경우 '한국적'으로 수립했다. 이러한 방안은 일본 국적의 상실과 이를 대체하여 한국을 책임지는 정부가 있을 시 해당국가가 외교적 보호 의무를 갖는다는 점, 한국의 외교가 여러 국가에 의한 공동책임에 있을 시는 해당 국가들이 공동책임을 지되, 그중 대표적 국가가 외교적 보호권을 대표적으로 양도받을 수 있음을 규정한 것이었다. 이러한 방침은 향후 해외 한인의 처우에 대한 중요한 기준이 되었다.

전쟁 종결 후 한국은 독립했지만, 연합국은 신탁통치를 상정하고 그 실현방안을 모색했다. 그러나 미소공동위원회가 결렬되는 등 '국제적 독립'과 '신탁통치'에 대한 합의는 결렬되었다. 이런 상황은 해외 한인의 국적부여 환경으로 상정한 어느 경우에도 부합되는 것은 아니었다. 그런 애매한 상황을 초래한 미국은 한인을 사실상 무국적 상태로 처우하는 한편, 재일한인을 사실상 '적국민'으로 처우했다. 이는 해외 한인의 국적 및 지위 규정은 현실을 전혀 고려치 않은 모순적인 것이었다.

한편 1948년 정부 수립 후 미국 측은 한국 정부의 외교적 보호권을 인정한다며 해외 한인문제에 대한 책임을 회피했다. 2차대전 종전 후 해외 한인의 외교적 보호 책임은 "공동책임을 지는 국가"들의 몫이었다. 그러나 미국, 소련이 외교적 보호를 다하지 않음으로써 한인의 귀환은 정부 수립 이후에도 여전히 미완의 과제로 남게 되었다.

2) 재일한인에 대한 인식과 귀환 방침

1945년 4월 국무부 산하 극동지역분과조정위원회(이하 '극동위')에서는 일본에 거주하는 한인의 인구를 150만 명으로 추산하며, 생활수준 및 일본인과의 관계, 귀환의 필요성 유무와 국적 문제 등을 분석하였다.[17] 극동위는, 일본지역 한인의 인구가 꾸준한 증가를 보이다가 1938년 이후 급격한 인구 유입이 이뤄졌음을 주목하며, 그 이유가 징용령에 따른 것이라고 파악했다. 이로 인해 전체 한인 중 100만 명 이상이 남성이며, 이들은 "일본에서의 전시 노동을 위해 노역대로 징용되다시피 한국에서 충원"되어, "일본의 모든 현에 산재해 있지만, 특히 도시 산업지대와 광산지대에 집중되어 있다"고 분석했다.

한인들의 생활수준에 대해서는, 징용된 한인 대부분이 "1~2년 동안의 노동계약 하에 명목상의 임금"을 받으며, 육체노동에 종사하는 한인들은 "전문직 1,600명, 상업 49,000명, 노동자 310,000명, 기타 20,000명. 노동자들은 농업에서 90,000명, 공장에서 13,000명, 광산에서 13,000명, 그리고 나머지가 건설업, 부두하역업 등에서" 일하고 있지만, "언제나 극히 열악한 생활 상태에 있다"고 파악했다.[18] 즉 강제동원으로 인한 한인의 상황 등을 개괄적으로 인지하고 있었던 것이다. 다만 실제 한인의 인구는 미국 측이 예상한 150만 명을 뛰어 넘는 200만 명에 달했다.[19]

또한 극동위는 한인과 일본인 간의 관계에 남다른 관심을 보이고 있었다. 이는 일본 점령시 사회질서 유지를 위해 참고해야 할 중요정보로 인식되었기 때문이다. 보고서에서는 한인과 일본인 간에는 교우

17) K-7 Preliminary, 'Korea : Repatration of Koreans in Japan', 25 Apr 1945, RG 59 General Records of the Department of State Records of Harley A. Notter, 1939~45, Records Relating to Miscellaneous Policy Committees, 1940~45, Box. No. 108.

18) K-7 Preliminary, 'Korea : Repatration of Koreans in Japan', 25 Apr 1945, p.3.

19) 1945년 9월경 厚生省 社会局이 발표한 1944년 말 한인 인구는 191만 명이었다.(戦後問題研究會, 『戦後補償問題 資料集 第9集』, 1994, p.38.)

(交友) 및 통혼(通婚)관계가 거의 없으며, 두 민족 간에 상당한 적대감이 있다고 적시되었다. 이를 해결하기 위해 내무성은 1936년부터 동화정책(Harmony Project)을 실시하며 한인의 일본화를 추구했으나, 이 계획은 목표의 일부조차 달성하지 못했다고 파악했다.[20)]

문제는 전쟁 종결 후 이들을 어떻게 처리할 것인가였다. 보고서는 종전 후 일본 내 한인들의 상황을 "일본에서 틀림없이 증폭될 경제적, 정치적 압력 때문에", 대부분의 재일한인이 위협에 처할 수 있다고 경고했다. 한편으로 "근본적으로 전후 일본은 심각한 식량부족과 실업위기를 겪게 될 것"이라며, 따라서 한인의 노동력은 불필요하게 될 뿐 아니라 경제문제를 악화시킬 존재가 될 것이라고 전망했다. 결국 극동위는 재일한인을 이중적인 면에서 불안요소로 인식하며, "일본인들이 적대시할 소수 종족집단이 될 것"이라고 경고했다. 극동위 측은 결국 "일본의 평화와 질서의 유지를 위해 한인들의 일본 출국이 필요하다"고 주장하면서, 한인 중 동화되지 않은 120만 명은 자발적으로 속히 귀국할 것으로 전망했다. 반면 일본에서 경제적으로 안정된 30만 명의 한인은 일본에 잔류할 것으로 예상했다.

결론적으로 이 보고서는 일본에 있는 많은 한인들이 서둘러 한국으로 귀환해야만 하지만, 한국 경제구조 및 수송문제 등으로 간단치만은 않을 것으로 판단했다. 그럼에도 불구하고 극동위 측은 한인의 귀환에 대해 다음과 같은 해결책을 제시했다.[21)]

1. 일본 내 한국인들을 송환시키려는 시도를 하지 않는다.

20) K-7 Preliminary, 'Korea : Repatration of Koreans in Japan', 25 Apr 1945, p.4.
21) K-7 Preliminary, 'Korea : Repatration of Koreans in Japan', 25 Apr 1945, pp.7~8.

> 일본 내 한국인들을 송환시키려는 시도를 하지 않더라도, 많은 한국인들은 (아마 120만) 되도록 빨리 한국으로 돌아가려 할 것이다. 이들이 적당한 기간 내에 귀환하도록 허용될 경우, 수송이 평상적으로 회복된다 하더라도, 불충분할 것이며 보완이 필요할 것이다.(중략) 일본이 군사점령 하에 있을 것이기 때문에 일본 국내와 일본-한국간의 모든 여행은 아마 당분간 군사점령국들에 의해 제한되고 통제될 것이다.
>
> 2. 일본 국적을 유지하고자 하는 자들을 제외한 모든 한국인들을 송환시킨다.
>
> 일본 내에 있는 적어도 120만 한국인들이 종전 시 취업을 유지할 수 없다는 것을 감안하고, 또 한국인과 일본인 사이의 필연적인 적대감 때문에, 일본의 점령국들은 한국에 있는 행정당국과 협조하여 한국 시민이 되고자 하는 모든 한국인들의 송환에 대한 계획을 세워야 한다. (중략) 일본 국적의 유지를 바라는 한국인들은 이 프로그램에 의해 영향을 받지 않을 것이며, 일본 내의 통치당국이 부여하는 지위에 따라 일본에 잔류하도록 허용될 것이다.

국무부 측은 재일한인의 거주 배경이 태평양전쟁기 강제동원에 기인한다는 점과 이들이 열악한 환경에서 살아가고 있음을 알고 있었으나, 결국 일본의 전후질서 유지에 '위험요소'가 될 것이라는 점에 보다 주목했다. 때문에 원활한 대일점령을 위해 재일한인을 '방출'해야 한다는 점을 분명히 밝히고 있었다. 한인의 일본 재류 배경을 잘 알고 있던 국무부는 결국 별다른 수단을 마련하지 않아도 이들이 한국으로 돌아갈 것이라고 판단하고 이들의 대규모 귀환이 종료되기까지 별다른 대응을 하지 않는다는 방침을 세우고 있었다.[22] 다만 일본 국적 유지를

22) 반면 국무부는 한국 내 일본인의 귀환문제에 대해서는 "종전 시 한국인들이 원하는

적극적으로 원하는 한인은 잔류시켜도 무방할 것으로 보았다. 이는 이후 연합군총사령부가 취한 귀환 정책에 큰 영향을 끼쳤다.

미국의 이중적 재일한인 정책은 국적 결정문제에서 더욱 엇갈리게 나타났다. 미국은 자국의 전통적인 속지주의적 관점에서 한국에 거주하는 일본인은 '한국인', 해외에 거주하는 한인은 '일본인'의 국적을 갖도록 해야 한다고 보기도 했다.[23] 국제적으로 한인과 일본인이 동등한 국적을 갖아야 한다고 보던 미국 측의 시각은 이후 일본 내 한인에 대한 연합군총사령부의 국적 분류, 소련과의 교섭 과정에서 취하는 연합군총사령부의 입장과 일맥상통하는 것이었다.

전반적인 전후처리에 대한 원칙과 구체적인 방안의 수립은 국무부를 중심으로 진행되었지만, 전쟁 말기 육군부에서도 향후 점령행정을 실시하게 될 지역들에 대한 정보 수집 및 대응방안 마련 등이 진행되었다.[24] 전략기획국(OSS) 조사분석과(research and analysis branch) 주도로 발행된 『민정가이드: 재일외국인(Civil affairs guide : Alliance Japan)』 시리즈에는 재일한인에 대해서도 상당히 자세한 분석이 이뤄

것보다 혹은 안보적 관점에서 필요한 것보다 더 많은 일본인들이 한국에 남기를 원할 것"이라며, 이런 이유로 '이들의 의사에 반해' 일부는 송환시켜야 할지 모른다고 보았다. 그럼에도 불구하고, "한국인들이 교육을 받아 자리를 매워줄 때까지 필요하게 될 기술자들이나 그 외 특별한 자격을 가진 일본인들은 그들의 일이 더 이상 필요하지 않게 될 때 송환돼야 할 것"이라고 밝혔다.(K-9 Preliminary, 'Korea : Repatriation of Japanese Residents in Korea', 1945.4.27 ; K-9 Preliminary a, 'Korea : Repatriation of Japanese Residents in Korea', 1945.6.1) 즉 전후 한국의 점령을 유리하게 끌고 가기 위해서는 구 제국의 시스템을 유지할 수 있는 행정관료 및 기술인력 등을 잔류시켜 활용한 후 순차적으로 귀환시킬 계획이었던 것이다.

23) K-1 Preliminary a, 20 Jul 1945, RG 59 General Records of the Department of State Records of Harley A. Notter, 1939~45, Records Relating to Miscellaneous Policy Committees, 1940~45, Box. No. 108.

24) 竹前栄治, 『占領戦後史』, 双柿舍, 1980, pp.218~222.

지고 있었다.

『민정가이드: 재일외국인』은 재일한인의 이주사와 생활 실태 등을 분석하고, 향후 대응방안 등을 제시했다. 이 가이드북에서는 대부분의 재일한인이 비싼 일본의 주택임대료로 인해 비참한 경제생활을 하고 있으며, 사회적으로도 그 지위가 낮고 일본인에게 무시당하고 있으며, 과거 국가적 재해가 일본에 몰아닥쳤을 때 학살·습격당했다고 분석했다. 즉 국무부의 견해와 마찬가지로 관동대지진으로 인한 한인의 학살사건을 중요한 사건으로 주목하고 있었다.[25)]

여기서 미군은 일본에 진주하면 먼저 재일한인을 보호하고, 그들의 의사에 따라 귀환과 잔류를 허가하며, 잔류한 외국인에 대해서는 고용한 생활상의 원조를 제공토록 권고하였다. 또한 외국인의 귀환 담당부서로 송환부 및 원호부를 설치하도록 권고했다. 주목할 점은 "반일적이라고 인정되는 한인, 중국인 기타 학생으로 영어와 모국어를 잘 할 수 있는 자는 난민과의 송환부문에 고용하여 중국인과 한인 귀환신청자와의 면담, 기록과 보고의 번역, 행정업무의 종사토록 해도 좋다."고 언급한 점이다. 이는 귀환 업무와 관련하여 한인 및 중국인을 고용할 것임을 밝힌 것으로, 이는 행정사무처리 보조라는 현실적인 측면과 더불어 이들이 일본인을 견제할 수 있는 우호적 입장에 있다고 판단했기 때문으로 보인다. 이러한 인식에서 군부 측은 향후 재일한인에 대한 대처방안을 크게 세 가지로 정리하였다.

"첫째, 일본인의 폭행으로부터 재일한인을 보호할 것, 둘째, "일본 거주 아시아인의 빈곤대책으로 고용과 구제도 중요한 과제가 될 것이다. 혹시 송환이 지체되거나 긴급하게 구제할 필요가 있다면 일정한

25) 金太基, 『戦後日本政治と在日朝鮮人問題』, 勁草書房, 1997, pp.48~49.

지역, 예를 들면 연합군에게 석탄의 생산이 필요한 탄광지대에서 또는 도로건설이나 철도공사와 같은 노동력으로서 한인을 사용할 수 있는 지역으로 한인을 집중시켜도 좋을 것이다. 군정부는 군사적인 목적에서 노동력이 필요할 것이므로, 일하기를 희망하는 한인 노동자를 일본인에 앞서 파악할 필요가 있다. 한인은 일본인보다도 연합군에 저항하지 않을 것이고 육체노동에도 익숙하다. 셋째, 상당수가 한국으로 돌아가기를 희망하지만 그것이 불가능할 것이므로 한인과 다른 외국인에 대한 사회적·경제적·정치적 차별을 제거하도록 노력한다"는 것이었다.[26)]

이처럼 군정부 조사분석과는 한인이 일본인 보다 연합군에 당연히 우호적일 것이라는 안일한 낙관과 함께, 강제동원된 한인은 하루빨리 귀국을 희망하더라도 일반 거주자들은 계속 재류하기를 원할 것이라고 전망하였다. 그리하여 193만 명 중 절반 이상이 잔류할 것으로 예측했다. 이러한 전망은 대부분의 한인이 귀환하고 30만 명 정도만이 잔류할 것이라는 국무부 측의 견해와는 상당한 차이가 있는 것이었다. 군정부 조사분석과는 이렇듯 많은 한인이 잔류하게 될 원인으로 일본 내 정착 기반과 대륙 및 한국의 정세변화 등을 꼽았다. 군정부는 재일한인을 보호하고 그들의 귀환의사 등을 우선 고려해야 한다는 등 우호적인 입장을 견지하는 듯 보였지만, 이러한 입장은 일본 점령 시행과정에서 제대로 작동되지 못했다.

미국은 해외 한인의 규모와 이주 배경, 한인을 둘러싼 경제·사회적 환경 등을 파악해갔다. 특히 미국이 파악하고자 했던 점은 한인들의 사회적 '이질성'과 '적응가능성'이었다. 이때 '적응가능성'은 제국-식

26) 金太基, 위의 책, pp.51~52.

민지 구조가 해체된 이후에도 이들이 사회에 순응하며 살아갈 것인가의 문제로 집중되었다. 결국 미국은 제국주의 해체 후 한인의 삶에 대한 의지는 고려되지 않은 채 피동적 주체로만 접근하며 한인 중 얼마가 현지에 남을 것이고, 이들을 어떻게 처리하고 적응하게 할 것인가, 혹은 활용할 것인가 등의 논의만을 심화해갔다.

3. 대일점령 초기 연합군총사령부의 귀환 정책(1945.8~1946.2)

1) 연합군총사령부의 동아시아 귀환 추진 구상

일본의 무조건 항복으로 연합국의 일본 점령은 예상보다 빠르게 진행되었다. 연합국의 대일점령방식은 미국·소련에 의한, 혹은 영국을 포함한 다자 점령구도가 검토되기도 했지만, 결국 미국에 의한 사실상 단독점령이 확정되었다.[27] 미국은 소련의 일본점령 참가를 거부하였으며, 영국이 부분적으로 참가한 외에는 사실상 일본을 단독 점령하였다.[28] 점령관리 기구에서도 미국은 주요 위치를 점하였다. 미 태평양육군은 종전 직전 조직된 軍政局을 발전적으로 해소하고 民政局을 비롯한 9개의 막료부를 두고, 연합군최고사령관 총사령부(GHQ/SCAP)를 설치하였고, 맥아더는 미 태평양육군사령관과 연합군최고사령관의 지위

27) 전쟁 말기 대일참전한 소련에 대해 미국 측은 홋카이도이북지역을 넘겨줘야 할지도 모른다고 판단했으나, 의외로 소련은 일본 본토 대한 직접적 군사적전이나 분할점령 요구 등을 하지 않았다. 이에는 소련이 강경한 미국의 자세를 감안하여 무리수를 두지 않았다는 해석과 함께 만주 및 한국에서의 영향력 확보에 집중하고자 했다는 의견들이 있다.

28) 矢内原忠雄, 『戦後日本小史(上)』, 東京大学出版会, 1958, pp.22~24.

를 겸하게 되었다. 연합군총사령부는 일본의 정치에 관해서는 민정국(GS), 경제에 관해서는 경제과학국(이하 ESS)이 담당하는 등, 각각의 담당 부서를 세분화했다. 귀환과 관련해서는 참모조직인 G-3 '귀환과'(repatriation section)와 G-2가 이를 담당하였다. 선박 운용은 미태평양 함대가 관할하는 '일본선박관리부(SCAJAP)' 담당했다.

태평양전쟁기 국무부와 육군부 등에서 수립한 귀환 정책은 종전 후 연합군총사령부에 의해 시행되었다. 연합군총사령부는 1947년 서태평양지역 '귀환 성과'를 정리하여 『서태평양 대규모 귀환 보고서(Report on Mass Repatriation in the Western Pacific)』라는 종합보고서를 작성했는데, 이 보고서는 일본을 포함한 동아시아 귀환의 전반적 구도를 개괄적으로 보여주고 있다. 보고서 서문에서 맥아더는, 서태평양 귀환은 "일본제국주의의 온전한 해체와 해외 일본인의 본국 복귀였으며, 이는 민주주의 국가건설이라는 점령개혁의 출발점"이었다고 밝혔다.[29] 이처럼 연합군총사령부는 2차대전 후 서태평양지역 귀환을 총괄하였지만, 대체로 일본 점령당국으로서의 역할을 우선 담당해야 한다고 인식하였다. 또한 귀환을 원활하게 진행한다는 것은 연합국의 점령의지와 우월성을 보여줄 수 있는 적절한 기회이자, 이를 통해 일본인의 지지 또한 끌어올 수 있을 것으로 보았다.

일본을 중심으로 고려된 귀환 정책은 다음과 같은 구체적인 계획(the Plan)으로 정리되었다. "첫째, 연합군총사령부는 귀환에 대한 최종적 책임 및 권한을 가지며, '접수·관리·(육군 및 해군의)동원 해제·귀환

29) 이처럼 일본에 우호적인 입장은 맥아더 개인의 성향과도 연결지어 생각해 볼 수 있다. 일본에 우호적인 자세를 견지하며, 천황제 유지에도 적극적이었던 맥아더는 초기에는 점령군 사령관으로서 일본인에게 위압적으로 보이기도 했지만, 점차 '민주주의의 전도사'로 인식되어 상당한 인기를 누리기도 했다.

자 수송·일본에 있는 타국인의 수송' 등에 관해 일본제국 정부에 명령한다. 둘째, 귀환 선박의 운영 관리 및 유지 감독은 해군선박-제5함대사령관, 商船-연합군총사령부의 해군 연락장교가 담당한다. 셋째, 일본제국 정부는 연합군총사령부가 발포하는 귀환 명령을 수행하며, 여기에는 귀환 접수센터의 설립과 조직 및 운영, 귀환자 수송, 승무원과 선박용 물품 제공을 포함한다는 것"을 규정했다.[30]

이런 가운데 각 지역의 귀환 업무는 검역 등의 이동 인구에 대한 규제와 휴대 재화의 최소화 등에 집중되었다. 업무는 각 항구에 설치된 귀환 접수사무소(Reception center)가 담당하였고, 각 지역에는 미군이 파견되어 운영상의 관리감독을 담당하였다. 실질적인 운영과 유지책임은 일본정부가 담당했다. 정책상의 연락은 외무성 종전연락위원회가 담당했다. 아시아 지역 각 시행주체는 미 태평양육군총사령관(CINCAFPAC), 태평양함대(CINCPAC), 연합군최고사령관, 동남아시아사령부(SACSEA), 주한미군사령관(CG USAFIK), 소련 극동군사령관, 중국 총사령관, 호주군사령관(GOC AMF) 등으로, 이를 연합군총사령부가 총괄적으로 관리하였다.[31] 연합군총사령부는 초기 여러 검토 과정을 거쳐 다음과 같은 귀환 정책(policies)을 수립했다.

1. 일본인들의 송환을 위하여 일본의 해군 선박 및 상선을 최대한 이용할 것이다.
2. 근본적으로 인원수송을 위하여 계획된 일본 해군 선박 및 상선은 일본인의 귀환을 위하여 이용될 것이다.

30) GHQ G-3, "Report on Mass Repatriation in the Western Pacific", RG 331, Miscellaneous File to Russian Conference: box 382, pp.13~14.

31) ibid. pp.9~10.

3. 귀환 인원은 선박의 화물 적재량이 축소되지 않는 선에서 화물선으로 수송될 것이다.
4. 일본제국 정부는 최대한 귀환을 위한 선박을 제공하고, 인력과 식품을 관리할 것이다.
5. 최우선으로 일본의 군인 및 해군의 이동이 승인될 것이며, 그다음 일본 민간인의 이동이 승인될 것이다.
6. 모든 일본인은 본국으로 돌아오기 전에 무장해제될 것이다.
7. 미 태평양 육군 총사령관(CINCAFPAC), 태평양 함대(CINCPAC) 관리 지역에서 일본인을 소개(疏開)함에 있어, 미 태평양육군총사령관은 각 지역에 송환을 위해 선박 할당 비율을 규정할 것이다. 특정 지역의 소개를 위한 우선권은 필요에 따라 설정될 것이다.
8. 중국 전구 총사령관, 동남아시아 사령부(SACSEA), 호주 군사령관(GOC AMF) 및 소련 극동군사령관의 지휘 하에 있는 지역으로부터 일본인의 소개에 있어 연합군총사령부는 필요한 합의를 할 것이다.[32)]

여기서 주목할 점은, 첫째 귀환프로그램의 최우선 대상이 '일본인'이었다는 점이다. 그리고 이를 위해 일본의 해군 선박 등이 활용될 것임을 분명히 하였다.(1, 2, 4) 일본 선박의 활용은 전쟁책임국으로서의 의무조항 성격을 갖는 것이기도 했지만, 일본인의 송환을 위해 일본 선박이 활용되어야 한다는 것을 은연중에 합리화하기 위한 조치였다고 판단된다. 물론 이러한 입장은 연합군총사령부에 대한 일본인의 인식을 우호적으로 마련하기 위한 조치였다고 볼 수 있을 것이다. 두 번째로 일본인 중에서도 군인의 이동이 가장 먼저 추진되었으며,(5) 이들은 우선 무장해제 되도록 했다.(6) 이는 연합국의 전후점령정책의 최우선

32) ibid. pp.11~12.

과제가 일본제국주의의 무력화에 있었음을 보여주는 것이었다. 셋째 일본인 송환 전반에 대해서는 미태평양육군 및 태평양함대의 지위로 업무를 총괄하는 한편, 중국, 소련, 영국 등의 사령부와의 합의주체는 연합군총사령부가 되는 이원적 체계를 추구했다.(7, 8) 이는 일본인, 일본지역 귀환을 우선하려는 연합군총사령부의 입장이 적극적으로 반영되게 하기 위한 것으로 풀이할 수 있다. 마지막 네 번째로 귀환의 범위는 일본, 중국, 호주, 동남아 등 방대한 지역이었으며, 다양한 주체들이 이를 담당할 수밖에 없음을 확인할 수 있다.

연합군총사령부는 동아시아 전역에서 진행된 '서태평양지역 귀환'을 크게 3단계로 구분하여 추진하였다. 1단계는 1945년 9월부터 1946년 2월까지로 상대적으로 단거리인 일본 지역에 집중되었다. 지역적으로는 한국, 琉球, 일본을 잇는 이동이 진행되었고, 정책적 추진과 별개로 일본 내 한국인의 귀환이 진행되었다. 이는 태평양전쟁기 국무부 등이 예상한 '자발적 귀환'의 결과이기도 했다. 한편 중국지역 귀환을 서두르기 위한 조치가 논의되었는데, 이는 "모든 일본의 영향력이 중국으로부터 가능한 빨리 실제적으로 제거되어야 한다"는 미국의 입장에서 비롯되었다.[33] 1946년 들어서는 일본지역 외 지역의 구체적 귀환 논의를 위한 움직임이 본격화되었다. 1946년 1월초 도쿄에서 이러한 논의가 잠정 합의되었으며, 소련지역 귀환에 대한 논의도 급물살을 타게 되었다.

2단계(1946년 3~6월)에서는 일본지역 귀환 업무를 세밀하게 감독하고 관리하기 위한 조치들이 취해졌다. 외국인등록령을 통해 일본 내 한인을 '내국인'으로 취급하기 위한 사전조치가 시행되기 시작했다.

33) ibid. p.18.

한편으로 중국 본토 및 대만지역, 태평양의 영국령 지역 등의 귀환이 추진되었다.

3단계(1946년 6~12월)에서는 만주, 및 38도선 이북지역 등 소련점령지역 등에 대한 논의가 시작되었다. 다롄(大連)·후루다오(葫蘆島) 등지에서의 귀환이 시작되었고, 북한지역 일본인 및 일본에서 북한지역으로 귀환하는 한인의 귀환이 추진되었다. 그리고 이외 태평양지역 귀환이 추가적으로 시행되었다.

이처럼 전후 초기에 진행된 동아시아 귀환은 일본 제국주의 체제의 해체를 주목표로 하며, 일본인 본국송환 및 일본지역 외국인(주로 한인)의 본국 귀환을 최우선으로 하고 있었다. 그리고 이는 일본의 안정적 점령체계를 구축한 후, 중국 및 소련군 점령지역에서 귀환을 본격적으로 추진한다는 구상에 맞춰 진행되었다.

2) 연합군총사령부의 초기 귀환 정책

연합군총사령부는 일반적인 대일점령정책에 대해서는 세부적이고 신속한 대응을 취했지만, 2백만 명에 달하는 재일한인 문제 등에 대해서는 점령 직후 별다른 조치를 취하지 않았다. 다만 초기 점령관계에서 주목할 점은 연합군총사령부 측이 한국 38도선 이북지역 및 만주 등지는 소련 당국의 관할 하에 있으며, 해당지역의 일본인 귀환 업무 또한 소련군의 지휘를 받게 될 것임을 밝힌 점이다.[34] 이는 군사적 이유로 분할된 미·소 점령구도가 동아시아 귀환문제에 일차적 장벽이 될 것임을 일찍부터 예고하는 것이었다.

34) SCAPIN 32(1945.9.17.), GC.

점령 초기 선박의 운항 통제에 집중하던 연합군총사령부는 10월 중순 들어 귀환문제에 적극 대응하며 통제에 나섰다. 총사령부는 '귀환'에 관한 일본 정부 내 중앙책임기관으로 후생성(厚生省)을 지목하고, 실제 업무를 수행할 인양원호국 및 지역별 귀환사무소 설치를 추진했다. 연합군총사령부와 일본 정부 간의 연락은 대본영을 대신하여 설치된 종전연락위원회가 담당했다.[35] 그리고 귀환 관련 세부규정을 정비해갔다. 10월 12일의 각서에서는 "휴대 가능 재산으로 1인당 1,000엔을 넘지 않도록 하며, 이 초과액 및 기타 일체의 通貨나 금지 품목은 개별 수령서로 바꾸어 사령부의 지시가 있을 때까지 보관한다"고 규정하고, 통화의 교환을 금지하며 개인자산의 이동을 금지했다.[36] 이는 인구이동에 따른 재산이동이 미칠 일본 경제에 대한 영향을 최소화하려는 조치로, 전후복구를 위해 만주, 한국, 일본의 경제구조가 연속되어야 한다는 미국 측의 기본 방침에서 비롯된 것이라 볼 수 있다. 10월 13일에 연합군총사령부는 일본 정부에 외국 국민의 무허가 도항을 금지하고 혼잡이 진정될 때까지 한인을 현 주소지에 머물게 하도록 지시했다. 결국 일본 내 질서 유지를 우선시하는 연합군총사령부의 정책은 한인 귀환의 통제로 나타났다. 10월 15일 G-3는 일본 정부에 귀환 업무 관리를 담당할 '귀환자 수용소'를 각 항구에 설치하도록 지시했다. 귀환자수용소는 "해외로부터 일본 본토에 귀환할 일체의 일본 육해군, 그리고 일반 시민"과 "조국에 귀환하는 비일본 국적자"의 수용·처리·보호·이동을 담당한다고 규정했다.[37]

35) SCAPIN 25(1945.9.13., CS).

36) SCAPIN 125(1945.10.12.). 이와 반대로 일본인의 해외 자산 유입재한에 대해서는 SCAPIN 67(1945.9.27., ESS)에서 규정되었다.

37) SCAPIN 142(1945.10.15., GC), "Reception Centers in Japan for Processing

그런 가운데 일본 정부는 연합군 진주 초기부터 해외 일본인 귀환의 시급함을 총사령부 측에 꾸준히 전달하는 한편,[38] 행정력을 동원하여 귀환 업무를 추진했다. 이에 따라 9월 26일부터 한국 주둔 일본군의 수송이 실시되었고, 11월 들어서 일반 일본인의 송환으로 확대되었다. 한일 간 운송 선박은 귀항 시 재일한인 수송에 활용되었다. 재일한인의 귀환은 재한일본인의 송환과 교환적으로 시작되었다.[39] 이와 함께 한인들의 자구적인 개별귀환이 진행되었다.

한인 귀환에 관한 구체적인 연합군총사령부의 첫 지령은 11월 1일, '非日本人 귀환' 지령이었다.[40] 여기에서 한인 송환 항구로 센자키(仙崎), 하카다(博多), 구레(吳)가 지정되었다. 이 외에 지역별 귀환우선 순위는 규슈의 칸몬·하카다(關門·博多) 지구, 간사이의 한신(阪神) 지구, 그 외의 지구가 설정되었으며, 한인의 신분별 귀환 우선순위는 "復員군인, 강제노무자, 기타 순"으로 규정되었는데, 그중에서도 특히 기타규슈(北九州) 지구의 탄광 노무자를 우선 귀환시키도록 지시하였다. 귀환 업무는 '늦어도 11월 14일'에 개시하되, 그 규모는 '하루 1천 명'으로 정해졌다. 이 외에 "귀국을 희망하는 한인은 본 계획에 의거하여 이동을 지시할 때까지 현주소에 거주하도록 일본 정부가 통제할 것"과 일본 정부에게는 매주 귀국자수를 보고하라고 명령했다.[41] 여기서 주목할

Repatriates".

38) 일본 정부는 9월 7일 「外征部隊及居留民歸還輸送に對する實施要領」을 통해 귀환수송으로 인한 어떠한 희생이 있더라도 이를 우선적으로 처리하겠다는 강한 의지를 보이고 있었다. 木村健二, 「引揚者援護事業の推移」, 『年報 日本現代史』 10, 現代史料出版, 2005, p.130.

39) 최영호, 『재일한국민과 조국광복』, 글모인, 1995, pp.99~100.

40) SCAPIN 224(1945.11.1, GC), "Repatriation of Non-Japanese from Japan".

41) 한편 이 지령은 대만인과 琉球人, 남중국인의 송환을 잠정적으로 연기하도록 하였다.

점은 復員군인, 강제노무자에 대한 신속한 송환은 이들을 불만세력 내지 위험세력으로 분류한 데에서 비롯된 것인데, 이는 강제동원자의 미지급 임금 문제나 사망자의 보상이 제대로 이뤄지지 않은 채 송환되는 중대한 문제를 낳았다.[42] 이러한 조치는 사실 이전의 국무부·육군부의 입장에서 역할하는 것이었으며, 연합군총사령부의 방침에도 배치되는 것이었다.

점령 초기 연합군총사령부는 원칙적으로 한인의 차별대우를 금하도록 했다. 예컨대 병역에서 해제된 한인 병사에 대해서도 제대로 급여를 지불토록 일본 정부에 지령했다.[43] 또한 귀환자의 휴대재산을 제한하긴 했지만, 탄광에서 근무한 한인 노동자들의 저금 및 수당을 한국으로 송금할 수 있도록 일본 정부가 준비케 했다.[44] 그러나 이러한 방침은 잘 지켜지지 않았을 뿐 아니라, 일반 한인들에게 제대로 전달조차 되지 않았다. 이러한 양상은 귀환자 처우에 대해서도 나타났다. 이러한 한인의 열악한 처우문제는 이미 수차례 지적되고 있었다. 연합군총사령부 측은 귀환자에 대한 보급에 대해서 "귀환자에 대해서는 귀환수용소에 있는 기간에는 충분한 식량과 의료품을 보급할 것, 그리고 본국의 지정 항구에 출발하는 선박에 대해서도 충분한 식량과 의류 등을 공급할 것" 등을 지시했지만, 제대로 지켜지지 않기 일쑤였다.[45] 이러한 상황을 연합군총사령부는 충분히 알고 있었지만,[46] 일본 내 석탄 산업을

42) 樋口雄一, 『日本の朝鮮·韓国人』, 同成社, 2002, p.144.

43) SCAPIN 113(1945.10.9.), GA "Payment of Bonus to Japanese Soldiers of Korean Desent".

44) SCAPIN 207(1945.10.29.), ESS "Payment of Saying and Alletments in korea of Korean Laborers in Japanese Coal Mines"

45) 金太基, 『戦後日本政治と在日朝鮮人問題』, pp.124~126.

46) Edward. W. Wagner, *The Korean Minority in Japan*, 1951(『日本における朝鮮少数

유지하기 위해 한인의 귀환을 미루는 등 이중적인 태도를 보이기도 했다.

1945년 8월 이전 전체 석탄 노무자의 20% 이상을 차지하던 한인 노무자는 해방 후에도 여전히 많은 비중을 차지하고 있었다. 그만큼 한인 노무자는 일본 광공업의 근간을 이루고 있었다. 이러한 한인 탄광 노무자는 1945년 8월 이후 완만히 줄어들다가, 연합군총사령부의 귀환 방침이 구체화되던 11월 이후에야 급격히 줄어들다.[47] 그런 사이에 각 지역의 사업장에서는 사업주와 한인노무자간의 충돌과 회유 등의 반목이 이어지고 있었다.[48] 일본 각지에서 귀환을 요구하는 탄광 노무자들의 쟁의가 이어졌다.[49]

종전 직후 홋카이도(北海道)에서는 在日朝鮮人聯盟 오타루(小樽)지부와 朝鮮人救護會 등이 한인들의 구제를 목적으로 설립되어 縣廳 등과 협상에 나서기도 했다.[50] 이외에 각지에서 한인 노무자들은 그동안 강제저금한 급여와 보상금 지급 등을 요구했지만, 회사는 이러한 요구를 제대로 받아들이지 않았다.[51] 또한 연합군총사령부는 한인 노무자

民族 1904~1950』)

47) 월별 한인 탄광노무자의 수는 다음과 같았다. 7월 117,578명; 8월 102,198명; 9월 67,160명; 10월 37,211명; 11월 18,161명; 12월 773명; 1946년 1월 854명; 1946면 2월 814명(長沢秀 編·解設, 『戦時下 朝鮮人·日本人·聯合軍俘虜 強制連行資料集 1』, 高麗書林, 1997, p.46.)

48) 많은 한인이 동원되어 있던 하시마(端島) 탄광에서는 한인의 불만을 누그러트리기 위해 술이 지급되기도 하였다. 미쓰비시(三菱) 나가사키 공장에서는 이제까지 식사도 충분히 제공하지 않다가, 한인들을 회유하기 위해 돼지를 잡는 등 '융숭한' 대접이 이뤄졌다고 한다. 조길환(1923년생) 구술, 여성구 채록(2004.2.10), 국민대 한국학연구소 구술자료.

49) 강만길·안자코 유카, 「해방 직후 '강제동원'노동자의 귀환정책과 실태」, 『아세아연구』 108, 고려대학교 아세아문제연구원, 2002 참조.

50) 西川博史, 『日本占領と軍政活動』, 現代史料出版, 2007, p.101.

들을 고용하고 있는 사업주에게 이들에 대한 귀환 편의 및 인솔 책임 등을 지시했지만, 사업주들은 일본 내에서 선박 탑승까지만을 '감시'할 뿐, 부산까지 귀환을 책임지는 이도 없었다.[52] 이렇듯 한인에게 적용되는 귀환 규정을 일본 정부가 충분히 알려주지 않은 것은 다분히 고의라고 간주할 수밖에 없는 것이었다. 더욱 중요한 문제는 한인들로서는 자신들의 철수가 강제적인 것으로 오해하기도 했다는 점이다. 이들은 후에 귀환에 대한 제반 권리가 있었음을 알고 미군 측에 불만을 직접 토로하기도 했다.[53]

재일한인에 대한 이중적 처사는 총사령부의 방침에서도 근본적인 문제점을 확인할 수 있다. 총사령부는 일본 정부에 "한국인, 중국인, 대만인 노동자를 일본인과 차별하지 말라"고 명령했지만,[54] 한편으로는 일본에서 송환되는 '비일본인' 송환자 단속에 모든 법적 수단을 쓰도록 일본 행정당국에 지령하는 등 이중적인 태도를 취했다.[55] 이러한 문제점은 재일한인의 지위 규정에서 잘 나타난다.

2차대전 종전 후 일본에 거주하는 외국인은 매우 다양했지만, 아시아계 외국인이 절대 다수를 차지하였다. 재일 외국인은 대체로 적국민

51) 후쿠시마시 인근 나마지마 소재 군수공장(비행기회사)에 있던 윤종수 씨는 회사에 급여 및 보상금을 요구하며, 회사로부터 한인 강제동원자 관련 자료를 압수하였다고 한다. 그러나 의문의 화재사고로 관계 서류가 불타버려 보상의 길이 막혀버렸다고 증언했다. 박경식 저·박경옥 역, 『조선인 강제연행의 기록』, 고즈윈, 2008, p.114.

52) 여성구, 「전남·함평군 귀환 생존자의 구술 사례연구」, 『한국근현대사연구』 25, 2003, pp.50~51.

53) Edward. W. Wagner, The Korean Minority in Japan, 1951(『日本における朝鮮少数民族』 1904~1950, 清溪書舍, 1989, 復刻板), p.84.

54) SCAPIN 360(1945.11.28.), ESS "Employment Policies".

55) SCAPIN 383(1945.12.3.), GC "Control of Non-Japanese Being Repatriated From Japan".

(enemy nationals), 연합국민(United Nations nationals), 중립국민(neutrals), 무국적자 등으로 구분되었다. 이들에 대한 책임은 연합군 최고사령관에게 있었다. 점령군사령관의 외국인 집단에 대한 방침 가운데 우선순위에 둔 것은 연합국민의 복지와 점령상의 안전 확보였다.[56)

한편 총사령부는 조선인과 대만인을 별도로 분류하고, 군사상의 안전이 허락하는 한해서 '解放人民'(liberated peoples)으로 취급한다고 규정했다. 1945년 11월 1일의 기본 지령에서는 재일한인의 처우에 대해 다음과 같이 규정했다.[57)]

> 귀관은 군사상의 안전이 허락하는 한, 중국인·대만인 및 조선인을 해방인민으로 처우해야 한다. 그들은 이 지령에서 사용되고 있는 '일본인'이라는 용어에는 포함되지 않는다. 그러나 그들은 지금도 계속해서 일본신민이기 때문에, 필요한 경우에는 '적국인'으로 처우받아도 무방하다. 그들은 희망한다면, 귀관이 정한 규칙에 따라 귀환할 수 있다. 그러나 연합국인의 귀환에 우선권이 주어진다.

여기서 알 수 있듯이 재일한인은 '일본인'에 포함되지 않지만, '대부분은 군대를 지원하여 전쟁에 참가했으므로 필요한 경우에는 적국국민으로 다룰 권한이 부여된다'는 이중적인 방침이었다. 이와 함께 그들이 모국(their home countries)으로 돌아가기를 희망한다면 송환해도 좋지만, 귀환은 연합국 국민이 우선이라는 점을 밝혔다.[58)] 이러한 미국 측

56) 松本邦彦, 『外国人の取り扱い』, 『GHQ日本占領史』 16, 日本図書センター, 1996, pp.7~9.

57) 「日本占領及び管理のための聯合國最高司令官に対する降伏後における初期の基本的指令」(1945.11.1), 『在日朝鮮人管理重要文書集』, p.10.

58) JCS-3(1945.8.15), 「Directive to SCAP(instruments for the surrender of Japan)

의 재일한인 인식과 귀환 방침은 태평양전쟁기부터 계속돼온 이중적 방침과 궤를 같이하는 것이었다. 이러한 귀환 방침에 따라 연합군총사령부는 대일점령 초기 적극적인 귀환 방침을 일본 정부에 하달하지 않고 방관하는 자세를 취했던 것이다.

연합군총사령부는 일본지역 한인의 초기 귀환 상황에 대해 "일본에 있는 약 117만 명의 외국인 가운데 많은 이들이 강제로 그들의 조국에서 일본으로 이주한 사람들이었다. 1945년 9월 초 그들의 조국에서 강제 추방된 많은 사람들이 그들 조국으로의 송환 우선권을 얻기 위해 本州 남부와 九州에 있는 항구로 모여들었다. 이들로 인한 인구 밀집은 공중위생을 위협하는 보건·위생문제를 야기하였다"고 설명하였다.[59)] 그러나 외국인이 117만 명가량 거주한 때는 재일한인의 자발적 귀환이 대체로 일단락된 1945년 11월 무렵이었다. 해방 직후 일본에 약 2백만 명의 한인이 있었음에도 외국인 인구를 이처럼 축소 보고하는 것은 귀환에 대한 책임을 최소화하기 위한 것으로 판단된다.[60)]

연합군총사령부는 1947년 재일한인에 대한 귀환 정책을 다음과 같이 정리하였다.[61)]

> 이들은 군사안보가 허용하는 한 자유민으로 대우받아야 한다. 전범

: General Order No. 1, Military and Naval」

59) GHQ G-3, op. cit. p.5.

60) 연합군총사령부는 같은 보고서에서 "1945년 9월 일본은 1,356,400명의 한국인이 일본에 있다고 보고하였다"고 밝히고 있다. 이처럼 인구통계 또한 상황에 따라 혼재하여 쓰고 있는데 1945년 9월 일본 정부가 집계한 각종 통계에서 한인의 인구는 190만 명 이상으로 집계되고 있었다. 때문에 이러한 인구 상황을 연합군총사령부가 모르고 있었을 가능성은 매우 희박하다고 판단된다.

61) GHQ G-3, op. cit. p.30.

> 이나 안보적 이유로 억류되지 않은 이들 중 귀환을 원하는 사람은 실행 가능한 한 빨리 그들의 조국으로 귀환될 것이다.
>
> 그러나 이들은 일본 국민이었기 때문에, 연합군총사령부 임의로 적국의 국민으로 처우될 수 있으며, 상황이 용납한다면 강제로 귀환될 수 있었다.(밑줄 : 필자 강조)

위와 같은 입장은 태평양전쟁기 국무부 및 육군부가 정리한 재일한인 귀환 방침의 연장선상에 있는 것이며, 한편으로 복잡한 당시 정세와 연합군총사령부의 현실 등을 반영한 것이었다. 즉 "군사안보가 허용하는 한"이라는 문구는 '전범'용의가 있는 한인은 이에 배제된다는 것을 의미하는 것으로, 한인의 귀환이 안보상의 이유 등으로 제한될 수 있음을 보여주는 것이었다. 그리고 한인의 국적과 관련하여 "일본 국민이었기 때문에", "적국의 국민으로 처우될 수 있다"고 밝혔다. 재일한인의 국적문제는 '연합국민', '적국민', '해방국민' 등의 여러 분류를 오가며 표류하고 있었는데, 이는 비록 과거형으로 기술되고 있지만, 이 보고서에서도 거듭 확인된다. 가장 중요한 점은 '귀환의 성격'과 관련하여 이들을 "강제로" 귀환시킬 수 있다고 밝힌 사실이다. 태평양전쟁기 미국 측 문건이나, 연합군총사령부의 각종 문건 및 보도 등에서는 한인의 귀환을 일종의 '권리'로 표현했지만, 이는 수사적 표현에 불과했으며, 사실상 '송환'의 견지에서 바라보고 있었음을 보여주는 대목이다.

1946년 2월 귀환 지령이 내려지기까지, 연합군총사령부는 점령지역 간 인구이동의 관할을 규정하고, 이동상의 몇 가지 규제를 상정했을 뿐 이들에 대한 실제적 지위와 구체적 정책을 확정짓지 않고 있었다. 이러한 대응은 무관심에서 비롯된 것이 아니라, "한국인 스스로 귀환할 때까지 기다린다"는 태평양전쟁기 수립된 방관적 귀환 방침이 승계된 것이었다.

태평양전쟁기 미국 측의 예상은 몇 가지 점에서 어긋났다. 첫째, 국무부는 극동위원회는 1940년 기준 인구 최소 150만 명 중 120만 명이 귀환하고, 30만 명이 잔류할 것이라고 예측했지만 맞지 않았다. 국무부 측은 1941년 이후 일본 정부가 한국인들을 유도하기 위한 여러 정책을 실시하여 일시적 인구 증가가 이뤄졌음을 인식하고 있었지만, 그 수는 그들이 예상한 것보다 50만 명 이상 많아 200~210만 명에 달했다. 결국 귀환하지 않고 1945년 말까지 일본에 남은 한인은 예상을 훨씬 뛰어넘는 80만 명에 달했으며, 1946년 귀환등록령 시행 시까지 남아있던 한인의 수는 65만 명에 달했다. 이처럼 국무부 측은 실제와 달리 귀환의 중대성과 복잡성을 제대로 인지하지 못하고 안일하게 인식하고 있었음을 알 수 있다. 둘째, 육군부 군정국은 약 190만 명의 한인 중 절반이 귀환하고 절반은 잔류할 것으로 예상했다. 이들은 그 이유로 재일한인 중 일본에 뿌리를 내린 이가 많다는 점을 꼽았다. 그러나 실제 귀환인구는 군정국의 예상보다 많았다. 이는 재일한인의 경제적 상황이 그들이 분석한 것보다 열악하며, 고국으로의 귀환 의지 또한 훨씬 강했다는 점을 보여주는 것이었다. 그런 점에서 재일한인에 대한 양측의 판단은 맞지 않았다.[62)]

일본 정부 및 연합군총사령부가 본격적으로 귀환을 추진하기 시작한 10월까지, 이미 약 80만 명이 넘는 한인이 귀환했다.[63)] 조국귀환을 향

62) 1945년 10월 중순까지 17만 명 이상의 한인이 부산으로 수송된 것으로 추산했으나 (SCAPIN-125, 1945.10.12), 이는 명백한 오류였다. 1945년 10월까지 80~90만 명의 한인이 귀환했다고 볼 때 최소한 이 시기까지 40~50만 명 이상이 귀환한 것으로 추산된다. 이렇듯 연합군 측은 일본 진주 초기에 재일한인에 대한 정보를 제대로 수집하고 못했던 것으로 판단된다.

한 한인들의 뜨거운 열망을 바라보며, 미국 측은 한인의 귀환이 계속 자연스럽게 진행될 것이라는 낙관적 태도로 안이하게 대응하며 통제 입장을 견지했다. 연합군총사령부와 일본 정부에 의한 각종 규제는 한인들에게 강한 거부감을 갖게 했으며, 한인들은 처우개선을 요구하며 귀환을 보류했다. 이후 이들을 '送出'하고 싶었던 연합군총사령부 측은 귀환에 대한 규제를 표면적으로 완화해 갔지만, 일본 사회는 점차 이들을 사실상 격리해가기 시작했다.

4. 대일점령정책의 전환과 재일한인 통제 강화(1946.3~1947)

1) 귀환자 등록조사의 시행과 재일한인 통제

1946년에 접어들며 연합군총사령부는 재일외국인 중 95%에 달하는 한인의 귀환을 적극 통제하기 시작했다. 이는 해외 일본인 귀환문제와 맞물려 있었다. 점령 초기 한국에서의 일본인 귀환에 집중한 연합군총사령부는 1946년부터 중국과 여타 태평양지역 귀환에 적극적으로 나서는 한편, 소련 점령지역 일본인 귀환에 대한 교섭을 개시했다. 1946년 1월 15~17일 도쿄에서 열린 미군 주요 사령관회의에서는 해외 일본인의 귀환을 지역적으로 확대하는 방안을 구체적으로 모색하였고, 이와 함께 일본에 체류하는 외국인의 귀환을 서둘러 마감하기 위한 방안들이 강구되었다.

1945년 말부터 재일한인 귀환자의 수효가 급격히 줄어드는 가운데,

63) 일본 総理府 統計局이 1945년 11월 1일에 조사한 재일한인의 수는 1,155,594명이었다.

총사령부 측은 귀환 감소의 주요한 원인으로 "한국 내 혼란스러운 정치상황(주택부족, 광범위한 실업, 한국 내 귀환자들을 돕기 위한 조직적인 기관의 부족, 소비재 부족과 화폐 인플레를 포함하여 일본에 비해 훨씬 열악한 경제상황)"과 "일본에서 가져갈 수 있는 금전과 화물량에 대한 제한"을 꼽았다.[64] 결국 한인의 귀환을 촉진하기 위해서는 주한미군정과의 유기적인 공조와 귀환 관련 규제 완화가 필요했다. 그러나 주한미군정은 경제적, 사회불안의 증대를 이유로 수차에 걸쳐 귀환의 일시연기를 요청하는 등 해외 한인 귀환 전반에 소극적으로 대처했다. 재일한인의 존재를 점령정책의 장애로까지 보고 있던 연합군총사령부는 주한미군정의 귀환 연기 요청을 받아들이지 않았다. 그리고 한인의 귀환을 촉진시키기 위해 규제를 완화해 갔다.

연합군총사령부는 귀환항구 및 선박의 환경개선 문제를 지적하며, 의료품을 구비하고, 불량한 식사를 개선토록 하며, 심지어 변기소독 등에도 힘쓰도록 일본 정부에 지시했다.[65] 또한 한인들의 운임 부담을 덜어주고자 개인이 사용한 철도 운임 등을 추후에도 지불할 수 있도록 조치했다.[66] 이러한 조치는 우호적인 입장에서 고려된 것이라기보다 한인의 귀환을 촉진시키기 위해 취해진 임기응변의 조치였다. 그러한 방편의 하나로서, 연합군총사령부는 1945년 12월부터 재일한인에 대한 일본 정부의 규제권을 인정하기에 이르렀다. 12월 3일에는 귀환사무소가 있는 지방 당국에게 귀환자 단속에 대한 모든 법적 수단을 쓸 수 있도록 권한을 위임했다.[67]

64) GHQ G-3, op. cit. p.33.

65) SCAPIN 601(1946.1.15, GC) "Repatriation of Non-Japanese from Japan"; SCAPIN 751(1946.2.18, GC) "Repatriation of Non-Japanese from Japan".

66) SCAPIN 685(1946.1.31, GC) "Railway Fares Charged to Koreans".

한편 1945년 12월 17일 일본 정부는 중의원 선거법을 개정, 공포하면서 부칙에 "호적법의 적용을 받지 않는 자의 선거권 및 피선거권은 당분간 이를 정지한다"고 규정함으로써, 한인·대만인에 대한 참정권을 부인했다.[68] 연합군총사령부와 일본 정부 모두 재일한인에 대한 규제를 강화해가고 있었던 것이다. 이러한 연합군총사령부의 방침은 일본에 대한 점령정책이 우호적으로 전환되어 감을 의미하는 것이기도 했다. 그런 가운데 연합군총사령부는 소위 치안유지를 위해 일본 정부에 상당한 재량권을 인정하기 시작했다. 1946년 2월 19일에는 제일한인을 포함하여 지금까지 일본의 지배 아래 있는 다른 나라 국민에 대한 일본 정부의 형사재판권 및 수사권을 확인해줬다.[69] 이 무렵 총사령부는 일본 경찰의 총기휴대도 제한된 범위 내에서 허용하였다.[70]

1946년 2월 17일 연합군총사령부는, 3월 18일까지 "귀환에 대해서 희망의 유무를 등록할 것, 등록을 게을리 하거나 귀환을 희망하지 않는다고 등록한 사람은 귀환의 특권을 잃는다"고 발표했다.[71] 이에 따라 3월 13일 등록령과 시행세칙이 省令 및 告示로 공포되고, 3월 18일을 기해 등록이 실시되었다.[72] 이때 등록한 아시아계인들의 귀환 희망자 비율은 한인 79%, 대만인 80%, 류큐인 70%, 중국인 16%였다.[73] 이때

67) SCAPIN 383(1945.12.3, GC) "Control of Non-Japanese Being Repatriated from Japan"

68) 外務省政務局特別資料課 編, 『在日朝鮮人管理重要文書集』, 1950, pp.32~33.

69) SCAPIN 757(1946.2.19, LS) "Review of Sentence Imposed upon Koreans and Certain Other Nationals"

70) SCAPIN 605(1946.1.16, GC) "Armament of Police Forces in Japan".

71) 『太平洋戰争終結による旧日本國籍人の保護引揚關係雜件 朝鮮人關係』, 第16回 外交記録公開一般案件 ; K'7.2.0, 1巻.

72) SCAPIN 746(1946.2.17, GC) "Registration of Koreans, Chinese, Ryukyuans and Formosans".

연합군총사령부가 집계한 재일한인 총수와 귀환 희망자수는 각각 647,006명(이중 수형자는 3,595명), 514,060명(이중 수형자 수 3,373명)이었다. 한편 이 중 북한으로 귀환을 희망하는 이는 9,701명이었다. 3월 26일 총사령부는 "귀환을 희망하는 이는 일본 정부가 지시하는 시기에 출발해야 한다. 그렇지 않으면 일본 정부의 비용에 의한 귀환 특권을 잃게 되고, 상업수송의 편의가 가능할 때까지 기다려야만 한다"고 발표하였다. 총사령부는 희망자 전원의 송환을 기획하고, '4월 15일부터 1일에 센자키(仙崎) 1,500명, 하카타(博多) 4,500명씩 송환시켜, 8월 30일에 완료한다'는 계획을 수립했다. 실을 전혀 고려치 않고, 물리적으로 귀환을 추진하여는 연합군총사령부의 태도는 국내에도 전파되었다.[74] 결국 귀환희망자는 미비한 수준으로 떨어졌고, 총사령부는 "1일에 센자키 1,000명, 하카타 3,000명씩 송환을 진행하여 9월 말에 완료한다"고 계획을 수정했다. 그러나 이 계획마저 순조롭게 진행되지 않았다. 센자키·하카타에 모인 귀환희망자는 총사령부이 계획한 수의 10분의 1에 지나지 않았다.

총사령부는 4월 22일 "4월 25일까지 1일 센자키에서 5백 명, 하카타에서 1,500명씩을 송출하고, 점차 늘려 5월 5일 이후에는 센자키에서 1,000명, 하카타에서 3.000명으로 하여 귀환 한인을 전부 내보내 9월 말까지는 완료한다"고 공표했다. 5월 7일에는 "이 상태가 개선되지 않으면, 송환은 중지할 것"이라고 경고하는 한편, 재일조선인연맹에게 귀환 업무에 개입하지 말라는 지시했다. 이로써 연합군총사령부의 재

73) 松本邦彦, 「外国人の取り扱い」, 『GHQ日本占領史』 16, 日本図書センター, 1996, p.24.
74) 「태평양미국육군총사령부, 재일동포 귀국희망자 대우문제 발표」, 『중앙일보』 1946년 3월 29일 자.

일한인 단체에 대한 불신과 규제가 한층 구체화되어 갔는데, 이에는 일본 정부의 기민한 대응도 한몫을 했다. 일본 정부는 조련 측이 귀환하려는 한인을 방해하고 있다고 분석하며, 이를 보고했다.[75)]

1946년 8월 말로 완료 예정이던 재일한인의 귀환은 여러 사정으로 연기되었다. 1946년 6월 한국에 홍수 사태가 일어나, 주요 항구는 물론 내륙 간 철도교통망과 간선도로상 대부분의 수송수단이 붕괴되는 일이 벌어졌다. 이 같은 상황에서 주한미군정청은 1946년 6월 27일까지 귀환 활동을 잠정 중단시킬 것을 연합군총사령부에 요청했으나, 받아들여지지 않았다. 한인 귀환을 금지하려는 주한미군정청의 계획은 국내에서도 거센 반발을 야기할 수 있는 것이었다. 결국 재일한인의 귀환은 1946년 8월 재개되었고, 11월 15일까지로 연장되지 않을 수 없었다.[76)] 그러나 다시 9월 26일~10월 27일까지 발생한 철도노동자 파업으로 귀환이 중단되어, 결국 1946년 12월 28일까지 귀환종료일 이후로 연기 발표되었다.[77)]

1946년 3월 실시된 귀환희망자 등록조사는 다음과 같은 목적에서 시행된 것이었다. 첫째 실제 귀환할 한인의 수와 일본에 잔류할 한인의 수를 추정하기 위한 것으로, 이는 향후 일본 사회에 재일한인이 미칠 파급효과를 가늠하기 위한 것이기도 했다. 둘째 이제까지 자연스런 흐름으로 진행되던 한인 귀환을 본격적으로 제한한다는 것을 공표함으로써, 한인들의 귀환을 재촉하려는 의도가 내포되어 있었다. 이는 재일한인의 존재를 부정적으로 인식하던 연합군총사령부의 수준을 보여주

75) 채영국, 「해방 후 재일한인의 지위와 귀환」, 『한국근현대사연구』 25, 한국근현대사학회 2003, p.97.

76) 「재일동포 귀환 9.30~10.15일로 연기」, 『조선일보』 1946년 8월 17일 자.

77) GHQ G-3, op. cit. p.32.

는 것으로, 귀환을 강요하는 또 다른 방법이기도 했다. 한때 맥아더는 미국 정부에 재일한인의 집단적 강제송환을 제안한 바 있었으나, 워싱턴 상층부가 강제적 수단과 방법에 동의하지 않음으로써 결국 귀환을 독려하는 수준으로 정책 방향을 조정했던 것이다.[78] 그만큼 연합군총사령부는 재일한인을 일본 사회의 불안요소로 받아들이고 있었다.

연합군총사령부는 이처럼 귀환희망자 등록조사를 통해 재일한인의 귀환을 압박하면서도, 한편으로는 귀환절차상의 일부 규정을 완화해 갔다. 이는 한인의 귀환을 유도하려는 또 다른 궁여지책이었다. 이때 가장 먼저 적용된 것은 자산이동 규정이었다.

한편 재일한인이 귀환할 때 재산반입을 엄격하게 제한하는 문제가 반발을 초래하였고, 이 사실이 국내에까지 알려지면서 재일동포재산반입대책위원회가 조직되어 일본 정부의 부당한 처사를 규탄하였다. 이 위원회는 재일한인 소유의 산업시설과 100억 원에 달하는 자산을 국내로 들여올 수 있게 해줄 것을 맥아더에게 청원했고,[79] 이후 재일한인 재산반입에 대한 기준은 다소 완화되었다.[80]

연합군총사령부는 초기 귀환 단계에서 많은 한인들이 불만을 토로했던 자산이동 규정을 완화함으로써, 한인의 귀환이 다시 증가하는 계기가 될 것으로 보았지만, 결과는 그렇지 않았다. 이는 두 가지 점을 시사한다 하겠다. 첫째 재일한인의 귀환 여부를 결정하는데 더 이상 재산

---

78) 大沼保昭, 『単一民族社会の神話を超えて』, 東信堂, 1986, p.33.

79) 「맥아더사령부에 재일조선인의 자산반입허가 요청 진정서 발송」, 『조선일보』, 1946년 9월 8일 자.

80) (1)개인의 수하물과 500파운드를 초과하지 않는 가장집물, (2)상업도구와 소형 기계 및 4,000파운드 미만의 영업시설품, (3)상업도구 경기계 및 4,000파운드를 초과하는 영업시설품의 3종류였다. 「상무부, 재일동포의 재산을 반입하기 위한 재산반입신청 진행중」, 『동아일보』 1946년 11월 10일 자.

이동과 같은 경제적 문제가 중요한 요소가 되지 않는다는 점이다. 둘째 재일한인의 문제는 귀환가능 여부의 문제 차원을 넘어 일본 사회가 이들을 어떻게 처우할 것인가라는 차원으로 옮겨간다는 것을 의미한다. 실제 사실상 귀환이 정체되면서 연합군총사령부와 일본 정부는 재일한인에 대해 보다 적극적인 대응을 시작했다.

2) 일본 사회의 우경화와 외국인등록령 시행

전시체제기 강압적인 사회통제로 유지되던 일본 사회는 패전과 함께 극심한 사회적 혼란을 겪어야 했다. 일본 내 범죄 발생률은 계속 상승하여 1946년에는 형사범죄가 150만 건을 넘고 있었다. 연합군총사령부는 범죄 증가의 원인을 크게 (1)군부 통제에서 문관통제로 전환한 전후 질서의 변화, (2)항복 후 계속되는 극도의 경제곤란, (3)시민 개인생활에 대한 경찰통제권을 점령군이 제거, (4)개혁과 재편에 의한 경찰업무의 붕괴 등으로 분석했다.[81] 그리고 사회질서를 회복하기 위한 방법으로 경찰력 강화에 주력했다.

그 여파가 재일 외국인에게도 미쳐, 일본 정부는 재일한인 및 대만인에 대한 관리 및 통제를 강화해 나갔다.[82] 1946년 5월 20일 내무성은 폭력적 행위를 통해 국가치안을 위협하는 요인들을 단속하겠다고 발표하고, 1946월 6월 13일에는 "사회질서 보호와 유지에 관한 정부의 천명"이 공표되면서 공안경찰의 기능 강화를 꾀했다. 이 당시 공안경찰은 일반 대중을 대상으로 하는 각종 사회주의 운동이 공공의 안녕질서를

81) 『GHQ日本占領史 15 - 警察改革と治安政策』, 日本図書センター, 2000, p.71.

82) 大沼保昭, 『単一民族社会の神話を超えて』, 東信堂, 1986, p.34.

방해할 경우 이를 저지하는 것이 근본적인 임무라고 천명하였다. 이러한 방침을 바탕으로 재일조선인연맹에 대한 일본 경찰의 견제가 강화되었다.

치안유지권을 확보하려는 일본 내무성은 자체적인 치안정보 수집 활동의 승인을 연합군총사령부에 요청하였고, 결국 1946년 7월 11일, 연합군총사령부의 승인을 얻어낼 수 있었다. 연합군총사령부의 승인과 함께, 경보국은 민심 동향을 파악한다는 명목으로 제국주의 시절의 특고경찰이 행한 것과 마찬가지로 경찰조직의 말단까지 정보 수집을 명령했다. 또한 이를 제도적으로 정비해 갔는데, 이 과정에서 각 경찰서 내에 '공안계'가 신설되었다. 경보국은 정보수집 업무를 담당하기 위해 공안계를 신설한다고 했지만, 이는 사실 경찰조직을 강화하기 위한 명분에 불과했다. 예컨대 효고현 경찰부의 경우, 각 경찰서에 공안계를 설치하기 직전 서장회의에서 "노동쟁의·소작쟁의 기타 대중운동 등이 발생하고 있고, 조선인·대만인 등에 의한 각종 문제가 발생하고 있는 현 상황을 가장 효율적으로 타파하기 위해서는 그와 관련되는 각종 정보를 수집하는 것이 최우선이다"라고 지시를 내렸다.[83] 이는 재일한인이 사회적 문제를 일으키는 주범 중 하나라는 점을 인식시킴과 동시에 이로써 한인들에 대한 통제 필요성을 역설하는 것이었다. 일본 정부에서 작성 보고한 다음의 외무성 내부 문서는 이러한 급격히 우경화하는 일본인의 인식을 잘 보여준다.[84]

83) 김창윤, 「일본의 연합군총사령부 점령기 치안정책 연구」, 『한국경찰학회보』 11, 한국경찰학회, 2009, p.228.

84) 『太平洋戦争終結による旧日本国籍人の保護引揚関係雑件 朝鮮人関係』, 第16回 外交記録公開一般案件 ; K'7.2.0, 1巻, pp.5~9.

일본 거주 조선인 문제(東北지방 현상을 보고)

오늘날의 동양 大局에서 본 장래 100년 후의 국가 민족의 성쇠, 안위에서 보면 한·일[日鮮] 양 민족은 이제 단연 과거의 모습을 버리고 일체의 애증을 초월하여 시야를 보다 높이고 넓혀, 양 민족의 단락 친선을 도모해야 한다. 서로 증오하여 멀어지는 것이 한·일 양 민족의 자손에게 번영, 행복을 주지 않는다면, 하루 빨리 이에 대한 준비 공작을 시행해야 한다. (중략) 오늘날 일본의 현황에서 보면, 전국적으로 조선인 문제에 대해서는 대체로 무관심하고, 조선인은 종전과 동시에 해방된 민족이지만, 또한 아직 완전한 독립 국가를 형성하는 국민이 아니고, 이는 우선 조선 점령 미군사령과 하지 중장의 성명한 바와 같이, 또한 6월 25일 東京에서 연합군총사령부 성명에 따라 일본 內地에서의 조선인 각 단체는 공적 기관으로서 정식 승인되지는 않은 것이다.

고로 일본에서의 조선인은 원칙적으로 속히 귀환되어야 하고, 또한 잔류한다면 모두가 일본인과 마찬가지로 일본 정부의 명령과 법률에 절대 복종해야만 할 것임에도 불구하고, 현재 일본 內地에 거주하면서 일본 정부의 명령이나 일본의 법에 복종하지 않고, 심지어 미국, 영국인 이상의 우월감을 갖고 있으며, 일본인에 대해 태도는 실로 표현하기 힘들 정도이다. 그들의 행동을 일본 관원과 경찰 당국도 함부로 단속하지 못하는 상태라고 하며, 그들에 한에서는 경찰이 없는 상태라고 불릴 지경에 이르렀다. (중략)

작년 12월까지는 동 지방에서 일본인·조선인간에 분쟁사건도 극히 적었으나, 금년 1월 이후 점차 증가하는 경향을 보이더니 마침내 최근에는 매일 증가하는 중에 있고, 완력으로 난폭행동을 보이는 일이 많아졌다.(중략)

이와 같은 조선인 문제는 반드시 동북지방에서만 일어나는 것이 아니라, 전국적으로 종종 복잡한 사건이 매우 많이 일어나는 것으로 생각되므로, 속히 전국적 해결방침을 수립하고 실시할 것을 희망하는 바이다.

위의 문건을 보면, 과거 식민지 조선과 재일한인에 대한 복합적인 시각을 살펴볼 수 있다. 첫째, 일본인들은 전쟁의 패배로 부득이 식민지였던 조선을 '상실'했다고 주장하면서 양 민족의 친선을 주장했다. 이는 사실 일반적 친선관계라기보다는 과거 제국-식민지관계의 유지를 의미하는 것이다. 둘째, 한국은 해방되었지만, 완전한 독립국가가 아니라는 점을 강조하고 있다. 이는 한국의 해방을 제한적으로 해석하려는 일본 측의 의도로 일본 정부 고위층에서 반복적으로 나타난 '조선주권 보유론'의 일환으로 해석할 수 있다. 이러한 인식은 재일한인의 국적문제와도 연결되면서 이들이 일본 국적을 가져야 한다는 주장으로 나타났다. 그러나 이러한 주장도 실은 국적의 문제라기보다는 한인들이 일본의 법을 충실히 따라야 한다는 주장에 가까운 것이었다. 셋째, 현재 일본의 혼란 상황에는 재일한인의 물의와 횡포가 크게 작용하고 있다고 주장했다. 이는 거꾸로 일본인과 일본 정부, 경찰을 피해자로 둔갑시키고 있으며, 때문에 일본 경찰 등에게 더욱 강한 규제력을 부여해야 한다는 명분으로 삼으려 한 것이다. 넷째, 한인의 무질서한 행태를 주도하는 단체로 재일조선인연맹을 구체적으로 적시하고 있다. 이 무렵부터 재일조선인연맹에 대한 탄압이 더욱 강해지고 있었다. 다섯째, 한인이 벌이는 분쟁사건이 특정 지역에 국한되는 것이 아니라 전국적인 것으로 확산되고 있다고 주장하는 점이다. 이는 결국 한인의 치안상 문제가 더욱 확장될 것이기에 이에 대한 방비책을 마련해야 한다는 필요성을 강조한 것으로 볼 수 있다.

1946년 내무성 산하 경보국 공안 제1과의 사무분장에 따르면, 제2계는 "(1)단체결사 등의 단속, (2)단체결사단체 정보, (3)극단적인 국가주의 운동 등의 단속, (4)불온투서, 불온문서 등의 단속, (5)중국인, 대만인, 조선인, 유럽인 등의 불법행위 단속, (6)위의 소환경비, (7)위의 부정입국 단속, (8)위의 강제소환, (9)위의 각종 단체정보, (10)수상경찰"를 주요 업무로 규정하였다.[85] 이를 통해 보면, 일본 내무성 경보국 공안과의 주요 업무에 재일한인에 대한 통제권이 부여되었음을 알 수 있다.

이 시기에 주목할 것은 일본 정부를 비롯하여 일본인들 사이에서 재일한인을 노골적으로 비난하거나 비하하는 일들이 빈번히 일어나기 시작했다는 점이다. 일본 진보당의 시이쿠마 사부로(椎熊三郎)는 임시 국회에서 "제3국인의 방약무인한 행동으로서 조선인은 이미 암시장 활동의 중핵이며, 그들의 無法한 행동은 오늘날 일본의 모든 상거래나 사회활동에 영향을 미치고 있다"라고 주장하기도 했다.[86]

재일한인에 대한 이러한 시각은 과거 제국주의 시대의 그것과 다를 바 없는 것이었다. 일본인들은 경제적으로는 "일본 정부의 권한과 징세가 미치지 않는" 암시장에서의 위법거래자로 비난하였으며, 사회적으로는 일본에 쉽게 동화하지 않는 집단의 원형으로 인식하였으며, 암시장과 같은 일본 사회의 갈등요소를 재일한인에게 전가하면서, 도덕적으로도 비난하였다.[87]

한편 일본 정부는 재일한인의 참정권을 정지시키며, 정치적으로 철저히 배제해 갔다.[88] 그와 함께 각처에서 한인에 대한 탄압사건들이 일어나기도 했다. 일부 지방에서는 실제로 살해사건이 일어나고, 오사

85) 김창윤, 「일본의 연합군총사령부 점령기 치안정책 연구」, p.230.

86) 채영국, 「해방 후 재일한인의 지위와 처우」, p.89.

87) 정용욱, 「일본인의 '전후와' 재일조선인관 – 미군 점령당국에 보낸 편지들에 나타난 일본사회의 여론–」, 『일본비평』 3, 서울대 일본연구소, 2010, p.294.

88) 水野直樹, 「在日朝鮮人·臺灣人 參政權 '停止'条項の成立」, 『研究紀要』 1, 世界人権問題研究センター, 1996; 최영호, 「일본패전 직후 참정권문제에 대한 재일한국인의 대응」, 『한국정치학회보』 34, 한국정치학회, 2000 참조.

카에서도 '解放萬歲'를 외친 한인을 平野警察署 特高系가 체포하는 사태가 벌어지기도 했다.[89] 1946년 초 일본 정부는 한인들에 대한 사법경찰권과 형사재판권, 강제 퇴거권 등을 발동할 수 있도록 연합군총사령부에 강력히 요구하고 나섰다.[90] 그것은 한인을 일본인과 동일한 권리를 부여한다는 명분 아래서였다.

그렇지만 실제로 일본 정부는 일본 국민과 같은 참정권 주체로 인정하지 않는 조치를 서둘러 강구했다. 종전 직후에도 일본 정부는 재일한인과 대만인의 참정권문제에 대해 '참정권 인정' 방침을 유지하였으나, 1945년 11월 국회에서 반대론자들의 추궁에 의한 심의를 거친 후, 12월에 중의원과 참의원에서 이들의 참정권을 정지시키는 중의원선거법을 통과시켰다. 1946년 5~6월 제90회 의회는 지방의회 및 지방단체장 선거법에서도 재일한국인 및 대만인의 선거권 및 피선거권을 정지시키는 안을 통과시켰다. 6월의 귀족원회의에서는 귀족원령이 일부 개정되어 기존에 임명되었던 식민지출신 의원 9명(한국 6, 대만 3)의 자격을 상실되었다. 1946년 11월 새로운 일본헌법이 공포된 직후 열린 제국의회 제91차 회의에서는 참의원선거에서도 '호적조항'이 들어가 모든 참정권이 정지되었다.[91] 이렇게 재일한인의 참정권이 단계적으로 박탈되어갔다.

이 무렵 일본인들 사이에는 점령당국에 청원하는 형태로 그들의 주장을 요구하는 것이 붐을 이루고 있었다. 청원서 가운데는 과거 일본이 유지했던 식민지 질서 회복을 요구하는 이들도 있었으며, "현재의 식량

89) 梁永厚, 『戦後·大阪の朝鮮人運動』, 未来社, 1994, pp.39~40.

90) 김태기, 「일본정부의 재일한국인 정책」, 『근현대 한일관계와 재일동포』, 서울대학교 출판부, 1999, pp.395~396.

91) 최영호, 「일본패전 직후 참정권문제에 대한 재일한국인의 대응」, pp.199~200.

부족 원인이 조선인에게 있다. 조선인은 일본인의 네 배를 먹고, 이들의 암시장의 반 이상을 차지하고 있다"며 이들을 조속히 귀환시켜야 한다고 주장하는 이도 있었다. 제국주의 시대 뿌리 깊게 자리한 한인에 대한 일본인의 민족적 우월감과 멸시 태도가 패전 후에도 차별의식으로 이어지고 있었던 것이다. 이러한 상황에서 연합군총사령부는 재일한인의 활동이 일본 내 사회운동, 또는 공산주의 운동과의 연대하는 것보다, '소련, 평양, 조련, 일본공산당'으로 이어지는 국제공산주의 운동의 연결고리가 될까 우려하고, 촉각을 곤두세웠다.[92)]

1948년 5월 연합군총사령부 외교국이 작성한 『재일한인에 관한 참모연구(Staff study concerning Koreans in Japan)』에 의하면, 점령당국이 재일한인의 귀환을 억제하여 일본에 잔류시켰던 것의 문제점을 지적하면서, 한인들을 점령당국과 일본 정부 사이에서 많은 문제를 야기시킨 갈등적 존재로 지목하였다. 그 이유로는 한인들이 정치적으로 자치권 확립을 위해 활동하였고, 공산당 활동에 참여하면서 아시아대륙과 일본의 공산주의 연대 강화를 조장했으며, 경제적으로는 '일본 정부의 권한과 징세가 미치지 않는' 암시장에서 위법거래를 했다는 것이다. 그리고 한인들은 사회적으로 일본에 쉽게 동화하지 않는 집단의 원형이라는 결론을 짓고 있었다. 때문에 점령당국은 "모든 조선인이 일본을 떠난다면 일본인은 만족하지 않을 수 없을 것"이라며, "한 명이라도 많은 재일한인이 귀국"하는 것이 미국의 이익에서도 벗어나지 않는다고 언급했다.[93)] 연합군총사령부에게 있어 재일한인은 마땅히 귀환의 권리

92) 정용욱, 「일본인의 '전후와' 재일조선인관 – 미군 점령당국에 보낸 편지들에 나타난 일본사회의 여론」, pp.296~297.

93) Mark Caprio, 「旧植民地出身者の処遇」, 『アメリカの対日占領政策とその影響』, 明石書店, 2004, p.247.

가 주어져야 하는, '전쟁의 피해자'가 아니라, 일본 사회의 안정을 해체는 '불안세력'으로서 송환, 혹은 추방대상자에 지나지 않았던 것이다.

1946년 11월 12일 연합군총사령부는 "한인은 (사령부가) 요구할 때 귀환수용소로 보고해야 한다. 그렇지 않으면 조선 국민으로서 인정되지 못하게 되며", 귀환을 거부하는 한인은 향후 "정당히 수립된 한국 정부가 국민으로 그들을 인정하는 시기가 올 때까지 일본 국적을 보유하는 것으로 간주"될 것이라고 발표했다.[94] 이처럼 고압적으로 예고발표된 외국인등록령의 시행은 1947년 4월부터 이뤄졌다. 재일한인에게 일본 국적을 부여한다는 소식은 국내에도 알려져 큰 파장을 일으켰다.[95] 국내 언론은 사설에서, "연합군사령부는, 첫째 우리에게 우리의 적이던 일본의 국적을 잠시라도 그대로 보유시킨다는 것은 우리로서는 일종의 모욕감을 금치 못한다는 것"을 알아주기 바라며, "재일동포가 귀환치 않은 것이 아니고 여러 가지 사정으로 귀환치 못한다는 것과 또 이 조치로 말미암아 받을 재일동포의 해는 상상 이상의 것이라는 것을 깊이 고려"해 달라며, 재일한인의 귀환이 정체되는 원인이 복합적인 것임을 상기시키기도 하였다.

외국인등록령은 '외국인의 입국에 관한 조치의 적절한 실시와 아울러 외국인에 대한 취급의 適正을 도모한다'는 목적으로 발표되었지만, 실제로는 등록증명서의 상시 휴대를 의무화하고, 위반자에 대해서는

94) Public Relations Office, GENERAL HEAD QUARTERS/UNITED STATES ARMY FORCES, PACIFIC Public Relations Office, 12 November 1946.

95) 「연합군사령부, 귀국 거부 재일조선인은 일본국적 보유 발표」, 『조선일보』 1946년 11월 14일 자; 『조선일보』 1946년 11월 15일 자 사설; 「재일본조선인연맹서울시위원회, 未귀국조선인 日국적자 간주에 성명 발표」, 『서울신문』 1946년 11월 16일 자; 「외무부 당국자, 在日조선인 日國籍보유 대책 검토」, 『동아일보』 1946년 11월 17일 자.

6개월 이하의 징역 또는 금고, 1천 엔 이하의 벌금이라는 형사죄로 처벌하며, 내무대신 및 지방장관에 의한 강제퇴거를 인정하는 등 치안적 기능으로서의 측면이 강하였다.[96] 이런 가운데 일본 정부는 '외국인 등록'을 재일한인을 장악, 관리할 수 있는 둘도 없는 기회로 삼아, 방송·신문·광고 등 다양한 매체를 통해 등록을 촉구했다.[97] 이에 조련과 민단 등 재일한인 단체들은 극렬히 저항했지만, 오히려 일본 정부는 무력으로 이를 탄압했다.[98]

1946년 12월말로 연합군총사령부는 재일한인의 공식적인 송환은 '중단'되었다고 발표하였지만, 귀환자의 감소 속에서도 귀환은 이어졌다. 이들의 귀환에 대해 점령군의 정식허가는 내려지지 않았지만, 점령군 당국의 통제하에 있는 일본의 선박에 의해서, 이전과 같은 형태로, 점령군이 정한 규정에 따라서 실시되었다.[99] 1947년부터 1950년 5월 11일까지의 귀환은 사세보(佐世保)항에서 한 달에 한차례씩 이루어졌고, 그 수는 17,146명이었다. 38선 이북지역으로의 한인 귀환은 1947년 3월 233명, 6월 118명 등 두 차례에 걸쳐 이루어졌다. 1948년 8월 15일 이후, 한인 귀환자에 대한 수하물과 통화 제한은 완화되었고, 1949년 5월 직전에는 소지금의 증액이 총사령부에 의해서 허가되었지만, 귀환자 증가에는 거의 영향을 미치지 못했다. 그런 가운데 1950년 5월 1일을 기해 사세보의 인양원호국(引揚援護局)이 폐쇄되고, 이후 마이즈루(舞鶴)가 귀환항으로 지정되었다. 귀환희망자 627명이 마이즈루

96) 梁永厚, 『戦後·大阪の朝鮮人運動』, 未来社, 1994, p.71.
97) 梁永厚, 위의 책, p.50.
98) 梁永厚, 위의 책, pp.70~72.
99) Edward. W. Wagner, *The Korean Minority in Japan*, 1951(『日本における朝鮮少数民族 1904~1950』, p.63.

에 집결하여 6월 26일 제1선이 부산을 향해 출항할 예정이었으나, 6.25 전쟁이 일어나며 중단되었다. 8월 16일 총사령부는 '집결자는 귀환을 중단하고 원 거주지로 돌아가라'는 명령을 내렸다. 이후 1950년 11월 9일에는 '오늘 이후 비일본인의 자발적 귀환은 본인의 책임이다'라는 공표를 통해 귀환 업무의 공식적 종료되었다. 이후 귀국을 희망하는 한국인은 일반 외국인과 마찬가지로 출국수속을 거쳐야 했다.

5. 맺음말

미국을 위시한 연합국 진영은 한국문제에 대해 미소 상호견제를 위한 38도선 분할점령과 신탁통치에 초점을 맞췄지만, 해외 한인의 처리에 대해서는 체계적인 정책을 수립하지 않았다. 특히 동아시아 질서의 안정적 현상유지를 위해 대규모 인구이동을 크게 원하지 않던 미국측은 일본 내 한인의 귀환을 낙관할 뿐 기타 지역의 한인문제 처리에 대해 뚜렷한 방안을 갖고 있지 않았다. 오히려 한인의 귀환은, 급변하는 냉전구도 속에서 강대국의 점령정책과 전후복구방침에 수반되어 불안정하게 진행되었다. 다만 큰 틀에서 한인의 귀환은 2차대전시기 구축한 연합군체제의 범주를 벗어나지 않으며, 연합군총사령부와 해당국 정부의 협조 또는 동의하에 진행되었다.

연합군총사령부가 대일점령주체로서 귀환문제에 대한 방침을 구체적으로 내놓기 시작한 것은 1945년 10월 중순부터였다. 초기 귀환 방침은 귀환담당 기관으로 후생성을 지정하고 인양원호국 등 세부적인 기구 마련을 유도하는 것과 선박의 운용 및 통제, 귀환자들의 휴대재산 제한 등이었다. 해외 일본인 귀환에 적극적으로 나선 일본 정부는 패전 직후부터 귀환 관련 대책을 쏟아내며 적극 대처해갔던데 반해 주한미군정은 그 책임을 다하지 않으며, 수동적 입국업무만을 처리했다. 한편 연합군총사령부의 이동재산 규제는 일본, 한국 각지의 경제구조가 변동되는 것을 막기 위한 기초적 단계에서 실행된 것이었다. 연합군총사령부와 일본 정부는 한인의 열악한 상황과 향후 장래를 염두에 둔 그 어떤 우호적인 귀환 정책을 내놓지 않고 있었다. 그럼에도 불구하고, 양 측은 재일한인에게 귀환선박 제공에 국한된 최소한의 귀환조치만을 취했다. 이는 일본 사회에서 재일한인이 불안요소가 될 것으로 예상하고 이들을 방출하려한 의도에 불과했다. 방관적인 귀환대책은 태평양 전쟁기 미국이 구상한 귀환 방침과 큰 차이가 없었다.

한인의 귀환추이가 둔화되는 1946년 들어 연합군총사령부 측은 한인 귀환에 대한 적극적인 모습을 보이며, 강압적이고 차별적인 재일한인 정책을 시행했다. 이는 재일한인에게 큰 반감을 주어 오히려 귀환희망자가 감소하고, 민족단체를 조직하며 적극적으로 대응하는 결과를 낳기도 하였다. 이런 가운데 주한미군정은 경제적, 사회불안의 증대를 이유로 수차에 걸쳐 귀환의 일시연기를 요청하기도 했다. 재일한인의 존재를 점령정책의 장애라고까지 보고 있던 연합군총사령부는 이 요청을 받아들이지 않았으며, 오히려 한인의 귀환을 촉진할 수 있도록 귀환에 대한 규제를 완화해갔다.

연합군총사령부가 사회질서 유지에 적극적인 자세를 취하자, 일본 정부는 이를 재일한인을 통제하기 위한 기회로 삼고자 했다. 일본의 경찰조직은 한인을 노골적으로 견제하고, 이들에 대한 통제권을 확보했으며, 일본 사회 또한 한인을 비하하고 비난하며, 소수자에 대한 압박을 가해갔다. 그런 사이 일본 정부는 재일한인의 참정권을 정지시키며, 정치적으로는 일본 사회에서 철저히 배제하려 했다. 주목할 것은 이러한 차별적 상황을 타개할 한국인의 정부 조직이 구성되지 못한 채 주한미군정이 그 역할을 대신했다는 점이다. 결국 정부가 존재하지 못한 상황에서 진행된 재일 한인의 귀환은 연합군총사령부와 주한미군정, 일본 정부 등의 시책에 따라 처리될 수밖에 없었다. 이러한 재일 한인의 귀환문제는 인도주의를 망실한 동아시아 전후처리의 실상과 냉엄한 국제질서에서 당시 한인이 처해 있던 상황을 대변하는 것이었다.

이 글은 한국근현대사학회의 『한국근현대사연구』 제64집에 실린 논문 「연합군총사령부(GHQ/SCAP)의 재일한인 귀환 정책」을 수정·보완한 것임.

참고문헌

강만길·안자코 유카, 「해방 직후 '강제동원'노동자의 귀환정책과 실태」, 『아세아연구』 108, 고려대학교 아세아문제연구원, 2002.

국민대학교 한국학연구소, 『일본지역 한인 귀환과 정책』 1·2, 역사공간, 2004.

김인덕, 「해방 후 조련과 재일조선인의 귀환정책」, 『한국독립운동사연구』 20, 한국독립운동사연구소, 2003.

김창윤, 「일본의 연합국총사령부 점령기 치안정책 연구」, 『한국경찰학회보』 11, 한국경찰학회, 2009.

남기정, 「남한과 일본에서의 미국의 점령정책 비교 연구」, 서울대 석사학위논문, 1991.

이광규, 『재외동포』, 서울대학교출판부, 2000.

이연식, 「일본제국의 붕괴와 한일 양 지역의 전후 인구이동: 양 국민의 귀환과 정착과정 비교」, 『호모미그란스-이주, 식민주의, 인종주의』 2, 이주사학회, 2010.

이연식, 「해방 직후 해외동포의 귀환과 미군정의 정책」, 『典農史論』 5, 서울시립대 국사학과, 1999.

장석흥, 「해방 후 귀환문제의 연구의 성과와 과제」, 『한국근현대사연구』 25, 한국근현대사학회, 2003.

정용욱, 「일본인의 '전후와' 재일조선인관 – 미군 점령당국에 보낸 편지들에 나타난 일본사회의 여론」, 『일본비평』 3, 서울대 일본연구소, 2010.
정용욱, 『해방 전후 미국의 대한정책』, 서울대학교출판부, 2003.
채영국, 「해방 후 재일한인의 지위와 귀환」, 『한국근현대사연구』 25, 한국근현대사학회, 2003.
최영호, 『재일한국인과 조국광복』, 글모인, 1995.
황선익, 「해방 전후 在韓日本人의 敗戰경험과 한국 인식」, 『한국학논총』 34, 국민대 한국학연구소, 2010.
金太基, 『戦後日本政治と在日朝鮮人問題』, 勁草書房, 1997.
梁永厚, 『戦後・大阪の朝鮮人運動 1945~1965』, 未来社, 1994.
朴慶植, 『解放後 在日朝鮮人運動史』, 三一書房, 1989.
森田芳夫, 『在日朝鮮人処遇の推移と現状』, 『法務研究』 3, 1954.
矢内原忠雄, 『戦後日本小史(上)』, 東京大学出版会, 1958.
外務省政務局特別資料課 編, 『在日朝鮮人管理重要文書集』, 1950.
引揚援護廳 長官官房總務課, 『引揚援護の記録』, 1950.
竹前榮治 外, 『GHQ日本占領史-外国人の取り扱い』 16, 日本図書センター, 1996.
竹前栄治, 『占領戦後史』, 双柿舎, 1980.
玄圭煥, 『韓國流移民史』 上・下, 三和印刷株式會社, 1976.
Edward. W. Wagner, *The Korean Minority in Japan*, 1951(『日本における朝鮮少數民族』 1904~1950, 清溪書舍, 1989, 復刻板)

냉전기 재일조선인 북한송환 문제와 한일 양국의 국회

강여린

1. 머리말

동북아시아에서 발생한 외교 사례에서 국가의 국내적인 정치는 어느 정도로 영향을 줄 수 있는가? 외교정책의 행위 측면에서 국내정치적인 요인 분석은 국가 내부의 특성이 외교정책 결정에 영향을 주고, 그 결과는 대외적인 행동으로 표출된다는 전제를 가진다. 그러나 국제정치학적인 측면에서는 국내정치 요인이 중요성에 상응하는 학문적 인정을 크게 받지 못한 점이 있다.[1)]

국내 정치의 행위자들은 행정부, 사법부, 입법부, 정당 등으로 말할 수 있다. 특히 로버트 퍼트남(1988)[2)]은 이러한 행위자들의 움직임을 국내정치와 국제정치 연결하여 보았다. 즉, 국제정치가 국내정치에 영향을 주고, 국내정치에서 발생한 상황이 국제정치에도 반영된다는 것이다.[3)]

1) 유진석, 「국내정치와 외교정책」, 김계동 외, 『현대외교정책론』, 명인문화사, 2016, p.53.

2) Putnam, Robert D, "Diplomacy and Domestic Politics: The Logic of Two-Level Games," *International Organization* 42, no. 3. 1998, pp.427~460.

이 글은 이러한 점에 주목하여 냉전 시기 한국, 일본, 북한, 미국 등의 국가와 국제적십자위원회(국적), 북한적십자사(북적), 일본적십자사(일적) 등 여러 행위자들이 관여된 재일조선인 북한송환 사례에 대해 한국과 일본의 국내정치에 주목하여 분석한다.

그렇다면 냉전기의 재일조선인 북한송환 사례란 무엇인가? 이에 답하기 위해서는 먼저 '재일조선인'과 '북한송환'이라는 용어를 이해해야만 한다. '재일조선인'의 의미는 일반적으로 태평양 전쟁 이전 일본의 식민지 지배 결과로 일본에 있게 된 사람이나 그 자손을 의미한다. 재일조선인 북송이란 1959년 8월 인도 캘커타에서 북한적십자사와 일본적십자사의 '재일조선인 귀국협정' 조인 후 같은 해 12월 14일부터 약 9만 명의 재일조선인이 북한으로 1984년까지 영구적으로 귀국한 사건을 뜻한다.[4)]

1959년 1월 재일조선인 북한송환 계획을 발표한 후, 2월이 되자 일본에서 재일조선인 북한송환 계획에 대해 각의양해를 하였다. 같은 해 4월 13일 북한적십자사와 일본적십자사는 재일조선인 북한송환을 위해 제네바에서 회담을 시작하여 6월 합의하였다. 이때 한국은 대일무역을 단교하였을 정도로 한국과 일본의 관계는 악화되었다. 그러므로 이 글이 중점적으로 살펴본 이 시기는 매우 중요하다.

재일조선인 북한송환 사례와 관련한 기존의 연구는 많다.[5)] 그러나

3) 밸러리 허드슨, 신욱희 역, 『외교정책론』, 을유문화사, 2009, p.218.

4) 강여린, 「1959년 초기 재일조선인 북한송환과 미국」, 『아시아리뷰』 12(1), 서울대학교 아시아연구소, 2022, p.344.

5) 재일조선인 북한송환과 관련된 연구로는 다음의 연구가 대표적이라고 할 수 있다. 菊池嘉晃, 『北朝鮮帰国事業の研究--冷戦下の「移民的帰還」と日朝·日韓関係』, 明石書店, 2020; 朴正鎮, 『日朝冷戦構造の誕生1945~1965: 封印された外交史』, 平凡社, 2012; 松浦正伸, 『北朝鮮帰国事業の政治学: 在日朝鮮人大量帰国の要因を探る』, 明石

재일조선인 북한송환 사례와 관련된 국가의 국내정치적 측면에서 국회의 논의를 체계적으로 같이 살펴본 연구는 드물다.[6] 이 글은 기존 연구에서 잘 살펴보지 않은 재일조선인 북한송환과 관련된 한국 국회에서의 논의와 일본 국회에서의 논의를 비교한다. 이 글의 분석 시기는 재일조선인 북한송환 이슈로 인해 한국과 일본 사이에 갈등이 높아졌던 1959년 2월부터 6월까지 시기를 중심으로 한다.

또한, 이 글은 '1959년 일본의 재일조선인 북한송환 발표 직후인 2월부터 6월까지 한일 양국의 국회에서는 재일조선인 북송에 대해 어떠한 논의를 전개하였는가?'라는 질문에 답을 찾기 위해 1959년 한일 양국의 국회회의록을 활용하여 분석한다.

2. 역사적 배경

1950년대 후반 한일 양국 모두 국내정치의 큰 변화가 있었다. 한국은 1954년 사사오입 개헌을 계기로 반 이승만 세력이 결집하여, 1955년 9월 민주당 창당을 경험하였다. 야당 민주당의 정체성은 이승만에 대한 반대에 집중되었다. 그러나 한국의 정당 정치사에서 1955년 민주당 창당의 중요성은 이후 1987년까지 정당 경쟁이 시작되었고, 보수 양당이라는 체제가 공고화되었다는 점이다. 즉, 자유당과 민주당은 정책의

書店, 2022; 테사 모리스-스즈키 저, 한철호 역, 『북한행 엑서더스: 그들은 왜 '북송선'을 타야만 했는가』, 책과함께, 2008.

6) 다만 松浦正伸(2022)의 연구는 재일조선인 북한송환에 대해 발언했던 국회의원의 수와 국회에서 발언된 용어 등을 분석하였지만, 한국의 국회에서 재일조선인 북한송환에 대한 논의는 찾아보기 어렵다.

차이가 있었지만, 이념적으로 모두 보수적 정당들이었다.[7)]

일본의 국내정치는 제2차 세계대전 이후 민주화를 중요한 목표로 정하여 보수 정당들이 우위였다. 그러나 사회당을 비롯한 혁신 세력의 인기가 높아졌다. 이에 보수세력은 위협을 느껴 1955년 자유당과 민주당의 합당을 시도하여, 자유민주당의 결성이 이루어졌다.[8)] 1958년 가을, 사회당 등의 혁신단체가 미일 간 안보조약 개정의 위험성을 주장했고 1959년 3월부터 본격적인 반대운동을 했다.[9)]

그렇다면 이 글의 분석시기인 1959년 상반기에는 재일조선인 북한송환과 관련하여 어떠한 일이 발생하였는가? 먼저 1959년 1월 30일 일본 정부는 재일조선인 북한송환 계획을 공식화했다. 2월 13일 일본 각료회의에서는 재일조선인 북한송환 계획이 결정되었다.[10)] 한국 정부는 재일조선인 북한송환을 반대했지만, 일본은 이 계획을 계속 진행하였다. 특히 4월 일본적십자사와 북한적십자사가 제네바에서 직접적으로 교섭하여 재일조선인들의 북한송환을 추진하였다. 이후 6월이 되면, 일본적십자사와 북한적십자사의 제네바 회담은 합의에 도달하였다.[11)]

7) 강원택, 『한국정치론』, 박영사, 2018, pp.119~120.
8) 한의석, 『일본의 정치체제와 제도』, 명인문화사, 2020, p.78.
9) 이키사와 마쓰미, 박정진 역, 『일본전후정치사』, 후마니타스, 2006, p.123.
10) 박진희, 『한일회담』, 선인, 2008, pp.294~295.
11) 이원덕, 『한일과거사 처리의 원점』, 서울대학교출판부, 1996, p.110.

3. 한일 양국의 국회 논의

1) 1959년 2월부터 3월까지의 논의

1959년 초 재일조선인 북한송환에 대한 계획을 일본 정부가 발표한 후 2월 2일 일본 국회에서는 다음과 같은 논의를 했다. 자민당이며 친한파인 후나다(船田中)는[12] 한일회담이 잘 진행되고 있는데, 한일관계를 어렵게 만들 수 있고, 한국이 싫어하는 재일조선인 북한송환을 왜 하려는지 일본 정부 측에 질문하였다. 이에 기시(岸信介) 총리는 순수하게 인도적인 입장에서 재일조선인 북한송환을 하는 것이라고 답했다.[13]

그러나 일본의 사회당 호아시(帆足計)는 재일조선인 북한송환에 매우 적극적이었다.[14] 그는 2월 일본 국회에서는 재일조선인 북한송환을 국제적십자사에 의논하고, 일본적십자사가 주도하게 하자는 의견을 말했다. 무소속인 사사키(佐々木盛雄)[15]는 재일조선인 북한송환으로 인하여 한일회담이 결렬된다면 일본 정부가 책임을 져야 한다고 강조하였다.[16] 한편 한국의 국회에서 2월 19일 민주당의 정일형 의원은 일본의 재일조선인 북한송환 계획에 대해 다음의 언급을 하였다.

> 1948년 12월 12일 유엔 제3회 총회에서 결정하기를 대한민국은 한반도에서 유일한 합법적인 정부임을 국제적으로 승인받은 이 주권국가

---

12) 松浦正伸, 『北朝鮮帰国事業の政治学: 在日朝鮮人大量帰国の要因を探る』, 2022, p.183.
13) 第31回国会 衆議院 予算委員会 第2号 昭和34年2月2日.
14) 松浦正伸, 『北朝鮮帰国事業の政治学: 在日朝鮮人大量帰国の要因を探る』, 2022, p.181.
15) 松浦正伸, 『北朝鮮帰国事業の政治学: 在日朝鮮人大量帰国の要因を探る』, 2022, p.182.
16) 第31回国会 衆議院 外務委員会 第5号 昭和34年2月13日.

> 임에도 불구하고 이들은 주권국가인 대한민국을 상대하지 아니하고저 이북 괴뢰정권과 실질적으로 정치협상 …(중략)… 이북 괴뢰정권을 도리어 합법적인 정부인 양 인식을 하고 그들과 같이 직접 외교활동을 전개한다는 이러한 사실을 우리들은 전연 묵과할 수 없다.[17]

이후 2월 20일 한국의 국회에서는 재일조선인 북한송환에 대해 결의문을 작성하였다.[18] 한국 국회는 2월 29일 재일조선인 북한송환 반대에 관한 결의를 가결하여, 이를 관계 각 국가와 국제기구 등에 보냈다.[19]

3월이 되자 일본의 국회는 더욱 적극적으로 재일조선인 북한송환에 대해 논의하였다. 일본의 사회당 의원인 마쓰모토(松本七郎)는 재일조선인 북한송환을 적극적으로 추진하였다. 그는 국제적십자사의 역할이 중요하다고 일본 정부에 강조하면서도 동시에 북한적십자사와 일본적십자사가 직접 대화하는 것도 제시하였다.[20] 즉, 1959년 3월 일본 국내정치 상황은 재일조선인 북한송환에 대해 일본 정부와 일본 국회의 협의가 이루어졌던 시기였다고 할 수 있다.

3월의 한국의 국회의원 중 몇 명은 제네바로 가서 여러 나라의 수뇌부를 방문하여 재일조선인 북한송환을 반대하는 활동을 하였다.[21] 한국의 국회의원들이 직접 재일조선인 북한송환을 막기 위해 여러 방면에서 노력을 기울였던 것이다.

17) 국회회의록 4대 32회 1차 국회본회의 1959.2.19. 재일한인 북송반대에 관한 결의안.
18) 국회회의록 4대 32회 2차 국회본회의 1959. 2. 20. 재일한인 북송반대에 관한 결의문안 작성 및 발송 보고의 건.
19) 이원덕, 『한일과거사 처리의 원점』, 1996, p.109.
20) 第31回国会 衆議院 外務委員会 第11号 昭和34年3月10日.
21) 국회회의록 4대 32회 12차 국회본회의 1959. 3. 6. 재일한인북송반대전국위원회 제네바 파견대표 출발인사.

2) 1959년 4월부터 6월까지의 논의

4월이 되자 일본의 사회당 호아시 의원은 일본 정부가 인권의 차원에서 공정하게 재일조선인 북한송환을 위해 매진한다고 언급하였다. 그는 또한, 일본 국내의 여론과 세계 여론이 모두 일본 외무부가 재일조선인 북한송환에 대해 잘 대응하여 호감을 보인다고 표명하였다.[22] 이렇듯 호아시 의원은 일본 국회에서 매우 급진적으로 재일조선인 북한 송환 실행을 위해 노력한 인물이었다. 그러나 당시 북한적십자가 국제적십자사의 개입을 원치 않아서 일본적십자사와의 의견이 조율되지 않아 일본 국회에서는 이를 우려하며 관련 논의도 하였다.[23]

반면, 한국의 4월 국회에서는 재일조선인들의 실태보고서를 논의하여 왜 재일조선인들이 북한으로 돌아가려고 하는지를 파악하려고 했다. 당시 재일조선인들이 한국 국회에 요청한 것은 대한민국이 재일조선인들을 보살펴달라는 것과 원조 지원이었다.[24]

5월이 되자 일본 국회에서는 재일조선인 북한송환 문제와 관련된 미국의 입장을 살피며 논의하였다. 한편으로는 재일조선인이 정말 돌아가고 싶은 것인지 강제적인지에 대한 논의가 활발하게 일본 국회에서 이루어졌다. 모리(森元治郎) 의원은 재일조선인 송환이 강제성이 있는지에 대해서 논의하였다. 이에 일본 정부는 그런 점은 절대 없다고 답하였다. 일본 정부는 자유의사를 존중해야 하므로 공평하게 북한으로 돌아가려는 재일조선인들의 심사를 실행하겠다고 주장하였다.[25]

22) 第31回国会 衆議院 外務委員会 第17号 昭和34年4月1日.
23) 第31回国会 衆議院 外務委員会 第18号 昭和34年4月27日.
24) 국회회의록 4대 32회 24차 국회본회의 1959. 4. 27. 재일교포 실태보고.
25) 第31回国会 参議院 外務委員会 閉会後第1号 昭和34年5月7日.

6월이 되면 재일조선인 북한송환 문제를 논의하였던 북한적십자사와 일본적십자 사이의 합의가 어느 정도 이루어졌다. 대한민국은 일본과의 무역을 단교하였는데, 이때 한국의 국회에서는 지금까지는 다른 방향의 논의가 이루어졌다. 민주당의 김동욱 의원의 다음 발언이 그 사실을 잘 보여준다.

> 요새 정부의 태도에 대해서 직감적으로 느낀 것이 무엇이냐 하면 역시 지금 무슨 강력한 조치를 취한다 또 무리한 행동을 취한다. 그런 수단에 호소한다는 얘기를 하지 않었읍니까? 이것은 어떻게 들리느냐 하면 바깥…… 우리나라 바깥에 대해서는 이것은 공포(空砲)예요 …(중략)… 국내 국민들에게 공포(恐砲)예요, 공포, 무서운 공포[26]

이후 북한적십자사와 일본적십자사의 합의는 타결되었고, 재일조선인들의 북한송환에 대한 일본의 계획은 계속 진행되었다.

4. 맺음말

1959년 1월 일본 정부는 재일조선인 북한송환 계획을 발표하였다. 2월에 이 계획이 내각에서 승인되었으며, 같은 해 4월 13일 제네바에서 재일조선인의 북한송환에 관한 협상을 시작하여 그해 6월 합의하였다. 이후 한국과 일본의 교역이 중단될 정도로 한일관계는 악화되었다. 그러므로 이 시기는 매우 중요한 의미를 지닌다.

26) 국회회의록 4대 32회 44차 국회본회의 1959. 6. 16. 재일교포 북송반대에 관한 결의안.

이 글은 1959년 일본의 재일조선인 북한송환 발표 후 2월부터 6월까지 한국과 일본의 국회에서 재일조선인 북송에 대해 어떻게 논의를 전개하였는지 분석하였다. 그 결과 한국 국회는 북한이 주권 국가가 아니라고 주장하며 일본의 재일조선인 북송 계획에 반대하는 논의를 하였다. 그러나 점점 국회 내의 의견 차이가 생겨 한국 국회에서 재일조선인 북송 문제 해결을 위한 구체적이고 본격적인 논의를 진행하는 것은 어려웠다.

반면 일본의 국회는 한국과의 관계 악화를 우려하여 재일조선인 북송 문제를 한일회담과 분리해서 처리하는 방안에 대해 논의했다. 또한, 일본 국회는 일본 정부가 북송 문제에 직접적인 관여를 하지 않고, 국제적십자위원회가 재일조선인 북송 문제를 주도하여 해결해야 한다는 방침을 세우면서 북송 실행을 위해 북한적십자사와의 회담에서 원만한 해결을 위해 논의하였다.

그러므로 재일조선인 북송 문제와 관련하여 1959년 2~6월 사이의 한일 양국 국회의 논의를 분석한 결과, 일본의 국회 논의가 한국 국회의 논의보다 더욱 적극적이고 구체적이었다. 이후 1959년 12월 재일조선인의 북송은 결국 실행되었다.

이 글은 한국정치사회연구소의 『한국과 국제사회』 제7권 2호에 실린 논문 "Discussions between the ROK's National Assembly and the Japanese National Diet regarding the repatriation of Koreans in Japan to the DPRK during the Cold War"를 수정·보완한 것임.

참고문헌

강여린, 「1959년 초기 재일조선인 북한송환과 미국」, 『아시아리뷰』 12(1), 서울대학교 아시아연구소, 2022.

강원택, 『한국정치론』, 박영사, 2018.

박진희, 『한일회담』, 선인, 2008.

밸러리 허드슨 저, 신욱희 역, 『외교정책론』, 을유문화사, 2009.

유진석, 「국내정치와 외교정책」, 김계동 외, 『현대외교정책론』, 명인문화사, 2016.

이원덕, 『한일과거사 처리의 원점』, 서울대학교출판부, 1996.

이키사와 마쓰미 저, 박정진 역, 『일본전후정치사』, 후마니타스, 2006.

테사 모리스-스즈키 저, 한철호 역, 『북한행 엑서더스: 그들은 왜 '북송선'을 타야만 했는가』, 책과함께, 2008.

한의석, 『일본의 정치체제와 제도』, 명인문화사, 2020.

菊池嘉晃, 『北朝鮮帰国事業の研究――冷戦下の「移民的帰還」と日朝·日韓関係』, 明石書店, 2020.

朴正鎮, 『日朝冷戦構造の誕生1945~1965: 封印された外交史』, 平凡社, 2012.

松浦正伸, 『北朝鮮帰国事業の政治学: 在日朝鮮人大量帰国の要因を探る』, 明石書店, 2022.

Putnam, Robert D, "Diplomacy and Domestic Politics: The Logic of Two-Level Games." *International Organization* 42, no. 3, 1998.

대한민국 국회회의록 http://likms.assembly.go.kr/record/mhs-10-010.do(검색일: 2023.2.10)

日本 国会会議録検索システム https://kokkai.ndl.go.jp/#/ (검색일: 2023.2.10.)

편자_ 재일디아스포라의 생태학적 문화지형과 글로컬리티 연구팀

김환기(金煥基) 동국대학교 일본학연구소 소장

신승모(辛承模) 경성대학교 인문문화학부 조교수

유임하(柳壬夏) 한국체육대학교 교양과정부 교수

이승진(李丞鎭) 건국대학교 모빌리티인문학연구원 조교수

이승희(李升熙) 부산대학교 사학과 조교수

이영호(李榮鎬) 동국대학교 일본학연구소 전임연구원

이진원(李眞遠) 서울시립대학교 국제관계학과 교수

이한정(李漢正) 상명대학교 일본어권지역학전공 교수

정성희(鄭聖希) 동국대학교 일본학연구소 전문연구원

정수완(鄭秀婉) 동국대학교 영화영상학과 교수

필자_

강여린(姜鴽潾) 서울대학교 국제문제연구소 선임연구원

곽진오(郭眞吾) 동북아역사재단 명예연구위원

김계자(金季杍) 한신대학교 평화교양대학 조교수

다카야나기 도시오(高柳俊男) 호세이대학 국제문화학부 교수

오가타 요시히로(緒方義広) 후쿠오카대학 인문학부 동아시아지역언어학과 준교수

유임하(柳壬夏) 한국체육대학교 교양과정부 교수

이승진(李丞鎭) 건국대학교 모빌리티인문학연구원 조교수

이승희(李升熙) 부산대학교 사학과 조교수

이영호(李榮鎬) 동국대학교 일본학연구소 전임연구원

이진원(李眞遠) 서울시립대학교 국제관계학과 교수

이한정(李漢正) 상명대학교 일본어권지역학전공 교수

조기은(趙基銀) 도쿄외국어대학 해외사정연구소 특별연구원

황선익(黃善翌) 국민대학교 한국역사학과 부교수

재일디아스포라와 글로컬리즘 1 – 역사

2023년 12월 31일 초판 1쇄 펴냄

엮은이 동국대학교 일본학연구소
펴낸이 김흥국
펴낸곳 도서출판 보고사

책임편집 황효은
표지디자인 김규범

등록 1990년 12월 13일 제6-0429호
주소 경기도 파주시 회동길 337-15 보고사
전화 031-955-9797
팩스 02-922-6990
메일 bogosabooks@naver.com
http://www.bogosabooks.co.kr

ISBN 979-11-6587-661-6 94910
979-11-6587-660-9 (세트)

정가 35,000원

이 저서는 2020년 대한민국 교육부와 한국연구재단의 지원을 받아 수행된 연구임.
(NRF2020S1A5B8104182)